Salvaje

Salvaje

Cheryl Strayed

Traducción de
Isabel Ferrer y Carlos Milla

Rocaeditorial

Título original: *Wild*
© 2012, Cheryl Strayed. Todos los derechos reservados.

Primera edición: marzo de 2013

© de la traducción: Isabel Ferrer y Carlos Milla
© de esta edición: Roca Editorial de Libros, S.L.
Av. Marquès de l'Argentera, 17, pral.
08003 Barcelona
info@rocaeditorial.com
www.rocaeditorial.com

ISBN: 978-84-9918-575-0
Depósito legal: B. 33.735-2012
Código IBIC: BTP

Para Brian Lindstrom
y para nuestros hijos, Carver y Bobbi.

Índice

Nota de la autora 11
Mapa 12
Prólogo 13

PRIMERA PARTE. LAS DIEZ MIL COSAS
1. Las diez mil cosas 19
2. Escindida en dos 41
3. Encorvada en una postura mínimamente erguida 52

SEGUNDA PARTE. HUELLAS
4. El Sendero del Macizo del Pacífico.
   Volumen I: California 61
5. Huellas 77
6. Un toro en ambas direcciones 93
7. La única chica en el bosque 123

TERCERA PARTE. CADENA DE LA LUZ
8. Corvidología 141
9. Permanecer localizado 161
10. Cadena de la Luz 173

CUARTA PARTE. SALVAJE
11. Lou sin Lou 209
12. Hasta aquí 224
13. La acumulación de árboles 242
14. Salvaje 260

Quinta parte. CAJA DE LLUVIA
15. Caja de lluvia 277
16. Mazama 305
17. En una marcha primaria 319
18. La reina del SMP 335
19. El sueño de un lenguaje común 348

Agradecimientos 361
Libros quemados en el SMP 365

Nota de la autora

*P*ara escribir este libro, me basé en mis diarios personales, investigué los datos cuando pude, consulté con varias de las personas que aparecen en sus páginas y recurrí a mis propios recuerdos de los sucesos referidos y de esa etapa de mi vida. He cambiado los nombres de la mayoría de las personas —pero no de todas— mencionadas en este libro y, en algún caso, también he modificado detalles que pudieran identificarlas, para salvaguardar el anonimato. No se incluyen en el libro personajes ni sucesos que sean mitad ficción, mitad realidad. De vez en cuando he omitido personas y sucesos, pero solo si dicha omisión no afectaba a la veracidad o el contenido del relato.

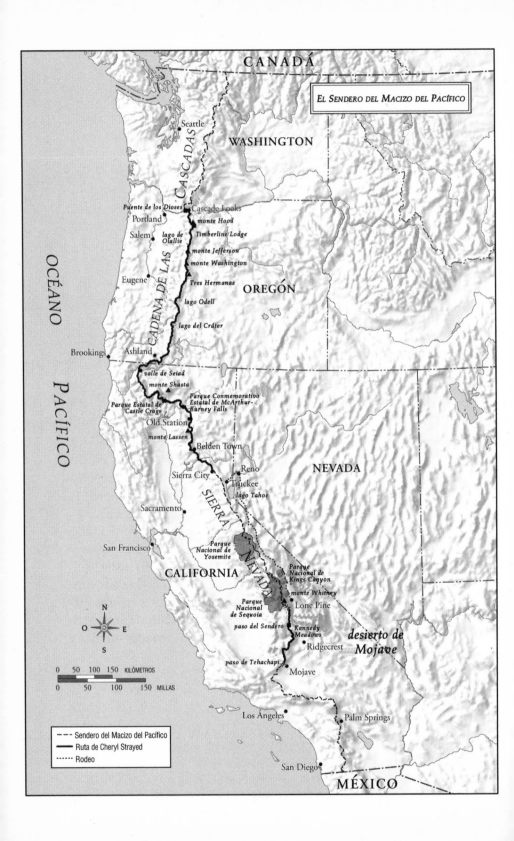

EL SENDERO DEL MACIZO DEL PACÍFICO

CANADÁ

OCÉANO PACÍFICO

WASHINGTON

Seattle

CASCADAS

Puente de los Dioses
Portland
Salem

lago de
Olallie

Cascade Looks
monte Hood
Timberline Lodge

monte Jefferson
monte Washington

Eugene

CADENA DE LAS

Tres Hermanas

lago Odell

OREGÓN

lago del Cráter

Brookings
Ashland

valle de Seiad
monte Shasta

Parque Estatal de
Castle Crags

Old Station

monte Lassen

Parque Conmemorativo
Estatal de McArthur-
Barney Falls

Belden Town

Sierra City

SIERRA

Reno
Truckee
lago Tahoe

NEVADA

Sacramento

San Francisco

CALIFORNIA

Parque
Nacional de
Yosemite

NEVADA

Parque
Nacional de
Kings Canyon

monte Whitney

Lone Pine

Parque
Nacional
de Sequoia

paso del Sendero

Kennedy
Meadows

Ridgecrest

desierto de
Mojave

paso de Tehachapi

Mojave

N
O   E
S

0   50 100 150 KILÓMETROS
0   50   100   150 MILLAS

Los Ángeles

Palm Springs

- - - Sendero del Macizo del Pacífico
——— Ruta de Cheryl Strayed
· · · · · Rodeo

San Diego

MÉXICO

Prólogo

*E*ran árboles altos, pero yo estaba en una posición aún más alta: por encima de ellos, en una escarpada ladera en el norte de California. Momentos antes me había quitado las botas de montañismo, y la del pie izquierdo había caído entre esos árboles al volcarse sobre ella la enorme mochila, salir catapultada por el aire, rodar hasta el otro lado del sendero pedregoso y despeñarse por el borde. Tras rebotar en un afloramiento rocoso a unos metros por debajo de mí, se perdió de vista entre la enramada del bosque, donde ya era imposible recuperarla. Atónita, ahogué una exclamación, pese a que llevaba treinta y ocho días en medio de aquella agreste naturaleza y a esas alturas sabía ya que cualquier cosa podía ocurrir, y que ocurriría. Pero no por eso dejaba de asombrarme cuando por fin sucedía.

La bota había desaparecido. Había desaparecido de verdad.

Estreché a su compañera contra mi pecho como si fuera un bebé. Un gesto vano, por supuesto. ¿De qué sirve una bota sin la otra? De nada. Es un objeto inútil, huérfano para siempre, y no podía apiadarme de ella. Era un armatoste de bota, de lo más pesada, una Raichle de cuero marrón con cordón rojo y presillas metálicas plateadas. Después de sostenerla en alto por un momento, la arrojé con todas mis fuerzas y la observé caer entre los exuberantes árboles y desaparecer de mi vida.

Estaba sola. Estaba descalza. Tenía veintiséis años y también yo era huérfana. «Una verdadera extraviada»,[1] había dicho un desconocido hacía un par de semanas cuando le di mi apellido y le hablé de mis escasos lazos con el mundo. Mi padre abandonó mi vida

13

---

1. Juego de palabras con el apellido de la autora, «Strayed», que entre otras cosas significa «extraviada». (*N. de los T.*)

cuando tenía seis años. Mi madre murió cuando yo tenía veintidós. Después de su muerte, mi padrastro dejó de ser la persona a quien consideraba mi padre para transformarse en un hombre al que yo solo reconocía de vez en cuando. Mis dos hermanos, en su dolor, se distanciaron, pese a mis esfuerzos para que los tres nos mantuviéramos unidos, hasta que me rendí y también yo me distancié.

Durante los años anteriores al momento en que arrojé mi bota al precipicio en esa montaña, yo misma estaba arrojándome a un precipicio. Había deambulado, vagado y errado —de Minnesota a Nueva York, de allí a Oregón, y luego por todo el oeste— hasta que por fin, en el verano de 1995, me encontré allí, descalza, sintiéndome no ya sin lazos con el mundo, sino amarrada a él.

Era un mundo en el que nunca había estado y que, sin embargo, como bien sabía, siempre había existido; un mundo en el que había entrado a trompicones, afligida, confusa, temerosa y esperanzada. Un mundo que, según pensé, me convertiría en la mujer que yo sabía que podía llegar a ser y, a la vez, me permitiría volver a ser la niña que había sido en otro tiempo. Un mundo cuyas dimensiones eran medio metro de ancho y 4.285 kilómetros de largo.

Un mundo llamado Sendero del Macizo del Pacífico.

Había oído hablar de él por primera vez solo siete meses antes, cuando vivía en Minneapolis, triste, desesperada y a punto de divorciarme de un hombre a quien aún amaba. Mientras hacía cola en una tienda de actividades al aire libre, esperando para pagar una pala plegable, cogí de una estantería cercana un libro titulado *El Sendero del Macizo del Pacífico. Volumen I: California*, y leí la contracubierta. El SMP, decía, es un sendero a través de la naturaleza que discurre ininterrumpidamente desde la frontera entre México y California hasta poco más allá de la frontera canadiense, pasando por las cimas de nueve cadenas montañosas: Laguna, San Jacinto, San Bernardino, San Gabriel, Liebre, Tehachapi, Sierra Nevada, Klamath y las Cascadas. En línea recta equivale a una distancia de mil setecientos kilómetros, pero el sendero tiene una longitud de más del doble. Atravesando en su totalidad los estados de California, Oregón y Washington, el SMP cruza parques nacionales y reservas naturales, así como territorios federales y tribales y propiedades particulares; desiertos y montañas y bosques pluviales; ríos y carreteras. Di la vuelta al libro y contemplé la cubierta —un lago salpicado de peñascos y rodeado de riscos que se recortaban contra el cielo azul—; volví a dejarlo en su sitio, pagué mi pala y me marché.

Pero pasados unos días regresé y compré el libro. Por entonces el Sendero del Macizo del Pacífico no era para mí un mundo; era una simple idea, imprecisa y disparatada, prometedora y llena de misterio. Algo brotó dentro de mí mientras seguía con el dedo su línea irregular en un mapa.

Recorrería esa línea, decidí; o al menos tanto de ella como pudiera en unos cien días. Desmoralizada y confusa como nunca lo había estado en la vida, vivía sola en un estudio en Minneapolis, separada de mi marido, y trabajaba de camarera. Todos los días me sentía como si mirara hacia arriba desde el fondo de un profundo pozo. Pero desde dentro de ese pozo me propuse convertirme en una montañera solitaria. ¿Y por qué no? Había sido ya muchas cosas. Afectuosa esposa y adúltera. Amada hija que ahora pasaba las vacaciones sola. Ambiciosa alumna aventajada y aspirante a escritora que saltaba de un trabajo insignificante a otro mientras jugueteaba peligrosamente con las drogas y se acostaba con demasiados hombres. Era nieta de un minero del carbón de Pensilvania, hija de un obrero siderúrgico convertido en viajante de comercio. Al separarse mis padres, viví con mi madre, mi hermano y mi hermana en complejos de apartamentos habitados por madres solteras y sus hijos. En la adolescencia, viví en plan «retorno a la naturaleza» en los bosques septentrionales de Minnesota, en una casa que no tenía retrete interior ni electricidad ni agua corriente. A pesar de eso, llegué a ser animadora en el instituto y reina de la fiesta de inauguración del curso escolar; luego me fui a la universidad y, en el campus, me convertí en feminista radical e izquierdista.

Pero ¿recorrer sola dos mil kilómetros por un entorno agreste? Nunca había hecho una cosa así ni remotamente. Pero no perdía nada por intentarlo.

Ahora, de pie y descalza en aquella montaña californiana, se me antojaba que habían pasado años, que en realidad había sido en otra vida cuando había tomado la decisión, posiblemente insensata, de darme un largo paseo sola por el SMP con el propósito de salvarme. Cuando creí que todo aquello que había sido antes me había preparado para ese viaje. Pero nada me había preparado ni podía prepararme para aquello. Cada día en el sendero era la única preparación posible para el día siguiente. Y a veces ni siquiera el día anterior me preparaba para lo que vendría a continuación.

Por ejemplo, para el hecho de que mis botas se precipitaran irrecuperablemente por un barranco.

La verdad es que lamenté perderlas de vista solo hasta cierto punto. Durante las seis semanas que las calcé, atravesé desiertos

15

y nieve, dejé atrás árboles y arbustos, y hierba y flores de todas las formas, tamaños y colores, subí y bajé montañas, y recorrí campos y claros, y porciones de tierra que me era imposible definir, salvo para decir que había estado allí, había pasado por allí, las había cruzado. Y a lo largo del camino esas botas me levantaron ampollas en los pies y me los dejaron en carne viva; por su culpa, se me ennegrecieron las uñas y cuatro de ellas se desprendieron dolorosamente de los dedos. Para cuando perdí las botas, ya no quería saber nada de ellas, y ellas no querían saber nada de mí, aunque también es verdad que las adoraba. Para mí, ya no eran tanto objetos inanimados como prolongaciones de mi propia identidad, igual que casi todo aquello que llevé a cuestas ese verano: la mochila, la tienda, el saco de dormir, el depurador de agua, el hornillo ultraligero y el pequeño silbato de color naranja que tenía en lugar de arma. Eran los objetos que yo conocía y con los que podía contar, las cosas que me permitían seguir adelante.

Miré los árboles por debajo de mí, sus altas copas meciéndose suavemente en la brisa tórrida. Podían quedarse con mis botas, pensé, recorriendo con la vista aquella vasta extensión verde. Había decidido descansar allí por el paisaje. Era un día de mediados de julio, ya avanzada la tarde, y me hallaba a muchos kilómetros de la civilización en todas direcciones, a muchos días de la solitaria oficina de correos donde había recogido mi última caja de reaprovisionamiento. Cabía la posibilidad de que algún montañero apareciera por el sendero, pero eso rara vez ocurría. Por lo general, me pasaba días sin ver a nadie. En cualquier caso, daba igual si alguien venía o no. En esa aventura estaba sola.

Observé mis pies descalzos y maltrechos, con sus escasas uñas residuales. Eran de un blanco espectral hasta la línea trazada a unos centímetros por encima de mis tobillos, donde normalmente acababan los calcetines de lana. Por encima, tenía las pantorrillas musculosas y doradas y velludas, cubiertas de polvo y una constelación de moretones y arañazos. Había empezado a caminar en el desierto de Mojave y no pensaba detenerme hasta tocar con la mano un puente que cruza el río Columbia en el límite entre Oregón y Washington, cuyo magnífico nombre es Puente de los Dioses.

Miré al norte, en dirección a él: la sola idea de ese puente era para mí una almenara. Miré al sur, hacia donde había estado, hacia la tierra agreste que me había aleccionado y abrasado, y me planteé mis opciones. Solo tenía una, lo sabía. Desde el principio había tenido solo una.

Seguiría adelante.

PRIMERA PARTE

LAS DIEZ MIL COSAS

Una cosa tan grande al romperse
debería hacer un ruido mayor.
WILLIAM SHAKESPEARE,
Antonio y Cleopatra

1

Las diez mil cosas

*M*i andadura en solitario de tres meses por el Sendero del Macizo del Pacífico tuvo muchos comienzos. Estuvo la decisión inicial de hacerlo, espontánea, seguida de la segunda decisión, más seria, de hacerlo «realmente», y luego vino el largo tercer comienzo, consistente en semanas de compras y distribución en cajas y preparativos. Estuvo la renuncia a mi empleo de camarera, el fin de la tramitación del divorcio, la venta de casi todas mis pertenencias, la despedida de mis amigos y la visita a la tumba de mi madre por última vez. Estuvo el viaje en furgoneta desde Minneapolis hasta Portland, Oregón, y unos días después un vuelo a Los Ángeles, y el traslado en coche hasta el pueblo de Mojave y, desde allí, hasta el lugar donde el SMP cruzaba una carretera.

Fue en ese momento cuando, por fin, llegó el gran momento, seguido de la cruda toma de conciencia de lo que de verdad implicaba aquella aventura, y después de la decisión de abandonar el plan, pues llevarlo a cabo era absurdo, carecía de sentido, resultaba ridículamente difícil y superaba con mucho mis expectativas, y no estaba en absoluto preparada para algo así.

Y luego llegó el gran momento de verdad.

Quedarse y hacerlo, a pesar de todo. A pesar de los osos y las serpientes de cascabel y los excrementos de los pumas, aunque pumas propiamente dichos no llegué a ver; a pesar de las ampollas, las costras, los arañazos y las laceraciones; del agotamiento y las privaciones; del frío y el calor; de la monotonía y el dolor; de la sed y el hambre; de la gloria y los fantasmas que me rondaban mientras recorría a pie los dos mil kilómetros que van desde el desierto de Mojave hasta el estado de Washington, yo sola.

Y por último, después de haberlo hecho de verdad, de haber

19

caminado tantos kilómetros durante tantos días, llegó la toma de conciencia de que lo que antes consideraba el comienzo no era, en realidad, el comienzo, ni mucho menos, de que mi andadura por el Sendero del Macizo del Pacífico no empezó, de hecho, cuando tomé aquella decisión espontánea. Comenzó antes de lo que imaginaba, exactamente cuatro años, siete meses y tres días antes, cuando, en una pequeña habitación de la clínica Mayo de Rochester, en Minnesota, supe que a mi madre le quedaba poco tiempo de vida.

Yo iba vestida de verde. Pantalón verde, blusa verde y lazo verde en el pelo. Era un conjunto que me había confeccionado mi madre; me había hecho ropa toda la vida. Algunas prendas eran justo lo que yo soñaba tener; otras no tanto. El conjunto verde no me chiflaba, pero me lo puse igualmente, a modo de penitencia, a modo de ofrenda, a modo de talismán.

A lo largo de todo ese día del conjunto verde, mientras acompañaba a mi madre y a mi padrastro, Eddie, de una planta a otra de la clínica Mayo, para que ella se sometiese a una prueba tras prueba, desfiló por mi cabeza una plegaria, si bien «plegaria» no es la palabra adecuada para describir ese desfile. Yo no era humilde ante Dios. Ni siquiera creía en Dios. Mi plegaria no era: «Te lo ruego, Señor, ten piedad de nosotros».

No iba a pedir piedad. No me hacía falta. Mi madre tenía cuarenta y cinco años. Gozaba de buen aspecto. Durante muchos años había sido básicamente vegetariana. Había plantado caléndulas en su jardín para ahuyentar a los insectos en lugar de utilizar pesticidas. A mis hermanos y a mí nos obligaba a tomar dientes de ajo crudos cuando nos resfriábamos. La gente como mi madre no tenía cáncer. Las pruebas en la clínica Mayo lo demostrarían, refutarían el diagnóstico de los médicos de Duluth. No me cabía la menor duda. Además, ¿quiénes eran esos médicos de Duluth? ¿Qué era Duluth? ¡Duluth! Duluth era un pueblucho gélido donde unos médicos que no sabían lo que decían dictaminaban que no fumadores de cuarenta y cinco años, tirando a vegetarianos, devoradores de ajo y que empleaban remedios naturales padecían cáncer de pulmón en fase terminal; eso era Duluth.

Por mí, podían irse a la mierda.

Esa era mi plegaria: *alamierdaalamierdaalamierda*.

Y sin embargo, allí estaba mi madre, en la clínica Mayo, agotándose si permanecía en pie más de tres minutos seguidos.

—¿Quieres una silla de ruedas? —le preguntó Eddie cuando pasamos junto a una hilera de estas en un largo pasillo enmoquetado.

—No necesita una silla de ruedas —tercié.

—Solo un momento —dijo mi madre, casi desplomándose en una, y cruzó una mirada conmigo antes de que Eddie se la llevara en la silla hacia el ascensor.

Los seguí, sin permitirme pensar en nada. Por fin íbamos camino de la consulta del último médico. El «médico de verdad», lo llamábamos. El que reuniría todos los datos recogidos acerca de mi madre y nos diría qué había de cierto. Mientras el ascensor subía, mi madre, alargando el brazo, dio un tironcito a mi pantalón y frotó la tela de algodón verde entre sus dedos con actitud de propietaria.

—Perfecto —dijo.

Tenía veintidós años, la misma edad que ella cuando se quedó embarazada de mí. Iba a abandonar mi vida en el mismo momento en que yo había entrado en la suya, pensé. Por alguna razón, esa frase se formó en mi cabeza justo en ese instante, y, por un momento, fue capaz de expulsar aquella plegaria, «a la mierda», de mi cabeza. Casi aullé de pena. Casi me asfixié por el peso de lo que sabía antes de saberlo. Iba a vivir el resto de mi vida sin mi madre. Aparté esa realidad con todas mis fuerzas. En ese momento, allí, en aquel ascensor, no podía permitirme creerlo y a la vez seguir respirando, así que en lugar de eso me permití creer otras cosas, como, por ejemplo, que, si un médico pretendía anunciarte que te quedaba poco tiempo de vida, te harían pasar a un despacho con una mesa de madera lustrosa.

No fue así.

Nos condujeron a una sala de reconocimiento donde una enfermera indicó a mi madre que se quitara la blusa y se pusiera una bata de algodón con cordones que colgaban a los lados. Mi madre obedeció y se subió a la mesa acolchada con una sábana de papel blanco encima. Cada vez que se movía, el papel se rasgaba y se arrugaba debajo de ella, y los crujidos resonaban en la sala. Yo le veía la espalda desnuda, la pequeña curva de carne por debajo de la cintura. No iba a morir. Su espalda desnuda parecía prueba de ello. Yo se la miraba fijamente cuando el «médico de verdad» entró en la sala y anunció a mi madre que, con suerte, viviría un año. Explicó que no intentarían curarla, que su enfermedad era

21

incurable. No podía hacerse nada, nos dijo. Descubrirlo tan tarde era habitual cuando se trataba de cáncer de pulmón.

—Pero si ella no fuma —contraataqué, como si pudiera disuadirlo de su diagnóstico, como si el cáncer se atuviera a unas pautas racionales y negociables—. Solo fumó cuando era joven. Hace años que no toca el tabaco.

El médico cabeceó tristemente y siguió con lo suyo. Tenía un trabajo que hacer. Podían intentar aliviar el dolor en la espalda con radiaciones, propuso. Las radiaciones podían reducir el tamaño de los tumores que crecían a lo largo de su columna vertebral.

No lloré. Solo respiré. De forma horrible. Intencionadamente. Y luego me olvidé de respirar. Me había desmayado una sola vez en la vida: a los tres años, hecha una furia, contuve la respiración porque no quería salir de la bañera, pero era demasiado pequeña para acordarme. «¿Y tú qué hiciste? ¿Y tú qué hiciste?», le había preguntado a mi madre durante toda mi infancia, obligándola a contarme la anécdota una y otra vez, asombrada y complacida ante el ímpetu de mi propia voluntad. Ella tendió las manos hacia mí y se quedó observándome mientras yo me ponía azul, me contestaba siempre mi madre. Esperó hasta que mi cabeza cayó en las palmas de sus manos y respiré y volví a la vida.

«Respira.»

—¿Puedo montar a caballo? —le preguntó mi madre al «médico de verdad». Estaba sentada, con las manos firmemente entrelazadas y los tobillos cruzados, engrilletándose a sí misma.

En respuesta, el médico cogió un lápiz, lo colocó en posición vertical en el borde del lavamanos y lo golpeó con fuerza contra la superficie.

—Esta es su columna vertebral después de las radiaciones —dijo—. Una sacudida, y los huesos se le desmenuzarán como una galleta seca.

Fuimos al lavabo de mujeres. Lloramos, cada una encerrada en su cubículo. No cruzamos una sola palabra. No porque nos sintiéramos solas en nuestro dolor, sino porque estábamos muy unidas en él, como si fuéramos un solo cuerpo, en lugar de dos. Percibí el peso de mi madre apoyado en la puerta, golpeándola lentamente con las palmas de las manos y haciendo temblar toda la estructura de los cubículos del baño. Después salimos para lavarnos las manos y la cara, y nos observamos mutuamente a través del resplandeciente espejo.

Nos enviaron a la farmacia a esperar. Me senté entre mi madre y Eddie con mi conjunto verde, el lazo verde prendido aún milagrosamente en mi pelo. Había allí un niño calvo, grandullón, sentado en el regazo de un anciano. Había una mujer cuyo brazo temblaba descontroladamente por debajo del codo; se lo sujetaba con fuerza usando la otra mano en un intento de aplacarlo. Ella esperaba. Nosotros esperábamos. Había una hermosa mujer de cabello oscuro en una silla de ruedas. Lucía un sombrero morado y varios anillos de diamantes. No podíamos apartar la mirada de ella. Hablaba en español con las personas reunidas alrededor, su familia y quizá su marido.

—¿Crees que tiene cáncer? —preguntó mi madre en un sonoro susurro.

Eddie estaba sentado a mi otro lado, pero yo no podía mirarlo. Si lo miraba, los dos nos desmenuzaríamos como galletas secas. Pensé en mi hermana mayor, Karen, y en mi hermano menor, Leif, así como en mi marido, Paul, y en los padres y en la hermana de mi madre, que vivían a más de mil kilómetros. Qué dirían cuando se enteraran. Cuánto llorarían. Ahora mi plegaria era otra: «Un año, un año, un año». Esas dos palabras palpitaban como un corazón en mi pecho.

Ese era el tiempo de vida que le quedaba a mi madre.

—¿En qué estás pensando? —le pregunté. Se oía una canción por los altavoces de la sala de espera. Una canción sin letra, pero, de todos modos, mi madre conocía la letra y, en lugar de contestar a mi pregunta, me la cantó en voz baja.

—«Rosas de papel, rosas de papel, qué reales parecían esas rosas» —cantó. Apoyó su mano en la mía y dijo—: Yo escuchaba esa canción de joven. Es curioso que pase eso ahora, que escuche la misma canción ahora. ¿Quién lo habría dicho?

En ese momento llamaron a mi madre; los medicamentos que le habían recetado ya estaban listos.

—Ve a buscarlos tú por mí —me indicó—. Diles quién eres. Diles que eres mi hija.

Yo era su hija, pero también algo más. Era Karen, Cheryl, Leif. Karen Cheryl Leif. Karen-Cheryl-Leif. Nuestros nombres se ha-

23

bían desdibujado y fundido en uno solo en la boca de mi madre durante toda mi vida. Ella los pronunciaba en susurros y a gritos, entre dientes y arrulladoramente. Éramos sus niños, sus camaradas, el final y el principio de ella. Nos turnábamos para ocupar el asiento del acompañante a su lado en el coche. «¿Os quiero un trozo así?», nos preguntaba, separando las manos unos treinta centímetros. «No», respondíamos con pícaras sonrisas. «¿Os quiero un trozo "así"?», volvía a preguntar, y lo repetía y repetía, separando las manos cada vez más. Pero nunca abarcaba ese amor en su totalidad, por más que extendiera los brazos. Su amor por nosotros era inabarcable. No podía cuantificarse ni contenerse. Era las diez mil cosas nombradas en el universo del *Tao Te King* y otras diez mil más. Era un amor expresado a voz en cuello, envolvente, sin adornos. Cada día mi madre agotaba toda su reserva.

Hija de militar, se crio en la religión católica. Vivió en cinco estados distintos y en dos países antes de cumplir los quince. Adoraba los caballos y a Hank Williams, y su mejor amiga se llamaba Babs. A los diecinueve años, embarazada, se casó con mi padre. Al cabo de tres días, él la molió a palos. Ella se marchó y volvió. No estaba dispuesta a soportar aquello, pero lo aguantó. Él le rompió la nariz. Le rompió los platos. Le despellejó las rodillas una vez que, a plena luz del día, la agarró del pelo y la arrastró por la acera. Pero no quebrantó su voluntad. A los veintiocho años consiguió abandonarlo definitivamente.

Estaba sola, y Karen-Cheryl-Leif se turnaban para ocupar el asiento del acompañante a su lado, en el coche.

Nos instalamos en un pueblo situado a una hora de Minneapolis y vivimos en sucesivos complejos de apartamentos con nombres engañosamente postineros: Mill Pond y Barbary Knoll, Tree Loft y Lake Grace Manor. Tuvo un empleo, luego otro. Sirvió mesas en un establecimiento llamado Norseman y después en otro llamado Infinity, donde su uniforme era una camiseta negra en cuyo pecho se leía VE A POR ELLO en letras brillantes e irisadas. Hizo el turno de día en una fábrica de recipientes de plástico capaces de contener sustancias químicas en extremo corrosivas, y traía a casa las piezas desechadas por alguna tara. Bandejas y cajas que se habían agrietado o mellado o desajustado en la máquina. Las convertíamos en juguetes: camas para nuestras muñecas, rampas para nuestros coches. Ella trabajaba y trabajaba y trabajaba, y, aun así, seguíamos siendo pobres. Recibíamos del estado queso y leche en polvo, vales para comida y tarjetas para asistencia médica; y en Navidad, regalos de la beneficencia. Jugábamos a tocar y parar, y a pica pared y a las charadas junto a los buzones del bloque de apartamentos, que tenían que abrirse con llave, mientras esperábamos la llegada de los cheques.

«No somos pobres —decía mi madre una y otra vez—. Porque somos ricos en amor.» Mezclaba colorantes alimentarios con agua azucarada y hacía ver ante nosotros que era una bebida especial. Zarzaparrilla o naranjada o limonada. «¿Le apetecería otra copa, señora?», preguntaba con un engolado acento británico que siempre nos hacía reír. Extendía mucho los brazos y nos preguntaba cuánto, y el juego no tenía fin. Nos quería más que todas las cosas nombradas en el mundo. Era optimista y serena, salvo alguna que otra vez que perdió la paciencia y nos pegó con una cuchara de madera. O cuando gritó JODER y rompió a llorar porque no habíamos limpiado nuestra habitación. Era benévola y tolerante, generosa e ingenua. Salía con hombres que tenían apodos como Killer (Asesino), Doobie (Porro) y Motorcycle Dan (Dan el de la Moto), y con un tal Victor, aficionado al esquí de descenso contra reloj. Esos hombres nos daban billetes de cinco dólares para que nos fuéramos a la tienda a comprar caramelos y los dejáramos solos en el apartamento con nuestra madre.

—Mirad en las dos direcciones —nos advertía ella en voz alta cuando salíamos corriendo como una jauría de perros hambrientos.

Cuando conoció a Eddie, ella no creyó que la relación cuajara, porque él tenía ocho años menos, pero se enamoraron. Karen, Leif y yo también nos enamoramos de él. Tenía veinticinco años cuando lo conocimos; veintisiete cuando se casó con nuestra madre y prometió ser nuestro padre; era carpintero, capaz de construir y reparar cualquier cosa. Abandonamos los complejos de apartamentos con nombres elegantes y nos fuimos a vivir con él a una ruinosa granja de alquiler que tenía el suelo de tierra en el sótano y pintura de cuatro colores distintos en las paredes exteriores. El invierno después de la boda con mi madre, Eddie se cayó de un tejado y se partió la espalda. Al cabo de un año, mi madre y él, utilizando la indemnización de doce mil dólares que Eddie recibió, compraron dieciséis hectáreas de tierra en Aitkin County, situado a una hora y media al oeste de Duluth, pagando a tocateja.

25

No había casa. Nadie había tenido nunca una casa en esas tierras. Nuestras dieciséis hectáreas formaban un cuadrado perfecto de árboles, arbustos y maleza, estanques pantanosos y ciénagas repletas de aneas. Nada los diferenciaba de los árboles y arbustos y maleza y estanques y ciénagas que los rodeaban por los cuatro costados en un radio de kilómetros. Durante esos primeros meses en nuestro papel de hacendados, recorrimos juntos el perímetro muchas veces, y nos abrimos paso por la espesura en los dos lados que no colindaban con la carretera, como si, caminando aisláramos esas tierras del resto del mundo, las hiciéramos nuestras. Y poco a poco lo conseguimos. Árboles que al principio me habían parecido iguales a cualesquiera otros pasaron a ser tan reconocibles como las caras de viejos amigos entre la multitud, y realizaban con sus ramas gestos que poseían un repentino significado, llamaban con sus hojas como si estas fueran manos identificables. Los contornos de la ciénaga, ahora ya familiar, y las matas de hierba se convirtieron en mojones, en guías, indescifrables para todos excepto para nosotros.

Cuando aún vivíamos en el pueblo a una hora de Minneapolis, llamábamos a aquel lugar el «norte». Durante seis meses fuimos al norte solo los fines de semana, y allí trabajábamos con ahínco para domar una porción de la finca y construir en ella una chabola de cartón asfáltico de una sola habitación donde podíamos dormir los cinco. A principios de junio, cuando yo tenía trece años, nos instalamos en el norte definitivamente. O mejor dicho nos instalamos allí mi madre, Leif, Karen y yo, junto con nuestros dos caballos, nuestros gatos y nuestros perros, y una caja de diez pollos que regalaron a mi madre en la tienda de piensos por comprar diez kilos de pienso para gallinas. Eddie siguió viniendo solo los fines de semana durante todo el verano y, hasta el otoño, no se quedó a vivir. Por fin se había recuperado de la espalda lo suficiente para poder trabajar de nuevo, y había conseguido un empleo de carpintero durante la temporada de mayor actividad, un trabajo que era demasiado lucrativo para renunciar a él.

Karen-Cheryl-Leif estábamos otra vez solos con nuestra madre, igual que durante sus años de soltera. Ese verano, ya fuera despiertos o después de acostarnos, apenas dejábamos de vernos unos a otros, y casi nunca veíamos a nadie más. Vivíamos a treinta kilómetros de dos pequeños pueblos en direcciones opuestas: Moose Lake al este; McGregor al noroeste. En otoño iríamos

26

al colegio en McGregor, la localidad más pequeña de las dos, que tenía cuatrocientos habitantes, pero pasamos todo el verano solos con nuestra madre, salvo por alguna que otra visita de lejanos vecinos que se acercaban a presentarse. Nos peleamos, charlamos y nos inventamos chistes y entretenimientos para pasar el tiempo.

«¿Quién soy?», nos preguntábamos mutuamente una y otra vez, jugando a un juego en el que la persona a la que le tocaba tenía que pensar en alguien, famoso o no, y los demás debían adivinar quién era basándose en un número infinito de preguntas a las que se respondía con un «sí» o un «no»: «¿Eres hombre?», «¿Eres americano?», «¿Estás muerto?», «¿Eres Charles Manson?».

Jugábamos a eso mientras atendíamos el huerto que nos abastecería durante el invierno, sembrado en una tierra que había sido silvestre durante milenios, y mientras tanto progresábamos ininterrumpidamente en la construcción de la casa, que estábamos levantando al otro lado de la finca y esperábamos terminar a finales de verano. Trabajábamos en medio de un enjambre de mosquitos, pero mi madre nos prohibió usar DEET o cualquier otra sustancia nociva para el cerebro, contaminante para la tierra y perjudicial para nuestra progenie futura. En lugar de eso, nos indicaba que nos untáramos el cuerpo con menta poleo o aceite de menta. Por las noches, convertíamos en juego contar las picaduras en nuestros cuerpos a la luz de las velas. Las cifras eran setenta y nueve, ochenta y seis, ciento tres.

«Algún día me daréis las gracias por esto», decía siempre mi madre cuando mis hermanos y yo nos quejábamos de todo aquello que ya no teníamos. Nunca habíamos nadado en la abundancia, ni siquiera en los niveles de la clase media, pero sí habíamos vivido con las comodidades de los tiempos modernos. Siempre habíamos tenido un televisor en casa, por no hablar ya del inodoro con cadena y un grifo con el que llenarse un vaso de agua. En nuestra nueva vida de pioneros, incluso satisfacer las necesidades más elementales exigía con frecuencia una penosa sucesión de tareas arduas y nimias. Nuestra cocina consistía en un hornillo de camping Coleman, un anillo metálico para evitar la propagación del fuego, una heladera como las antiguas —construida por Eddie— que requería hielo de verdad para mantener las cosas medianamente frías, un fregadero independiente apoyado contra una pared exterior de la chabola y un cubo de agua con tapa. Cada uno de estos elementos exigía solo un poco menos de lo que daba, por las atenciones y el mantenimiento que requerían: llenar y vaciar, arrastrar y verter, bombear y cebar, avivar y supervisar.

Karen y yo compartíamos una cama sobre una plataforma elevada construida tan cerca del techo que apenas podíamos incorporarnos. Leif dormía a unos pasos de nosotras en su propia plataforma, más pequeña, y nuestra madre ocupaba una cama en el suelo, debajo de las nuestras, que compartía con Eddie los fines de semana. Todas las noches charlábamos hasta dormirnos, como cuando unas cuantas chicas se quedan a dormir en casa de una amiga. Había una claraboya en el techo que se extendía por encima de la plataforma que yo ocupaba con Karen; el cristal transparente quedaba a solo unos palmos de nuestras caras. Cada noche el cielo negro y las estrellas resplandecientes eran mis asombrosos acompañantes; a veces veía su belleza y solemnidad tan claramente que comprendía con penetrante intensidad que mi madre tenía razón, que algún día sí se lo agradecería, y que de hecho se lo agradecía ya, que sentía crecer algo dentro de mí que era fuerte y real.

Era eso que había crecido en mí lo que recordaría años después, cuando mi vida empezó a ir a la deriva a causa del dolor. Era eso lo que me llevaría a pensar que recorrer el Sendero del Macizo del Pacífico era la manera de regresar a la persona que antes había sido.

La noche de Halloween nos instalamos en la casa que habíamos construido a base de troncos y madera de desecho. No tenía electricidad, ni agua corriente, ni teléfono, ni retrete interior. No había siquiera una sola habitación con puerta. Durante toda mi adolescencia, Eddie y mi madre siguieron construyéndola, ampliándola, mejorándola. Mi madre sembraba un huerto y envasaba y encurtía y congelaba las hortalizas en otoño. Sangraba los árboles y preparaba sirope de arce; cocía el pan y cardaba la lana, y obtenía sus propios tintes para telas a partir de dientes de león y hojas de brócoli.

Crecí y me fui a la universidad, un centro llamado Saint Thomas en las Ciudades Gemelas, pero no sin mi madre. En mi carta de aceptación se mencionaba que los padres de los alumnos podían asistir a clases gratuitamente en Saint Thomas. Por mucho que le gustase su vida de moderna pionera, mi madre siempre había deseado un título universitario. Las dos nos reímos de ello,

28

pero luego reflexionamos en privado. Mi madre, con cuarenta años ya cumplidos, era demasiado mayor para ir a la universidad, según había dicho ella misma al hablar del asunto. Y yo no pude decir lo contrario. Además, Saint Thomas estaba a tres horas en coche. Seguimos charlando y charlando, hasta que por fin llegamos a un acuerdo, dictado por mí: ella iría a Saint Thomas pero llevaríamos vidas independientes. Yo viviría en la residencia y ella iría y vendría en coche. Si nuestros caminos se cruzaban en el campus, ella no reconocería mi presencia a menos que yo reconociese antes la suya.

«Probablemente todo esto no sirva para nada —dijo en cuanto concebimos el plan—. De todos modos, seguro que suspenderé.» Para prepararse, me siguió de cerca durante los meses finales de mi último año en secundaria, haciendo los deberes que me ponían, afinando sus aptitudes. Reproducía mis hojas de ejercicios, escribía los mismos trabajos que yo tenía que entregar, leía todos y cada uno de los libros. Yo le ponía nota, orientándome a través de las calificaciones de mis profesores. La consideré una estudiante de rendimiento desigual en el mejor de los casos.

Fue a la universidad y sacó un sobresaliente tras otro.

A veces yo le daba efusivos abrazos cuando la veía en el campus; otras veces pasaba de largo, como si no tuviera nada que ver conmigo.

Las dos cursábamos el último año en la universidad cuando nos enteramos de que ella tenía cáncer. Para entonces ya no estábamos en Saint Thomas. Las dos habíamos solicitado el traslado a la Universidad de Minnesota después del primer curso —ella al campus de Duluth, yo al de Minneapolis— y, para diversión de ambas, compartimos una especialidad. Sus dos especialidades eran estudios sobre la mujer e historia; las mías eran estudios sobre la mujer y literatura inglesa. Por la noche hablábamos durante una hora por teléfono. Para entonces yo estaba casada, con un buen hombre llamado Paul. Me había casado en el bosque de nuestras tierras, con un traje blanco de raso y encaje confeccionado por mi madre.

Cuando enfermó, restringí mi vida. Advertí a Paul que no contara conmigo. Tendría que ir y venir en función de las necesidades de mi madre. Quise dejar la universidad, pero mi madre me ordenó que no lo hiciera, rogándome que, pasara lo que pasase, me licenciara. Ella misma se tomó un «descanso», como ella lo de-

29

finió. Solo necesitaba aprobar un par de asignaturas para acabar la carrera, y lo haría, me dijo. Se titularía aunque le costara la vida, añadió, y nos echamos a reír; luego cruzamos una lúgubre mirada. Haría sus tareas en la cama. Ella me diría qué debía mecanografiar y yo lo mecanografiaría. Pronto se sentiría con fuerzas para acometer esas dos últimas asignaturas, estaba convencida de ello. Yo seguí en la universidad, aunque persuadí a mis profesores para que me permitieran asistir a clase solo dos días por semana. En cuanto concluían esos dos días, volvía corriendo a casa con mi madre. A diferencia de Leif y Karen, quienes apenas aguantaban estar en presencia de nuestra madre a partir del momento en que enfermó, yo no soportaba separarme de ella. Además, me necesitaba. Eddie estaba con ella cuando podía, pero tenía que trabajar. Alguien debía pagar las facturas.

Preparaba comida que mi madre rara vez podía comer por más que lo intentara. Creía que tenía hambre y luego se quedaba inmóvil como un preso con la mirada fija en su plato. «Tiene buena pinta —decía—, creo que podré comérmelo después.»

Fregué los suelos. Vacié los armarios y volví a forrarlos. Mi madre dormía y gemía y contaba las pastillas que después tomaba. Los días buenos se sentaba en una silla y me hablaba.

No había gran cosa que decir. Ella siempre se había mostrado tan transparente y efusiva, y yo había manifestado tanta curiosidad que ya lo habíamos abarcado todo. Me constaba que su amor por mí era mayor que las diez mil cosas sumadas a las otras diez mil cosas. Yo conocía los nombres de los caballos que ella había querido de niña: *Pal, Buddy* y *Bacchus*. Sabía que había perdido la virginidad a los diecisiete años con un chico llamado Mike. Sabía cómo había conocido a mi padre al año siguiente y la impresión que él le había causado en sus primeras citas. Y que, al anunciar a sus padres la noticia de su embarazo adolescente, aún soltera, a su padre se le había caído la cuchara de la mano. Sabía que detestaba la confesión y también los pecados que había confesado. Sabía que maldecía y faltaba al respeto a su madre, que se quejaba de tener que poner la mesa mientras su hermana, mucho menor, jugaba. Que salía de casa camino del colegio con un vestido y luego se cambiaba para ponerse un vaquero que llevaba escondido en la mochila. Durante toda mi infancia y adolescencia, yo había preguntado y preguntado, obligándola a describir esas escenas y muchas más, deseando saber quién dijo qué y cómo, qué había sen-

30

tido ella en lo más hondo de sí mientras tal cosa ocurría, en qué lugar exacto se encontraba fulano o mengano y qué hora del día era. Y ella me lo había contado, con reticencia o placer, riéndose y preguntando por qué demonios quería saberlo. Yo quería saberlo. No podía explicar por qué.

Pero ahora que se moría, ya lo sabía todo. Mi madre estaba dentro de mí. No solo las partes de ella que yo conocía, sino también las partes de ella anteriores a mi existencia.

Al cabo de poco tiempo, tenía que ir y volver de Minneapolis a casa continuamente. Pasó poco más de un mes. La idea de que mi madre viviría un año se convirtió pronto en un triste sueño. Habíamos ido a la clínica Mayo el 12 de febrero. El 3 de marzo tuvo que ir al hospital de Duluth, a ciento diez kilómetros, a causa de un intenso dolor. Mientras se vestía para salir, descubrió que no podía ponerse los calcetines y me llamó a su habitación para que la ayudara. Se sentó en la cama y me arrodillé ante ella. Nunca había puesto calcetines a otra persona, y fue más difícil de lo que pensaba. No se deslizaban sobre su piel. Quedaban torcidos. Me enfurecí con mi madre, como si ella, adrede, colocara el pie de tal modo que me impidiera ponérselo. Echándose hacia atrás, apoyó las manos en la cama y cerró los ojos. La oí respirar profundamente, despacio.

—Maldita sea —dije—. ¡Ayúdame!

Mi madre me miró y permaneció en silencio por un momento.

—Cariño —dijo por fin, contemplándome, alargando el brazo para acariciarme la cabeza. Esa era una palabra que ella había utilizado a menudo durante toda mi infancia, pronunciada en un tono muy concreto. «No es así como yo quiero que sean las cosas, pero son así», expresaba esa única palabra, «cariño». Fue esta misma aceptación del sufrimiento lo que más me molestó en mi madre, su infinito optimismo y buen ánimo.

—Vamos —dije después de pugnar con sus zapatos.

Con movimientos lentos y torpes, se puso el abrigo. Recorrió la casa buscando apoyo en las paredes, seguida por sus dos queridos perros, que le tocaban las manos y los muslos con los hocicos. Vi como les daba palmadas en la cabeza. Yo ya no tenía plegaria. Las palabras «a la mierda» eran como comprimidos secos en mi boca.

31

—Adiós, queridos —dijo a los perros—. Adiós, casa —dijo al salir por la puerta detrás de mí.

No se me había ocurrido nunca la posibilidad de que mi madre muriese. Hasta que estuvo muriéndose, la idea jamás se me había pasado por la cabeza. Era monolítica e inexpugnable, la guardiana de mi vida. Llegaría a vieja y seguiría trabajando en el huerto. Yo llevaba esa imagen fija en la mente, como uno de los recuerdos de su infancia que yo la había obligado a explicar minuciosamente, tanto que ahora lo recordaba como si fuera mío propio. Sería vieja y hermosa como Georgia O'Keefe en la foto en blanco y negro que yo le había enviado en una ocasión. Me aferré a esa imagen durante las dos primeras semanas tras salir de la clínica Mayo, pero después, cuando ingresó en la sala de cuidados paliativos del hospital de Duluth, esa imagen se diluyó, dio paso a otras, más modestas y reales. Imaginé a mi madre en octubre; escribí la escena en mi mente. Y luego la de mi madre en agosto, y otra en mayo. Cada día que pasaba, su esperanza de vida se recortaba un mes.

En su primer día en el hospital una enfermera le ofreció morfina, pero ella la rechazó.

—La morfina es lo que dan a los moribundos —dijo—. La morfina significa que no hay esperanza.

Pero se resistió a tomarla solo un día. Se dormía y despertaba, hablaba y se reía. Lloraba de dolor. Yo me instalaba allí con ella durante el día; Eddie se quedaba por las noches. Leif y Karen se mantuvieron al margen, con excusas que para mí eran inexplicables y que me enfurecían, aunque su ausencia no pareció molestar a mi madre. Lo único que le preocupaba era erradicar su dolor, tarea imposible durante los espacios de tiempo entre las dosis de morfina. Nunca conseguíamos ponerle bien las almohadas. Una tarde, un médico al que yo nunca había visto entró en la habitación y explicó que mi madre «se moría activamente».

—Pero si solo ha pasado un mes —dije, indignada—. El otro médico nos dijo que viviría un año.

Él no contestó. Era joven, de unos treinta años. Con una mano delicada y velluda en el bolsillo, permaneció de pie junto a mi madre, mirándola allí tendida en la cama.

—A partir de ahora, nuestra única preocupación es que ella esté cómoda.

Cómoda y, sin embargo, las enfermeras intentaban darle la menor cantidad de morfina posible. También había un enfermero; le veía el pene perfilado a través del ajustado pantalón blanco. Deseaba con desesperación arrastrarlo al pequeño cuarto de baño más allá de los pies de la cama de mi madre y ofrecerme a él, hacer cualquier cosa con tal de que nos ayudara. Y deseaba asimismo recibir placer de él, sentir el peso de su cuerpo sobre el mío, sentir su boca en mi pelo y oírlo pronunciar mi nombre una y otra vez, obligarlo a reconocer mi presencia, conseguir que aquello le importara, insuflar en su corazón compasión por nosotras.

Cuando mi madre le pedía más morfina, lo hacía como yo nunca había oído pedir nada a nadie. Un perro rabioso. Cuando se la pedía, él consultaba su reloj en lugar de mirarla a ella. Siempre mantenía la misma expresión en su rostro, fuera cual fuese la respuesta. A veces se la administraba sin mediar palabra, y a veces se negaba con una voz tan floja como el pene bajo el pantalón. Entonces mi madre suplicaba y gimoteaba. Lloraba y las lágrimas caían por donde no correspondía: no hacia abajo, por el resplandor de sus mejillas hasta las comisuras de sus labios, sino desde los ángulos de los ojos hacia las orejas y la maraña de pelo en la cama.

No vivió un año. No vivió hasta octubre ni hasta agosto ni hasta mayo. Vivió cuarenta y nueve días desde que el primer médico de Duluth le anunció que tenía cáncer; treinta y cuatro desde que se lo confirmó el de la clínica Mayo. Pero cada día fue una eternidad, una eternidad encima de otra, una fría claridad dentro de una espesa bruma.

Leif no fue a visitarla. Karen fue una sola vez después de mucho insistirle yo en que debía hacerlo. Me sumí en una incredulidad marcada por el desconsuelo y la rabia. «No me gusta verla así», me contestaba débilmente mi hermana cuando hablábamos, y luego rompía a llorar. No pude hablar con mi hermano: su paradero durante esas semanas fue un misterio para Eddie y para mí. Un amigo nos contó que se había instalado en casa de una chica llamada Sue en Saint Cloud. Otro lo vio pescar en el hielo del lago Sheriff. Yo no tenía tiempo para hacer gran cosa al respecto, desbordada como estaba a diario por los cuidados a mi madre, sosteniéndole recipientes de plástico para que ella vomitara, arreglándole las insoportables almohadas una y otra vez, levantándola y acomodándola en el orinal que las enfermeras habían colocado junto a su cama, engatusándola para que tomara un bocado de comida que vomitaría al cabo de diez minutos. Sobre todo la veía dormir, y esa era la tarea más difícil: observarla en reposo, su rostro contraído aún por el dolor. Cada vez que se movía, los tubos del gotero intravenoso suspendidos en torno a ella oscilaban y se me aceleraba el corazón por temor a que se le desprendieran las agujas que unían los tubos a sus muñecas y manos hinchadas.

—¿Cómo te encuentras? —susurraba, esperanzada, cuando despertaba, tendiendo la mano a través de los tubos para peinarle el pelo aplastado.

—Ay, cariño. —Eso era lo único que podía decirme la mayoría de las veces. Luego desviaba la mirada.

Erraba por los pasillos del hospital mientras mi madre dormía, lanzando miradas a las habitaciones de otros pacientes al pasar ante las puertas abiertas, alcanzando a ver a ancianos con toses feas y piel amoratada, mujeres con vendas en torno a las gruesas rodillas.

—¿Cómo va? —me preguntaban las enfermeras con tono melancólico.

—Lo sobrellevamos —contestaba, como si yo fuera un nosotros.

Pero era solo yo. Mi marido, Paul, hizo todo lo posible para que me sintiera menos sola. Era aún el hombre amable y tierno de quien me había enamorado hacía unos años, el hombre con quien, para asombro de todos, me había casado antes de cumplir los veinte de tan intenso como era mi amor por él; pero cuando mi madre empezó a morirse, también se murió algo dentro de mí en cuanto a mi relación con Paul, al margen de lo que él dijera o hiciera. Aun así, lo llamaba todos los días desde el teléfono público del hospital durante aquellas interminables tardes o cuando volvía a casa de mi madre y Eddie por la noche. Sosteníamos largas conversaciones durante las que yo lloraba y se lo contaba todo, y él lloraba conmigo e intentaba aligerar un poco mi carga, pero sus palabras me sonaban vacías. Era casi como si yo no pudiese siquiera oírlas. ¿Qué sabía él de la pérdida? Sus padres aún vivían y estaban felizmente casados. Mi vínculo con él y su vida extraordinariamente ilesa parecía servir solo para aumentar mi dolor. La culpa no la tenía él. Estar con él me resultaba insoportable, pero eso mismo me pasaba con todo el mundo. La única persona con quien soportaba estar era la más insoportable de todas: mi madre.

Por la mañana, me sentaba junto a su cama e intentaba leerle. Tenía dos libros: *El despertar*, de Kate Chopin, y *La hija del optimista*, de Eudora Welty. Eran libros que habíamos leído en la universidad, libros que nos encantaban. Así que empezaba a leer, pero no podía seguir. Cada palabra que pronunciaba se esfumaba en el aire.

Lo mismo me ocurría cuando intentaba rezar. Rezaba con fervor, con rabia, a Dios, a cualquier dios, a un dios que yo no era capaz de identificar ni encontrar. Maldije a mi madre, que no me había dado la menor educación religiosa. En su resentimiento por la educación católica represiva que ella había padecido, jamás había pisado una iglesia en su vida adulta, y ahora ella moría y yo ni siquiera tenía a Dios. Recé a todo el amplio universo con la esperanza de que Dios estuviera en él, escuchándome. Recé y recé, y por fin flaqueé. No porque no encontrase a Dios, sino porque de pronto lo encontré claramente: Dios estaba allí, comprendí, y Dios no tenía la menor intención de intervenir para que las cosas ocurrieran o dejaran de ocurrir, para salvar la vida de mi madre. Dios no concedía deseos. Dios era un cabrón despiadado.

Durante el último par de días de su vida, mi madre, más que delirar, estaba en otro mundo. Para entonces le administraban la morfina en el gota a gota, una bolsa transparente de líquido que fluía lentamente por un tubo fijado con esparadrapo a su muñeca. Cuando despertaba, decía: «Ay, ay». O dejaba escapar una triste bocanada de aire. Me miraba, y a sus ojos asomaba un destello de amor. Otras veces volvía a sumirse en el sueño como si yo no estuviera allí. En ocasiones, cuando mi madre despertaba, no sabía dónde estaba. Pedía enchilada y luego puré de manzana. Creía que todos los animales a los que había querido se hallaban en la habitación con ella, y eran muchos. Decía: «Ese maldito caballo casi me pisa», y miraba alrededor buscándolo con expresión acusadora, o movía las manos para acariciar un gato invisible tendido en su regazo. Durante ese tiempo quise que mi madre me dijera que había sido la mejor hija del mundo. No deseaba desear eso, pero así era, inexplicablemente, como si tuviera mucha fiebre y solo esas palabras pudieran bajarme la temperatura. Llegué al punto de preguntárselo a las claras: «¿He sido la mejor hija del mundo?».

Ella contestó que sí, por supuesto.

Pero eso no bastó. Deseaba que esas palabras se originaran en la cabeza de mi madre y las expresara como nuevas.

Estaba sedienta de amor.

La muerte de mi madre fue rápida, pero no repentina: un fuego en lenta combustión en el que las llamas se extinguieron y se disiparon en humo, y luego el humo en aire. No tuvo tiempo para adelgazar. Cuando murió estaba cambiada, pero no se había consumido: el suyo era el cuerpo de una mujer todavía entre los vivos. También conservaba el pelo, castaño y erizado y quebradizo después de varias semanas en la cama.

Desde la ventana de la habitación donde murió yo veía el inmenso lago Superior, el lago más grande del mundo, y también el más frío. Verlo no era fácil. Tenía que apretar mucho la mejilla contra el cristal y así distinguía una porción del lago que se extendía interminablemente hacia el horizonte.

—¡Una habitación con vistas! —exclamó mi madre, pese a que en su extrema debilidad no podía levantarse para ver el lago con sus propios ojos. Luego, en voz más baja, añadió—: Me he pasado toda la vida esperando para tener una habitación con vistas.

Quería morir sentada, así que reuní todas las almohadas de las que pude echar mano y le construí un respaldo. Deseaba llevármela del hospital y dejarla reclinada en un campo de milenrama para que muriese allí. La cubrí con un edredón que me había llevado de casa, uno hecho por ella con retazos de ropa vieja nuestra.

—Saca eso de aquí —gruñó ferozmente, y pateó como una nadadora para apartarlo.

Observé a mi madre. Fuera, el sol se reflejaba en las aceras y los contornos helados de la nieve. Era el día de San Patricio, y las enfermeras le llevaron un bloque de gelatina verde, que se quedó tembloroso en la mesa junto a ella. Sería el último día completo de su vida, y durante casi todo él mantuvo los ojos abiertos y quietos, ni dormida ni despierta, alternando estados de lucidez y alucinaciones.

Esa noche, contra mi voluntad, me separé de ella. Las enfermeras y los médicos nos habían dicho a Eddie y a mí que «aquello se acababa». Yo interpreté que moriría al cabo de un par de semanas. Creía que en las personas con cáncer la agonía se alargaba. Karen y Paul viajarían juntos en coche desde Minneapolis a la mañana siguiente y los padres de mi madre llegarían de Alabama al cabo de un par de días, pero Leif seguía en paradero desconocido. Eddie y yo habíamos telefoneado a sus amigos y a los padres de estos, y habíamos dejado mensajes suplicantes, pidiéndole que llamara, pero no llamó. Decidí abandonar el hospital durante una noche para buscarlo y llevarlo allí de una vez por todas.

—Volveré mañana por la mañana —le dije a mi madre. Miré a Eddie, medio recostado en el pequeño sofá de vinilo—. Regresaré con Leif.

Cuando ella oyó su nombre, abrió los ojos: azules y de mirada intensa, como siempre habían sido. En medio de todo aquello, no habían cambiado.

—¿Cómo es posible que no estés furiosa con él? —le pregunté con amargura quizá por décima vez.

«No se pueden pedir peras al olmo», solía contestar ella. O: «Cheryl, solo tiene dieciocho años.» Pero esta vez se limitó a mirarme y repetir:

—Cariño. —Lo dijo igual que cuando me enfadé al intentar ponerle los calcetines. Igual que siempre lo decía cuando me veía sufrir porque yo quería que algo fuera distinto de como era y ella trataba de convencerme con esa sola palabra de que debía aceptar las cosas tal como eran.

—Mañana estaremos todos juntos —aseguré—. Y luego nos quedaremos todos aquí contigo, ¿de acuerdo? Ninguno de nosotros se irá. —Tendí la mano entre los tubos que colgaban alrededor de ella y le acaricié el hombro—. Te quiero —dije, agachándome para darle un beso en la mejilla, pero ella me apartó, demasiado dolorida para soportar siquiera un beso.

—Quiero —susurró, sin fuerzas para decir «te»—. Quiero —repitió cuando salía de la habitación.

Bajé en ascensor, salí a la fría calle y recorrí la acera. Pasé ante

37

un bar abarrotado de gente que vi a través de una amplia vidriera. Todos llevaban relucientes gorros verdes de papel y camisas verdes y tirantes verdes y bebían cerveza verde. Dentro, un hombre me miró a los ojos y, ebrio, me señaló y a su rostro asomó una muda risotada.

Fui a casa en coche y di de comer a los caballos y las gallinas. Luego me puse al teléfono mientras los perros, agradecidos, me lamían las manos y el gato se abría paso hasta mi regazo. Llamé a todas las personas que podían saber dónde encontrar a mi hermano. Estaba bebiendo mucho, dijeron algunos. Sí, era verdad, dijeron otros; había estado viéndose con una chica de Saint Cloud, una tal Sue. A medianoche sonó el teléfono y le dije que «aquello se acababa».

Deseé gritarle cuando entró por la puerta al cabo de media hora, sacudirlo y expresar mi rabia y acusarlo, pero al verlo solo pude abrazarlo y llorar. Esa noche me pareció muy mayor, y también muy joven. Me di cuenta por primera vez de que ya era un hombre y, sin embargo, comprendí asimismo que aún era un niño. Mi niño, el que yo había medio criado toda mi vida, sin más opción que ayudar a mi madre siempre que ella se ausentaba por trabajo. Karen y yo nos llevábamos tres años, pero nos habíamos criado casi como gemelas, las dos a cargo por igual de Leif cuando éramos niñas.

—No puedo —repetía él una y otra vez entre lágrimas—. No puedo vivir sin mamá. No puedo. No puedo. No puedo.

—No nos queda más remedio —respondí, aunque yo misma no daba crédito a mis palabras. Nos quedamos juntos en la cama individual de él, hablando y llorando, hasta altas horas de la madrugada, y por fin, tendidos uno al lado del otro, nos venció el sueño.

Desperté al cabo de unas horas y, antes de llamar a Leif, di de comer a los animales y puse comida en unas bolsas para poder ir tomando algún bocado mientras velábamos a nuestra madre en el hospital. A las ocho íbamos camino de Duluth en el coche de nuestra madre. Conducía mi hermano, a una velocidad excesiva, mientras por los altavoces sonaba *Joshua Tree*, de U2, a todo volumen. Escuchamos la música atentamente, en silencio, bajo el sol resplandeciente, todavía muy oblicuo, que hendía la nieve a los lados de la carretera.

Cuando llegamos a la habitación de nuestra madre en el hospital, vimos un letrero en la puerta, que estaba cerrada, que nos indicaba que pasáramos por el puesto de enfermeras antes de entrar. Eso era nuevo, pero supuse que se trataba solo de una cuestión de procedimiento. Una enfermera se nos acercó en el pasillo cuando nos dirigíamos hacia el puesto, y antes de que yo hablara, nos dijo:

—Le hemos puesto hielo en los ojos. Ella quería donar las córneas, así que es necesario mantener el hielo...

—¿Cómo? —dije con tal intensidad que ella se sobresaltó.

No aguardé la respuesta. Entré corriendo en la habitación de mi madre, seguida de cerca por mi hermano. Cuando abrí la puerta, Eddie se puso en pie y vino hacia nosotros con los brazos extendidos, pero yo lo eludí y me abalancé en dirección a mi madre. Tenía los brazos yertos a los lados, amarillos y blancos y negros y azules, retirados ya los tubos y las agujas. Cubrían sus ojos dos guantes quirúrgicos llenos de hielo, con aquellos gruesos dedos grotescamente sobre su cara. Cuando la agarré, los guantes resbalaron y, tras rebotar en la cama, cayeron al suelo.

Gemí y gemí y gemí, hundiendo la cara en su cuerpo como un animal. Había muerto hacía una hora. Sus extremidades se habían enfriado, pero su vientre seguía siendo una isla de calidez. Apreté la cara contra el calor y gemí un poco más.

39

Soñé con ella sin cesar. En los sueños siempre estaba a su lado cuando moría. Era yo quien la mataba. Una vez y otra y otra más. Ella me ordenaba que lo hiciera, y en cada ocasión yo me arrodillaba y lloraba, rogándole que no me exigiera una cosa así, pero ella no cedía, y en cada ocasión yo, como buena hija, al final obedecía. La ataba a un árbol en nuestro jardín y vertía gasolina sobre su cabeza; luego le prendía fuego. La obligaba a alejarse corriendo por el camino de tierra contiguo a la casa que habíamos construido y luego la atropellaba con mi furgoneta. Su cuerpo se quedaba enganchado en los bajos a un saliente metálico de contornos desiguales, y yo la arrastraba con la furgoneta hasta que se desprendía, y entonces echaba marcha atrás y volvía a atropellarla. Cogía un bate de béisbol en miniatura y la mataba a golpes con él, golpes lentos, fuertes, tristes. La obligaba a meterse en un hoyo que yo había cavado y, empujando tierra y piedras con los pies, la enterraba viva. Estos sueños no eran surrealistas. Se desarrollaban a plena luz del día. Eran los documentales de mi subconsciente y me parecían tan reales como la vida misma. La furgoneta era realmente mi furgoneta; el jardín era en efecto nuestro jardín; el bate de béisbol en miniatura se hallaba en nuestro armario entre los paraguas.

No me despertaba llorando de estos sueños. Me despertaba gritando. Paul me cogía y me abrazaba hasta que callaba. Humedecía un paño con agua fría y me lo ponía en la cara. Pero esos paños húmedos no podían eliminar esos sueños en los que aparecía mi madre.

Nada los eliminó. Nada los eliminaría. Nada me devolvería jamás a mi madre ni me llevaría a aceptar que se había ido. Nada me permitiría encontrarme junto a ella en el momento de su muerte. Aquello me destrozó. Me hizo pedazos. Me trastocó por completo.

Tardé años en volver a ocupar mi lugar entre las diez mil cosas. En ser la mujer que mi madre crio. En recordar cómo decía «cariño» y representarme su peculiar mirada. Sufriría. Sufriría. Desearía que las cosas fueran distintas de cómo eran. Ese deseo era un paraje inhóspito y tenía que encontrar el camino para salir del bosque. Tardé cuatro años, siete meses y tres días en conseguirlo. No sabía adónde iba hasta que llegué allí.

Era un lugar llamado el Puente de los Dioses.

40

2

Escindida en dos

Si tuviera que dibujar un mapa de esos cuatro años y pico para ilustrar el tiempo transcurrido entre el día de la muerte de mi madre y el día que inicié mi andadura por el Sendero del Macizo del Pacífico, el mapa sería un caos de líneas en todas direcciones, como una crepitante bengala del Cuatro de Julio, con Minnesota inevitablemente en su centro. Hasta Texas, ida y vuelta. Hasta Nueva York, ida y vuelta. Hasta Nuevo México y Arizona y Nevada y California y Oregón, ida y vuelta. Hasta Wyoming, ida y vuelta. Hasta Portland, Oregón, ida y vuelta. Hasta Portland, ida y vuelta otra vez. Y otra vez más. Pero esas líneas no contarían la verdadera historia. El mapa mostraría todos los lugares a los que hui, pero no mis esfuerzos por quedarme. No reflejaría cómo en los meses posteriores a la muerte de mi madre traté —en vano— de sustituirla en mi empeño de mantener unida a mi familia. O cómo batallé para salvar mi matrimonio, a la vez que lo condenaba al fracaso con mis propias mentiras. El mapa se asemejaría a esa desdibujada estrella, escapando desde el centro sus brillantes líneas.

Cuando llegué al pueblo de Mojave, en California, la noche antes de empezar a recorrer el SMP, había escapado de Minnesota por última vez. Incluso se lo había dicho a mi madre, aunque ella ya no me oía. Me había sentado en el arriate donde Eddie, Paul, mis hermanos y yo, en el bosque de nuestra finca, habíamos mezclado sus cenizas con la tierra y colocado una lápida, y le había explicado que ya no iba a estar allí para cuidar de su tumba. Eso significaba que nadie lo haría. Finalmente no me quedó otra alternativa que dejar que su tumba fuera invadida por las malas hierbas y las ramas arrancadas por el viento y las piñas caídas. Expuesta a la nieve y las hormigas y los ciervos y los osos negros y las avispas excavadoras, para que hicieran con ella lo que les viniera en gana. Me tendí entre los crocos en la mezcla de ceniza y tierra que había sido mi madre y le dije que no pasaba nada. Que me había rendido. Que desde su muerte todo había cambiado. Cosas que ella no habría podido imaginar ni habría adivinado. Las palabras me salieron en voz baja y de manera continua. Sentía tal tristeza que era como si alguien me asfixiara y, sin embargo, tenía la impresión de que toda mi vida dependía de que pronunciara esas palabras. Ella siempre sería mi madre, le dije, pero tenía que marcharme. En todo caso, expliqué, para mí ella ya no estaba en ese arriate. La había puesto en otra parte. El único lugar donde podía acceder a ella. Dentro de mí.

Al día siguiente abandoné Minnesota para siempre. Iba a recorrer el SMP.

Era la primera semana de junio. Fui a Portland en mi furgoneta Chevy Luv de 1979, cargada con una docena de cajas llenas de alimentos liofilizados y material de excursionismo. Había dedicado las semanas anteriores a reunirlo todo, y cada caja llevaba una etiqueta, para su posterior envío, con la dirección de sitios donde nunca había estado, paradas en el SMP con evocadores nombres como lago del Eco y Soda Springs, Burney Falls y valle de Seiad. Dejé la furgoneta y las cajas a mi amiga Lisa, en Portland —ella me las mandaría por correo a lo largo del verano— y viajé en avión a Los Ángeles; luego el hermano de un amigo me acercó a Mojave en coche.

Entramos en el pueblo a última hora del día, cuando el sol se escondía tras los montes Tehachapi a unos veinte kilómetros al oeste por detrás de nosotros. Eran los montes que recorrería al día siguiente. El pueblo de Mojave se halla a una altitud de casi 850 metros, y, sin embargo, tuve la sensación de encontrarme en el fondo de algo, en un lugar donde los carteles indicadores de las gasolineras, los restaurantes y los moteles se alzaban por encima del árbol más alto.

—Puedes parar aquí —dije al hombre que me había llevado desde Los Ángeles, señalando un letrero de neón antiguo que anunciaba MOTEL WHITE, con la palabra TELEVISIÓN de color amarillo arriba y la frase HAY HABITACIONES LIBRES en rosa abajo. Por el aspecto desgastado del edificio, supuse que era el establecimiento más barato del pueblo. Perfecto para mí.

—Gracias por el viaje —dije en cuanto nos detuvimos en el aparcamiento.

—De nada —respondió él, y me miró—. ¿Seguro que estarás bien?

—Sí —contesté con falso aplomo—. He viajado mucho sola.

Me apeé con mi mochila y dos enormes bolsas de plástico llenas. Mi intención había sido vaciar las bolsas y acomodar el contenido en la mochila antes de partir de Portland, pero no había tenido tiempo. Había llevado, pues, las bolsas. Ya lo organizaría todo en mi habitación.

—Suerte —dijo el hombre.

Lo vi alejarse. El aire caliente sabía a polvo; el pelo, agitado por el viento seco, se me metía en los ojos. El aparcamiento era una superficie de pequeños guijarros blancos fijados con cemento; el motel, una larga hilera de puertas y ventanas con cortinas raídas. Me eché la mochila a los hombros y cogí las bolsas. Se me hacía extraño tener solo eso. De pronto me sentí vulnerable, menos exultante de lo que había previsto. Había pasado los últimos seis meses imaginando ese momento, pero ahora que el momento había llegado —ahora que me hallaba a solo veinte kilómetros del propio SMP— se me antojaba menos vívido en la realidad que antes en la imaginación, como si estuviese en un sueño, como si mis pensamientos fuesen un líquido que fluía lentamente, impulsados más por la voluntad que por el instinto. «Entra —tuve que decirme antes de poder avanzar en dirección a la recepción del motel—. Pide una habitación.»

—Son dieciocho dólares —dijo la anciana que se hallaba detrás del mostrador. Con grosero énfasis, miró por encima de mí, hacia la puerta de cristal por la que yo acababa de entrar—. A menos que vaya acompañada. Para dos, es más caro.

—No voy acompañada —respondí, y me sonrojé; solo cuando decía la verdad me sentía como si mintiera—. Ese hombre solo me ha traído hasta aquí.

—De momento son dieciocho dólares, pues —contestó—, pero si al final tiene compañía, tendrá que pagar más.

—No tendré compañía —dije sin alterarme. Saqué un billete de veinte dólares del bolsillo del pantalón corto y lo deslicé sobre el mostrador hacia la mujer. Ella cogió el dinero y me entregó dos dólares y una ficha para rellenar, junto con un bolígrafo prendido de una cadena de cuentas—. Voy a pie, así que no puedo poner nada en el apartado del coche —dije, señalando el formulario. Sonreí, pero ella no me devolvió la sonrisa—. Además, en realidad no tengo señas. Estoy viajando, así que...

—Ponga la dirección a la que volverá —indicó.

—Es que ahí está el problema. No sé bien dónde viviré después porque...

—La de su familia, pues —atajó con aspereza—. Lo que considere su casa.

—De acuerdo —accedí, y anoté la dirección de Eddie, aunque en realidad mi trato con él en los cuatro años desde la muerte de mi madre había sido tan doloroso y distante que, en rigor, ya no podía considerarlo mi padrastro.

No tenía «casa», pese a que la que habíamos construido seguía en pie. Leif, Karen y yo estábamos inseparablemente unidos como hermanos, pero rara vez nos hablábamos o veíamos; nuestras vidas eran muy distintas. Paul y yo habíamos concluido el proceso de divorcio hacía un mes, tras una angustiosa separación de un año. Tenía amigos muy queridos a quienes a veces aludía como familia, pero los compromisos entre nosotros eran informales e intermitentes, más familiares de palabra que de hecho. «La sangre tira», decía siempre mi madre cuando yo era pequeña, un sentimiento que yo había puesto en duda a menudo. Pero al final dio igual si ella tenía razón o no. Mis dos hermanos se me habían escurrido entre los dedos.

—Aquí tiene —dije, empujando el formulario por el mostrador en dirección a la mujer. Ella tardó en volverse hacia mí. Estaba viendo la televisión en un pequeño aparato colocado en una mesa detrás del mostrador. El noticiario de la noche. Algo sobre el juicio de O. J. Simpson.

—¿Cree usted que es culpable? —preguntó sin apartar la mirada del televisor.

—Eso parece, pero aún es pronto para saberlo, supongo. Aún no tenemos toda la información.

—¡Claro que fue él! —vociferó la mujer.

Cuando por fin me dio la llave, atravesé el aparcamiento hasta una puerta en el extremo opuesto del edificio. La abrí y entré; dejé mis cosas y me senté en la mullida cama. Estaba en el desierto de Mojave, pero en la habitación se percibía una extraña humedad, un olor a moqueta mojada y lejía. En un rincón, una caja metálica blanca con rejilla cobró vida con un rugido: un climatizador evaporativo que expulsó àire helado durante unos minutos y luego se apagó con un tremendo tableteo que no hizo más que exacerbar mi sensación de inquietante soledad. Me planteé salir y buscarme compañía. Era algo tan fácil. Los años anteriores habían sido un sinfín de ligues de una noche, o de dos o de tres. Ahora me resultaban absurdos, toda esa intimidad con personas a quienes no quería. Aun así, ansiaba esa elemental sensación producida por la presión de un cuerpo contra el mío, sensación que anulaba todo lo demás. Me levanté de la cama para sacudirme ese anhelo, para apartar mis pensamientos de ese zumbido voraz: «Podría ir a un bar. Podría dejar que un hombre me invitara a una copa. Podríamos venir aquí en un abrir y cerrar de ojos».

A ese anhelo le siguió inmediatamente el impulso de telefonear a Paul. Ahora era mi exmarido, pero seguía siendo mi mejor amigo. Pese a lo mucho que me había distanciado de él en los años posteriores a la muerte de mi madre, también me había apoyado firmemente en él. En medio de mis angustiosas cavilaciones acerca de nuestro matrimonio, en su mayor parte silenciosas, habíamos tenido buenos momentos, habíamos sido, de maneras extrañamente reales, una «pareja feliz».

La caja metálica con rejilla del rincón volvió a encenderse y me planté delante, dejando que el aire helado me acariciase las piernas desnudas. Vestía la ropa que llevaba puesta desde que salí de Portland la noche anterior, todo recién estrenado. Era mi atuendo de excursionista, y con él me sentía un tanto ajena a mí misma, como la persona en la que aún no me había convertido. Calcetines de lana bajo un par de botas de montañismo de cuero con presillas metálicas. Pantalón corto azul marino provisto de imponentes bolsillos con cierre de velcro. Ropa interior de una tela especial de secado rápido y una sencilla camiseta blanca sobre un sujetador deportivo.

Esas prendas se contaban entre las muchas cosas para las que había ahorrado todo el invierno y la primavera, trabajando el mayor número de turnos posible en el restaurante donde servía mesas. Al comprarlas no me habían resultado ajenas. Pese a mis recientes incursiones en la tensa vida urbana, podría describírseme perfectamente como «amante de la vida al aire libre». Al fin y al cabo, había pasado la adolescencia curtiéndome en los bosques septentrionales de Minnesota. Mis vacaciones en fami-

45

lia siempre habían implicado alguna forma de acampada, al igual que mis viajes con Paul o sola o con amigos. Había dormido en la caja de mi furgoneta y acampado en parques y bosques nacionales innumerables veces. Pero ahora, allí, sin nada más que esa ropa a mano, de pronto me sentí una farsante. En los seis meses transcurridos desde que decidí recorrer el SMP, había mantenido al menos una docena de conversaciones en las que expliqué por qué ese viaje era una buena idea y lo idóneo que era semejante desafío para mí. Pero en ese momento, sola en mi habitación del motel White, supe que no podía negarse el hecho de que me hallaba en terreno resbaladizo.

—Tal vez primero deberías probar con un viaje más corto —había propuesto Paul varios meses antes, cuando le hablé sobre mi plan, durante una de nuestras discusiones acerca de si debíamos seguir juntos o divorciarnos.

—¿Por qué? —había preguntado yo, irritada—. ¿Crees que no soy capaz?

—No es eso —respondió él—. Es solo que nunca has hecho montañismo, que yo sepa.

—¡Sí que he hecho montañismo! —repliqué con indignación, aunque era verdad: no lo había hecho. A pesar de las muchas actividades que había llevado a cabo relacionadas, a mi juicio, con el montañismo, en realidad nunca me había adentrado en la naturaleza con una mochila y había pasado allí la noche. Ni una sola vez.

«¡Nunca he hecho montañismo!», pensé ahora con compungida jocosidad. De pronto miré la mochila y las bolsas de plástico que había acarreado desde Portland y que contenían todo aquello que aún no había sacado de sus envoltorios. Mi mochila era de color verde bosque con guarniciones negras; componían el cuerpo central tres amplios compartimentos con anchos bolsillos exteriores de malla y nailon que asomaban a cada lado como grandes orejas. Se sostenía en pie por propia voluntad, gracias a un único soporte de plástico que sobresalía a lo ancho de la base. El hecho de que se sostuviese en pie de ese modo en lugar de desplomarse a un lado, como otras mochilas, me procuraba un leve y extraño consuelo. Me acerqué a ella y toqué la parte superior como si acariciara la cabeza de un niño. Un mes antes me habían aconsejado encarecidamente que cargara mi mochila tal como lo haría para emprender mi viaje y que hiciera una excursión de prueba. Me había propuesto hacerlo antes de partir de Minneapolis, y luego volví a proponérmelo una vez en Portland. Pero no lo había hecho. Acabaría probándola al día siguiente, en mi primera jornada en el sendero.

Metí la mano en una de las bolsas de plástico y extraje un silbato de color naranja, en cuyo envoltorio se afirmaba que era el «más sonoro del mundo». Lo abrí y lo sostuve en alto por el cordón amarillo; luego me lo colgué al cuello, como una entrenadora. ¿Se suponía que debía llevarlo así por esos caminos? Se me antojó absurdo, pero qué sabía yo. Como tantas otras cosas, cuando compré el silbato más sonoro del mundo, no fue resultado de grandes reflexiones. Me lo saqué y lo até al armazón de la mochila, para que quedara suspendido por encima de mi hombro mientras caminaba. Allí lo tendría al alcance de la mano en caso de necesidad.

¿Lo necesitaría?, me pregunté mustiamente, lúgubre, a la vez que me desplomaba en la cama. Ya había pasado la hora de la cena, pero con mi nerviosismo no tenía apetito: la sensación de soledad era un incómodo ruido que me llenaba el estómago.

—Por fin has conseguido lo que querías —había dicho Paul hacía diez días cuando nos despedimos en Minneapolis.

—¿Y qué quería? —pregunté.

—Estar sola —contestó, y sonrió, pero yo me limité a mover la cabeza en un gesto de incertidumbre.

Era lo que yo quería, sí, aunque no se reducía al mero hecho de estar «sola». En lo referente al amor, mis necesidades, por lo visto, no tenían explicación. El final de mi matrimonio fue un largo proceso que se inició con una carta llegada una semana después de la muerte de mi madre, si bien el principio se remontaba más allá.

La carta no era para mí. Era para Paul. Pese a lo reciente que era mi dolor, nada más ver el remite irrumpí en nuestra habitación rebosante de entusiasmo y se la entregué. Era de la New School de Nueva York. En otra vida —solo tres meses antes, en los días previos al diagnóstico de cáncer de mi madre— yo había ayudado a Paul a solicitar una plaza para un doctorado de filosofía política. A mediados de enero, la idea de vivir en Nueva York se me había antojado lo más apasionante del mundo. Pero ahora, a finales de marzo —cuando él abrió la carta y exclamó que lo habían aceptado, cuando lo abracé y actué en todos los sentidos como si celebrara la buena noticia—, sentí que me escindía en

47

dos. Estaba, por un lado, la mujer que yo era antes de morir mi madre y, por otro, la que era ahora, en cuya superficie se veía la marca de mi antigua vida como un moretón. Mi verdadero yo se hallaba en un estrato inferior, palpitando bajo todo aquello que antes creía saber. Que yo obtendría la licenciatura en junio y al cabo de un par de meses nos marcharíamos. Que alquilaríamos un apartamento en el East Village o en Park Slope, lugares que solo conocía por la lectura y la imaginación. Que llevaría vistosos ponchos, adorables gorros de lana y modernas botas mientras daba mis primeros pasos como escritora a la manera romántica y desharrapada de muchos de mis héroes y heroínas literarios.

Ahora todo eso era imposible, al margen de lo que dijera la carta. Mi madre había muerto. Mi madre había muerto. Mi madre había muerto. Todo lo que en otro tiempo había imaginado acerca de mí había desaparecido por el resquicio abierto cuando ella exhaló su último aliento.

No podía marcharme de Minnesota. Mi familia me necesitaba. ¿Quién ayudaría a Leif a acabar de madurar? ¿Quién estaría al lado de Eddie en su soledad? ¿Quién prepararía la cena de Acción de Gracias y mantendría las tradiciones de nuestra familia? Alguien debía conservar unido lo que quedaba de nuestra familia. Y ese alguien tenía que ser yo. Eso se lo debía a mi madre.

—Tendrás que ir sin mí —le dije a Paul mientras él sostenía aún la carta.

Y lo repetí una y otra vez en nuestras conversaciones de las siguientes semanas, cada vez más convencida. Parte de mí sentía terror ante la idea de que él me dejara; otra parte lo deseaba desesperadamente. Si se marchaba, la puerta de nuestro matrimonio se cerraría por sí sola sin necesidad de que yo tuviera que hacerlo de una patada. Quedaría libre y no tendría la culpa de nada. Yo lo quería, pero, en el ímpetu de mis diecinueve años, me había precipitado al casarme con él; no estaba ni remotamente preparada para comprometerme con otra persona, por encantadora que fuese. Pese a que me habían atraído otros hombres desde poco después de casarnos, los había mantenido a raya. Pero ahora eso me era imposible. El dolor me impedía contenerme. Se me habían negado demasiadas cosas, argumenté. ¿Por qué negarme también a mí misma?

Mi madre llevaba muerta una semana cuando besé a otro hombre. Y a otro una semana más tarde. No había ido más allá con ellos ni con los siguientes —me había jurado no cruzar una línea sexual que tenía cierto sentido para mí—; aun así, sabía que no estaba bien engañar y mentir. Me sentía atrapada en mi propia incapacidad para abandonar a Paul o serle fiel, así que esperé a que él me abandonara a mí, que se fuera solo a su doctorado, aunque, por supuesto, él se negó.

Postergó su admisión durante un año y nos quedamos en Minnesota para que yo pudiera permanecer cerca de mi familia, pese a que mi proximidad en el año posterior a la muerte de mi madre de poco sirvió. Como se vio, no fui capaz de mantener unida a mi familia. Yo no era mi madre. Solo después de su muerte tomé conciencia de quién era ella: una fuerza al parecer mágica en el centro de la familia en cuya poderosa órbita girábamos todos invisiblemente. Sin ella, Eddie poco a poco se convirtió en un desconocido. Leif, Karen y yo nos alejamos a la deriva, cada uno hacia su propia vida. Pese a mis esfuerzos para conseguir que las cosas fueran de otro modo, al final también yo tuve que aceptarlo: sin mi madre, no éramos lo que habíamos sido; éramos cuatro personas flotando por separado entre los restos del naufragio de nuestro dolor, unidos solo por una finísima cuerda. Nunca preparé esa cena de Acción de Gracias. Cuando llegó el día, ocho meses después de morir mi madre, mi familia era algo de lo que yo hablaba en pasado.

Así que cuando por fin Paul y yo nos trasladamos a Nueva York un año después de lo previsto, me alegré de marcharme. Allí podía partir de cero. Dejaría de tontear con hombres. Dejaría atrás mi honda aflicción. Dejaría de expresar mi rabia por la pérdida de mi familia. Sería una escritora que vivía en Nueva York. Iría de aquí para allá con botas modernas y un adorable gorro de lana.

No fue así. Yo era quien era: la misma mujer que palpitaba bajo el moretón de su antigua vida; solo que ahora estaba en otro sitio.

De día, escribía cuentos; de noche, servía mesas y me besaba con uno de los dos hombres con quienes «no cruzaba la línea» simultáneamente. Solo llevábamos un mes en Nueva York cuando Paul abandonó el doctorado y decidió que quería tocar la guitarra. Al cabo de seis meses nos marchamos definitivamente. Volvimos por un breve tiempo a Minnesota antes de iniciar un viaje por carretera de varios meses a lo largo y ancho del oeste, trabajando aquí y allá, trazando un amplio círculo que incluyó el Gran Ca-

49

ñón y el valle de la Muerte, Big Sur y San Francisco. Al acabar el viaje, a finales de la primavera, aterrizamos en Portland y encontramos empleos en restaurantes; primero nos alojamos en el pequeño apartamento de mi amiga Lisa y luego en una granja a quince kilómetros de la ciudad, donde —a cambio de cuidar de una cabra, un gato y una nidada de exóticas gallináceas de caza— vivimos sin pagar alquiler durante el verano. Sacamos el futón de la furgoneta y dormimos en la sala de estar bajo una ventana grande y ancha que daba a un avellanar. Dimos largos paseos y cogimos moras e hicimos el amor. «Puedo conseguirlo —pensé—. Puedo ser la mujer de Paul.»

Pero una vez más me equivoqué. Únicamente podía ser quien, por lo visto, tenía que ser. Solo que ahora era así todavía más. Ni siquiera recuerdo a la mujer que fui antes de escindirse mi vida. Cuando vivía en esa pequeña granja de las afueras de Portland, pocos meses después del segundo aniversario de la muerte de mi madre, ya no me preocupaba cruzar la línea. Cuando Paul aceptó un empleo en Minneapolis que lo obligó a regresar a Minnesota mientras nos dedicábamos aún al trabajo provisional de cuidar gallináceas exóticas, yo me quedé en Oregón y me follé al exnovio de la dueña de las gallináceas exóticas, y luego me follé a un cocinero del restaurante donde había encontrado un puesto de camarera. También me follé a un fisioterapeuta que me dio un trozo de tarta de plátano y un masaje gratis. A los tres en el plazo de cinco días.

Me pareció que así debía de sentirse la gente que se infligía cortes aposta. No era bonito, pero sí limpio. No era bueno, pero no generaba arrepentimiento. Yo intentaba cerrar mis heridas. Intentaba expulsar lo malo de mi organismo para volver a ser buena. Curarme de mí misma. A finales del verano, cuando regresé a Minneapolis para vivir con Paul, creía haberlo conseguido. Pensaba que era distinta, mejor, «terminada». Durante un tiempo así fue, y permanecí fiel todo el otoño y hasta entrado el nuevo año. Entonces tuve otra aventura. Supe que estaba al final de una etapa. Ya no me soportaba a mí misma. Había llegado el momento de pronunciar ante Paul las palabras que desgarrarían mi vida: no que no lo quisiera, sino que necesitaba estar sola, aunque no sabía por qué.

Mi madre había muerto hacía tres años.

Cuando dije todo lo que tenía que decir, los dos nos desplomamos en el suelo y sollozamos. Al día siguiente, Paul se marchó de casa. Poco a poco comunicamos a nuestros amigos que nos separábamos. Esperábamos poder superarlo, dijimos. Eso no significaba que fuéramos a divorciarnos. Al principio, los demás mostraron incredulidad: parecíamos muy «felices», dijeron todos. Luego se enfurecieron, no con nosotros, sino conmigo. Una de mis mejores amigas cogió una fotografía mía que tenía enmarcada, la rompió por la mitad y me la mandó por correo. Otra besó a Paul. Cuando me mostré dolida y celosa por eso, otra amiga me dijo que eso era lo que me merecía: probar mi propia medicina. En rigor no podía discrepar, y, aun así, se me partió el corazón. Tumbada sola en nuestro futón, casi tuve la sensación de levitar a causa del dolor.

Tres meses después de separarnos, seguíamos en un torturante estado de espera. Yo no deseaba ni volver con Paul ni divorciarme. Quería ser dos personas para poder hacer ambas cosas. Paul salía con varias mujeres, pero de pronto yo era célibe. Ahora que había destrozado mi matrimonio por el sexo, nada había más lejos de mi cabeza que el sexo.

—Tienes que salir por piernas de Minneapolis —me aconsejó mi amiga Lisa durante una de nuestras acongojadas conversaciones nocturnas. Y añadió—: Ven a verme a Portland.

Al cabo de menos de una semana dejé mi empleo de camarera, cargué la furgoneta y me marché hacia el oeste, y recorrí la misma ruta que realizaría un año después para acceder al Sendero del Macizo del Pacífico.

Cuando llegué a Montana, supe que había hecho bien: kilómetros y kilómetros de amplio paisaje verde frente a mi parabrisas, y el cielo se extendía aún a mayor distancia. La ciudad de Portland titilaba más allá, todavía fuera del alcance de la vista. Sería mi cautivadora huida, aunque solo por un breve tiempo. Allí dejaría mis problemas atrás, pensaba.

Pero, a la hora de la verdad, encontré más.

3

Encorvada en una postura mínimamente erguida

Cuando desperté a la mañana siguiente en mi habitación del motel White, me duché y me quedé desnuda ante el espejo, observándome solemnemente mientras me cepillaba los dientes. Intenté sentir algo cercano a la emoción, pero solo experimenté un sombrío desasosiego. De vez en cuando era capaz de verme a mí misma —verme a mí misma de verdad—, y entonces una frase, atronando como un dios, irrumpía en mi cabeza; ese día, cuando me vi ante aquel espejo desazogado, las palabras que me asaltaron fueron: «la mujer del agujero en el corazón». Esa era yo. Por eso había anhelado compañía la noche anterior. Por eso estaba allí, desnuda en un motel, con la descabellada idea de caminar sola durante tres meses por el SMP. Dejé el cepillo de dientes, me incliné hacia el espejo y me miré a los ojos. Percibí que me desintegraba por dentro como una flor marchita a merced del viento. Cada vez que movía un músculo, perdía otro pétalo. «Por favor —pensé—. Por favor.»

Me acerqué a la cama y contemplé mi equipo de excursionismo. Lo había dispuesto cuidadosamente antes de entrar en la ducha, tal como hacía mi madre para mí el primer día de colegio en mi infancia. Cuando me puse el sujetador y la camiseta, las pequeñas costras que bordeaban aún mi reciente tatuaje se quedaron prendidas en la manga de la camiseta y las separé con delicadeza. Era mi único tatuaje: un caballo azul en el deltoides izquierdo. Paul tenía uno igual. Nos los habíamos hecho juntos en honor de nuestro divorcio, que era definitivo desde hacía solo un mes. Ya no estábamos casados, pero los tatuajes nos parecían prueba de nuestro eterno lazo.

Deseé telefonear a Paul aún con mayor desesperación que la

noche anterior, pero no me lo permití. Él me conocía demasiado bien. Captaría la aflicción y la vacilación en mi voz y adivinaría que no se debían solo al nerviosismo antes de iniciar el recorrido por el SMP. Sabría que yo tenía algo que decir.

Me puse los calcetines y me até los cordones de las botas, me aproximé a la ventana y aparté la cortina. El sol se reflejaba en las piedras blancas del aparcamiento con un brillo cegador. Enfrente había una gasolinera, un buen sitio, supuse, desde donde hacer autostop para llegar al SMP. Cuando solté la cortina, la habitación volvió a quedar en penumbra. Me gustaba así, como un capullo exento de todo peligro que nunca tendría que abandonar, pese a saber que no era el caso. Eran las nueve de la mañana y fuera ya hacía calor; en el rincón, la caja blanca con rejilla cobró vida y lanzó su rugido ventoso. Pese a todo lo que parecía indicar que no iría a ninguna parte, yo tenía un sitio donde estar: era mi primer día en el SMP.

Abrí los compartimentos de la mochila y lo saqué todo, y eché a la cama un objeto tras otro. Cogí las bolsas de plástico y las vacié también. A continuación contemplé la pila. Era lo que acarrearía durante los siguientes tres meses.

Había una bolsa de compresión azul con la ropa que no llevaba puesta —un pantalón de forro polar, una camiseta térmica de manga larga, un grueso anorak de forro polar con capucha, dos pares de calcetines de lana y dos bragas, un par de guantes finos, una gorra para el sol, un gorro de forro polar y un pantalón impermeable— y otra bolsa más robusta llamada «bolsa estanca», llena hasta los topes de comida, toda la que necesitaría durante los siguientes catorce días, hasta llegar a mi primera parada de reaprovisionamiento en un lugar llamado Kennedy Meadows. Había un saco de dormir; una silla plegable que, desmontada, hacía las veces de colchoneta; una linterna frontal para llevar en la cabeza como los mineros, y cinco correas elásticas. Había un depurador de agua, un pequeño hornillo abatible, una botella alta de aluminio con gasolina y un diminuto encendedor rosa. Había un cazo de escaso diámetro dentro de otro mayor, utensilios que se plegaban por la mitad y un par de sandalias deportivas baratas que me proponía usar en el campamento al final del día. Había una toalla sintética de secado rápido, un llavero con termómetro, una lona y un tazón térmico de plástico con asa. Había un kit para las picaduras de serpiente y una navaja suiza, unos prismáticos en miniatura en una

53

funda de piel de imitación con cremallera y un rollo de cuerda de color fosforescente, una brújula que aún no sabía utilizar y un libro para aprender a usarla titulado *Staying Found* ('permanecer localizado'), que había previsto leer en el avión a Los Ángeles, cosa que no hice. Había un botiquín de primeros auxilios en un inmaculado estuche rojo de lona que se cerraba con un clic, un rollo de papel higiénico en una bolsa con cierre hermético y una paleta de acero inoxidable provista de su propia funda negra en la que se leía «U-Dig-It» ('clave usted mismo'). Había una pequeña bolsa con artículos de aseo y objetos personales que pensaba que necesitaría a lo largo del camino: champú y acondicionador, jabón y crema hidratante y desodorante, tijeras para uñas y repelente para insectos y protector solar, un cepillo para el pelo y una esponja menstrual natural, y un tubo de protector labial impermeable. Había una linterna y un farolillo metálico con una vela votiva dentro y una de repuesto y una sierra plegable —para qué, lo ignoraba— y una bolsa de nailon verde que contenía mi tienda. Había dos cantimploras de plástico de dos litros y una bolsa dromedario con capacidad para diez litros de agua; un rebujo de nailon que, desplegado, se convertía en una funda para la mochila en caso de lluvia, y una bola de Gore-Tex que, extendida, se convertía en chubasquero. Había cosas que llevaba por si las otras fallaban. Pilas de repuesto, una caja de cerillas a prueba de agua, una manta isotérmica. Y un frasco de comprimidos de yodo. Había dos bolígrafos y, además de *Staying Found*, otros tres libros: *El Sendero del Macizo del Pacífico. Volumen I: California* (la guía que me había inducido a emprender ese viaje, escrita por cuatro autores que hablaban con voz tranquila pero severa sobre los rigores y recompensas del sendero); *Mientras agonizo*, de William Faulkner; *The Dream of a Common Language*, de Adrienne Rich. Había un bloc de dibujo de doscientas hojas, de veinte por veintisiete centímetros y tapa dura, que usaba como diario, y una bolsa hermética con mi carné de conducir y unos pocos billetes, sellos de correos y un pequeño cuaderno de espiral con las direcciones de amigos anotadas en unas cuantas páginas. Había una cámara Minolta X-700 de 35 milímetros de categoría profesional y gran tamaño, con un zoom acoplable por separado y un flash, también acoplable, independiente, y un pequeño trípode plegable, todo lo cual iba dentro de un estuche acolchado del tamaño de un balón de fútbol.

Y no es que yo fuera fotógrafa.

En los meses anteriores había visitado una docena de veces una tienda de actividades al aire libre de Minneapolis llamada REI, para adquirir buena parte de esos objetos, cosa que en muy pocos casos fue una operación sencilla. Incluso la compra de una cantimplora sin analizar antes a fondo la más avanzada tecnología en cantimploras era un disparate, como pronto descubrí. Debían tenerse en cuenta los pros y los contras de los distintos materiales, así como las investigaciones existentes en torno al diseño. Y esa fue solo la más insignificante y simple de las compras que tuve que hacer. El resto del equipo necesario era aún más complejo, comprendí después de consultar con los hombres y mujeres de REI, quienes esperanzadamente me preguntaban si podían ayudarme siempre que me veían ante los expositores de hornillos ultraligeros o paseando entre las tiendas de campaña. Dichos empleados eran de distintas edades y actitudes, y estaban especializados en diversas áreas en lo que se refiere a aventuras en la naturaleza, pero lo que tenían en común es que, del primero al último, podían hablar de equipo, con interés y capacidad de matización, durante un periodo de tiempo tan asombrosamente largo que al final me deslumbraban. Les «preocupaba» si mi saco de dormir tenía cremallera con protección antibloqueo y almohadillado facial que permitiera ajustar cómodamente la capucha sin estorbar la respiración. Se «complacían» con el hecho de que mi depurador de agua tuviese un elemento de fibra de vidrio acanalada para proporcionar mayor superficie. Y de algún modo me contagiaban sus conocimientos. Cuando tomé la decisión de qué mochila comprar —una Gregory híbrida de gama alta con un armazón externo que, según se afirmaba, poseía el equilibrio y la agilidad de un armazón interno—, tuve la sensación de que me había convertido en una experta mochilera.

Solo tomé conciencia, con profunda humildad, de que no lo era cuando, en mi habitación del motel de Mojave, me quedé mirando ese equipo apilado en la cama, elegido tan meticulosamente.

Abriéndome paso entre la montaña de objetos, los encajoné y apretujé y comprimí en todos los espacios disponibles de la mochila hasta que ya no cabía nada más. Tenía previsto utilizar las correas elásticas para sujetar la bolsa de comida, la tienda, la lona, la bolsa de ropa y la silla plegable que hacía las veces de colchoneta en el exterior de la mochila —en los espacios del ar-

55

mazón externo destinados a tal fin—, pero a esas alturas empezaba a ser evidente que también otras cosas tendrían que quedarse fuera. Tensé las correas elásticas en torno a todo aquello que tenía pensado sujetar así y luego ensarté en ellas unas cuantas cosas más: las tiras de mis sandalias, el estuche de la cámara, el asa del tazón térmico y la empuñadura del farolillo. Prendí la paleta metálica, dentro de su funda con el rótulo «U-Dig-It», al cinturón de la mochila y colgué el llavero que era un termómetro de una de las cremalleras.

Cuando terminé, me senté en el suelo, sudorosa por el esfuerzo, y contemplé plácidamente mi mochila. Recordé entonces una última cosa: el agua.

Había decidido empezar mi andadura en aquel punto en concreto porque, calculaba, desde allí tardaría unos cien días en llegar a Ashland, Oregón, el lugar donde inicialmente había previsto concluir mi viaje, porque había oído hablar bien del pueblo y pensaba que quizá me gustaría quedarme allí a vivir. Meses atrás, había recorrido con el dedo el mapa en dirección al sur, sumando kilómetros y días, y me había detenido en el paso de Tehachapi, donde el SMP cruza la carretera estatal 58, en el ángulo noroccidental del desierto de Mojave, no muy lejos de la localidad del mismo nombre. Hasta un par de semanas antes de partir no caí en la cuenta de que iniciaría mi andadura en uno de los tramos más secos del sendero, una de las partes donde ni siquiera los montañeros más rápidos, fogueados y en forma eran siempre capaces de ir de una fuente de agua a la siguiente en un solo día. Para mí, sería imposible. Tardaría dos días en llegar a la primera fuente de agua, a veinticinco kilómetros del punto de partida de mi recorrido, supuse, de modo que debía llevar una cantidad suficiente para cubrir esa distancia.

Llené mis cantimploras de dos litros en el lavabo del cuarto de baño y las metí en los bolsillos de malla laterales de la mochila. Saqué mi bolsa dromedario del compartimento principal de la bolsa, donde la había metido, y la llené: diez litros. El agua, como después supe, pesa aproximadamente un kilo por litro. Ignoro cuánto pesaba mi mochila aquel primer día, pero sí sé que el agua por sí sola suponía acarrear con unos catorce kilos. Y catorce kilos poco manejables. La bolsa dromedario era como un globo de agua achatado y descomunal, que chapoteó y se retorció y se me resbaló de las manos y rodó por el suelo cuando intenté sujetarla a la mochila. La bolsa estaba orlada de tiras en forma de malla; con gran esfuerzo pasé las correas elásticas por debajo de ellas, tratando de sujetar al mismo tiempo el estuche de la cámara y las sandalias y el tazón térmico y el farolillo, hasta que, de pura frustración, saqué el tazón y lo lancé al otro extremo de la habitación.

Finalmente, cuando todo lo que iba a llevar se hallaba en el sitio donde necesitaba llevarlo, me sumí en un silencio absoluto. Estaba lista para empezar. Me puse el reloj, me colgué al cuello las gafas de sol por medio de su cordón de neopreno rosa, me calé la gorra y miré la mochila. Era a la vez enorme y compacta, intimidatoriamente autónoma y a su manera adorable. Poseía algo de animado; en su compañía, no me sentía del todo sola. Derecha, me llegaba a la cintura. La agarré y me agaché para levantarla.

No se movió.

Me acuclillé, agarré el armazón más firmemente y volví a intentarlo. Tampoco se movió. Ni un centímetro. Traté de levantarla con las dos manos, apuntalando las piernas, rodeándola con los dos brazos, con todo mi aliento y mi fuerza y mi voluntad, con todo lo que había dentro de mí. Aun así, no hubo manera. Era exactamente como pretender levantar un Escarabajo Volkswagen. Se la veía tan mona, tan «a punto» para ser levantada y, sin embargo, era imposible hacerlo.

Me senté en el suelo junto a ella y analicé la situación. ¿Cómo iba a acarrear una mochila a lo largo de dos mil kilómetros por escabrosas montañas y áridos desiertos si no podía desplazarla siquiera dos centímetros en una habitación de motel con aire acondicionado? La idea era delirante, y, aun así, «debía» levantar esa mochila. Ni siquiera se me había pasado por la cabeza la posibilidad de que fuera incapaz. Había pensado simplemente que si reunía todo aquello que necesitaba para el viaje, sería capaz de cargar con el peso total. Cierto era que los empleados de REI, en sus soliloquios, habían mencionado con frecuencia el peso, pero yo no había prestado mucha atención. Por entonces me parecía que había otras cosas más importantes que tener en cuenta. Como si un almohadillado facial permitía ajustar cómodamente la capucha sin estorbar la respiración.

Pensé qué podía sacar de la mochila, pero cada objeto me pareció tan obviamente imprescindible y tan necesario en caso de emergencia que no me atreví a prescindir de nada. Tenía que intentar cargar con la mochila tal como estaba.

57

Así que, con brío, me senté en la moqueta, situé el trasero justo delante de la mochila, introduje los brazos en las hombreras y me abroché la correa del esternón ante el pecho. Respiré hondo y empecé a balancearme hacia atrás y hacia delante para cobrar impulso, hasta que por fin me arrojé al frente con toda mi alma y conseguí quedar a cuatro patas. La mochila no estaba ya en el suelo. Estaba sujeta a mí oficialmente. Aún me parecía un Escarabajo Volkswagen, solo que ahora me parecía un Escarabajo Volkswagen aparcado en mi espalda. Permanecí así durante un momento, procurando mantener el equilibrio. Poco a poco, coloqué como pude los pies debajo del cuerpo y simultáneamente escalé por el aparato metálico de refrigeración con las manos hasta quedar lo bastante recta para levantar la mochila en peso muerto. El armazón chirrió cuando me erguí, padeciendo también él el esfuerzo por el tremendo peso. Cuando por fin conseguí ponerme de pie —es decir, encorvada en una postura mínimamente erguida—, tenía en las manos la rejilla metálica del aparato de refrigeración, que en mis esfuerzos había desprendido sin querer.

No podía siquiera intentar acoplarla de nuevo. El lugar donde encajaba se hallaba a solo unos centímetros fuera de mi alcance, pero esos centímetros eran totalmente inaccesibles. Dejé la rejilla apoyada en la pared, me abroché el cinturón de la cadera y me desplacé por la habitación, tambaleándome y oscilando, desviándose mi centro de gravedad en cualquier dirección por poco que me inclinara. La carga se me hincaba dolorosamente en los hombros, así que me ceñí más y más el cinturón de la cadera, procurando equilibrar el peso, estrujándome la cintura de tal modo que la carne sobresalía a ambos lados. Mi mochila descollaba como una repisa por detrás de mí, y se elevaba varios centímetros por encima de mi cabeza, y me atenazaba como un torno hasta la rabadilla. Resultaba francamente incómodo; sin embargo, quizá fuera así como se sentía un mochilero.

Yo no lo sabía.

Solo sabía que había llegado el momento de ponerse en marcha, así que abrí la puerta y salí a la luz del día.

SEGUNDA PARTE

HUELLAS

Las palabras son propósitos.
Las palabras son mapas.
«Zambullirse en el naufragio»
ADRIENNE RICH

¿Me aceptarás como soy?
¿Lo harás?
JONI MITCHELL, *California*

4

El Sendero del Macizo del Pacífico.
Volumen I: California

*H*abía hecho muchas tonterías y cosas peligrosas en mi vida, pero pedir a un desconocido que me llevara en coche no era aún una de ellas. Los autostopistas eran víctimas de atrocidades, yo lo sabía, y más en el caso de mujeres solas. Las violaban y decapitaban. Las torturaban y las dejaban abandonadas para que murieran. Pero mientras iba del motel White a la gasolinera cercana, no podía permitir que esos pensamientos me distrajeran. A menos que estuviera dispuesta a caminar diecinueve kilómetros por el ardiente arcén de la carretera para llegar al sendero, necesitaba que me llevaran.

Además, el autostop era aquello a lo que los excursionistas recurrían en el SMP de vez en cuando, así de sencillo. Y yo era una excursionista en el SMP, ¿o no? ¿O no?

Sí.

El Sendero del Macizo del Pacífico. Volumen I: California explicaba el proceso con su habitual ecuanimidad. En algunos lugares, el SMP cruzaba una carretera, y a varios kilómetros por esa carretera estaba la oficina de correos adonde uno había enviado la caja de comida y provisiones necesarias para el siguiente tramo del sendero. El autostop era la única solución práctica cuando se trataba de ir a por esas cajas y regresar al sendero.

Me detuve junto a las máquinas de refrescos adosadas al exterior de la gasolinera, y desde allí observé a la gente que iba y venía, con la esperanza de intuir quién no entrañaba el menor peligro nada más verlo, haciendo, entre tanto, acopio de valor para acercarme al elegido. Me fijé en hombres viejos de pelo blanqueado por el desierto con sombreros de vaquero, en familias cuyos coches ya iban llenos, y en adolescentes que se detenían con la música a todo volumen y las ventanas abiertas. Nadie en particular tenía aspecto de asesino o violador, pero tampoco había nadie en particular que no lo tuviese. Compré una lata de Coca-Cola y la bebí aparentando una naturalidad que se contradecía con el hecho de que no podía permanecer debidamente erguida a causa del increíble peso cargado sobre mi espalda. Al final, tuve que actuar. Eran casi las once, y el día avanzaba firmemente hacia el calor de un día de junio en el desierto.

Se detuvo un monovolumen con matrícula de Colorado y se apearon dos hombres. Uno era más o menos de mi edad, el otro tendría algo más de cincuenta años. Me acerqué a ellos y les pregunté si podían llevarme. Vacilaron y cruzaron una mirada, y en sus expresiones se reveló que estaban unidos en la tácita búsqueda de una razón para negarse. Así que seguí hablando y, a trompicones, expliqué mi propósito de llegar al SMP.

—Claro —dijo por fin el de mayor edad con manifiesta reticencia.

—Gracias —gorjeé con voz de niña.

Cuando avancé con paso inestable hacia la gran puerta lateral del monovolumen, el más joven me la abrió. Miré el interior, y, de repente, me di cuenta de que no tenía la menor idea de cómo iba a arreglármelas para subir al vehículo. No podía siquiera intentar entrar con la mochila a hombros. Tendría que quitármela, pero ¿cómo? Si desabrochaba las hebillas que la mantenían sujeta en torno a mi cintura y mis hombros, me sería imposible evitar que se me desprendiera con tal violencia que podía arrancarme los brazos.

—¿Te echo una mano? —preguntó el joven.

—No, está todo bajo control —contesté con un tono de falsa serenidad.

La única posibilidad que se me ocurrió fue volverme de espaldas al monovolumen, acuclillarme para sentarme en el hueco de la puerta corredera, agarrada al borde de esta, y dejar que la mochila quedara apoyada en el suelo del coche detrás de mí. Fue todo un alivio. Desabroché las correas de la mochila y, con cuidado, me desprendí de ella sin volcarla. A continuación, me di media vuelta para entrar en el monovolumen y sentarme al lado.

Los hombres se mostraron más cordiales en cuanto estuvimos en camino, rumbo al oeste a través del árido paisaje formado por arbustos resecos y, a lo lejos, pálidas montañas. Eran un padre y un hijo que vivían en una zona residencial en las afueras de Denver, y que iban de camino a una ceremonia de graduación en San Luis Obispo. Al cabo de no mucho tiempo, apareció un indicador que anunciaba el paso de Tehachapi y el hombre de mayor edad redujo la velocidad y se detuvo a un lado de la carretera. El más joven salió y me abrió la enorme puerta. Yo confiaba en ponerme la mochila de la misma manera que me la había quitado, acuclillándome junto a la puerta y aprovechando la altura del suelo del monovolumen. Pero el hombre, sin darme tiempo a salir, sacó la mochila y la dejó caer pesadamente en el suelo de grava del arcén. Cayó con tal fuerza que temí que se reventara la bolsa dromedario. Me apeé, volví a colocarla en posición vertical y le sacudí el polvo.

—¿Estás segura de que puedes levantar eso? —preguntó—. Porque yo apenas puedo.

—Claro que sí —respondí.

Se quedó allí inmóvil, como si esperara a que se lo demostrase.

—Gracias por traerme —dije, deseando que se marchara para que no presenciara mi humillante número de la operación de carga de la mochila.

Asintió y corrió la puerta del monovolumen.

—Cuídate.

—Eso haré —respondí, y lo observé subirse al coche.

Cuando se alejaron, me quedé junto a la silenciosa carretera. Pequeñas nubes de polvo se levantaban en arremolinadas ráfagas bajo el resplandeciente sol del mediodía. Me hallaba en una elevación de casi mil doscientos metros, rodeada por los cuatro costados de montañas de color beis y aspecto yermo salpicadas de matas de artemisa, árboles de Josué y chaparral de un metro de altura. Estaba en el límite occidental del desierto de Mojave y en las estribaciones meridionales de Sierra Nevada, la vasta cordillera que se extendía hacia el norte a lo largo de más de seiscientos cincuenta kilómetros, hasta el Parque Nacional Volcánico del Lassen, donde se unía a la cadena de las Cascadas, que nacía en el norte de California, atravesaba Oregón y Washington y terminaba más allá de la frontera canadiense. Esas dos cordilleras serían mi mundo durante los siguientes tres meses; sus picos, mi hogar. En un poste de una cerca más allá de la cuneta alcancé a ver un cartel metálico del tamaño de la palma de una mano donde se leía SENDERO DEL MACIZO DEL PACÍFICO.

63

Ya había llegado. Por fin podía ponerme en marcha.

Se me ocurrió que ese sería el momento perfecto para tomar una fotografía, pero sacar la cámara de la mochila, con la consiguiente retirada de correas elásticas y parte del equipo, implicaría tal trajín que no me atreví siquiera a intentarlo. Además, para salir yo misma en la foto, tendría que encontrar una superficie donde poner la cámara a fin de activar el temporizador y colocarme en mi sitio antes de que se disparara, y no vi en las inmediaciones nada muy prometedor. Incluso el poste de la cerca al que estaba prendido el cartel del SMP parecía demasiado reseco y frágil. Así pues, opté por sentarme en el suelo de espaldas a mi mochila, tal como había hecho en la habitación del motel, y me la coloqué como pude en los hombros; luego, a cuatro patas, llevé a cabo la maniobra del peso muerto y me levanté.

Eufórica, nerviosa, encorvada en una postura mínimamente erguida, me abroché y ceñí la mochila y, tambaleante, di los primeros pasos por el sendero hasta una caja metálica marrón clavada a otro poste de la cerca. Cuando abrí la tapa, vi dentro un cuaderno y un bolígrafo. Era el registro del sendero, que mencionaba mi guía. Escribí mi nombre y la fecha, y leí los nombres y anotaciones de los excursionistas que habían pasado por allí en las semanas anteriores, casi todos hombres que viajaban de dos en dos. No había ninguna mujer sola. Me quedé allí un rato más, henchida de emoción, hasta que caí en la cuenta de que no había nada que hacer salvo ponerse en marcha, y eso hice.

El sendero enfilaba en dirección este y discurría paralelo a la carretera durante un tiempo, descendiendo por torrenteras rocosas y ascendiendo de nuevo. «¡La excursión ha empezado!», pensé. Y luego: «Voy de excursión por el Sendero del Macizo del Pacífico». Fue ese mismo acto, el de ir de excursión, lo que me convencía de que un viaje así era una empresa razonable. Al fin y al cabo, ¿qué es ir de excursión sino andar? «¡Yo ando!», aduje cuando Paul me expresó su preocupación por el hecho de que en realidad yo nunca había practicado el montañismo. Andaba sin cesar. Andaba durante horas interminables en mi trabajo de camarera. Andaba en las ciudades donde vivía y en las que visitaba. Andaba unas veces por placer y otras con un objetivo. Todo eso era cierto. Pero, tras andar un cuarto de hora por el SMP, quedó claro que yo nunca había andado en montañas desérticas a principios de junio con una mochila a la espalda que pesaba considerablemente más de la mitad que yo, cosa que, como se vio, no tiene nada que ver con andar; cosa que, de hecho, se parece más al infierno que a andar.

Empecé a jadear y a sudar de inmediato, y a medida que el sendero doblaba hacia el norte y comenzaba a ascender en lugar de seguir un curso ondulante, mis botas y mis pantorrillas se fueron cubriendo de polvo. Cada paso era un esfuerzo soberano conforme subía y subía, salvo por algún que otro breve descenso, que no era tanto un respiro del infierno como otra clase de infierno, porque me veía obligada a apuntalarme a cada paso, por miedo a que la fuerza de gravedad me catapultara hacia delante, y me cayera con aquel peso tremendo e incontrolable. Tenía la sensación de que más que llevar la mochila unida a mí, era yo quien iba unida a la mochila, como un edificio con extremidades, desprendida de mis cimientos y precipitándome a través de aquel paraje agreste.

Al cabo de cuarenta minutos, la voz dentro de mi cabeza gritaba: «¿En qué me he metido?». Procuré hacer caso omiso, tararear mientras avanzaba, pese a lo difícil que resultaba tararear a la vez que jadeaba y gemía de sufrimiento e intentaba mantenerme encorvada en esa postura mínimamente erguida sin dejar de impulsarme hacia delante; me sentía como un edificio con piernas. Así que sencillamente traté de concentrarme en lo que oía —el ruido sordo de mis pisadas en el sendero seco y rocoso, el chacoloteo de las frágiles hojas y ramas de los arbustos bajos entre los que pasaba, movidas por el viento caliente—, pero era imposible. El clamor de «¿En qué me he metido?» era un grito poderoso. No había manera de ahogarlo. La única distracción posible era permanecer alerta a la aparición de serpientes de cascabel. Esperaba ver una a la vuelta de cada recodo, presta a atacar. Aquel paisaje estaba hecho para ellas, parecía. Y también para los pumas, y para los asesinos en serie especializados en parajes naturales.

Pero no pensaba en ellos.

Era un trato al que había llegado conmigo misma meses antes y lo único que me había permitido emprender sola aquella andadura. Sabía que si permitía que el miedo se adueñase de mí, mi viaje estaba condenado al fracaso. El miedo, en gran medida, surge de una historia que nos contamos a nosotros mismos, y por tanto me propuse contarme una historia distinta de la que se cuenta a las mujeres. Decidí que no corría peligro. Era fuerte. Era

65

valiente. Nada podía vencerme. Insistir en esta historia era una forma de control mental, pero, en general, surtía efecto. Cada vez que oía un sonido de origen desconocido o sentía que algo horrendo cobraba forma en mi imaginación, lo apartaba. Simplemente no me permitía sucumbir al miedo. El temor engendra temor. La fuerza engendra fuerza. Me obligué a engendrar fuerza. Y al cabo de un tiempo dejé de tener miedo realmente.

Realizaba un esfuerzo demasiado grande para tener miedo.

Daba un paso y después otro, avanzando tan despacio como un caracol. Nunca había pensado que recorrer el SMP fuera fácil. Sabía que requeriría cierta adaptación. Pero ahora que me encontraba allí, no estaba tan segura de que llegara a adaptarme. Caminar por el SMP no era tal como lo había imaginado. Yo misma no era tal como me había imaginado. Ni siquiera recordaba qué había imaginado seis meses antes, allá por diciembre, cuando tomé la decisión de hacerlo.

Iba conduciendo por una autopista al este de Sioux Falls, Dakota del Sur, cuando se me ocurrió la idea. Había viajado en coche a Sioux Falls desde Minneapolis el día anterior con mi amiga Aimee para recuperar mi furgoneta, que un amigo al que se la presté había dejado allí, averiada, hacía una semana.

Cuando Aimee y yo llegamos a Sioux Falls, la grúa se había llevado la furgoneta. Ahora estaba tras la alambrada de un aparcamiento, enterrada bajo la nieve que había caído durante una ventisca hacía un par de días. Precisamente por esa ventisca había ido yo a REI el día anterior para comprar una pala. Mientras hacía cola para pagar, eché el ojo a una guía sobre algo llamado Sendero del Macizo del Pacífico. La cogí, examiné la tapa y leí la contracubierta antes de volver a dejarla en la estantería.

En cuanto Aimee y yo retiramos la nieve de la furgoneta ese día en Sioux Falls, me senté al volante y accioné la llave de contacto. Di por supuesto que no oiría nada aparte de esos chasquidos moribundos que emiten los automóviles cuando no les queda nada que ofrecernos; sin embargo, arrancó al instante. Podíamos haber vuelto a Minneapolis en ese momento, pero decidimos pasar la noche en un motel. Fuimos a cenar temprano a un restaurante mexicano, eufóricas por la imprevista fluidez de nuestro viaje. Mientras comíamos nachos con salsa y bebíamos margaritas, experimenté una extraña sensación en el estómago.

—Es como si me hubiera tragado los nachos enteros —expliqué a Aimee—. Como si los bordes siguieran intactos y se me hincaran por dentro. —Sentí saciedad y, muy abajo, un cosquilleo como nunca había sentido—. A lo mejor estoy embarazada —bromeé, y en cuanto lo dije, caí en la cuenta de que no bromeaba.

—¿Lo estás? —preguntó Aimee.

—Podría ser —contesté, de pronto aterrorizada.

Había tenido relaciones sexuales unas semanas antes con un tal Joe. Lo había conocido el verano anterior en Portland, al ir allí a visitar a Lisa para escapar de mis penas. Yo llevaba en la ciudad solo unos días cuando él se acercó a mí en un bar y apoyó la mano en mi muñeca.

—Bonita —dijo, siguiendo los afilados contornos de mi pulsera de latón con los dedos.

Lucía el pelo de neón propio de un *punk rock*, cortado a cepillo, y un estridente tatuaje que le abarcaba medio brazo. No obstante, la expresión de su rostro contradecía claramente esos disfraces: era tenaz y tierna, como la de un gatito que quiere leche. Tenía veinticuatro años, y yo veinticinco. No me había acostado con nadie desde la ruptura con Paul, hacía tres meses. Esa noche hicimos el amor en el desigual fután de Joe, extendido en el suelo, y nos quedamos charlando, básicamente sobre él, hasta que salió el sol, sin apenas dormir. Me habló de su inteligente madre y su padre alcohólico, y de la universidad elegante y rigurosa donde se había licenciado el año anterior.

—¿Has probado la heroína? —me preguntó por la mañana.

Negué con la cabeza y me reí frívolamente.

—¿Acaso debería?

Podría haberme abstenido. Joe la consumía desde hacía poco tiempo cuando me conoció. La tomaba al margen de mí, con un grupo de amigos suyos a quienes no me había presentado. Podría haber pasado de largo, pero algo me impulsó a detenerme. Sentí curiosidad. No tenía lazos con nadie. En mi aflicción, y joven como era, estaba dispuesta a autodestruirme.

Así que no solo dije que sí a la heroína, sino que la acogí con los brazos abiertos.

La primera vez que la consumí, una semana después de conocer a Joe, me hallaba acurrucada con él en su raído sofá tras hacer el amor. Por turno, aspirábamos el humo de un ascua de heroína negra como el alquitrán colocada en una lámina de papel de aluminio, usando una pipa también de papel de aluminio. Al cabo de

67

unos días, ya no estaba en Portland para visitar a Lisa y escapar de mis penas; estaba en Portland dejándome arrastrar por aquel semienamoramiento alimentado por la droga. Me mudé al apartamento de Joe, situado encima de una farmacia abandonada, y allí pasamos la mayor parte del verano disfrutando de un sexo aventurero y tomando heroína. Al principio fue unas pocas veces por semana, luego cada par de días, al final a diario. Primero la fumábamos, luego la esnifábamos. «¡Pero nunca nos la chutaríamos!», dijimos. Eso ni hablar.

Luego nos la chutamos.

Era fantástico. Era algo extraordinariamente hermoso, como de otro mundo. Como si hubiese descubierto un planeta real cuya existencia desconocía hasta ese momento. El Planeta Heroína. El lugar donde no había dolor, donde eran hechos desafortunados, pero en esencia aceptables, que mi madre hubiera muerto, que mi padre biológico no formara parte de mi vida, que mi familia se hubiera desmoronado y que yo hubiera sido incapaz de seguir casada con un hombre a quien quería.

Al menos así era como me sentía cuando estaba colocada.

Por las mañanas, mi dolor se multiplicaba por mil. Por las mañanas, ya no tenía ante mí solo esas tristes circunstancias de mi vida; a eso se añadía el hecho de que yo era una mierda. Me despertaba en la habitación de Joe, cuya sordidez se traslucía hasta en los objetos más banales: la lámpara y la mesa; el libro que se había caído y había quedado boca abajo y abierto, sus finas páginas dobladas en el suelo. En el cuarto de baño me lavaba la cara y, cubriéndomela con las manos, sollozaba entrecortadamente antes de ir a trabajar de camarera a un establecimiento de desayunos. Pensaba: «Esta no soy yo. Yo no soy así. Basta ya. Se acabó». Pero por la tarde regresaba con unos cuantos billetes para comprar otro poco de heroína y pensaba: «Sí. Tengo que hacer esto. Tengo que echar a perder mi vida. Tengo que ser una yonqui».

Pero no fue eso lo que sucedió. Un día Lisa me telefoneó y dijo que quería verme. Me había mantenido en contacto con ella, pasando largas tardes en su casa, dejándole entrever detalles de aquello en lo que andaba metida. Esta vez, tan pronto como entré allí, supe que ocurría algo.

—Háblame de la heroína —exigió.

—¿La heroína? —repliqué a la ligera. ¿Qué podía decir? Era inexplicable, incluso para mí—. No voy a acabar siendo una yonqui, si eso es lo que te preocupa —dije por propia iniciativa. Reclinada contra la encimera de su cocina, la observaba barrer el suelo.

—Sí, eso es lo que me preocupa —respondió con severidad.

—Pues descuida —dije. Se lo expliqué tan racional y jocosamente como me fue posible. Hacía solo un par de meses. Pronto lo dejaríamos. Joe y yo solo tonteábamos, por pura diversión—. ¡Es verano! —exclamé—. Tú misma sugeriste que viniera aquí para escapar, ¿te acuerdas? Pues estoy escapando. —Me eché a reír, pero ella no se rio conmigo. Le recordé que yo nunca había tenido problemas con las drogas, que bebía alcohol con moderación y cautela. Era una experimentalista, añadí. Una artista. La clase de mujer que decía «sí» en lugar de «no».

Lisa puso en tela de juicio todas y cada una de mis afirmaciones, cuestionó todos y cada uno de mis razonamientos. Barrió y barrió y barrió el suelo mientras nuestra conversación degeneraba en discusión. Al final se enfureció conmigo hasta tal punto que me asestó un escobazo.

Volví a la casa de Joe y hablamos de Lisa, que coincidió en que no entendía nada.

Luego, pasadas dos semanas, Paul telefoneó.

Quería verme. De inmediato. Lisa lo había puesto al corriente sobre mi relación con Joe y mi consumo de heroína, y él había cogido el coche al instante y había recorrido los 2.700 kilómetros desde Minneapolis para hablar conmigo. Me reuní con él al cabo de una hora en el apartamento de Lisa. Era un día cálido y soleado de finales de septiembre. Yo había cumplido veintiséis años hacía una semana. Joe no se había acordado. Fue el primer cumpleaños de mi vida en el que no me felicitó nadie.

—Feliz cumpleaños —dijo Paul en cuanto entré por la puerta.

—Gracias —contesté con excesiva formalidad.

—Quería llamarte, pero no tenía tu número; mejor dicho, el de Joe.

Asentí. Se me hacía extraño verlo. Mi marido. Un fantasma de mi vida real. La persona más auténtica que conocía. Nos sentamos a la mesa de la cocina, oyendo el golpeteo de las ramas de una higuera contra la ventana cercana. La escoba con la que Lisa me había golpeado estaba apoyada en la pared.

—Te noto cambiada —dijo—. Se te ve muy… No sé cómo expresarlo. Es como si no estuvieras aquí.

69

Yo sabía a qué se refería. Su mirada me dio a entender todo lo que me había negado a escuchar de labios de Lisa. Estaba cambiada. No estaba allí. La heroína me había convertido en eso y, sin embargo, se me antojaba inconcebible abandonarla. Al mirar a Paul a la cara comprendí que no podía pensar con claridad.

—Solo dime por qué estás haciéndote esto —preguntó, mirándome tiernamente con aquel rostro que me era tan familiar. Alargó los brazos por encima de la mesa y me cogió las manos; nos las estrechamos, fijó sus ojos en los míos, y las lágrimas resbalaron primero por mi cara y luego por la suya. Quería que regresara a casa con él esa misma tarde, propuso con voz ecuánime. No para volver con él, sino para huir. No de Joe, sino de la heroína.

Le dije que necesitaba pensar. Cogí el coche y volví al apartamento de Joe. Allí me senté al sol en una tumbona que él tenía en la acera de delante del edificio. La heroína me había aturdido y distanciado de mí misma. En mi cabeza se formaba un pensamiento y enseguida se evaporaba. No podía ejercer el menor control sobre mi mente, ni siquiera cuando no iba colocada. Mientras estaba allí sentada, se acercó a mí un hombre. Se llamaba Tim, me dijo. Me cogió la mano, me la estrechó y me aseguró que podía confiar en él. Me preguntó si podía darle tres dólares para pañales, luego si podía utilizar el teléfono del apartamento, luego si tenía cambio de cinco dólares, y así siguió, hilvanando preguntas enrevesadas e historias lastimeras que me confundieron hasta que me sentí impulsada a levantarme y sacar los últimos diez dólares que me quedaban en el bolsillo del vaquero.

Cuando vio el dinero, sacó una navaja de debajo de su camisa. La aproximó casi cortésmente a mi pecho y, con voz sibilante, dijo:

—Dame ese dinero, encanto.

Metí en una bolsa mis escasas pertenencias, escribí una nota a Joe y la pegué con celo al espejo del baño. Acto seguido, telefoneé a Paul. Cuando se detuvo en la esquina, subí al coche.

Mientras cruzábamos el país, sentada yo en el asiento del acompañante, sentí mi vida real como algo presente pero inasequible. Paul y yo discutimos y lloramos y sacudimos el coche con nuestra rabia. Fuimos de una crueldad monstruosa. Después hablamos con benevolencia, conmocionándonos mutuamente, sorprendiéndonos a nosotros mismos. Decidimos que nos divorciaríamos y luego decidimos que no. Lo odié y lo amé. Con él me sentía atrapada, marcada, retenida y amada. Como una hija.

—Yo no te he pedido que vengas a buscarme —grité en el transcurso de una de nuestras discusiones—. Has venido por tus propias razones. Para poder ser el gran héroe.

—Es posible —dijo.

—¿Por qué has venido a buscarme desde tan lejos? —pregunté jadeando de pesar.

—Porque sí —contestó él, apretando el volante, con la mirada fija en la noche estrellada a través del parabrisas—. Sencillamente porque sí.

Vi a Joe pasadas varias semanas, cuando vino a visitarme a Minneapolis. Ya no éramos pareja, pero enseguida volvimos a las andadas: nos colocamos todos los días de la semana que pasó allí e hicimos el amor un par de veces. Pero cuando se fue, di aquello por concluido. La relación con él y con la heroína. No había vuelto a pensar en ello hasta que, sentada con Aimee en Sioux Falls, tuve aquella extraña sensación en el estómago: como si los bordes afilados de los nachos intactos se me hincaran por dentro.

Salimos del restaurante mexicano y fuimos a por una prueba de embarazo a un gran supermercado. Mientras atravesábamos la tienda vivamente iluminada, intenté persuadirme de que no estaba embarazada. Había esquivado esa bala ya en numerosas ocasiones, angustiándome y preocupándome en vano, imaginando los síntomas del embarazo de manera tan convincente que me asombraba cuando me llegaba la regla. Pero ahora tenía veintiséis años y estaba ya fogueada en cuestiones de sexo; no iba a sucumbir a esa clase de temores.

Ya en el motel, me encerré en el cuarto de baño y oriné en la tira de la prueba mientras Aimee esperaba fuera, sentada en la cama. Al cabo de un momento aparecieron dos líneas de color azul oscuro en el pequeño indicador de la prueba.

—Estoy embarazada —anuncié con lágrimas en los ojos cuando salí.

Aimee y yo, recostadas en la cama, hablamos del tema durante una hora, pese a que no había mucho que decir. La necesidad de abortar era tan inapelable que resultaba absurdo plantearse siquiera cualquier otra opción.

71

El viaje en coche desde Sioux Falls hasta Minneapolis es de cuatro horas. A la mañana siguiente, Aimee me siguió con su coche por si mi furgoneta volvía a averiarse. Conduje sin escuchar la radio, pensando en mi embarazo. Era del tamaño de un grano de arroz y, aun así, lo sentía en la parte más honda y fuerte de mí, arrastrándome hacia el fondo, sacándome a flote a sacudidas, saliendo de mí en forma de reverberación. En algún lugar entre las tierras de labranza del suroeste de Minnesota, rompí a llorar, no solo por aquel embarazo no deseado, y tan intenso fue mi llanto que apenas podía conducir. Era un llanto por todo, por el nauseabundo cenagal en que había convertido mi vida desde la muerte de mi madre, por lo absurda que era ahora mi existencia. No estaba destinada a ser así, a vivir así, a fracasar tan sombríamente.

Fue entonces cuando recordé la guía que había cogido de una estantería en REI mientras esperaba para pagar la pala hacía un par de días. El recuerdo de la fotografía de la tapa, un lago salpicado de peñascos y rodeado de riscos que se recortaban contra el cielo azul, penetró en mí por la fuerza, directo como un puñetazo en plena cara. Al coger el libro mientras hacía cola, creí que solo estaba matando el tiempo, pero de pronto lo vi como algo más: una señal. No solo de lo que podía hacer, sino de lo que debía hacer.

Cuando Aimee y yo llegamos a Minneapolis, me despedí de ella con un gesto en su salida de la autopista, pero yo no me desvié en la mía. Opté por seguir hasta REI, donde compré *El Sendero del Macizo del Pacífico. Volumen I: California*. Me lo llevé a mi apartamento y me quedé toda la noche leyéndolo. Lo leí una docena de veces a lo largo de los siguientes meses. Aborté y aprendí a hacer migas de atún desecado y cecina de pavo; asistí a un curso de reciclaje en primeros auxilios y practiqué el uso del depurador de agua en el fregadero de mi cocina. Tenía que cambiar. «Tenía que cambiar» fue la idea que me impulsó durante esos meses de planificación. No para convertirme en una persona distinta, sino para volver a ser la persona que era antes: fuerte y responsable, perspicaz y motivada, buena y con sentido de la ética. Y el SMP me llevaría a eso. Allí caminaría y pensaría en mi vida. Recuperaría la fuerza, lejos de todo lo que había convertido mi vida en algo ridículo.

Pero ahora estaba allí, en el SMP, ridícula otra vez, aunque de otra manera, encorvada en una postura mínimamente erguida, cada vez menos erguida, en el primer día de mi andadura. Al cabo de tres horas llegué a un tramo llano, cosa rara, cerca de un grupo de árboles de Josué, yucas y enebros, y allí me detuve a descansar. Para enorme alivio mío, había una gran roca en la que pude sentarme y desprenderme de la mochila tal como había hecho en el monovolumen, en Mojave. Asombrada al verme libre de aquel peso, me paseé por allí y, accidentalmente, rocé un árbol de Josué, que me asaeteó con sus afiladas púas. La sangre empezó a manar al instante de tres cuchilladas en mi brazo. Cuando saqué mi botiquín de primeros auxilios de la mochila y lo abrí, el viento soplaba con tal intensidad que se me llevó todas las tiritas. Las perseguí inútilmente por aquel terreno llano, pero desaparecieron montaña abajo, ya inalcanzables. Me senté en el suelo, apreté la manga de la camiseta contra el brazo y eché varios tragos de mi cantimplora.

No había sentido semejante agotamiento en toda mi vida. En parte se debía al proceso de adaptación de mi cuerpo al esfuerzo y la altitud —me hallaba a unos mil quinientos metros, cuatrocientos por encima de mi punto de partida, el paso de Tehachapi—, pero casi todo ese agotamiento podía achacarse al descabellado peso de la mochila. La miré con desesperanza. Era la cruz con la que debía cargar, creada absurdamente por mí; sin embargo, no concebía siquiera cómo iba a poder cargar con ella. Saqué mi guía y le eché un vistazo, sujetando las hojas para que el viento no las agitara, con la esperanza de que aquellas palabras y mapas ya conocidos disiparan mi creciente desasosiego; de que el libro, con su benévola armonía en cuatro partes, me convenciera de que yo podía hacerlo, igual que me había convencido durante los meses dedicados a fraguar el plan. No había fotos de los·cuatro autores de *El Sendero del Macizo del Pacífico. Volumen I: California*, pero los veía a todos en mi imaginación: Jeffrey P. Schaffer, Thomas Winnett, Ben Schifrin y Ruby Jenkins. Eran sensatos y amables, sabios y bien informados. Me guiarían hasta el final. Tenían que hacerlo.

Muchos empleados de RAI me habían hablado de sus propias excursiones, pero ninguno había recorrido el SMP y no se me había ocurrido intentar localizar a alguien que lo hubiera hecho. Corría el verano de 1995, la edad de piedra por lo que se refiere a Internet. Ahora pueden encontrarse en línea docenas de diarios de

73

personas que han recorrido el SMP y todo un arsenal de información sobre el sendero, tanto permanente como en continuo cambio, pero yo no disponía de nada de eso. Solo tenía *El Sendero del Macizo del Pacífico. Volumen I: California*. Era mi biblia. Mi cuerda de salvamento. El único libro que había leído sobre la práctica del excursionismo en el SMP, o en cualquier sitio, a decir verdad.

Pero hojearlo por primera vez allí sentada en el sendero era menos tranquilizador de lo que esperaba. Había pasado por alto ciertos detalles, como vi en ese momento, como, por ejemplo, una cita textual en la página seis de un tal Charles Long, con quien los autores de *El Sendero del Macizo del Pacífico. Volumen I: California* coincidían plenamente. Decía así: «¿Cómo puede describir un libro los factores psicológicos para los que una persona debe prepararse: la desesperación, el enajenamiento, la angustia y sobre todo el dolor, tanto físico como mental, que traspasa el corazón mismo de la voluntad del montañero, todo aquello que de verdad hay que planear? No existen palabras para transmitir esos factores...».

Me quedé estupefacta, acechada por la certidumbre de que en efecto no existían palabras para transmitir tales factores. No hacía falta. Yo sabía ya cuáles eran, con toda exactitud. Los había descubierto recorriendo poco más de cinco kilómetros por aquellas montañas desérticas bajo una mochila que parecía un Escarabajo Volkswagen. Seguí leyendo, reparando en la indicación de que era conveniente mejorar la forma física antes de emprender el viaje, entrenarse específicamente para caminar, quizás. Y en las advertencias sobre el peso de la mochila, ni que decir tiene. Sugería no cargar siquiera con la guía entera, porque pesaba demasiado para llevarla completa y, en todo caso, era innecesario; uno podía fotocopiar o arrancar los apartados requeridos e incluir la parte necesaria en la siguiente caja de reaprovisionamiento. Cerré el libro.

¿Por qué no había pensado yo en eso? ¿En dividir la guía en secciones?

Porque era una idiota de tomo y lomo y no tenía ni zorra idea de lo que hacía, por eso. Y empezaba a enterarme allí sola en medio del monte con una carga bestial que acarrear.

Me rodeé las piernas con los brazos, apreté la cara contra lo alto de las rodillas desnudas y cerré los ojos, hecha un ovillo, mientras el viento me azotaba furiosamente la melena.

Cuando abrí los ojos al cabo de varios minutos, vi que estaba sentada junto a una planta que reconocí. Esa salvia era menos verde que la que mi madre había cultivado en nuestro jardín durante años, pero la forma y el aroma eran los mismos. Alargué el brazo y arranqué un puñado de hojas, que froté entre las palmas de mis manos; luego acerqué la cara a ellas y respiré hondo, tal como me había enseñado mi madre. «Te da un estallido de energía», afirmaba ella, rogando a mis hermanos y a mí que siguiéramos su ejemplo durante aquellas largas jornadas de trabajo para construir nuestra casa cuando al final flaqueaban nuestros cuerpos y nuestros espíritus.

Al inhalarla ahora, más que oler el penetrante aroma a tierra de la salvia del desierto, percibí el poderoso recuerdo de mi madre. Alcé la vista para mirar el cielo azul, y sentí un estallido de energía, pero sobre todo la presencia de mi madre, y recordé las razones que me habían inducido a pensar que era capaz de recorrer ese sendero. Entre todas las cosas que me persuadieron de que no debía tener miedo durante ese viaje, entre todas las cosas que me llevaron a la convicción de que podía recorrer el SMP, la muerte de mi madre era lo que más profundamente me permitía creer en mi seguridad: no podía ocurrirme nada malo, pensaba; ya había ocurrido lo peor.

Me levanté, dejé que el viento se llevara las hojas de salvia de mis manos y me acerqué al borde del pequeño llano donde me hallaba. Más allá, por debajo de mí, la tierra daba paso a un afloramiento de roca. A mi alrededor, en un radio de kilómetro, veía las montañas, que descendían suavemente hacia un amplio valle desértico. Hileras de turbinas eólicas blancas y angulares se extendían por las cumbres. Según mi guía, generaban electricidad para los habitantes de las ciudades y pueblos de más abajo, pero ahora yo estaba lejos de todo eso. De las ciudades y los pueblos. De la electricidad. Incluso de California, o esa impresión tenía, pese a hallarme justo en el centro del estado, de la verdadera California, con su viento implacable y sus árboles de Josué y sus serpientes de cascabel al acecho en lugares que yo aún no había descubierto.

Allí de pie, y aunque mi intención inicial al parar era seguir adelante, supe que mi jornada había terminado. Demasiado cansada para encender el hornillo y, en todo caso, sin apetito debido al agotamiento, monté la tienda, a pesar de que solo eran las cuatro de la tarde. Saqué unas cuantas cosas de la mochila y las eché

75

en el interior de la tienda para evitar que se las llevara el viento; después, a empujones, también metí dentro la mochila y, a rastras, entré detrás de ella. De inmediato experimenté el alivio de estar dentro, aunque «dentro» significara solo una cueva de nailon verde arrugada. Instalé mi pequeña silla plegable y me senté en el pequeño espacio de acceso, donde el techo de la tienda era algo más alto y no lo tocaba con la cabeza. A continuación revolví entre mis pertenencias en busca de un libro: no *El Sendero del Macizo del Pacífico. Volumen I: California*, que debía leer para saber lo que me esperaba al día siguiente, ni *Staying Found*, que debería haber leído antes de emprender el viaje, sino el poemario de Adrienne Rich, *The Dream of a Common Language*.

Ese, me constaba, era un peso injustificable. Imaginé las expresiones de desaprobación en los rostros de los autores de *El Sendero del Macizo del Pacífico. Volumen I: California*. Incluso la novela de Faulkner tenía más derecho a estar en mi mochila, aunque solo fuera porque aún no la había leído y, por tanto, podía explicarse como entretenimiento. Había leído *The Dream of a Common Language* tantas veces que casi me lo sabía de memoria. En los últimos años ciertos versos se habían convertido para mí en una especie de conjuro, las palabras que había entonado para mis adentros en los momentos de pesar y confusión. Ese libro era un consuelo, un viejo amigo, y cuando lo sostuve en mis manos aquella primera noche en el sendero, no lamenté ni remotamente haberlo llevado, pese a que ello implicara encorvarme bajo su peso. Era cierto que *El Sendero del Macizo del Pacífico. Volumen I: California* era ahora mi Biblia, pero *The Dream of a Common Language* era mi religión.

Lo abrí y leí en alto el primer poema; mi voz se elevaba por encima del rugido del viento que azotaba las paredes de mi tienda. Lo leí otra vez y otra y otra más.

El poema se titulaba «Poder».

5

Huellas

*E*n rigor soy quince días mayor que el Sendero del Macizo del Pacífico. Nací en 1968, el 17 de septiembre, y la ley del Congreso que otorgó al sendero su designación oficial se aprobó el 2 de octubre de ese mismo año. El sendero existía ya en diversas formas mucho antes —forjándose y uniéndose tramos desde la década de los treinta, cuando un grupo de excursionistas y entusiastas de la naturaleza se interesaron por primera vez en crear un sendero desde México hasta Canadá—, pero el SMP no recibió esa designación hasta 1968 y no se completó hasta 1993. Quedó constituido oficialmente casi dos años exactos antes de despertar yo aquella primera mañana entre los árboles de Josué que me habían acuchillado. A mí no me parecía que el sendero tuviera dos años de antigüedad. Ni siquiera me parecía poco más o menos de mi edad. Me parecía ancestral. Sabio. Total y profundamente indiferente a mí.

Desperté al amanecer y durante una hora no me animé siquiera a incorporarme, optando por quedarme tendida en el saco y leer mi guía, aún somnolienta pese a haber dormido doce horas, o al menos pasar todo ese tiempo tendida. El viento me había despertado repetidas veces a lo largo de la noche, embistiendo mi tienda con fuertes rachas, a veces hasta el punto de que las paredes me golpeaban la cabeza. Amainó unas horas antes del alba, pero entonces me despertó otra cosa: el silencio. La prueba irrefutable de que me hallaba allí en la mayor soledad.

Salí a rastras de la tienda y me erguí lentamente, con los músculos entumecidos por la caminata del día anterior, resintiéndoseme los pies descalzos en el suelo rocoso. Seguía sin apetito, pero me obligué a desayunar, y eché dos cucharadas de un preparado de soja en polvo llamado Better Than Milk ('mejor que la leche') en uno de mis cazos y lo mezclé con agua antes de añadir granola. No me supo mejor que la leche. Ni peor. No me supo a nada. Lo mismo podría haber comido hierba. Al parecer, se me habían insensibilizado las papilas gustativas. De todos modos, seguí llevándome la cuchara a la boca. Necesitaría la nutrición para la larga jornada que tenía por delante. Bebí el resto del agua de las cantimploras y, torpemente, las rellené con agua de la bolsa dromedario, flácida y pesada entre mis manos. Según *El Sendero del Macizo del Pacífico. Volumen I: California*, me hallaba a veinte kilómetros de mi primera fuente de agua: Golden Oak Springs, a donde, pese a mi pobre rendimiento del día anterior, preveía llegar al final de ese día.

Cargué la mochila igual que el día anterior en el motel, apretujando y encajando objetos hasta que no cabía nada más, y sujeté después lo demás por fuera mediante las correas elásticas. Tardé una hora en levantar el campamento y ponerme en marcha. Casi de inmediato pisé una pequeña pila de excrementos en el sendero, a unos pasos de donde había dormido. Eran negros como el alquitrán. Confié en que fuera un simple coyote. ¿O sería acaso un puma? Examiné la tierra en busca de huellas, pero no vi nada. Oteé el paisaje, preparándome para avistar el rostro de un gran felino entre la artemisa y las rocas.

Empecé a caminar, sintiéndome experimentada como no me había sentido el día anterior, menos cauta a cada paso a pesar de los excrementos, más fuerte bajo la mochila. Esa fortaleza se desmoronó al cabo de quince minutos, cuando ascendí y luego ascendí un poco más, adentrándome en las montañas de roca, un repecho tras otro. El armazón de mi mochila chirriaba a mis espaldas a cada paso por la tensión del peso. Tenía los músculos de la parte superior de la espalda y los hombros contraídos en nudos tirantes y calientes. De vez en cuando me detenía y me agachaba para apoyar las manos en las rodillas y desplazar el peso de la mochila y dar alivio a los hombros antes de seguir adelante, tambaleándome.

Al mediodía estaba a más de 1.800 metros de altitud y el aire se había enfriado, después de que el sol se ocultara repentinamente tras las nubes. El día anterior había hecho calor en el desierto; en cambio, ahora, mientras comía el almuerzo consistente en una barra de proteínas y orejones, tiritaba y la camiseta empapada de sudor se enfriaba contra mi espalda. Saqué el anorak de forro polar de mi bolsa de ropa y me lo puse. Después me tumbé sobre la lona para descansar unos minutos y, sin proponérmelo, me quedé dormida.

Me despertaron unas gotas de lluvia en la cara. Consulté mi reloj. Había dormido casi dos horas. No había soñado, no había tenido conciencia siquiera de que dormía, como si alguien se hubiera acercado a mí por la espalda y me hubiera dejado sin conocimiento de un golpe de piedra. Cuando me incorporé, vi que me envolvía una nube, una niebla tan impenetrable que no veía más allá de un par de metros. Me ceñí la mochila y seguí caminando bajo la llovizna, pese a que tenía la sensación de que todo mi cuerpo avanzaba a través de aguas profundas. Formé dobleces en la tela de mi camiseta y en mi pantalón corto, a modo de almohadillas en las zonas de la cadera, la espalda y los hombros, zonas que empezaba a tener en carne viva por la fricción de la mochila; sin embargo, lo único que conseguí fue agravar el problema.

Continué, hasta entrada la tarde y el anochecer, sin ver nada salvo lo que tenía inmediatamente delante de mí. No pensaba en las serpientes, a diferencia del día anterior. No pensaba: «Estoy recorriendo el Sendero del Macizo del Pacífico». Ni siquiera pensaba: «¿En qué me he metido?». Solo pensaba en avanzar. Mi mente era un jarrón de cristal que contenía ese único deseo. Mi cuerpo era todo lo contrario: un saco de cristales rotos. Cada vez que me movía, sentía dolor. En silencio conté los pasos para apartar el dolor de mi pensamiento, tachando los números en mi cabeza hasta llegar a cien, y vuelta a empezar. Gracias a los bloques de números, la caminata se me hizo un poco más soportable, como si solo tuviera que llegar al final de cada bloque.

Mientras ascendía, caí en la cuenta de que no entendía qué era una montaña, o siquiera si subía por una montaña o por una sucesión de ellas. No me había criado en la montaña. Había estado en unas cuantas, pero solo había andado por caminos trillados en excursiones de un solo día. Me habían parecido simples colinas muy grandes. Pero no eran eso. Eran, como ahora descubría, complejas y con múltiples capas, inexplicables, sin la menor analogía con nada. Cada vez que llegaba al lugar donde esperaba encontrar la cima de la montaña o de la sucesión de ellas, descubría que me había equivocado. Aún tenía que subir más, incluso si antes había una pequeña pendiente que descendía hipnóticamente. Así que subía y subía hasta llegar a lo que era la cima de verdad. Sabía que era la cima porque había nieve. No en el suelo, sino cayendo del cielo, en finos copos que trazaban delirantes remolinos, impulsados por el viento.

79

No esperaba que lloviera en el desierto, y desde luego no esperaba que nevara. Así como allí donde me crie no había montañas, tampoco había desiertos, y aunque había visitado un par de estos en excursiones de un solo día, en realidad no entendía qué eran los desiertos. Los había tomado por lugares secos, tórridos, arenosos, llenos de serpientes, escorpiones y cactus. No eran eso. Eran eso y muchas cosas más. Eran complejos y con múltiples capas, inexplicables, sin la menor analogía con nada. Mi nueva existencia no admitía analogías, comprendí aquel segundo día en el sendero.

Me hallaba en un terreno totalmente nuevo.

Esa ignorancia de lo que era una montaña y lo que era un desierto no fue lo único que no había previsto. Tampoco había previsto que me sangraran la rabadilla y las caderas y la cara anterior de los hombros. No había previsto recorrer unos mil quinientos metros la hora por término medio, que era lo que, según mis cálculos —realizados gracias a la muy descriptiva guía—, había recorrido hasta ese momento, sumando mis muchos descansos al tiempo que dedicaba realmente a caminar. En la época en que mi andadura por el SMP no era más que una idea, había planeado recorrer por término medio unos veintidós kilómetros al día en el transcurso de mi viaje, si bien la mayoría de los días en realidad llegaría más lejos porque mi media prevista incluía los días de descanso que me tomaría cada semana o cada dos, días en que dejaría de caminar por completo. Pero no había tenido en cuenta mi mala forma física, ni los verdaderos rigores del camino, hasta que estuve en él.

Descendí presa de un leve pánico hasta que la nieve dio paso a la niebla, y esta a unas vistas nítidas de los verdes y los marrones apagados de las montañas que me rodeaban cerca y lejos, y contrastaban con el cielo claro sus perfiles, ora en suave pendiente, ora de contornos aserrados. Mientras caminaba, se oían solo los crujidos de mis botas en el pedregoso sendero y los chirridos agudos de mi mochila, que me enloquecían lentamente. Me detuve y me quité la mochila para untar el armazón con bálsamo labial allí donde me parecía que se originaba el chirrido, pero cuando reanudé la marcha advertí que no había cambiado nada. Pronuncié unas palabras en voz alta para distraerme. Habían pasado poco más de cuarenta y ocho horas desde que me despedí de los hombres que me llevaron en autostop hasta el sendero, pero se me antojaba toda una semana, y mi voz, allí sola en el aire, me sonó rara. Creía que pronto me toparía con otro montañero. Me sorprendía no haber visto todavía a nadie, aunque esa soledad me vino bien al cabo de una hora cuando de repente tuve la necesidad de hacer lo que en mi cabeza llamaba «ir al baño», si bien allí ir al baño significaba mantenerme en cuclillas sin apoyo para poder cagar en un agujero abierto por mí misma. Para eso llevaba la paleta de acero inoxidable, suspendida de la correa de la cintura de la mochila en su funda negra de nailon con el rótulo «U-Dig-It».

La idea no me entusiasmaba, pero ese era el procedimiento de los mochileros, así que no había otra. Caminé hasta encontrar lo que consideré un sitio razonable para apartarme unos pasos del sendero. Me despojé de la mochila, saqué la paleta de la funda y me apresuré a esconderme tras una mata de artemisa y cavar. El suelo era pétreo, de un beis rojizo, manifiestamente sólido. Cavar un hoyo allí era como intentar traspasar una encimera de granito revestida de arena y guijarros. Solo un martillo neumático lo habría conseguido. O un hombre, pensé, furiosa, hincando la punta de la paleta en la tierra una y otra vez hasta que creí que iban a partírseme las muñecas. Rasqué y rasqué aquella superficie en vano, a la vez que me estremecía a causa de los retortijones y un sudor frío. Al final tuve que erguirme para no cagarme encima. No me quedó más remedio que quitarme el pantalón —para entonces había renunciado a las bragas porque me agravaban las rozaduras en carne viva de las caderas—, acuclillarme y dejarme ir sin más. Cuando acabé, me sobrevino tal debilidad, junto con la sensación de alivio, que casi me desplomé en la pila de mis propios excrementos calientes.

Después, renqueando, recogí unas cuantas piedras y construí un pequeño mojón sobre la mierda para enterrar las pruebas antes de seguir mi camino.

Creía que estaba a punto de llegar a Golden Oak Springs, pero a las siete de la tarde no lo tenía aún a la vista. Me dio igual. Aún inapetente debido al cansancio, volví a saltarme la cena, ahorrándome así el agua que habría empleado para prepararla, y encontré un sitio relativamente llano que me permitió plantar la tienda. El pequeño termómetro que colgaba a un lado de mi mochila marcaba cinco grados. Me quité la ropa sudada y la tendí a secar en un arbusto antes de meterme a rastras en la tienda.

A la mañana siguiente tuve que doblarla para ponérmela. Mis prendas, congeladas por el frío de la noche, estaban tiesas como tablas.

81

Llegué a Golden Oak Springs pocas horas después de iniciarse mi tercer día en el sendero. Al ver la alberca de hormigón cuadrada me animé enormemente, no solo porque había agua en el manantial, sino también porque saltaba a la vista que la habían construido seres humanos. Hundí las manos en el agua, espantando a unos cuantos bichos que surcaban su superficie. Saqué el depurador, introduje la toma de agua en la alberca y empecé a bombear tal como había practicado en el fregadero de mi cocina en Minneapolis. Resultaba más difícil de lo que recordaba, quizá porque en mis prácticas solo bombeaba unas cuantas veces. Parecía que ahora el movimiento de compresión con la bomba requería más fuerza. Y cuando sí conseguía bombear, la toma asomaba a la superficie y solo absorbía aire. Bombeé y bombeé hasta que no pude más y tuve que descansar; luego volví a bombear. Finalmente conseguí rellenar las dos cantimploras y la bolsa dromedario. Me exigió casi una hora, pero era necesario. Mi siguiente fuente de agua se encontraba a la friolera de treinta kilómetros.

Tenía el firme propósito de seguir adelante ese día, pero opté por sentarme en mi silla plegable junto al manantial. Por fin había subido la temperatura, y el sol resplandecía en mis brazos y mis piernas desnudos. Me quité la camiseta, me bajé un poco el pantalón y me quedé allí tendida con los ojos cerrados, confiando en que el sol ejerciera un efecto balsámico en las zonas de piel del torso en carne viva a causa de la mochila. Cuando abrí los ojos, vi una lagartija en una roca cercana. Parecía hacer flexiones de pecho.

—Hola, lagartija —saludé, y ella interrumpió sus flexiones. Se quedó absolutamente inmóvil por un instante y luego desapareció como una flecha.

Necesitaba recuperar el tiempo perdido. Ya iba con retraso respecto a lo que consideraba mis previsiones, pero ese día no pude obligarme a abandonar el pequeño y fresco robledal que rodeaba Golden Oak Springs. Además de las rozaduras en carne viva, me dolían los músculos y los huesos de tanto andar, y tenía cada vez más ampollas en los pies. Sentada en el suelo, me las examiné, consciente de que poco podía hacer para impedir que las ampollas fueran de mal en peor. Deslicé un dedo con delicadeza por encima de ellas y luego por el morado negro del tamaño de una moneda de dólar que adornaba mi tobillo: este no era una herida del SMP, sino prueba de mi idiotez pre-SMP.

Fue por ese morado por lo que decidí no telefonear a Paul

cuando me sentí sola en el motel de Mojave, el morado que era el centro de la historia que, como yo sabía, él percibiría oculta en mi voz: que mi intención había sido mantenerme a distancia de Joe durante los dos días que pasé en Portland antes de tomar el vuelo a Los Ángeles, pero no lo conseguí; que acabé chutándome heroína con él a pesar de que no la probaba desde aquella vez que él vino a visitarme a Minneapolis seis meses antes.

—Ahora me toca a mí —dije con apremio en Portland después de verlo chutarse. De pronto el SMP me pareció muy lejos en el futuro, aunque estaba solo a cuarenta y ocho horas.

—Acerca el tobillo —pidió Joe al no encontrar la vena en mi brazo.

Pasé el día en Golden Oak Springs con la brújula en la mano, leyendo *Staying Found*. Encontré el norte, el sur, el este y el oeste. Exultante, caminé sin la mochila por una pista de montaña que ascendía hasta el manantial con el propósito de ver qué había por allí. Era espectacular andar sin la mochila a cuestas, pese al estado en que tenía los pies y a lo doloridos que tenía los músculos. No solo me sentía erguida, sino como si flotase, como si dos gomas elásticas me sostuviesen por los hombros desde arriba. Cada paso era un brinco, ligero como el aire.

Cuando llegué a una atalaya, me detuve y contemplé aquella gran extensión de tierra. Solo había más montañas desérticas, hermosas y austeras, y más hileras de turbinas eólicas angulares blancas a lo lejos. Regresé al campamento, monté el hornillo y traté de prepararme una comida caliente, la primera en el sendero, pero, por más que lo intenté, no conseguí mantener encendida la llama del hornillo. Saqué el pequeño manual de instrucciones, leí el apartado solucionador de problemas y descubrí que me había equivocado de tipo de gasolina al cargar la botella del hornillo. La había llenado de combustible sin plomo normal en lugar de poner la gasolina limpia especial que debía emplearse, y ahora se había atascado el tubo generador, y el pequeño cazo se había ennegrecido de hollín como consecuencia de mis esfuerzos.

De todos modos, no tenía apetito. Mi apetito era como un dedo entumecido y apenas se hincaba en mí. Comí un puñado de migas de atún desecado y, a las seis y cuarto, me venció el sueño.

El cuarto día, antes de ponerme en marcha, me curé las heridas. Un empleado de REI me había alentado a comprar una caja de

83

Spenco segunda piel: parches de hidrogel destinados a tratar quemaduras que además iban muy bien para las ampollas. Me los apliqué allí donde sangraba, o tenía ampollas o la piel irritada: en la punta de los dedos y en los talones, en los huesos de la cadera, en la cara anterior de los hombros y en la zona lumbar. Cuando acabé, sacudí los calcetines, intentando reblandecerlos antes de ponérmelos. Tenía dos pares, pero los dos se habían endurecido a causa de la suciedad y el sudor seco. Parecían de cartón más que de tela, a pesar de que me los cambiaba cada pocas horas; usaba unos mientras el otro par se secaba al aire, suspendido de las gomas elásticas de mi mochila.

Tras alejarme del manantial esa mañana, cargada otra vez con catorce kilos de agua, tomé conciencia de que experimentaba una especie de extraña y abstracta diversión en retrospectiva. En los momentos que iban entre mis diversos sufrimientos, reparaba en la belleza que me rodeaba, lo prodigiosas que eran las cosas tanto pequeñas como grandes: el color de una flor del desierto que me rozaba en el sendero o el vasto cielo cuando el sol se desvanecía al otro lado de las montañas. Me hallaba en medio de estas ensoñaciones cuando resbalé en los guijarros y caí de bruces en el duro suelo con tal fuerza que se me cortó la respiración. No me moví durante un minuto largo, debido tanto al punzante dolor en la pierna como al colosal peso sobre la espalda, que me inmovilizaba contra la tierra. Cuando salí a rastras de debajo de la mochila y evalué los daños, me descubrí una brecha en la espinilla de la que manaba abundante sangre, así como una mancha del tamaño de un puño formándose ya por debajo del corte. Vertí encima un poco de mi preciada agua para limpiarme lo mejor que pude de tierra y piedrecillas; luego me presioné la herida con una torunda de gasa hasta restañar la hemorragia. A continuación, cojeando, reanudé la marcha.

Anduve el resto de la tarde con la mirada fija en el sendero justo ante mí, temiendo volver a perder el equilibrio y caer. Fue entonces cuando avisté lo que llevaba días buscando: huellas de puma. El felino había pasado por el sendero poco antes en la misma dirección que yo: las marcas de sus garras, claramente legibles en la tierra, se veían a lo largo de unos cuatrocientos metros. Empecé a detenerme cada pocos minutos para echar un vistazo alrededor. Aparte de pequeñas manchas verdes, el paisaje se componía sobre todo de una gama de amarillos y marrones, los colores del puma. Seguí adelante, acordándome de un artículo que había leído recientemente en un periódico sobre tres mujeres en California —las tres, por separado, habían muerto atacadas por pumas a lo largo del año anterior— y de todos aquellos documentales sobre la naturaleza que había visto de niña en los que los depredadores elegían al miembro de la manada que consideraban más débil. No cabía duda de que ese era yo: el más fácil de descuartizar miembro a miembro. Entoné en voz alta las cancioncillas que me vinieron a la cabeza —*Twinkle, Twinkle Little Star* y *Take Me Home, Country Roads*— con la esperanza de que mi voz aterrorizada ahuyentara al puma, a la vez que temía alertarlo de mi presencia, como si la sangre coagulada en mi pierna y el hedor de varios días que emanaba mi cuerpo no bastaran para atraerlo.

Mientras escrutaba el paisaje, vi que había recorrido ya tal distancia que el terreno empezaba a cambiar. El paisaje siguió siendo árido, dominado por el mismo chaparral y los arbustos de artemisa del principio, pero ahora los árboles de Josué característicos del desierto de Mojave solo aparecían esporádicamente. Eran más comunes los enebros, los pinos piñoneros, los encinillos. De vez en cuando atravesaba umbríos prados de espesa hierba. Esta y aquellos árboles relativamente grandes me reconfortaban. Inducían a pensar en agua y vida. Parecían decirme que podía hacerlo.

Eso, hasta que un árbol me obligó a parar. Había caído en el sendero, de través; su grueso tronco, sostenido por las ramas, había quedado a una altura que no me permitía pasar por debajo, y tampoco me era posible trepar por encima, debido sobre todo al peso de la mochila. Circundarlo también quedaba descartado: a un lado del sendero, la pendiente era demasiado escarpada; al otro, la maleza era demasiado densa. Permanecí inmóvil durante un buen rato, buscando la manera de rebasar el árbol. Tenía que hacerlo, por imposible que pareciese. La alternativa era darme media vuelta y regresar al motel de Mojave. Al acordarme de mi pequeña habitación de dieciocho dólares por noche, me consumí de anhelo, y me invadió el deseo de volver allí. Me puse de espaldas al árbol, me desabroché la mochila y la empujé por encima del áspero tronco, haciendo lo posible por dejarla caer al otro lado sin que reventara la bolsa dromedario a causa del impacto. Luego me encaramé al árbol, arañándome las manos, ya resentidas por la anterior caída. En el siguiente par de kilómetros encontré otros tres árboles derribados por el viento. Para cuando los superé todos, la costra de la pantorrilla se me había abierto y la herida sangraba de nuevo.

La tarde del quinto día, mientras avanzaba por un tramo estrecho y empinado del sendero, alcé la vista y vi correr hacia mí un enorme animal marrón con cuernos.

—¡Alce! —chillé, aunque yo sabía que no era un alce. En el pánico del momento, no conseguí identificar lo que veía y un alce era lo más aproximado—. ¡Alce! —chillé con mayor desesperación mientras el animal se acercaba. Me adentré como pude entre las gayubas y los encinillos que bordeaban el sendero, apretándome lo máximo posible contra sus afiladas ramas, estorbada por el peso de la mochila.

Entre tanto la bestia en cuestión seguía avanzando hacia mí, y comprendí que estaba a punto de ser embestida por un toro de grandes cuernos, un texas longhorn.

—¡Aalce! —grité aún con más fuerza a la vez que buscaba a tientas el silbato más sonoro del mundo, colgado del armazón de la mochila por medio de su cordón amarillo. Lo encontré, me lo acerqué a los labios, cerré los ojos y soplé con toda mi alma, hasta que tuve que tomar aire y paré.

Cuando abrí los ojos, el toro había desaparecido.

También había desaparecido toda la piel en el extremo de mi dedo índice de la mano derecha, arrancada por las dentadas ramas de la gayuba durante mi desesperada huida.

Lo esencial de recorrer el Sendero del Macizo del Pacífico ese verano, lo que lo convirtió en una experiencia tan profunda para mí —y a la vez, como tantas cosas, tan sencilla—, fue el hecho de tener siempre muy pocas opciones y verme obligada con frecuencia a hacer lo que menos me apetecía. El hecho de que no había escapatoria ni posibilidad de negación. No había manera de anestesiarse con un Martini ni de enmascarar nada con un revolcón en el heno. Ese día, allí agarrada al chaparral, mientras intentaba remendar mi dedo sangrante, atenta al menor sonido por miedo a que volviera el toro, me planteé mis opciones. Eran solo dos, y básicamente la misma. Podía volver sobre mis pasos o podía seguir adelante en la dirección en la que pretendía ir. El toro, admití lúgubremente, podía hallarse tanto a un lado como al otro, ya que, al cerrar los ojos, no había visto por dónde se había ido. Solo podía elegir entre el toro que me haría retroceder y el toro que me haría avanzar.

Así que, por lo tanto, seguí adelante.

Para recorrer catorce kilómetros al día necesitaba todas mis fuerzas intactas. Recorrer catorce kilómetros al día era una hazaña física muy superior a cualquier otra cosa que hubiera hecho antes. Me dolían todas y cada una de las partes de mi cuerpo, excepto el corazón. No veía a nadie, pero, por raro que pareciera, no echaba de menos a nadie. Solo deseaba comida, agua y poder descargarme la mochila. Pero seguí acarreándola igualmente. Arriba y abajo por aquellos montes resecos, donde pinos de Jeffrey y robles negros bordeaban el sendero, cruzando pistas de montaña con huellas de grandes camiones, aunque no había ninguno a la vista.

La mañana del octavo día me entró hambre y esparcí toda la comida por el suelo para evaluar la situación, y sentí un intenso deseo de comer caliente. Incluso en mi estado de agotamiento y pérdida del apetito, para entonces había consumido casi todo lo que no necesitaba cocinarse: la granola y los frutos secos, los orejones, la cecina de pavo y las migas de atún, las barras de proteínas y la leche deshidratada. La mayor parte de los alimentos que me quedaban debían guisarse y no disponía de un hornillo en condiciones. La siguiente caja de reaprovisionamiento me esperaba en Kennedy Meadows, a unos doscientos quince kilómetros del principio de mi viaje. Un montañero avezado habría salvado esa distancia en el tiempo que yo llevaba ya en el sendero. Al ritmo que avanzaba, no había recorrido ni la mitad del camino. E incluso si conseguía llegar hasta Kennedy Meadows con la comida que me quedaba, primero tendría que reparar el hornillo y rellenar la botella con el combustible adecuado, y Kennedy Meadows, al ser una base a gran altitud para cazadores, montañeros y pescadores más que un pueblo, no era el lugar indicado para eso. Sentada en el suelo, con las bolsas de cierre hermético llenas de comida liofilizada que no podía cocinar esparcidas alrededor, decidí desviarme del sendero. No lejos de donde me hallaba, el SMP atravesaba una red de pistas de montaña que iban en distintas direcciones.

Empecé a bajar por una de esas pistas con la idea de que acabaría encontrando civilización en forma de carretera, una que discurría paralela al sendero a unos treinta y cinco kilómetros al este. Caminé sin saber exactamente por qué pista iba, dejándome guiar por la convicción de que daría con algo, avanzando bajo el sol tórrido y radiante. Notaba mi propio olor mientras andaba. Llevaba desodorante y cada mañana me lo ponía en las axilas, pero ya no servía de nada. Hacía más de una semana que no me bañaba. Tenía el cuerpo cubierto de tierra y sangre; el pelo apelmazado a causa del polvo y el sudor seco, pegado a la cabeza bajo

87

la gorra. Sentía que los músculos de mi cuerpo se fortalecían a diario y al mismo tiempo, en igual medida, que los tendones y las articulaciones se debilitaban. Me dolían los pies tanto por dentro como por fuera, con la piel en carne viva por las ampollas, los huesos y los músculos agotados por los kilómetros recorridos. La pista era plácidamente llana o presentaba un suave descenso, un grato descanso después del implacable subir y bajar del sendero, pero seguía sufriendo. Durante largos tramos procuré imaginar que en realidad no tenía pies, que en lugar de eso mis piernas terminaban en dos muñones inmunes a todo, capaces de soportar cualquier cosa.

Después de cuatro horas empecé a lamentar mi decisión. En el SMP podía morir de hambre o a causa de la embestida de un longhorn merodeador, pero al menos allí sabía dónde estaba. Volví a consultar mi guía, pues para entonces ya ni siquiera sabía si continuaba en una de las pistas descritas de pasada. Sacaba mi mapa y mi brújula cada hora para evaluar y volver a calcular mi posición. Cogí *Staying Found* para releer cómo se usaban exactamente un mapa y una brújula. Observé el sol. Pasé junto a un pequeño rebaño de vacas que no estaban encerradas en un cercado y el corazón me dio un vuelco al verlas, pese a que ninguna se movió en dirección a mí. Simplemente dejaron de comer para levantar la cabeza y verme pasar mientras yo les canturreaba con delicadeza: «Vaca, vaca, vaca».

El paisaje en torno a la pista era sorprendentemente verde en algunos lugares, seco y rocoso en otras, y pasé dos veces junto a tractores estacionados a un lado de la pista, silenciosos e inquietantes. Caminé en un estado de asombro ante tanta belleza y tanto silencio, pero ya entrada la tarde la aprensión me atenazó la garganta.

Iba por una pista, pero hacía ocho días que no veía a un solo ser humano. Aquello era la civilización y, sin embargo, no se veía la menor señal de ella, aparte de las vacas en campo abierto y los dos tractores abandonados, y el mismo camino. Me sentía como la protagonista de una película de ciencia ficción, como si fuera la única persona que quedaba en el planeta, y por primera vez en mi viaje creí que iba a echarme a llorar. Respiré hondo para contener las lágrimas, me quité la mochila y la dejé en el suelo para hacerme una composición de lugar. Más adelante la pista torcía a un lado; me acerqué a la curva sin la mochila para ver qué había al otro lado.

Lo que vi fue a tres hombres sentados en la cabina de una furgoneta amarilla.

Uno era blanco. Uno era negro. Uno era hispano.

Tardé alrededor de sesenta segundos en llegar hasta ellos. Me observaron con la misma expresión que había aparecido en mi cara al ver el longhorn el día anterior, como si de un momento a otro fueran a gritar: «¡Alce!». Mi alivio al verlos fue enorme. Aun así, mientras avanzaba a zancadas hacia ellos, sentí un hormigueo en todo mi cuerpo ante la compleja noción de que ya no era la única protagonista de una película sobre un planeta deshabitado. Ahora intervenía en una película totalmente distinta: era la única mujer en compañía de tres hombres de intenciones, personalidad y origen desconocidos que me observaban desde la penumbra de la cabina de una furgoneta amarilla.

Mientras les explicaba mi situación a través de la ventanilla abierta del conductor, me miraban en silencio, y la expresión de sus ojos pasó primero del sobresalto a la estupefacción, y luego a la mofa, hasta que los tres se echaron a reír.

—¿Sabes en qué te has metido, nena? —preguntó el hombre blanco cuando recobró la compostura. Y yo negué con la cabeza. El negro y él aparentaban unos sesenta años, y el hispano rondaba apenas los veinte—. ¿Ves esa montaña de ahí? —Desde su posición al volante, señaló al frente a través del parabrisas—. Estamos a punto de volarla. —Me explicó que una compañía minera había adquirido los derechos de esos terrenos e iban a excavar allí para extraer roca decorativa que la gente pondría en sus jardines—. Me llamo Frank —dijo, tocándose el ala del sombrero vaquero—. Y en rigor has entrado sin permiso en una propiedad privada, jovencita, pero no te lo tendremos en cuenta. —Me miró y me guiñó el ojo—. Solo somos mineros, no los dueños de estas tierras. De lo contrario tendríamos que pegarte un tiro.

Soltó otra carcajada y señaló al hispano, sentado en medio, y dijo que se llamaba Carlos.

—Yo soy Walter —se presentó el negro, que ocupaba el asiento del acompañante.

Eran las primeras personas que veía desde que los dos hombres del monovolumen con matrícula de Colorado me dejaron en el arcén de la carretera hacía más de una semana. Cuando hablé, mi propia voz me sonó extraña, se me antojó más aguda y acelerada de lo que recordaba, como si fuera algo que no conseguía atrapar y retener, como si cada palabra fuera un pajarillo y se escabullera aleteando. Me dijeron que subiera a la plataforma de la furgoneta, y recorrimos la corta distancia hasta el otro lado de la curva para recoger mi mochila. Frank se detuvo y los tres se apearon. Walter cogió la mochila y se quedó atónito por el peso.

—Estuve en Corea —dijo mientras la levantaba y cargaba con considerable esfuerzo en la plataforma metálica de la furgoneta—. Y nunca llevamos una mochila tan pesada. O quizás una vez sí cargué con una tan pesada, pero eso fue un castigo.

Rápidamente, sin apenas intervención por mi parte, se decidió que fuera a casa de Frank, donde su mujer me daría de cenar, y yo podría bañarme y dormir en una cama. Por la mañana, él me ayudaría a llegar a algún sitio donde reparar el hornillo.

—¿Puedes explicármelo todo de nuevo? —preguntó Frank varias veces, y en cada ocasión los tres me escucharon absortos y desconcertados.

Vivían a unos treinta y cinco kilómetros del Sendero del Macizo del Pacífico, y, sin embargo, ninguno había oído hablar de él jamás. No concebían qué podía llevar a una mujer a echarse sola a la montaña, y Frank y Walter así me lo dijeron, con actitud jovial y caballerosa.

—A mí me parece una pasada —apuntó Carlos al cabo de un rato. Tenía dieciocho años, me dijo, y estaba a punto de incorporarse a filas.

—Quizá te convendría más hacer esto —propuse.

—Qué va —contestó.

Los hombres volvieron a subirse a la furgoneta de nuevo, y yo viajé sola en la parte de atrás hasta llegar a donde Walter tenía aparcada su furgoneta, a tres o cuatro kilómetros de allí. Carlos y él se marcharon y me dejaron a solas con Frank, a quien le quedaba otra hora de trabajo por delante.

Sentada en la cabina de la furgoneta amarilla, observé a Frank ir y venir en un tractor, nivelando el camino. Cada vez que pasaba por delante, me saludaba y, cuando se alejaba, yo examinaba subrepticiamente el contenido de su furgoneta. En la guantera encontré una petaca de plata con whisky. Eché un trago y, con fuego en los labios, volví a dejarla rápidamente en su sitio. Metí la mano bajo el asiento y extraje un alargado estuche negro. Al abrirlo, vi un arma tan plateada como la petaca de whisky. Lo cerré y lo empujé debajo del asiento. Las llaves de la furgoneta colgaban del contacto, y me pregunté ociosamente qué pasaría si arrancaba y me marchaba. Me descalcé y me masajeé los pies. El pequeño moretón del tobillo, el resultado de chutarme heroína en Portland, seguía allí, pero ahora degradado hasta adquirir un tono amarillento. Deslicé el dedo por encima, por el bulto formado en torno a la pequeña hilera de pinchazos todavía detectables en el centro, asombrada de mi propia ridiculez, y luego volví a ponerme los calcetines para no verlo más.

—¿Qué clase de mujer eres? —preguntó Frank cuando acabó de trabajar y montó en la furgoneta a mi lado.

—¿Qué clase? —repetí. Nuestras miradas se cruzaron y en la suya algo quedó al descubierto, y yo aparté la vista.

—¿Eres como Jane? ¿La clase de mujer que le gustaría a Tarzán?

—Supongo —dije, y me eché a reír, aunque sentí una creciente inquietud, y deseé que Frank arrancara la furgoneta y se pusiera en marcha.

Era un hombre alto y flaco, de rostro curtido y rasgos bien definidos. Un minero que a mí me parecía un vaquero. Sus manos me recordaban a las de todos los hombres que había conocido en mi infancia, hombres que se ganaban la vida mediante el trabajo físico, hombres que nunca tenían las manos limpias por más que se las restregaran. Sentada allí a su lado, sentí lo que siempre siento cuando estoy sola con ciertos hombres en ciertas circunstancias: que podía ocurrir cualquier cosa. Que quizás él siguiera con sus asuntos, educada y amablemente, o que tal vez me agarrara y cambiara el curso de los acontecimientos por completo en un instante. Junto a Frank en su furgoneta, observé sus manos, todos sus movimientos, con cada célula de mi cuerpo en estado de máxima alerta, pese a que parecía tan relajada como si acabara de despertar de una siesta.

—Tengo algo para nosotros dos —anunció, y alargó el brazo hacia la guantera para sacar la petaca de whisky—. Es mi recompensa después de una dura jornada. —Desenroscó el tapón y me la entregó—. Las damas primero.

La acepté, me la llevé a los labios y dejé correr el whisky por mi boca.

—Sí. Eres esa clase de mujer. Así voy a llamarte: Jane. —Cogió la petaca de mi mano y echó un largo trago.

—En realidad, no estoy aquí totalmente sola —dije de pronto, inventando la mentira conforme hablaba—. Mi marido, que se llama Paul, está también de excursión. Empezó en Kennedy Meadows. ¿Sabes dónde cae? Los dos queríamos conocer la experiencia de recorrer los caminos solos, así que él se dirige hacia el sur y yo hacia el norte, y nos encontraremos en medio. Luego pasaremos el resto del verano juntos.

Frank asintió y tomó otro sorbo de la petaca.

—Pues entonces está más loco que tú —declaró después de pensar en ello durante un momento—. Una cosa es ser una mujer tan chiflada como para hacer lo que tú haces. Otra es ser un hombre que permite a su esposa hacer una cosa así.

—Ya —contesté, como si le diera la razón—. Bueno, el caso es que nos reuniremos dentro de unos días. —Lo dije con tal convicción que yo misma me convencí de que Paul en ese mismo instante recorría el sendero hacia mí. De que en realidad no habíamos tramitado el divorcio hacía dos meses, en un día nevado de abril. De que venía a por mí. O de que se enteraría si yo no seguía avanzando por el sendero. De que mi desaparición se sabría en cuestión de días.

Pero la verdad era muy distinta. La gente de mi vida era como las tiritas que se había llevado el viento del desierto aquel primer día en el sendero. Se desperdigaron y luego desaparecieron. Nadie esperaba de mí siquiera una llamada cuando llegara a mi primera parada. Ni a la segunda ni a la tercera.

Frank se recostó en el asiento y se reacomodó la gran hebilla metálica del cinturón.

—Hay otra cosa con la que me gusta recompensarme después de una dura jornada —dijo.

—¿Y qué es? —pregunté con una sonrisa vacilante, y sentí mi corazón acelerarse. Sentí un hormigueo en las manos, apoyadas en el regazo. Era muy consciente de que no tenía allí la mochila, de que estaba en la plataforma de la furgoneta. Al instante decidí que la dejaría allí si tenía que abrir de pronto la puerta de la furgoneta y salir corriendo.

Frank metió la mano debajo del asiento, donde se hallaba el arma en su pequeño estuche negro.

Sacó una bolsa de plástico transparente. Dentro había largas y finas tiras de regaliz rojo, enrollado cada uno como un lazo. Me tendió la bolsa y preguntó:

—¿Te apetece, señorita Jane?

6

Un toro en ambas direcciones

*D*evoré casi dos metros del regaliz rojo de Frank mientras él conducía, y habría comido otros dos si los hubiese tenido.

—Espera aquí —me dijo en cuanto aparcó en el pequeño camino de acceso de tierra a un lado de la casa: una caravana en un pequeño campamento de caravanas entre los matorrales del desierto—. Voy a entrar a explicarle a Annette quién eres.

Al cabo de unos minutos salieron juntos. Annette era una mujer rellenita y canosa. Tenía una expresión poco hospitalaria y recelosa.

—¿Eso es todo lo que traes? —gruñó mientras Frank descargaba la mochila de la furgoneta. Los seguí adentro, donde él desapareció inmediatamente en el cuarto de baño—. Ponte cómoda —dijo Annette, cosa que interpreté como que debía sentarme a la mesa que delimitaba la cocina mientras ella me preparaba un plato de comida.

En el ángulo opuesto de la mesa había un pequeño televisor encendido con el volumen tan alto que costaba oír. Otra noticia sobre el juicio de O. J. Simpson. Fijé la mirada en él hasta que Annette vino y puso el plato ante mí. Acto seguido, apagó el televisor.

—No se oye hablar de otra cosa. Que si O. J. tal y O. J. cual —dijo—. Cualquiera diría que no mueren niños de hambre en África. Tú empieza —instó, señalando la comida.

—Esperaré —dije con una naturalidad que contradecía la desesperación que sentía. Contemplé el plato. Contenía una alta pila de costillas asadas, maíz de lata y ensalada de patatas. Pensé en levantarme y lavarme las manos, pero temí que, si lo hacía, la cena se atrasara. Daba igual. La necesidad de lavarse las manos antes de comer me resultaba ahora tan lejana como el noticiario de la televisión.

—¡Come! —ordenó Annette, a la vez que colocaba ante mí un vaso de plástico con zumo de cereza.

Me llevé a la boca el tenedor con ensalada de patatas. Estaba tan buena que casi me caí de la silla.

—¿Eres universitaria?

—Sí —contesté, sintiéndome extrañamente halagada por el hecho de dar esa imagen pese a mi mugre y hedor—. O mejor dicho, lo era. Me titulé hace cuatro años —añadí, y tomé otro bocado, consciente de que aquello en rigor era mentira.

Pese a prometerle a mi madre en los últimos días de su vida que me licenciaría, no lo había hecho. Mi madre había muerto el lunes de nuestras vacaciones de primavera y yo había vuelto a las clases una semana después. A trancas y barrancas, afronté un sinfín de asignaturas ese último trimestre, medio ciega de dolor, pero no obtuve el título porque me faltaba una cosa. No había entregado un trabajo de cinco páginas para una materia de lengua de nivel intermedio. Debería haber sido pan comido, pero cuando intenté ponerme a escribir, me quedé con la vista clavada en la pantalla en blanco del ordenador. Atravesé el escenario con el birrete y la toga, y acepté el pequeño documento enrollado que me entregaron, pero cuando lo desplegué, decía lo que ya preveía: que no obtendría el título hasta que entregara ese trabajo. Lo que sí tenía era la deuda de los préstamos bancarios para mis estudios, que, según mis cálculos, seguiría pagando hasta los cuarenta y tres años.

94

A la mañana siguiente, Frank me dejó en una tienda de abastos al pie de carretera después de indicarme que fuera en autostop a un pueblo llamado Ridgecrest. Me senté en el porche delantero de la tienda hasta que apareció un repartidor de patatas fritas que accedió a llevarme cuando se lo pedí, pese a que la empresa prohibía recoger a autostopistas. Se llamaba Troy, me dijo en cuanto subí a su camión. Viajaba por el sur de California cinco días a la semana, repartiendo bolsas de patatas fritas de todo tipo. Llevaba casi diecisiete años con su novia del instituto, desde los diecisiete.

—Diecisiete años fuera de la jaula y diecisiete dentro —bromeó, pese a que su voz destilaba pesar—. Haría cualquier cosa por estar en tu lugar —dijo mientras conducía—. Soy un espíritu libre que nunca ha tenido los huevos para ser libre.

Me dejó en la Tienda de Artículos para Actividades al Aire Libre de Todd, donde el señor Todd en persona desmontó mi hornillo, lo limpió, instaló un filtro nuevo, me vendió la gasolina apropiada y luego me hizo una demostración de encendido, para mayor seguridad. Compré más segunda piel para mis heridas y cinta adhesiva, y fui a un restaurante, donde pedí un batido de leche malteada con chocolate y una hamburguesa con queso y patatas fritas, sintiéndome igual que en la cena de la noche anterior: derretida a cada delicioso bocado. Después, me paseé por el pueblo mientras los coches circulaban a toda velocidad; los conductores y los pasajeros se giraban para mirarme con fría curiosidad. Pasé ante establecimientos de comida rápida y concesionarios de coches, sin saber bien si debía hacer dedo o quedarme a dormir en Ridgecrest y regresar al SMP al día siguiente. Cuando me detuve cerca de un cruce, planteándome en qué dirección seguir, se acercó a mí un hombre de aspecto desaliñado que iba en bicicleta. Llevaba una bolsa de papel arrugada.

—¿Te marchas del pueblo? —preguntó.

—Es posible —contesté.

La bicicleta era pequeña —para niño, no para adulto— y con chillonas llamaradas pintadas a los lados.

—¿Hacia dónde vas? —preguntó. Olía tan mal que estuve a punto de toser, aunque supuse que yo olía casi tan mal como él. Pese al baño que me había dado la noche anterior en casa de Frank y Annette después de la cena, seguía vestida con mi ropa sucia.

—Quizá me aloje en un motel a pasar la noche —respondí.

—¡No lo hagas! —bramó—. Yo lo hice y me metieron en la cárcel.

Asentí, comprendiendo que creía que yo era como él. Una vagabunda. Una forajida. No una supuesta universitaria ni una exuniversitaria. Ni siquiera me planteé explicarle lo del SMP.

—Toma —dijo, ofreciéndome la bolsa de papel—. Es pan y mortadela ahumada. Puedes hacerte bocadillos.

—No, gracias —respondí, asqueada y conmovida por su ofrecimiento.

—¿De dónde eres? —preguntó, reacio a marcharse.

—De Minnesota.

—¡Vaya! —exclamó, y una sonrisa se desplegó por su rostro

95

mugriento—. Eres mi hermana. Yo soy de Illinois. Illinois y Minnesota son como vecinos.

—Bueno, casi vecinos; en medio está Wisconsin —corregí, y lo lamenté de inmediato. No deseaba herir sus sentimientos.

—Aun así, somos vecinos —insistió, y tendió la palma de la mano desde abajo para que yo chocara los cinco.

Choqué los cinco.

—Suerte —le deseé cuando empezó a pedalear.

Fui a un supermercado y me paseé por los pasillos antes de tocar nada, deslumbrada por tales montañas de comida. Compré unas cuantas cosas para reemplazar los alimentos que ya había consumido cuando no era capaz de prepararme mis cenas liofilizadas. A continuación, recorrí una transitada travesía hasta encontrar lo que parecía el motel más barato del pueblo.

—Me llamo Bud —se presentó el hombre de detrás del mostrador cuando le pedí una habitación. Tenía cara de abatimiento y tos de fumador. Unos carrillos curtidos le colgaban a los lados del rostro arrugado. Cuando le expliqué que estaba recorriendo el SMP, insistió en lavarme la ropa—. Puedo echarla junto con las sábanas y toallas, cariño. No me cuesta nada —adujo cuando protesté.

Fui a mi habitación, me desnudé y me puse el pantalón impermeable y el chubasquero, pese a que era un caluroso día de junio; luego regresé a la recepción y entregué tímidamente a Bud mi pequeña pila de ropa sucia, dándole las gracias de nuevo.

—Es porque me gusta tu pulsera. Por eso me he ofrecido —explicó Bud.

Me subí la manga del chubasquero y la contemplamos. Era una desvaída pulsera de plata: llevaba el rótulo PRISIONERO DE GUERRA / DESAPARECIDO EN COMBATE y me la había colocado mi amiga Aimee en la muñeca cuando nos despedimos en una calle de Minneapolis unas semanas antes.

—A ver a quién tienes ahí. —Alargó el brazo por encima del mostrador y, cogiéndome la muñeca, le dio la vuelta para leer el nombre—. William J. Crockett —dijo, y me soltó. Aimee había investigado quién era William J. Crockett y me lo había contado: un piloto de las fuerzas aéreas a quien le faltaban dos meses para cumplir veintiséis años cuando su avión fue abatido en Vietnam. Ella había llevado la pulsera durante años sin quitársela jamás. Desde el momento en que me la dio, tampoco yo me había desprendido de ella—. Yo mismo soy veterano de Vietnam, así que estoy atento a esos detalles. También es por eso por lo que te he dado la única habitación con bañera —añadió Bud—. Estuve allí en el 63, con poco más de dieciocho años, pero ahora me opongo a la guerra, a toda clase de guerra. Me opongo rotundamente. Excepto en ciertos casos. —Un cigarrillo ardía en un cenicero de plástico cercano. Bud lo cogió pero no se lo llevó a los labios—. Supongo, pues, que sabes que este año hay mucha nieve allá en Sierra Nevada.

—¿Nieve? —pregunté.

—Este año se han batido récords históricos. Está a rebosar. Hay una delegación de la Agencia de Administración Territorial aquí en el pueblo, por si quieres telefonear y averiguar en qué condiciones están las montañas —informó, y dio una calada—. Tendré tu ropa lista dentro de una o dos horas.

Regresé a mi habitación, me duché y luego me di un baño. Después, retiré la colcha y me tumbé sobre las sábanas. En la habitación no había aire acondicionado, pero, de todos modos, no tenía calor. Me sentí como nunca en la vida, ahora que el sendero me había enseñado lo mal que podía llegar a sentirme. Me levanté, revolví en la mochila y me recosté en la cama a leer *Mientras agonizo*, con las palabras de Bud sobre la nieve resonando en mi cabeza.

Conocía la nieve. Al fin y al cabo me había criado en Minnesota. La había apartado a paladas, había conducido por ella y había hecho bolas para lanzarlas. La había contemplado por la ventana durante días enteros mientras caía y se apilaba formando montículos que permanecían congelados durante meses en el suelo. Pero esta nieve era distinta. Era una nieve que cubría Sierra Nevada de manera tan indómita que toda esa cordillera le debía su nombre.

Me pareció absurdo pensar que desde el principio de mi andadura había estado recorriendo esa cordillera nevada, que las áridas montañas que había atravesado desde el momento en que pisé el SMP formaran parte en rigor de Sierra Nevada. Pero aquello no era aún Sierra Alta: el formidable sistema de picos y precipicios graníticos más allá de Kennedy Meadows que el montañero y escritor John Muir había recorrido en sus famosas exploraciones y que había adorado hacía más de cien años. No había leído los libros de Muir sobre Sierra Nevada antes de iniciar mi viaje por el

SMP, pero sabía que era el fundador del Club Sierra. Proteger Sierra Nevada de los pastores de ovejas, la explotación minera, el desarrollo turístico y otras intrusiones de la era moderna habían constituido la pasión de su vida. Gracias a él y a aquellos que dieron apoyo a su causa, la mayor parte de Sierra Nevada es todavía hoy un espacio natural. Espacio natural que, por lo visto, estaba intransitable por la nieve.

No me cogió del todo por sorpresa. Los autores de mi guía me habían prevenido acerca de la nieve que podía encontrar en Sierra Alta, y me había preparado. O al menos había hecho lo que consideraba que era «prepararse» para el SMP: había comprado un piolet y me lo había enviado a mí misma por correo en la caja que debía recoger en Kennedy Meadows. Al comprarlo había supuesto que solo lo necesitaría ocasionalmente, para los tramos más altos del sendero. La guía me aseguraba que en un año normal la mayor parte de la nieve se habría fundido para cuando yo recorriera Sierra Alta a finales de junio y en julio. No se me había ocurrido investigar si ese era un año normal.

Encontré un listín telefónico en la mesilla de noche y lo hojeé; a continuación, marqué el número de la Delegación de la Agencia de Administración Territorial.

—Uy, sí, allí arriba hay mucha nieve —dijo la mujer que atendió la llamada. No disponía de datos concretos, me explicó, pero sabía con toda certeza que ese año se había batido un récord histórico en cuanto a precipitaciones en forma de nieve en la Sierra. Cuando le dije que estaba recorriendo el SMP, se ofreció a llevarme en coche hasta el sendero. Al colgar el teléfono, la sensación de alivio por no tener que hacer autostop se impuso a toda preocupación por la nieve. Simplemente lo vi como algo muy lejano, imposible.

La amable mujer de la agencia me llevó al día siguiente por la tarde de vuelta al sendero, concretamente a un lugar llamado paso del Caminante. Mientras la observaba alejarse, me sentí más humilde y a la vez un poco más segura de mí misma que nueve días antes, cuando inicié mi andadura. En los días anteriores me había embestido un toro longhorn, había acumulado heridas y magulladuras a causa de caídas y percances, y había descendido por una remota pista junto a una montaña que estaban a punto de volar. Había atravesado kilómetros de desierto, había subido y bajado por incontables montañas y había pasado días sin ver a nadie. Me había dejado los pies en carne viva; me había producido rozaduras sangrantes, y había cargado a lo largo de kilómetros y kilómetros de escabroso terreno no solo conmigo misma, sino también con una mochila que pesaba más de la mitad que yo. Y lo había hecho sola.

Eso tenía un valor, ¿no?, pensé mientras atravesaba el camping rústico cercano al paso del Caminante y buscaba un lugar donde acampar. Era tarde pero aún quedaba luz, aquella última semana de primavera en el mes de junio. Monté la tienda y preparé la primera comida caliente en el sendero, con mi hornillo, que ahora ya podía utilizar: judías blancas con arroz. Contemplé el cielo mientras la luz se desvanecía en un despliegue de vivos colores por encima de las montañas, sintiéndome la persona más afortunada de este mundo. Faltaban ochenta y tres kilómetros para Kennedy Meadows, y unos veinticinco para que encontrara mi primera fuente de agua en el sendero.

Por la mañana cargué en la mochila otro aprovisionamiento de agua completo y crucé la carretera estatal 178. La siguiente vía que atravesaba Sierra Nevada se hallaba a unos doscientos treinta kilómetros al norte en línea recta, cerca de Tuolumne Meadows. Seguí el curso rocoso y ascendente del SMP bajo el intenso sol matutino, con vistas de las montañas en todas direcciones, cerca y lejos: los Scodies al sur en primera línea, los montes El Paso al este más allá, y al noroeste la Reserva Natural Dome Land, a donde llegaría pasados unos días. Todas me parecían iguales, aunque cada una presentaba sutiles diferencias. Me había acostumbrado a tener montañas a la vista continuamente; mi visión había cambiado en el transcurso de la semana anterior. Me había adaptado a los interminables paisajes panorámicos de kilómetros y kilómetros. Me había familiarizado con la percepción de que caminaba por la tierra justo allí donde confluía con el cielo. La cresta.

Pero, en general, no alzaba la vista. Paso a paso, mantenía la mirada en el sendero de arena y pedregoso, resbalando a veces mientras subía por un repecho y otro más. Mi mochila emitía molestos chirridos a cada paso, surgiendo el sonido aún del mismo punto a solo unos centímetros de mi oreja.

Al caminar, procuraba obligarme a no pensar en las cosas que me dolían —los hombros y la parte alta de la espalda, los pies y la cadera—, pero lo conseguía solo durante breves intervalos. Cuando atravesaba el flanco oriental del monte Jenkins, me de-

99

tuve varias veces para contemplar las extensas vistas del desierto que se extendía al este por debajo de mí hasta el punto de fuga. Por la tarde llegué a un desgalgadero y me detuve. Alcé la vista hacia lo alto de la montaña y recorrí el desgalgadero arriba y abajo con la mirada. Un gran río de piedras metamórficas angulosas del tamaño de un puño descendía allí donde antes estaba el sendero llano, de algo más de medio metro de anchura, por el que cualquier ser humano podía transitar. Y yo ni siquiera era un ser humano normal. Era un ser humano con una tremenda carga a mis espaldas y sin siquiera un bastón de senderismo para mantener el equilibrio. A saber por qué había prescindido en mi equipaje de un bastón de senderismo y, sin embargo, había incluido una sierra plegable. Encontrar un palo era imposible: los pocos árboles bajos y escuálidos que tenía alrededor no me servían. No me quedaba más remedio que seguir adelante.

Me temblaban las piernas cuando, medio en cuclillas, pisé el desgalgadero, temiendo que mi habitual andar con el cuerpo encorvado en una postura mínimamente erguida desplazara las piedras y provocara un desprendimiento en masa montaña abajo, llevándome consigo. Me caí una vez, golpeando el suelo con la rodilla, y me levanté para seguir avanzando aún más lentamente, oyendo a cada paso el chapoteo del agua en la bolsa dromedario a mis espaldas. Cuando alcancé el extremo opuesto del desgalgadero, sentí tal alivio que no me importó que la rodilla me sangrara y palpitara de dolor. «Eso ha quedado atrás», pensé agradecida, pero me equivocaba.

Esa tarde tuve que cruzar otros tres desgalgaderos.

Por la noche acampé en un collado alto entre el monte Jenkins y el Owens, físicamente traumatizada por el esfuerzo que me había exigido llegar allí pese a haber recorrido solo trece kilómetros y medio. Me había reprendido en silencio por no avanzar más deprisa, pero ahora, sentada en mi silla plegable, con un cazo en el suelo entre los pies, llevándome la cuchara a la boca en actitud catatónica, solo sentía agradecimiento por haber llegado hasta allí. Me hallaba a una altitud de 2.100 metros, con el cielo alrededor por todas partes. Al oeste vi apagarse el sol más allá de la tierra ondulante en una gama de diez tonos de naranja y rosa; al este, hasta donde alcanzaba la vista, se extendía el valle desértico en apariencia interminable.

Sierra Nevada es un único bloque inclinado de corteza terrestre. Su cara occidental abarca el noventa por ciento de la cordillera, y desciende de forma gradual las cimas hacia los fértiles valles que finalmente dan paso a la costa californiana, paralela al SMP, poco más o menos a trescientos kilómetros al oeste en la mayor parte del camino. La cara oriental de Sierra Nevada es totalmente distinta: una empinada escarpa que desciende con brusquedad hacia una extensa llanura desértica que llega hasta la Gran Cuenca de Nevada. Hasta entonces yo había visto Sierra Nevada solo una vez, al viajar al oeste con Paul unas semanas después de marcharnos de Nueva York. Habíamos acampado en el Valle de la Muerte, y al día siguiente atravesamos en coche durante cuatro horas un paisaje tan desolado que no parecía de este mundo. A eso del mediodía, Sierra Nevada asomó en el horizonte por el oeste, un enorme e impenetrable muro blanco que se elevaba sobre la tierra. Ahora, allí sentada en aquel alto collado, me era casi imposible evocar esa imagen. Ya no me encontraba a gran distancia de ese muro. Me hallaba sobre su cresta. Mientras el cielo se oscurecía, contemplé el paisaje en un estado de arrobo y desfallecimiento, tan cansada que ni siquiera podía levantarme para caminar hasta la tienda de campaña. Por encima de mí brillaba la luna y por debajo, muy lejos, titilaban las luces de las localidades de Inyokern y Ridgecrest. El silencio era pasmoso. Percibía esa ausencia como un peso. «Para esto he venido —pensé—. Esto es lo que he logrado.»

Cuando por fin me puse en pie y preparé el campamento para acostarme, caí en la cuenta de que por primera vez en el sendero no me había abrigado con el anorak de forro polar al ponerse el sol. Ni siquiera me había puesto la camiseta de manga larga. Ni aun a 2.100 metros de altitud se percibía la menor sensación de frío en el aire. Esa noche agradecí la brisa suave y templada que acariciaba mis brazos desnudos, pero, al día siguiente, a las diez de la mañana, esa gratitud había desaparecido.

Se evaporó como consecuencia de un calor magnífico e inexorable.

Al mediodía el calor era tan implacable y el sendero estaba tan expuesto al sol que me pregunté sinceramente si sobreviviría. Hacía tal calor que la única manera de seguir adelante era deteniéndome cada diez minutos a descansar durante cinco, y entonces tomaba un trago de agua de la cantimplora, caliente como un té. Mientras caminaba, gemía una y otra vez, como si eso me proporcionara un refrescante alivio, pero nada cambiaba. El sol seguía mirándome despiadadamente, sin importarle un comino si yo vivía o moría. La reseca maleza y los escuálidos árboles se alzaban allí con indiferente determinación, como siempre habían hecho y siempre harían.

Yo era un guijarro. Yo era una hoja. Yo era una irregular rama de un árbol. Para ellos yo no era nada, y ellos lo eran todo para mí.

Descansaba en cualquier mínima sombra que encontraba, donde me abandonaba a detalladísimas fantasías de agua fría. El calor era tan intenso que mi recuerdo de él es más un sonido que una sensación, un lamento que se elevaba hasta convertirse en un disonante gemido en cuyo centro se hallaba mi cabeza. Pese a todo lo que había padecido hasta el momento en el sendero, ni una sola vez me había planteado abandonar. Pero ahora, a solo diez días del punto de partida, estaba rota. Quería dejarlo.

Tambaleante, seguí en dirección norte, hacia Kennedy Meadows, furiosa conmigo misma por haber concebido una idea tan absurda. En otros lugares la gente hacía barbacoas y se tomaba el día de descanso, se solazaba junto a un lago y dormía la siesta. Tenía acceso a cubitos de hielo y limonada, y a habitaciones donde la temperatura era de veinte grados. Conocía a esa gente. Quería a esa gente. También la odiaba, por lo lejos que estaba, mientras yo me hallaba allí, al borde de la muerte en un sendero del que muy pocos habían oído siquiera hablar. Iba a abandonar. «Abandona, abandona, abandona», canturreaba para mí a la vez que gemía y caminaba y descansaba (diez, cinco, diez, cinco). Pensaba llegar a Kennedy Meadows, recoger mi caja de reaprovisionamiento, comerme todas las barritas de chocolate que había metido en ella y luego ir en autostop al pueblo al que se dirigiese el primer conductor que me recogiera, fuera cual fuese. Llegaría por mis propios medios a una estación de autobuses y desde allí viajaría a cualquier parte.

A Alaska, decidí al instante. Porque en Alaska, con toda seguridad, había hielo.

A medida que se apoderaba de mí la idea de abandonar, se me ocurrió otra razón para reafirmarme en la convicción de que esa andadura por el SMP había sido una idea descabelladamente estúpida. Me había propuesto recorrer el sendero para reflexionar sobre mi vida, para pensar en todo aquello que me había quebrantado, y recobrar la integridad. Pero la verdad era que, al menos de momento, me consumía solo el sufrimiento físico y más inmediato. Desde el inicio de la andadura, los conflictos de mi vida solo habían aflorado de vez en cuando a mi pensamiento. ¿Por qué, ay, por qué había muerto mi buena madre y cómo era posible que yo fuera capaz de vivir y prosperar sin ella? ¿Cómo era posible que mi familia, antes tan unida y fuerte, se hubiera desintegrado tan rápida y rotundamente después de su muerte? ¿Qué había hecho yo al echar por tierra mi matrimonio con Paul, el marido tierno y fiable que me había amado tan incondicionalmente? ¿Por qué había caído en aquella triste maraña de la heroína, de Joe y del sexo con hombres a quienes apenas conocía?

Estas eran las preguntas que me habían pesado como piedras durante todo el invierno y la primavera, mientras me preparaba para recorrer el Sendero del Macizo del Pacífico. Las preguntas por las que había llorado y me había lamentado, hurgando en ellas con insoportable minuciosidad en mi diario personal. Había previsto aparcarlas todas mientras recorría el SMP. Había imaginado interminables meditaciones ante puestas de sol o mientras contemplaba los inmaculados lagos de montaña. Creí que derramaría lágrimas de aflicción catártica y de alegría reparadora cada día de mi viaje. En lugar de eso, solo gemía, y no porque me doliera el alma. Era porque me dolían los pies y la espalda, así como las heridas aún abiertas en la cadera. Y también, durante esa segunda semana en el sendero —cuando la primavera estaba justo a punto de convertirse oficialmente en verano—, porque tenía tanto calor que pensaba que la cabeza me iba a estallar.

Cuando no rezongaba para mis adentros por mi estado físico, sin darme cuenta reproducía una y otra vez mentalmente retazos de canciones y melodías publicitarias en un eterno bucle sin sentido, como si tuviera dentro de la cabeza una emisora de radio que ponía popurrís. Frente al silencio, mi cerebro respondía con fragmentos de temas musicales que había oído en el transcurso de mi vida: trozos de canciones que me encantaban y nítidas versiones de melodías de anuncios que casi me enloquecían. Pasé horas intentando expulsar de mi cabeza los anuncios del chicle Doublemint y de Burger King, toda una tarde procurando recordar el siguiente verso de una canción de Uncle Tupelo que decía: «Cayéndome de la ventana. Tropezando en una arruga de la alfombra...». Dediqué un día entero a intentar reunir la letra completa de *Something about what happens when we talk*.

103

Con los pies al rojo vivo, la carne desollada, los músculos y las articulaciones doloridos, el dedo despellejado por la embestida del toro palpitándome a causa de una ligera infección, la cabeza convertida en un hervidero de música aleatoria, al final de aquel abrasador décimo día de mi andadura, llegué prácticamente arrastrándome a una umbría arboleda formada por álamos y sauces que mi guía identificaba como Spanish Needle Creek. A diferencia de muchos de los lugares mencionados en mí guía con nombres falsamente prometedores que incluían la palabra «*creek*» ('arroyo'), Spanish Needle Creek se correspondía de verdad con un arroyo, o al menos a mí me bastó: unos cuantos centímetros de agua destellaban sobre las rocas en su sombreado lecho. De inmediato me quité la mochila, las botas y la ropa y, sentándome desnuda en el agua fresca y poco profunda, me la eché a la cara y por la cabeza. En los diez días que llevaba en el sendero no había visto a otro ser humano, así que me solacé sin preocuparme por la posibilidad de que apareciera alguien, aturdida por el éxtasis mientras bombeaba afanosamente el agua fría a través del depurador de agua y bebía una cantimplora tras otra.

Cuando desperté a la mañana siguiente acompañada por el suave murmullo del Spanish Needle Creek, me entretuve en la tienda, viendo clarear el cielo a través del techo de malla. Me comí una barrita de granola y leí mi guía, preparándome para el tramo del sendero que tenía por delante. Finalmente me levanté, fui al arroyo y me bañé en él por última vez, saboreando aquel lujo. Eran solo las nueve de la mañana, pero ya hacía calor, y temía abandonar aquella porción de sombra junto al arroyo. A remojo en ese curso de agua de diez centímetros de profundidad, decidí que no iría a Kennedy Meadows. Al paso que iba, incluso eso estaba demasiado lejos. Mi guía mencionaba una carretera que cruzaba el sendero a diecinueve kilómetros de allí. Al llegar al cruce, haría lo mismo que la vez anterior: descender hasta que alguien me recogiera. Solo que en esta ocasión no volvería.

Mientras me preparaba para partir, oí un ruido al sur. Me volví y vi subir por el sendero a un hombre barbudo con mochila. Su bastón de senderismo emitía un nítido golpe contra la tierra apisonada a cada paso.

—¡Hola! —saludó, sonriente—. Tú debes de ser Cheryl Strayed.

—Sí —dije con voz titubeante, tan atónita por ver a otro ser humano como por oírlo pronunciar mi nombre.

—Te he visto en el registro del sendero —explicó al advertir mi expresión—. Llevo días siguiéndote el rastro.

Pronto me acostumbraría a que la gente me abordara en medio de la montaña con esa familiaridad; el registro del sendero cumplía la función, durante todo el verano, de boletín social o algo por el estilo.

—Soy Greg —dijo, estrechándome la mano. Luego señaló mi mochila—: ¿De verdad cargas con eso?

Sentados a la sombra, charlamos sobre adónde íbamos y acerca de dónde veníamos. Él tenía cuarenta años, procedía de Tacoma, Washington, y era contable, con toda la apariencia melindrosa y metódica de un contable. Llevaba en el SMP desde primeros de mayo, había partido del principio del sendero en la frontera mexicana y planeaba recorrerlo entero hasta Canadá. Era la primera persona con quien me encontraba que en esencia hacía lo mismo que yo, aunque él recorrería una distancia mucho mayor. No necesitaba que yo le explicara qué hacía allí. Él lo entendía.

Mientras hablábamos, me sentí eufórica en su compañía y a la vez desanimada por la creciente conciencia de que él era de una casta totalmente distinta: tan bien preparado como mal preparada estaba yo; versado en aspectos del senderismo cuya existencia yo ni siquiera concebía. Llevaba años planeando ese viaje; había mantenido correspondencia con otros excursionistas que habían recorrido el SMP en veranos anteriores para recabar información; además, había asistido a lo que llamó conferencias sobre senderismo «de largo recorrido». Enumeraba distancias y altitudes, y hablaba con todo lujo de detalles sobre los pros y los contras del armazón externo e interno de las mochilas. Mencionó repetidas veces a un hombre de quien yo nunca había oído hablar, un tal Ray Jardine: un legendario montañero de largo recorrido, me explicó Greg con tono reverencial. Jardine era un verdadero experto, un indiscutible gurú, en todo lo referente al SMP, especialmente en cómo recorrerlo sin cargas pesadas. Me preguntó por mi depurador de agua, mi ingesta diaria de proteínas y la marca de calcetines que usaba. Quiso saber cómo me trataba las ampollas y el promedio de kilómetros que recorría a diario. Greg hacía un promedio de treinta y cinco. Esa misma mañana había recorrido los once kilómetros que a mí me habían representado tal tormento durante todo el día anterior.

—Ha sido más duro de que lo que pensaba —admití, pesarosa ante la evidencia de que, en efecto, era una idiota de tomo y lomo, más aún de lo que había supuesto inicialmente—. A lo máximo que llego es a dieciséis o diecisiete —mentí, como si hubiese conseguido al menos eso.

—Ya, claro —contestó Greg, sin sorprenderse—. A mí al principio me pasaba lo mismo, Cheryl. No te preocupes. Yo llegaba, con suerte, a veintidós o veinticuatro kilómetros, y acababa molido. Y eso que me había entrenado antes; había hecho excursiones de fin de semana con la mochila llena y eso… Estar aquí es distinto. El cuerpo tarda un par de semanas en aclimatarse lo suficiente para echarle kilómetros.

Asentí, experimentando un enorme consuelo, no tanto por su respuesta como por su misma presencia. Pese a su clara superioridad, era de los míos. No sabía si él sentía lo mismo respecto a mí.

—¿Qué haces con la comida por la noche? —pregunté tímidamente, temiendo su respuesta.

—Normalmente duermo con ella.

—Yo también —contesté con efusivo alivio.

Antes del viaje mi intención era colgar la comida de los árboles diligentemente cada noche, como se aconseja a todo buen mochilero. Hasta el momento mi agotamiento había sido tal que ni siquiera me lo había planteado. En lugar de eso, guardaba la bolsa de comida en la tienda conmigo (justo donde se recomienda no ponerla), usándola como almohada sobre la que apoyar los pies hinchados.

—La meto dentro de la tienda —explicó Greg, y algo dentro de mí cobró vida—. Eso mismo hacen los guardas forestales en las zonas aisladas. Solo que no se lo dicen a nadie, porque se verían en un aprieto si un oso fuera y atacara a alguien por culpa de eso. Pienso colgar la comida en los tramos más turísticos del sendero, donde los osos se han habituado a la gente, pero hasta entonces yo no me preocuparía por eso.

Asentí muy segura de mí misma, esperando transmitir la falsa idea de que sabía colgar correctamente una bolsa de comida de un árbol de tal manera que fuera inaccesible para un oso.

—Aunque también es posible que ni siquiera lleguemos a esas zonas —añadió Greg.

—¿Que no lleguemos? —pregunté, sonrojándome por la sospecha irracional de que, a saber cómo, él había adivinado mi plan de abandonar.

—Por la nieve.

—Ya, la nieve. He oído que había algo de nieve. —Con tanto calor se me había olvidado por completo. Bud, la mujer de la Agencia de Administración Territorial, el señor Todd y el hombre que había intentado darme la bolsa con pan y mortadela ahora me parecían solo un recuerdo lejano.

—La sierra está a rebosar —dijo Greg, repitiendo las palabras de Bud—. Muchos excursionistas han desistido del todo, porque este año se han batido récords históricos de acumulación de nieve. Va a ser difícil pasar por allí.

—¡Vaya! —exclamé con una mezcla de terror y alivio; ahora tenía tanto un pretexto como el vocabulario necesario para abandonar: «Yo quería recorrer el SMP, ¡pero no pude! ¡Estaba a rebosar de nieve!».

—En Kennedy Meadows tendremos que trazar un plan —dijo Greg—. Me quedaré allí unos días para hacerme una composición de lugar, así que estaré allí cuando llegues y podemos tomar una decisión.

—Estupendo —dije con despreocupación, no del todo dispuesta a comunicarle que, cuando él llegara a Kennedy Meadows, yo estaría en un autobús camino de Anchorage.

—Encontraremos nieve justo al norte de allí, y a partir de ese punto el sendero está enterrado a lo largo de cientos de kilómetros. —Se levantó y se echó la mochila a hombros con soltura. Sus piernas velludas eran como los pilares de un muelle en un lago de Minnesota—. Hemos elegido mal año para hacer el SMP.

—Supongo que sí —dije mientras intentaba levantar la mochila e introducir los brazos con naturalidad por debajo de las correas, igual que había hecho Greg, como si por el simple deseo de evitar la humillación fuera a desarrollar repentinamente músculos el doble de fuertes, pero la mochila pesaba demasiado y aún no podía levantarla ni un centímetro del suelo.

Greg se acercó y me ayudó a cargármela.

—Esta mochila sí que pesa —apuntó mientras forcejeábamos para colgármela a la espalda—. Mucho más que la mía.

—Ha sido un placer verte —dije en cuanto tuve la mochila

107

puesta, procurando dar la impresión de que no me encorvaba por fuerza en una postura mínimamente erguida, sino que me inclinaba hacia delante con un propósito y una intención—. Hasta ahora no he visto a nadie en el sendero. Pensé que habría más... excursionistas.

—No mucha gente hace el SMP. Y menos este año, eso desde luego, con el récord histórico de nieve. Mucha gente se enteró de eso y aplazó el viaje para el año que viene.

—Me pregunto si no deberíamos hacer nosotros lo mismo —dije, esperando que a él le pareciera una excelente idea regresar al año siguiente.

—Tú eres la única mujer sola que me he encontrado aquí hasta el momento, y también la única que he visto en el registro. Eso no está nada mal.

Contesté con una parca sonrisa más bien lastimera.

—¿Lista para ponerte en marcha? —preguntó.

—¡Lista! —contesté con más vigor del que tenía. Lo seguí por el sendero, caminando tan deprisa como podía para no rezagarme, acomodando mis pasos al golpeteo de su bastón. Cuando al cabo de quince minutos llegamos a una serie de repechos consecutivos, me detuve para tomar un sorbo de agua.

—Greg —lo llamé mientras él seguía adelante—. Encantada de conocerte.

Paró y se volvió.

—Solo faltan unos cincuenta kilómetros para Kennedy Meadows.

—Ya —dije, dirigiéndole un leve gesto de asentimiento. Él estaría allí a la mañana siguiente. Yo, si es que seguía, necesitaría tres días.

—Allá arriba refrescará —anunció Greg—. Hay unos trescientos metros más de altitud.

—Bravo —contesté lánguidamente.

—Lo estás haciendo muy bien, Cheryl —dijo—. No te preocupes demasiado. Estás verde, pero eres dura. Y aquí lo que más cuenta es ser duro. No cualquiera sería capaz de hacer lo que tú estás haciendo.

—Gracias —contesté, tan animada por sus palabras que se me contrajo la garganta de la emoción.

—Nos veremos en Kennedy Meadows —dijo, y empezó a alejarse.

—En Kennedy Meadows —respondí, levantando la voz con más convicción de la que sentía.

—Ya planearemos algo respecto a la nieve —dijo antes de perderse de vista.

Caminé bajo el calor de ese día con renovada determinación. Inspirada por la fe de Greg en mí, no volví a plantearme abandonar. Mientras avanzaba, reflexioné acerca del piolet que estaría en mi caja de reaprovisionamiento. El piolet que supuestamente me pertenecía. Era negro y plateado, de aspecto peligroso; una daga metálica de unos sesenta centímetros de largo con otra más corta y afilada dispuesta perpendicularmente en un extremo. Lo compré, me lo llevé a casa y lo puse en la caja con la etiqueta «Kennedy Meadows», dando por sentado que cuando llegara a Kennedy Meadows sabría cómo usarlo, convertida ya para entonces inexplicablemente en una experta montañera.

A estas alturas yo ya sabía que las cosas no eran tan fáciles. El sendero me había dado una lección de humildad. Sin adiestramiento en el manejo del piolet, más que conseguir usarlo para no despeñarme por la ladera de una montaña, muy probablemente acabaría empalándome con él. Durante los descansos de ese día en el sendero, con temperaturas por encima de los treinta grados, hojeé mi guía para ver si contaba algo sobre el uso del piolet. No había nada. En cuanto a caminar por un terreno cubierto de nieve, no obstante, decía que eran necesarios tanto los crampones como el piolet, además de un sólido conocimiento del uso de la brújula, «un bien informado respeto por los aludes» y «mucha intuición para moverse en la montaña».

Cerré el libro bruscamente y seguí adelante bajo el calor, adentrándome en la Reserva Natural Dome Land, camino de lo que esperaba que fuese un cursillo intensivo sobre el manejo del piolet impartido por Greg en Kennedy Meadows. Apenas lo conocía y, sin embargo, se había convertido en un modelo para mí, la estrella que me señalaría el norte. Si él podía hacerlo, yo también, pensé furiosamente. Él no era más duro que yo. Nadie lo era, me dije, sin creérmelo. Lo convertí en el mantra de esos días; cuando me detenía ante una nueva serie de repechos o descendía resbalando por pendientes romperrodillas, cuando se me desprendían trozos de carne de los pies junto con los calcetines, cuando por la noche me tendía sola, y con sensación de soledad, en mi tienda, preguntaba a menudo en voz alta: «¿Quién es más duro que yo?».

La respuesta era siempre la misma, e incluso cuando sabía que era absolutamente imposible que eso fuera cierto, lo decía igualmente: «Nadie».

Mientras caminaba, el terreno cambió poco a poco: el desierto dio paso al bosque; los árboles empezaron a ser más altos y frondosos; cada vez eran más los cauces de los arroyos por los que bajaba un hilo de agua; los prados estaban ahora salpicados de flores silvestres. En el desierto también había visto flores, pero eran menos abundantes, más exóticas, preciosas y magníficamente engalanadas. Las flores silvestres que encontraba ahora eran más comunes, y crecían en forma de mantos de vivos colores u orlaban los sombríos bordes del sendero. Muchas me resultaban familiares, porque eran de la misma especie o parientes cercanas de las que medraban en verano en Minnesota. Al pasar junto a ellas, percibía tan claramente la presencia de mi madre que tenía la sensación de que estaba allí; en una ocasión incluso tuve que detenerme para mirar alrededor y buscarla antes de poder seguir.

La tarde del día que conocí a Greg vi un oso en el sendero por primera vez, aunque antes, para ser exactos, lo oí: un resoplido inconfundiblemente robusto ante el que paré en seco. Cuando alcé la vista, vi un animal del tamaño de una nevera plantado a cuatro patas en el sendero, a menos de diez metros de mí. En cuanto se cruzaron nuestras miradas, asomó a los rostros de ambos la misma expresión de sobresalto.

—¡Oso! —chillé, y me llevé la mano al silbato tan pronto como se dio media vuelta y se echó a correr, ondeando sus gruesas ancas bajo el sol, a la vez que mi silbato emitía su pitido criminalmente sonoro.

Tardé unos minutos en reunir el valor necesario para seguir. Además del hecho real de que ahora debía encaminarme en la misma dirección en que había huido el oso, debía afrontar la circunstancia de que aparentemente no era un oso negro. Ya había visto muchos osos negros, que abundaban en los bosques del norte de Minnesota. A menudo los había espantado de esa misma manera mientras paseaba o corría por el camino de grava junto al que me crie. Pero esos osos negros eran distintos del que acababa de ver. Eran negros. Negros como el alquitrán. Negros como la tierra enriquecida que se compra en grandes sacos en los *garden centers*. Este oso no se parecía a ellos. Tenía el pelaje de color marrón canela, casi amarillo en algunos sitios.

Vacilante, reanudé la marcha, intentando convencerme de que no era un oso grizzly ni un oso pardo, los primos úrsidos del oso negro con mayor instinto depredador. Claro que no lo era. Sabía que no podía serlo. Esos otros osos ya no habitaban en California; los habían exterminado hacía muchos años. Aun así, ¿cómo es que el oso que había visto era tan..., tan incuestionablemente... no negro?

Llevé el silbato en la mano durante una hora, preparada para usarlo, a la vez que cantaba canciones para no coger por sorpresa al oso de tamaño nevera, cualquiera que fuese su especie, en caso de volver a toparme con él. Berreé mis viejas melodías de emergencia, las que había utilizado la semana anterior cuando estaba convencida de que me acechaba un puma, cantando «*Twinkle, twinkle, little star...*» y «*Country roads, take me home...*» con un tono artificialmente valeroso, y continuando con el popurrí de la emisora de radio que sonaba en mi cabeza, es decir, que sencillamente cantaba fragmentos de canciones que deseaba oír. «*A mulatto, an albino, a mosquito, my libido. YEAHH!*»

Fue precisamente por tanto cantar que estuve a punto de pisar una serpiente de cascabel: no asimilé que el insistente cascabeleo que aumentaba de volumen surgía en efecto de un cascabel. Y no era un cascabel vulgar y corriente, sino uno unido a la cola de una serpiente gruesa como mi antebrazo.

—¡Ah! —chillé cuando posé la mirada en la serpiente enroscada a unos pasos de mí.

Si hubiese sido capaz de saltar, habría saltado. Salté, pero mis pies no se despegaron del suelo. Opté por alejarme torpemente de la cabeza pequeña y roma de la serpiente, gritando aterrorizada. Tardé mis buenos diez minutos en hacer acopio de valor para rodearla en un amplio arco, temblando de los pies a la cabeza.

El resto del día avancé lentamente, escrutando con la mirada tanto el suelo como el horizonte, asustándome ante el menor ruido, a la vez que canturreaba: «No tengo miedo». Pese a mi agitación, no podía por menos de sentir cierto agradecimiento por ver un par de los animales que compartían ese lugar que yo había empezado a considerar un poco mío. Comprendí que, a pesar de mis apuros, cuando me acercaba al final del primer tramo de mi viaje empezaba a sentir un creciente afecto por el SMP. Mi mochila, aun con todo su peso, se me antojaba ya casi un compañero con vida propia. No era ya el absurdo Escarabajo Volkswagen que había levantado dolorosamente en la habitación de aquel motel de Mojave hacía un par de semanas. Ahora mi mochila tenía nombre: Monstruo.

La llamaba así en el sentido más afectuoso posible. Me asombraba que pudiese llevar a mis espaldas lo que necesitaba para sobrevivir. Y lo más sorprendente de todo era que pudiera cargar con ello, que pudiera soportar lo insoportable. Tomar conciencia de mi vida física y material no podía sino incidir en la esfera espiritual y emocional. Me parecía extraordinario que mi complicada vida pudiera simplificarse tanto. Pensaba ya que quizá no fuera malo no haber dedicado mis días en el sendero a cavilar sobre las penas de mi vida, que quizás al verme obligada a concentrarme en mi sufrimiento físico, parte de mi sufrimiento emocional se diluiría. Al final de esa segunda semana, caí en la cuenta de que no había derramado una sola lágrima desde el principio de mi andadura.

Recorrí los últimos kilómetros hasta el estrecho llano donde acampé la noche antes de llegar a Kennedy Meadows, sumida en el ya conocido tormento que se había convertido en mi continuo acompañante. Sentí alivio al ver que un ancho árbol caído delimitaba mi campamento. Muerto desde hacía mucho tiempo, tenía el tronco gris y alisado por la erosión, despojado de la corteza desde hacía una eternidad. Formaba un banco alto y liso, donde me senté y me liberé de la mochila con facilidad. En cuanto me desprendí de ella, me tendí en el árbol como si fuera un sofá: un agradable respiro después de pasar tanto tiempo pegada al suelo. El árbol tenía justo la anchura necesaria para permanecer tendida en él sin rodar a un lado si me quedaba quieta. Fue espectacular. Tenía calor, sed, hambre, y estaba cansada, pero todo eso no era nada en comparación con el punzante dolor que emanaba de los músculos agarrotados de la parte alta de mi espalda. Cerrando los ojos, dejé escapar un suspiro de alivio.

Al cabo de unos minutos noté algo en la pierna. Eché un vistazo y vi que toda yo estaba cubierta de hormigas negras, un ejército entero que, como en la conga, formaba una fila por mi cuerpo desde un agujero en el árbol. Abandoné el tronco de un brinco, gritando aún más que cuando había visto el oso y la serpiente de cascabel, sacudiéndome a golpes a las inofensivas hormigas, con la respiración entrecortada a causa de un miedo irracional. Y no solo de las hormigas, sino de todo. Del hecho mismo de que yo no pertenecía a ese mundo, por más que insistiera en lo contrario.

Me preparé la cena y me retiré a mi tienda en cuanto pude, mucho antes de oscurecer, simplemente para poder estar en un espacio interior, aunque ese espacio interior estuviera delimitado solo por una fina lámina de nailon. Antes de empezar la ruta del SMP pensaba que solo dormiría dentro de la tienda cuando amenazara lluvia, que la mayoría de las noches me tendería en mi saco de dormir encima de la lona y dormiría al raso, pero en eso, como en tantas otras cosas, me había equivocado. Cada noche anhelaba el refugio de mi tienda, la mínima sensación de que algo me protegía del resto del mundo; no es que me librara del peligro, sino de la propia inmensidad. Me encantaba la penumbra tenue y bochornosa de mi tienda, la acogedora familiaridad con que disponía mis pertenencias en torno a mí cada noche.

Saqué *Mientras agonizo*, me coloqué la linterna frontal en la cabeza y situé la bolsa de comida bajo mis pantorrillas mientras pronunciaba una pequeña oración para que el oso que había visto ese mismo día —el oso negro, hice hincapié— no irrumpiera en mi tienda para robármela.

Cuando a las once me despertaron los aullidos de los coyotes, la luz de mi linterna se había atenuado; la novela de Faulkner seguía abierta sobre mi pecho.

Por la mañana apenas podía ponerme en pie. No fue solo esa mañana, la del decimocuarto día. Venía ocurriéndome durante toda la semana anterior, un creciente cúmulo de problemas y dolores que me impedían erguirme o caminar como una persona normal cuando salía de la tienda. Era como si de pronto fuera muy vieja y empezara el día renqueando. Para entonces había conseguido acarrear a Monstruo más de ciento cincuenta kilómetros por un terreno escabroso y a veces empinado, pero, cuando comenzaba un nuevo día, ni siquiera podía tolerar mi propio peso; tenía los pies sensibles e hinchados por los esfuerzos del día anterior y las rodillas demasiado rígidas para lo que exigía un andar normal.

113

Cuando había acabado de recogerlo todo, yendo descalza de aquí para allá por el campamento, y estaba lista para ponerme en marcha, aparecieron dos hombres por el sendero desde el sur. Al igual que Greg, me saludaron por mi nombre antes de que yo despegara siquiera los labios. Eran Albert y Matt, un equipo formado por un padre y un hijo de Georgia, que recorrían el sendero de extremo a extremo. Albert tenía cincuenta y dos años; Matt, veinticuatro. Los dos habían sido águilas en los Boy Scouts, y se les notaba. Eran de una sinceridad nítida y de una precisión militar que contradecía sus barbas desvaídas, sus pantorrillas cubiertas de polvo incrustado y la nube de hedor de un metro y medio de radio que envolvía todos sus movimientos.

—¡Repámpanos! —exclamó Albert arrastrando las sílabas cuando vio a Monstruo—. ¿Qué llevas ahí dentro, chiquilla? Parece que te lo hayas traído todo menos el fregadero de la cocina.

—Solo cosas de excursionismo —respondí, ruborizándome de vergüenza. Sus mochilas eran más o menos la mitad de la mía.

—Lo decía en broma —dijo Albert amablemente.

Conversamos sobre el calor abrasador que habíamos dejado atrás en el sendero y el frío gélido que nos esperaba. Mientras hablábamos sentí lo mismo que al conocer a Greg: vértigo por estar con ellos, pese a que estar con ellos solo ponía de manifiesto mi escasa preparación para aquel viaje. Sentí sus miradas en mí, las interpreté mientras pasaban de un pensamiento al siguiente, mientras reparaban en mi absurda mochila y mi dudosa aptitud para el asunto que tenía entre manos, a la vez que reconocían el arrojo que había necesitado para llegar hasta allí sola. Matt era un grandullón, con la complexión de un *linebacker*, el pelo castaño rojizo dispuesto en suaves rizos por encima de las orejas y un vello dorado resplandeciente en las piernas descomunales. Solo tenía un par de años menos que yo, pero era tan tímido que a mí me parecía un niño que dejaba la conversación en manos de su padre mientras él se quedaba en segundo plano.

—Perdona que te lo pregunte —dijo Albert—: ¿cuántas veces orina al día con este calor?

—Esto… No he llevado la cuenta. ¿Debería? —quise saber, sintiendo una vez más que me delataba como impostora del montañismo. Esperaba que la noche anterior no hubieran acampado tan cerca como para oír mis gritos a causa de las hormigas.

—Lo ideal es siete veces —respondió Albert lacónicamente—.

Esa es la regla entre los Boy Scouts, aunque con este calor y la escasez de agua en el sendero, unido todo ello al extremo nivel de esfuerzo, tenemos suerte si llegamos a tres.

—Ya. A mí me pasa lo mismo —respondí, aunque de hecho había habido un periodo de veinticuatro horas, en medio del calor feroz, en que no había orinado ni una sola vez—. Vi un oso al sur de aquí —dije para cambiar de tema—. Un oso marrón, que era un oso negro, claro. Pero parecía marrón. De color, quiero decir, el oso negro.

—Lo que ocurre es que los de esta zona son de color canela —explicó Albert—. Por efecto del sol de California, supongo. —Se tocó la visera de la gorra—. Volveremos a vernos en Kennedy Meadows, señorita. Encantado de conocerte.

—Por delante de mí va otro excursionista. Se llama Greg —informé—. Lo conocí hace un par de días, y me dijo que él aún estaría allí. —Sentí una sacudida en mi interior al mencionar el nombre de Greg, por la sencilla razón de que era la única persona que conocía en el sendero.

—Le seguimos los pasos desde hace un buen trecho, así que estará bien conocerlo por fin —contestó Albert—. Por detrás de nosotros viene otro par de excursionistas. Muy probablemente aparecerán de un momento a otro —añadió, y se volvió para mirar hacia el sendero en la dirección por la que habían llegado—. Dos chicos llamados Doug y Tom, más o menos de su edad y la de mi hijo. Empezaron no mucho antes que usted, algo más al sur.

Me despedí de Albert y Matt con un gesto y me quedé unos minutos sentada pensando en Doug y Tom, y acto seguido me puse en pie y caminé durante varias horas con mayor intensidad que nunca; mi único objetivo era que no me alcanzaran antes de Kennedy Meadows. Me moría de ganas de conocerlos, claro está, pero deseaba conocerlos como la mujer que los había dejado atrás en su estela de polvo, no como la mujer a quien habían adelantado. Albert y Matt, al igual que Greg, habían iniciado su andadura en la frontera mexicana, y a esas alturas estaban curtidos, y cubrían cerca de cuarenta kilómetros al día. Pero Doug y Tom eran distintos. Como yo, habían empezado recientemente en el SMP; «no mucho antes que usted —había dicho Albert—, y un poco más al sur». Reproduje mentalmente sus palabras, como si repitiéndolas les extrajera más significado y especificidad. Como si a través de ellas pudiera averiguar si avanzaba más rápido o

115

más despacio que Doug y Tom. Como si la respuesta a esa pregunta contuviera la clave de mi éxito o fracaso en esa empresa, la más difícil de toda mi vida.

Cuando me asaltó esa idea, la idea de que recorrer el SMP era la empresa más difícil de toda mi vida, paré en seco. Me rectifiqué de inmediato: ver morir a mi madre y seguir viviendo sin ella, eso era lo más difícil que había hecho. Como también había sido difícil abandonar a Paul y destruir nuestro matrimonio y nuestra vida tal como yo la conocía por la sencilla e inexplicable razón de que me sentía obligada a hacerlo. Pero recorrer el SMP era difícil en otro sentido. En el sentido de que me permitía ver esas otras cosas como algo ya no tan difícil. Era extraño pero así era. Y quizá lo había sabido en cierto modo desde el principio. Quizás el impulso de comprar la guía del SMP unos meses antes había sido un intento primario de obtener una curación, de atrapar el hilo de mi vida que se había seccionado.

Esa mañana, mientras caminaba, viendo de vez en cuando a lo lejos los picos nevados de Sierra Alta, sentí que se desenrollaba detrás de mí: el viejo hilo que había perdido, el nuevo que estaba hilando. Al andar, no pensaba en esos picos nevados. Opté por pensar en lo que haría en cuanto llegara a la tienda de abastos de Kennedy Meadows esa tarde, imaginando con extraordinario detalle las cosas de comer y beber que compraría: limonada fría y barritas de chocolate y comida basura que rara vez consumía en mi vida corriente. Me representaba el momento en que pondría las manos en mi primera caja de reaprovisionamiento, para mí un hito colosal, la prueba tangible de que por fin había llegado allí. «Hola —me decía a mí misma, anticipándome a lo que diría en cuanto llegara a la tienda—, soy una excursionista del SMP y vengo a recoger mi caja. Me llamo Cheryl Strayed.»

Cheryl Strayed, Cheryl Strayed, Cheryl Strayed: esas dos palabras aún salían con cierta vacilación de mis labios. Cheryl había sido siempre mi nombre, pero Strayed era una incorporación reciente, mi apellido oficial desde abril, cuando Paul y yo solicitamos el divorcio. Habíamos adoptado nuestros respectivos apellidos cuando nos casamos, y nuestros nombres se convirtieron en un largo nombre de cuatro sílabas, unidos por un guion. Nunca me gustó. Era demasiado complicado e incómodo. Casi nadie conseguía escribirlo bien, e incluso a mí se me trababa la lengua a menudo al decirlo. «Cheryl Guion-Guion», me llamaba un viejo cascarrabias para el que trabajé brevemente, desconcertado por mi verdadero nombre, y no pude evitar darle la razón.

En ese periodo incierto en que Paul y yo estuvimos varios meses separados pero no sabíamos aún si queríamos el divorcio, nos sentamos a examinar los formularios, solicitados por teléfono, para un divorcio sin atribución de culpa que debían rellenar los propios interesados, como si tenerlos en las manos fuera a ayudarnos a decidir qué hacer. Mientras hojeábamos la documentación, encontramos la siguiente pregunta: cuál sería nuestro apellido después del divorcio. La línea bajo la pregunta estaba en blanco. En ella, para mi asombro, podíamos escribir cualquier cosa. Ser cualquier persona. En ese momento nos reímos, inventándonos nuevos nombres absurdos, nombres de actores de cine y personajes de cómic y extrañas combinaciones de palabras que no eran nombres propiamente dichos.

Pero más tarde, sola en mi apartamento, esa línea en blanco se me clavó en el corazón. Por descontado, si me divorciaba de Paul, elegiría un apellido nuevo. No podía seguir siendo Cheryl Guion-Guion, ni podía volver a usar el apellido que había llevado en el instituto y ser la chica que antes era. Así que durante los meses en que Paul y yo permanecimos en esa tierra de nadie conyugal, sin saber en qué dirección avanzaríamos, me planteé la cuestión de mi apellido, rastreando mentalmente palabras que sonaban bien con Cheryl y elaborando listas de personajes de novelas que admiraba. Nada encajaba hasta un día en que la palabra «*strayed*» acudió a mi mente. De inmediato la consulté en el diccionario y supe que era mía. Sus sucesivas definiciones hacían alusión directa a mi vida y también tenían resonancias poéticas: «apartarse del buen camino, desviarse de la ruta directa, extraviarse, asilvestrarse, no tener ni madre ni padre, carecer de hogar, moverse sin rumbo fijo en busca de algo, divergir o desencaminarse».

Yo había divergido, me había desencaminado, me había apartado y asilvestrado. No acogí la palabra que sería mi nuevo apellido porque definiera aspectos negativos de mis circunstancias o mi vida, sino porque incluso en mis días más negros —esos días en que buscaba un apellido— vi la fuerza de la negrura. Vi que, de hecho, sí me había descarriado y que, en efecto, era una descarriada y que en los lugares salvajes a los que me había llevado mi descarriada vida había aprendido cosas que antes ignoraba.

117

«Cheryl Strayed», escribí repetidamente en toda una página de mi diario, como una niña enamorada del niño con quien quería casarse. Solo que el niño no existía. Yo era mi propio niño, que plantaba una raíz en el centro mismo de mi desarraigo. Aun así, tenía mis dudas. Coger una palabra del diccionario y declararla mía se me antojaba un tanto fraudulento, un tanto pueril o necio, además de un poco hipócrita. Durante años me había mofado en privado de las personas de mis círculos *hippies*, seudoartísticos e izquierdistas que habían adoptado nombres inventados para sí mismos. Jennifers y Michelles que se convertían en Sequoias y Lunas; Mikes y Jasons que se convertían en Robles y Cardos. Aun así, no me eché atrás y confié mi decisión a unos pocos amigos, pidiéndoles que empezaran a llamarme por mi nuevo apellido para ayudarme a probarlo. Hice un viaje por carretera y cada vez que me encontraba con un libro de huéspedes firmaba «Cheryl Strayed»; entonces me temblaba un poco la mano y me sentía vagamente culpable, como si estuviese falsificando un cheque.

Para cuando Paul y yo decidimos tramitar la documentación del divorcio, mi nuevo nombre ya estaba tan rodado que lo escribí sin vacilar en la línea en blanco. Fueron otras líneas las que me hicieron dudar, las innumerables líneas que exigían firmas para ratificar la disolución de nuestro matrimonio. Esas fueron las que rellené con mayor inquietud. Yo no quería divorciarme exactamente. No quería «no» divorciarme exactamente. Casi en igual medida, creía que divorciándome de Paul hacía lo correcto y que al hacerlo estaba destruyendo lo mejor que tenía. Para entonces mi matrimonio se había convertido en una situación semejante a la del sendero en el momento en que caí en la cuenta de que había un toro en ambas direcciones. Simplemente di un salto de fe y seguí adelante hacia donde no había estado nunca.

El día que firmamos los papeles del divorcio era abril y nevaba en Minneapolis, densos remolinos de copos que hechizaban la ciudad. Nos sentamos a una mesa enfrente de una mujer llamada Val que era conocida nuestra y, casualmente, tenía licencia de notaria pública. Veíamos la nieve desde una amplia ventana de su despacho en el centro de la ciudad, intercalando en la conversación comentarios jocosos cuando podíamos. Solo había visto a Val unas pocas veces antes; conocía detalles sueltos sobre ella que se mezclaban en mi cabeza. Era mona, franca e increíblemente menuda; tenía al menos diez años más que nosotros. Llevaba el pelo

cortado al dos y decolorado, salvo por un mechón más largo teñido de rosa, que le caía como una pequeña ala sobre los ojos. Varios aros de plata bordeaban sus orejas y una multitud de tatuajes
multicolores cubrían sus brazos como mangas.

Ese era su aspecto, y, sin embargo, tenía un trabajo de verdad
en un despacho de verdad, situado en el centro y con una amplia
ventana y, por si eso fuera poco, licencia de notaria pública. La
elegimos a ella para tramitar nuestro divorcio porque queríamos
que fuera fácil. Queríamos que fuera civilizado. Queríamos
creer que aún éramos personas buenas y consideradas en el
mundo, que todo lo que nos habíamos dicho seis años antes era
verdad. «¿Qué fue lo que nos dijimos?», nos habíamos preguntado mutuamente unas semanas antes, medio borrachos en mi
apartamento, donde decidimos de una vez por todas que pasaríamos por aquel trámite.

—Aquí está —había gritado yo después de rebuscar entre
unos papeles y encontrar los votos nupciales escritos de nuestro
puño y letra, tres hojas desvaídas grapadas. Les habíamos puesto
título: «El día que florecieron las margaritas»—. ¡El día que florecieron las margaritas! —exclamé, y los dos nos reímos de nosotros mismos, de las personas que antes éramos. Después dejé
los votos en la pila donde los había encontrado, incapaz de leerlos.

Nos habíamos casado tan jóvenes, tan en contra de lo que era
habitual, que incluso nuestros padres nos preguntaron por qué
no podíamos vivir juntos sin más. No podíamos vivir juntos sin
más, a pesar de que yo solo tenía diecinueve años y él veintiuno.
Estábamos locamente enamorados y pensamos que debíamos
cometer una locura para demostrarlo, así que hicimos la mayor
locura que se nos ocurrió: casarnos. Pero ni siquiera casados nos
veíamos como «personas casadas»; éramos monógamos, pero no
teníamos intención de sentar la cabeza. Embalamos las bicicletas
y las mandamos por avión a Irlanda, donde al cabo de un mes yo
cumplí veinte años. Alquilamos un piso en Galway, y luego cam-
biamos de idea y nos trasladamos a Dublín, donde conseguimos
empleos equiparables en dos restaurantes distintos: él en una
pizzería, yo en un restaurante vegetariano. Cuatro meses más
tarde nos trasladamos a Londres y recorrimos las calles en tal estado de indigencia que buscábamos monedas en las aceras. Pasado
un tiempo, volvimos a casa, y no mucho después murió mi madre
e hicimos todo aquello que nos llevó allí, al despacho de Val.

Paul y yo nos habíamos cogido de la mano bajo la mesa, observando a Val mientras examinaba metódicamente la documentación del divorcio sin atribución de culpa para rellenar por los propios interesados. Inspeccionaba una hoja y luego la siguiente, y así sucesivamente con las cincuenta o sesenta páginas, comprobando que no hubiera errores. Mientras tanto, creció dentro de mí algo así como un sentimiento de lealtad, algo que me unía a Paul ante cualquier objeción que ella pudiera presentar, como si solicitáramos estar juntos el resto de nuestras vidas en lugar de todo lo contrario.

—Parece que está todo bien —dictaminó al fin, ofreciéndonos una sonrisa reticente. Y luego volvió a repasar las hojas, esta vez a un ritmo más enérgico, estampando en unas cuantas su enorme sello notarial y deslizando docenas de ellas hacia nosotros por encima de la mesa para que las firmáramos.

—Yo le quiero —prorrumpí cuando casi habíamos terminado, y se me empañaron los ojos. Pensé en remangarme para mostrarle, como prueba, el recuadro de gasa que cubría mi flamante tatuaje del caballo, pero solo seguí farfullando—. Quiero decir, para que lo sepas, que esto no es por falta de amor. Yo le quiero y él me quiere a mí… —Miré a Paul, esperando que él interviniera y coincidiera, y me declarara también su amor, pero permaneció en silencio—. Lo digo para que lo sepas —repetí—. Para que no te formes una idea equivocada.

—Lo sé —dijo Val, y se apartó el mechón rosa para que yo la viera desviar la mirada nerviosamente desde los documentos hacia mí y posarla de nuevo en los papeles.

—Y ha sido todo culpa mía —añadí con voz trémula y cada vez más alta—. Él no ha hecho nada. He sido yo. Yo misma me he roto el corazón.

Paul tendió la mano y, a modo de consuelo, me apretó la pierna. Yo era incapaz de mirarlo. Si lo miraba, me echaría a llorar. Habíamos hecho aquello de común acuerdo, pero sabía que si me volvía hacia él y le proponía que nos olvidáramos del divorcio y siguiéramos juntos, él accedería. No me volví. Algo dentro de mí zumbó como una máquina que yo había puesto en marcha pero que no podía apagar. Bajé la mano y la apoyé en la mano de Paul sobre mi pierna.

A veces nos preguntábamos si las cosas habrían ido de otra manera si alguno de los hechos reales no hubiese sucedido realmente. Si mi madre no hubiera muerto, por ejemplo, ¿yo lo habría engañado? O si yo no lo hubiera engañado, ¿me habría engañado él? Y si no hubiera ocurrido nada —ni la muerte de mi madre ni los engaños—, ¿nos habríamos divorciado igualmente, solo por habernos casado demasiado jóvenes? Era imposible saberlo, pero queríamos creer que lo sabíamos. Pese a lo unidos que habíamos estado cuando vivíamos juntos, estábamos más unidos al desligarnos, explicándonoslo todo por fin, palabras que, pensábamos, nunca antes habían pronunciado dos seres humanos; tal fue la profundidad a la que llegamos, diciendo todo lo que era hermoso y feo y cierto.

—Ahora que hemos pasado todo esto juntos deberíamos seguir juntos —dije medio en broma en los tiernos momentos posteriores a nuestra última conversación con el corazón en la mano y el alma desnuda, aquella en la que por fin decidimos divorciarnos.

Estábamos sentados en el sofá de mi apartamento, en la penumbra, después de haber hablado durante toda la tarde y hasta anochecer, pero tan destrozados ambos cuando el sol se puso que no nos pudimos levantar a encender la luz.

—Espero que puedas hacer eso algún día con alguna otra persona —dije cuando él no contestó, aunque la sola idea de que existiera esa otra persona me traspasó el corazón.

—Espero que tú también puedas —respondió él.

Permanecí en la penumbra a su lado, deseando creer que era capaz de volver a encontrar la clase de amor que compartía con él, solo que la próxima vez sin echarlo a perder. Me pareció imposible. Pensé en mi madre. Pensé en todas las cosas espantosas que habían ocurrido durante los últimos días de su vida. Cosas horribles, nimias. Los balbuceos delirantes y caprichosos de mi madre. El dorso de sus brazos ennegrecido por la sangre estancada a causa del tiempo que llevaba postrada en la cama. La manera en que suplicaba por algo que ni siquiera era compasión. Por algo que, fuera lo que fuese, no llegaba a compasión; por algo para lo que no existía palabra. Esos fueron los días peores, pensé en su momento, y sin embargo, cuando murió habría dado cualquier cosa por recuperarlos. Todos aquellos días espantosos y magníficos, uno tras otro. Quizás ocurriría lo mismo con Paul, me dije, sentada a su lado la noche que decidimos divorciarnos. Quizá cuando esos días espantosos pasaran, también desearía recuperarlos.

—¿Qué piensas? —preguntó, pero yo no contesté. Me limité a inclinarme y encendí la luz.

Teníamos que enviar nosotros mismos la documentación del divorcio con la fe notarial. Paul y yo salimos juntos del edificio y, bajo la nieve, caminamos por la acera hasta encontrar un buzón. Después nos reclinamos contra los fríos ladrillos de un edificio y nos besamos, llorando y musitando palabras de pesar; las lágrimas se mezclaron en nuestras caras.

—¿Qué estamos haciendo? —preguntó Paul al cabo de un rato.

—Nos despedimos —respondí. Pensé en pedirle que volviera a mi apartamento conmigo, como habíamos hecho unas cuantas veces en el transcurso del año de nuestra separación para pasar una noche o una tarde en la cama, pero no tuve valor.

—Adiós —dijo él.

—Adiós —contesté.

Permanecimos muy juntos, cara a cara. Le aferré de la pechera del abrigo. Percibía la muda ferocidad del edificio a un lado; al otro, el cielo gris y las calles blancas como una gigantesca bestia dormida; y en medio estábamos nosotros, solos y juntos en un túnel. Los copos de nieve se derretían en su pelo y quise tender la mano para tocarlos, pero me abstuve. Nos quedamos allí sin hablar, mirándonos a los ojos como si fuera la última vez.

—Cheryl Strayed —dijo al cabo de mucho rato, y mi nuevo nombre sonó muy extraño en sus labios.

Yo asentí y le solté el abrigo.

122

7

La única chica en el bosque

—¿Cheryl Strayed? —preguntó sin sonreír la mujer de la tienda de abastos de Kennedy Meadows. Cuando asentí efusivamente, se volvió y desapareció en la trastienda sin pronunciar una palabra más.

Miré alrededor, ebria en presencia de tanta comida y bebida envasada, sintiendo una mezcla de expectación ante todo lo que consumiría en las siguientes horas y de alivio por el hecho de no tener ya la mochila acoplada al cuerpo, pues la había dejado en el porche de la tienda.

Allí estaba. Había llegado a mi primera parada. Me pareció un milagro. Medio esperaba encontrar a Greg, Matt y Albert en la tienda, pero no se los veía por ningún lado. Según mi guía, el camping estaba a unos cinco kilómetros, y supuse que los encontraría allí, y tarde o temprano también a Doug y Tom. Gracias a mis esfuerzos, no habían conseguido alcanzarme. Kennedy Meadows era una bonita extensión de pinares y prados de salvia y hierba a una altitud de mil novecientos metros sobre el río South Fork Kern. No era un pueblo, sino más bien un puesto avanzado de la civilización desparramado en un área de varios kilómetros a la redonda, que se componía de una tienda de abastos, un restaurante llamado Grumpie's y un camping primitivo.

—Aquí tiene —dijo la mujer cuando volvió con mi caja y la dejó en el mostrador—. Es la única que viene a nombre de una chica. Por eso lo he sabido. —Tendió la mano por encima del mostrador—. También ha llegado esto.

Sostenía una postal. La cogí y la leí: «Espero que hayas llegado hasta ahí —decía, y reconocí la letra—. Algún día quiero ser tu amigo limpio. Te quiero, Joe». En el anverso había una foto del hotel Sylvia Beach en la costa de Oregón, donde nos habíamos alojado una vez. Me quedé un buen momento contemplando la fotografía a la vez que me asaltaban sucesivos sentimientos a oleadas: agradecimiento por tener noticia de alguien a quien conocía, nostalgia por Joe, decepción ante el hecho de que solo me había escrito una persona, y pena, por poco razonable que fuera, al ver que la única persona que me había escrito no era Paul.

Compré dos botellas de limonada Snapple, una barra de chocolate Butterfinger de tamaño familiar y una bolsa de Doritos, y salí a sentarme en los peldaños de la entrada, donde lo devoré todo mientras leía la postal una y otra vez. Al cabo de un rato reparé en una caja colocada en el ángulo del porche. Contenía sobre todo comida envasada para mochileros. Encima, un cartel escrito a mano rezaba:

¡¡¡CAJA GRATUITA PARA LOS EXCURSIONISTAS DEL SMP!!!
¡DEJA AQUÍ LO QUE NO QUIERAS!
¡LLÉVATE LO QUE QUIERAS!

Había un bastón de esquí apoyado detrás de la caja, justo lo que yo necesitaba. Era un bastón de esquí para una princesa: blanco, con la correa de la muñeca de color rosa chicle. Di unos cuantos pasos para probarlo. Era de la altura perfecta. Me ayudaría a atravesar no solo la nieve, sino también los numerosos vados de arroyos y los desgalgaderos que, sin duda, me esperaban por delante.

Lo usé una hora más tarde mientras recorría el camino de tierra curvo que circundaba el camping para reunirme con Greg, Matt y Albert. Era la tarde de un domingo de junio, pero aquello estaba prácticamente vacío. Pasé junto a un hombre que preparaba sus aparejos de pesca y junto a una pareja con una nevera portátil y un aparato de música, hasta que al final llegué al camping, donde un hombre canoso sin camisa, con un enorme vientre bronceado, leía un libro sentado a una mesa de picnic. Alzó la vista cuando me acerqué.

—Tú debes de ser la famosa Cheryl, la de la enorme mochila —dijo, alzando la voz.

Me reí a modo de asentimiento.

—Yo soy Ed. —Se acercó a mí para estrecharme la mano—. Tus amigos están aquí. Los han llevado a todos en coche a la tienda…. Debéis de haberos cruzado, pero no os habréis visto. En cualquier caso, me han pedido que esté atento por si llegabas.

Puedes plantar tu tienda ahí mismo si te apetece. Todos han acampado aquí, Greg, Albert y su hijo. —Señaló las tiendas alrededor—. Hemos hecho apuestas para ver quién llegaba primero, si tú o los dos chicos del este que vienen detrás de ti.

—¿Quién ha ganado? —pregunté.

Ed se detuvo a pensarlo por un momento.

—Nadie —contestó, y prorrumpió en una risotada—. Nadie ha apostado por ti.

Apoyé a Monstruo en la mesa de picnic, me lo quité y lo dejé allí, para no verme obligada a ejecutar mi patético número del peso muerto desde el suelo cuando tuviera que cargar con él otra vez.

—Bienvenida a mi humilde morada —dijo Ed, señalando una pequeña caravana desplegable con un toldo de lona proyectado a un lado bajo el que había una cocina improvisada.

—¿Tienes hambre?

No había duchas en el camping, así que mientras Ed me preparaba el almuerzo, me acerqué al río para lavarme lo mejor que pude con la ropa puesta. El río fue para mí una conmoción, después de haber cruzado tanto territorio seco. Y el río South Fork Kern no era un río cualquiera. Era violento y muy suyo, frío como el hielo y turbulento; su fuerza era una prueba inequívoca de las abundantes nieves de las montañas. La corriente era tan impetuosa que no podía hundirme siquiera hasta los tobillos. Recorrí, pues, la orilla y al final encontré un remanso arremolinado cerca del borde, donde me metí. El agua estaba tan fría que me dolieron los pies y al final se me durmieron. Me agaché, me mojé el pelo sucio y, para lavarme el cuerpo, me eché agua con las manos por debajo de la ropa. Me sentía galvanizada por el azúcar y la victoria de la llegada, expectante ante las conversaciones que sostendría en los dos o tres días siguientes.

Cuando acabé, volví río arriba y después, mojada y fresca, atravesé un amplio prado. Vi a Ed a lo lejos y, cuando me acerqué, advertí que iba y venía desde su cocina hasta la mesa de picnic con platos de comida en las manos, frascos de kétchup y mostaza, y latas de Coca-Cola. Lo conocía solo desde hacía unos minutos y, sin embargo, como me había ocurrido con los otros hombres con quienes me había cruzado allí, enseguida me resultó afín, como si pudiera confiarle casi cualquier cosa. Nos sentamos uno frente al otro y comimos mientras él me hablaba de sí mismo. Tenía cincuenta años, era poeta aficionado y vagabundo a temporadas, es-

125

taba divorciado y no tenía hijos. Procuré comer a su ritmo parsimonioso, llevándome un bocado a la boca cada vez que lo hacía él, tal como había intentado acomodar mis pasos a los de Greg hacía unos días. Pero no pude. Estaba famélica. Devoré dos perritos calientes y una montaña de alubias con tomate, y otra montaña de patatas fritas en un santiamén, y me quedé allí sentada, con un ávido deseo de seguir comiendo. Mientras tanto, Ed siguió lánguidamente con su comida; se detuvo para abrir su diario personal y leer en voz alta poemas que había compuesto el día anterior. Vivía en San Diego la mayor parte del año, explicó, pero cada verano acampaba en Kennedy Meadows a fin de recibir a los excursionistas del SMP a su paso por allí. Era lo que en el argot de los excursionistas del SMP se conocía como un «ángel del sendero», pero yo eso aún no lo sabía. No sabía siquiera que existiese un argot de los excursionistas del SMP.

—Mirad, chicos, todos hemos perdido la apuesta —anunció Ed a voz en grito cuando los hombres regresaron de la tienda.

—¡Yo no he perdido! —protestó Greg, acercándose para darme un apretón en el hombro—. Yo aposté por ti, Cheryl —insistió, pese a que los demás se lo discutieron.

Nos sentamos en torno a la mesa de picnic y hablamos del sendero. Al cabo de un rato, todos se dispersaron para echar una siesta: Ed en su caravana; Greg, Albert y Matt en sus respectivas tiendas. Yo, demasiado excitada para dormir, me quedé en la mesa de picnic, revolviendo el contenido de la caja que había preparado semanas antes. Los objetos de su interior despedían el olor de un mundo lejano, el mundo que yo había habitado en lo que se me antojaba otra vida, todo aromatizado por el incienso de Nag Champa que en su día impregnaba mi apartamento. Las bolsas de cierre hermético y los envoltorios de comida seguían brillantes e intactos. La camiseta nueva olía al detergente de lavanda que compraba a granel en la cooperativa a la que pertenecía en Minneapolis. La tapa floreada de los *Cuentos completos* de Flannery O'Connor no se había doblado.

No podía decirse lo mismo de *Mientras agonizo*, de Faulkner, o, mejor dicho, de la delgada porción del libro que aún llevaba en la mochila. Había arrancado la tapa y todas las hojas ya leídas la noche anterior y las había quemado en el pequeño molde de aluminio que llevaba para colocarlo bajo el hornillo por si saltaban chispas. Había contemplado el nombre de Faulkner mientras desaparecía entre las llamas con la sensación de que era, en cierto modo, un sacrilegio —nunca se me había pasado por la cabeza quemar libros—, pero quería aligerar mi carga a toda costa. Había hecho lo mismo con la sección de *El Sendero del Macizo del Pacífico. Volumen I: California* que hablaba de la parte que ya había recorrido.

Dolía, pero había que hacerlo. Había adorado los libros en mi vida normal, pre-SMP, pero en el sendero habían adquirido un significado aún mayor. Era el mundo en el que podía perderme cuando aquel en el que estaba realmente me resultaba demasiado solitario o áspero o difícil de soportar. Cuando acampaba por la tarde, me apresuraba a plantar la tienda, filtrar el agua y preparar la cena para poder sentarme después en mi silla al abrigo de mi tienda con mi cazo de comida caliente entre las rodillas. Comía con la cuchara en una mano y el libro en la otra, leyendo a la luz de la interna frontal cuando el cielo oscurecía. Durante la primera semana de mi andadura, a menudo el agotamiento me impedía leer más de una o dos páginas antes de quedarme dormida, pero conforme me fortalecí, leía más, deseosa de huir del tedio de mis días. Y cada mañana quemaba lo que había leído la noche anterior.

Mientras sostenía el ejemplar intacto de los cuentos de O'Connor, Albert salió de su tienda.

—Yo diría que no te vendría mal librarte de unas cuantas cosas —dijo—. ¿Necesitas ayuda?

—La verdad es que sí —contesté con una sonrisa compungida.

—Vale, pues. Te diré lo que quiero que hagas: llena eso como si estuvieras a punto de marcharte de aquí para recorrer el siguiente tramo del sendero. Empecemos por ahí.

Se dirigió hacia el río con medio cepillo de dientes en la mano; lo había partido para reducir el peso, lógicamente.

Me puse manos a la obra, aunando lo nuevo y lo viejo, con la sensación de que me sometía a una prueba en la que por fuerza fracasaría. Cuando concluí, Albert regresó y vació mi mochila metódicamente. Distribuyó los objetos en dos pilas: una para volver a cargar en la mochila, otra para meter en la caja de reaprovisionamiento ahora vacía, que bien podía enviar de nuevo a casa o dejar en la caja gratuita para excursionistas del SMP, en el porche de la tienda de abastos de Kennedy Meadows, para que la saquearan otros. A la caja fueron la sierra plegable, los prismáticos en miniatura y el flash de megavatios para la cámara que aún no ha-

127

bía usado. Ante mis ojos, Albert tiró a un lado el desodorante cuyos poderes yo había sobrevalorado, la cuchilla desechable que había llevado con la vaga idea de afeitarme las piernas y las axilas, y —para profundo bochorno mío— el grueso rollo de condones que había incluido en mi botiquín.

—¿De verdad los necesitas? —preguntó, sosteniendo los condones en alto.

Albert, el Papá Águila de los Boys Scouts de Georgia, cuya alianza de boda brillaba bajo el sol, que había cortado la empuñadura de su cepillo de dientes pero sin duda llevaba una Biblia de bolsillo en la mochila. Me miró con la expresión impasible de un soldado mientras los envoltorios de plástico blanco de una docena de condones ultrafinos no lubrificados marca Trojan se desplegaban desde su mano como una serpentina en medio de una sucesión de chasquidos.

—No —contesté, sintiéndome como si fuera a morirme de vergüenza.

Ahora la idea de acostarme con alguien me parecía absurda, pero mientras preparaba la mochila, cuando ignoraba aún los efectos que tendría en mi cuerpo de caminar por el Sendero del Macizo del Pacífico, lo había considerado una posibilidad lógica. No había visto mi imagen desde que estuve en el motel de Ridgecrest, pero, cuando los hombres se fueron a echar la siesta, tuve oportunidad de contemplarme la cara en el espejo acoplado al lateral de la furgoneta de Ed. Estaba morena y sucia, pese a mi reciente inmersión en el río. Había perdido algo de peso y se me había aclarado el pelo rubio oscuro, en partes apelmazado y en partes erizado debido a una combinación de sudor seco, agua del río y polvo.

No tenía el aspecto de una mujer que podía necesitar doce condones.

Pero Albert no se detuvo a reflexionar sobre esas cuestiones: sobre si se me tiraría alguien o no, o si era guapa. Siguió adelante, saqueando mi mochila, preguntándome severamente una y otra vez antes de descartar en la pila de lo prescindible los diversos objetos que yo previamente había considerado necesarios. Respondí con gestos de asentimiento casi todas las veces que él sostuvo en alto un objeto, coincidiendo en que debía eliminarlo, aunque me mantuve en mis trece tanto con *Cuentos completos* como con mi adorado ejemplar intacto de *The Dream of a Common Language*. Lo mismo pasó con mi diario personal, donde consignaba todo lo que hacía ese verano. Y cuando Albert no miraba, arranqué un condón del extremo del grueso rollo que él había apartado y lo guardé discretamente en el bolsillo posterior de mi pantalón corto.

—¿Y qué te ha traído hasta aquí? —me preguntó al finalizar su trabajo. Se sentó en el banco de la mesa de picnic con las anchas manos cruzadas ante él.

—¿Te refieres al SMP? —pregunté.

Él asintió y me observó mientras yo volvía a meter en la mochila los objetos que, según habíamos decidido, podía conservar.

—Te contaré por qué estoy aquí yo —se apresuró a decir él, sin darme tiempo a contestar—. Ha sido el sueño de mi vida. Cuando oí hablar del sendero, pensé: «Eso sí es algo que me gustaría hacer antes de ir a reunirme con el Señor». —Golpeó suavemente la mesa con el puño—. ¿Y tú qué, chiquilla? Mi teoría es que la mayoría de la gente tiene una razón. Algo que la ha impulsado a venir aquí.

—No lo sé —respondí a modo de evasiva. No estaba dispuesta a contarle a un águila de los Boy Scouts, un cincuentón cristiano de Georgia, por qué había decidido caminar sola por el bosque durante nada menos que tres largos meses, por más que asomara a sus ojos un destello de amabilidad cuando sonreía. Las circunstancias que me habían impulsado a recorrer ese sendero a él le parecerían escandalosas, y a mí, inciertas; la verdad dejaría a las claras lo precaria que era toda esa empresa.

—Más que nada pensé que sería divertido —dije.

—¿Esto te parece divertido? —preguntó, y los dos nos echamos a reír.

Me volví y me apoyé en Monstruo, introduciendo los brazos bajo las correas.

—Veamos si se nota mucha diferencia —dije, y me abroché lo mochila. Cuando la levanté de la mesa, me asombró lo ligera que parecía, incluso plenamente cargada con mi nuevo piolet y un reaprovisionamiento de víveres para once días. Dirigí a Albert una radiante sonrisa—. Gracias.

Él respondió con una breve risa y cabeceó.

Exultante, me alejé para hacer un recorrido de prueba con la mochila por el camino de tierra curvo que circundaba el camping. La mía seguía siendo la mochila más grande del grupo —al viajar sola, tenía que acarrear cosas que quienes iban en pareja podían repartirse, y yo no tenía la seguridad ultraligera ni las habilidades

129

de Greg—; pero, en comparación a como estaba mi mochila antes de que Albert me ayudara a cribar el contenido, era tan ligera que tenía la impresión de que podía saltar con ella. De hecho, a medio camino de la curva, me detuve y salté.

No me despegué del suelo más de dos centímetros, pero al menos era posible.

—¿Cheryl? —me llamó una voz justo en ese momento.

Alcé la vista y vi acercarse a un joven guapo con mochila.

—¿Doug? —pregunté, y acerté.

En respuesta, agitó los brazos y lanzó un alarido de júbilo. Luego vino derecho hacia mí y me abrazó.

—Leímos tu anotación en el registro, y hemos estado intentando alcanzarte.

—Pues aquí me tenéis —dije con un tartamudeo, desconcertada por su entusiasmo y su atractivo físico—. Hemos acampado allí. —Señalé por detrás de mí—. Somos varios. ¿Dónde está tu amigo?

—Ahora viene —contestó Doug, y soltó otro alarido, sin motivo aparente.

Me recordó a todos los niños mimados por la vida que había conocido: con una apostura clásica y una encantadora seguridad respecto a su lugar en lo alto del montón, convencidos de que el mundo les pertenecía y de que estaban a salvo en él, sin plantearse siquiera otra posibilidad. De pie a su lado, tuve la sensación de que en cualquier momento me cogería de la mano y juntos nos lanzaríamos en paracaídas desde lo alto de un precipicio, para descender entre risas, planeando suavemente.

—¡Tom! —vociferó Doug cuando vio aparecer una figura camino arriba.

Los dos nos dirigimos hacia él. Incluso a lo lejos advertí que Tom era el polo opuesto de Doug, en el sentido físico y en el espiritual: huesudo, pálido, con gafas. La sonrisa que asomó a su rostro cuando nos acercamos era cauta y, quizá, no muy convencida.

—Hola —me saludó cuando nos aproximamos, alargando el brazo para estrecharme la mano.

En los pocos minutos que tardamos en llegar al campamento de Ed, intercambiamos mucha información sobre quiénes éramos y de dónde procedíamos. Tom tenía veinticuatro años; Doug, veintiuno. «Sangre azul de Nueva Inglaterra», los habría llamado mi madre (lo supe casi antes de que despegaran los labios). Para ella significaba que, en esencia, eran ricos y de algún lugar al este de Ohio y al norte de Washington. En el transcurso de los siguientes días, lo averiguaría todo sobre ellos. Que sus padres eran cirujanos y alcaldes y ejecutivos en entidades financieras. Que los dos habían estudiado en un internado pijo tan famoso que hasta yo conocía el nombre. Que habían veraneado en Nantucket y en islas privadas ante la costa de Maine y habían pasado las vacaciones de primavera en Vail. Pero, en ese momento, aún no sabía todo eso; ignoraba que, en muchos sentidos, sus vidas eran insondables para mí, como la mía lo era para ellos. En ese momento sabía solo que en un sentido muy concreto eran personas muy afines. No eran expertos en equipo de montañismo ni avezados mochileros ni lo sabían todo sobre el SMP. No habían partido de México, ni se habían pasado una década planeando el viaje. Más aún, tras los kilómetros que llevaban recorridos estaban casi tan destrozados como yo. Como iban juntos, no se habían pasado días sin ver a otro ser humano. Sus mochilas parecían de un tamaño razonable, lo que me llevó a dudar de que su equipaje incluyera una sierra plegable. Pero en cuanto crucé una mirada con Doug, supe que, pese a su seguridad en sí mismo y su desenvoltura, había pasado por una «experiencia difícil». Y cuando Tom me estrechó la mano, interpreté con toda exactitud la expresión de su rostro. Significaba: «¡¡¡Tengo que quitarme estas putas botas!!!».

Al cabo de un momento, lo hizo, tras sentarse en el banco de la mesa de picnic de Ed cuando llegamos a nuestro campamento y los hombres se reunieron para presentarse. Observé a Tom mientras se desprendía con cuidado de los calcetines mugrientos, a la vez que se quitaba trozos de molesquín de las almohadillas protectoras y de su propia piel. Sus pies se parecían a los míos: blancos como pescados, salpicados de heridas sanguinolentas y supurantes y capas de piel levantada por el roce y ahora colgante, aún dolorosamente adherida a las zonas de carne que tendrían una muerte lenta, inducida por el SMP. Me descargué de la mochila y abrí la cremallera de un bolsillo para sacar el botiquín.

—¿Has probado esto? —le pregunté a Tom, tendiéndole una tira de segunda piel; por suerte había incluido más en mi caja de reaprovisionamiento—. A mí me han salvado —expliqué—. De hecho, no sé si podría seguir adelante sin esto.

Tom se limitó a levantar la vista con cara de desesperación y asintió sin decir nada. Dejé un par de tiras de segunda piel en el banco.

—Puedes quedártelas, si quieres —dije.

Al verlas en sus envoltorios azules translúcidos, me acordé del condón que llevaba en el bolsillo de atrás. Me pregunté si Tom tenía alguno; si tenía alguno Doug; si finalmente mi idea de cargar con los condones no había sido tan tonta. En presencia de Tom y Doug, ya no me lo parecía.

—Hemos pensado en ir todos al Grumpie's a las seis —dijo Ed, consultando su reloj—. Faltan un par de horas. Os llevaré a todos en mi furgoneta. —Miró a Tom y Doug—. Mientras tanto, con mucho gusto os serviré un tentempié, chicos.

Sentados a la mesa de picnic, los hombres comieron las patatas fritas y las alubias frías con tomate de Ed, a la vez que charlaban de por qué eligieron tal o cual mochila y acerca de los pros y los contras de cada una. Alguien sacó una baraja, y se dio comienzo a una partida de póquer. Greg hojeaba su guía en el extremo de la mesa más cercano a mí, donde yo seguía de pie junto a mi mochila, todavía maravillada por su transformación. Bolsillos antes llenos hasta reventar ahora contenían pequeños huecos vacíos.

—Ya eres prácticamente una *jardi-nazi* —dijo Albert con tono jocoso al verme contemplar la mochila—. Así se llama a los discípulos de Ray Jardine, por si no lo sabías. Tienen una idea muy peculiar sobre el peso de la mochila.

—Es aquel hombre del que te hablé —añadió Greg.

Asentí con naturalidad, intentando disimular mi ignorancia.

—Voy a prepararme para la cena —anuncié, y me dirigí con parsimonia hacia el extremo de nuestro campamento.

Monté la tienda y me metí dentro. Extendí el saco de dormir y, tumbada encima, contemplé el techo de nailon verde mientras escuchaba el murmullo de la conversación de los hombres y alguna que otra risotada. Iba a ir a un restaurante en compañía de seis hombres y —comprendí sombríamente— no tenía nada que ponerme, aparte de lo que llevaba puesto: una camiseta sobre un sujetador deportivo y un pantalón corto sin nada debajo. Me acordé de mi camiseta nueva en la caja de reaprovisionamiento y me incorporé para ponérmela. Toda la espalda de la camiseta que había llevado desde Mojave presentaba ahora una mancha de color amarillo parduzco por el permanente baño de sudor que había padecido. La doblé de mal modo y la dejé en un rincón de la tienda. Después la tiraría a la basura en la tienda de abastos. El resto de la ropa que tenía era la que usaba para protegerme del frío. Me acordé del collar que había llevado hasta que el calor arreció tanto que no soportaba sentirlo encima; lo encontré en la bolsa de cierre hermético en la que guardaba el carné de conducir y el dinero, y me lo puse. Era un pequeño pendiente de plata con una turquesa; había pertenecido a mi madre. Como se me había perdido el otro, había cogido unos alicates de punta fina y había convertido el que quedaba en un colgante suspendido de una fina cadena de plata. Había cargado con él porque había sido de mi madre; llevarlo encima tenía un valor para mí, pero ahora me alegraba poder ponérmelo por la sencilla razón de que con él me sentía más guapa. Me atusé el pelo con los dedos y, con el auxilio de mi pequeño peine, intenté darle una forma atractiva, pero al final desistí y me lo remetí por detrás de las orejas.

Sabía bien que era mejor que me mostrara así, con ese aspecto, tal como me sentía y olía. Al fin y al cabo, era lo que Ed había descrito un tanto imprecisamente como «la única chica en el bosque», sola en medio de una panda de hombres. Por necesidad, allí en el sendero, sentía que debía neutralizar sexualmente a los hombres con quienes me cruzaba, para lo cual debía ser, en la medida de lo posible, una de ellos.

Nunca había hecho eso en mi vida, interactuar con hombres exhibiendo la continua indiferencia que implica ser uno de ellos. No me pareció algo fácil de sobrellevar, allí sentada en mi tienda, mientras los hombres jugaban a las cartas. A fin de cuentas, siempre había sido una chica, consciente del poder que me otorgaba mi feminidad, y dependía de él. Al reprimirlo, sentí un lúgubre malestar en el estómago. Comportarme como uno más de entre los chicos implicaba dejar de ser la mujer que tan expertamente era entre los hombres. Esa era una versión de mí misma que empecé a saborear sobre los once años, experimentando ya por entonces un cosquilleo de poder cuando hombres adultos volvían la cabeza para mirarme o silbarme o decir «Eh, monada», levantando la voz lo suficiente para que yo los oyera. La versión en la que me había apoyado a lo largo de la secundaria, matándome de hambre para estar delgada, haciéndome la tonta y la niña mona para tener éxito y lograr que me quisieran. La versión que había fomentado durante mi primera juventud mientras me probaba distintos disfraces: chica materialista, punki, vaquera, alborotadora, de rompe y rasga. La versión para la cual detrás de cada par de botas arrebatadoras o faldita sensual o movimiento de pelo había una trampilla que conducía a la versión menos real de mí misma.

Ahora solo existía una versión. En el SMP no me quedaba

133

más remedio que mostrarla tal cual, enseñar mi cara mugrienta al mundo exterior; un mundo que, al menos por el momento, lo componían solo seis hombres.

—Cheryyyyl —llamó Doug con voz suave a unos pocos metros de la tienda—. ¿Estás ahí?

—Sí —contesté.

—Nos vamos al río. Ven con nosotros.

—Vale —dije, sintiéndome halagada a mi pesar. Cuando me incorporé, el condón crujió en mi bolsillo trasero. Lo saqué y, tras guardarlo en el botiquín, salí a gatas de mi tienda y me encaminé hacia el río.

Doug, Tom y Greg se habían metido en el lugar poco profundo donde yo me había lavado unas horas antes. Más allá de donde ellos estaban, el agua corría impetuosamente, saltando sobre riscos grandes como mi tienda. Pensé en la nieve que pronto encontraría si seguía adelante con mi piolet, que aún no sabía utilizar, y en el bastón de esquí blanco con esa monada de correa rosa que había llegado a mis manos por azar. Todavía no había empezado a darle vueltas a lo que me esperaba en el sendero. Me había limitado a escuchar y a asentir cuando Ed me explicó que la mayoría de los excursionistas del SMP que habían pasado por Kennedy Meadows durante las tres semanas que él llevaba allí acampado habían optado por abandonar el sendero en ese punto por el récord histórico de nieve, motivo por el cual el sendero era en esencia intransitable a lo largo de setecientos u ochocientos kilómetros. Hacían autostop o viajaban en autobús para reanudar su andadura por el SMP más al norte, a altitudes inferiores, me explicó. Algunos pretendían volver atrás más adelante ese mismo verano para recorrer el tramo que les faltaba; otros preferían saltárselo sin más. Dijo que unos cuantos habían abandonado el sendero definitivamente, tal como me había explicado Greg antes, y habían dejado el SMP para otro año sin récords históricos. Y muy pocos habían perseverado en su empeño, resueltos a atravesar la nieve.

Contenta por haber llevado mis baratas sandalias de acampada, me abrí camino por las rocas que bordeaban el cauce del río hacia los hombres, notando el agua tan fría que me dolían hasta los huesos.

—Tengo algo para ti —anunció Doug cuando llegué hasta él. Me tendió la mano. Me ofrecía una pluma brillante, de unos treinta centímetros de largo, tan negra que despedía destellos azulados bajo el sol.

—¿Para qué? —pregunté, cogiéndola.

—Te dará suerte —respondió, y me tocó el brazo.

Cuando apartó la mano, el punto de contacto casi me ardió; tomé conciencia de lo poco que me habían tocado en los últimos catorce días, de lo sola que había estado.

—Llevo un rato pensando en la nieve —apunté, sosteniendo la pluma y alzando la voz por encima del fragor del río—. Esa gente que la rodeó… Pasaron por aquí hace una o dos semanas. Desde entonces se ha derretido mucha más nieve, así que quizá no haya ningún problema. —Me volví hacia Greg y luego miré la pluma negra, acariciándola.

—La profundidad de la nieve en Bighorn Plateau el 1 de junio era más del doble de la que había en esa misma fecha el año anterior —informó, y lanzó una piedra—. Dentro de una semana la situación no habrá cambiado mucho a ese respecto.

Asentí, como si supiera dónde estaba Bighorn Plateau o qué significaba que la acumulación de nieve fuera el doble de profunda que el año anterior. Me sentí como una farsante solo por mantener esa conversación, como una mascota entre deportistas, como si ellos fueran los auténticos montañeros del SMP y yo simplemente pasara por allí, como si, de algún modo, por mi inexperiencia, por no haber leído siquiera una página de Ray Jardine, por mi risible lentitud y por mi convicción de que había sido razonable cargar con una sierra plegable, en realidad, no hubiera recorrido el sendero hasta Kennedy Meadows desde el paso de Tehachapi, sino que me hubiesen llevado hasta allí.

135

Pero sí había recorrido toda esa distancia, y aún no tenía intención de renunciar a ver Sierra Alta. Ese era el tramo del sendero que esperaba con más interés, su belleza intacta ensalzada por los autores de *El Sendero del Macizo del Pacífico. Volumen I: California* e inmortalizada por el naturalista John Muir en los libros que había escrito hacía un siglo. Era el tramo de las montañas que él había llamado «Cadena de la Luz». Sierra Alta y sus picos de entre 3.800 y 4.300 metros de altura, sus lagos fríos y cristalinos, así como sus profundos cañones eran lo que daba sentido a recorrer el SMP en California, por lo visto. Además, rodearla suponía una complicación logística. Si tenía que saltarme Sierra Alta, acabaría en Ashland más de un mes antes de lo previsto.

—Me gustaría seguir adelante, si hay alguna manera —dije, moviendo la pluma con un floreo. Ya no me dolían los pies. Para mi dicha, se me habían dormido en el agua helada.

—Bueno, nos quedan unos setenta kilómetros por recorrer antes de que las cosas se pongan difíciles de verdad, desde aquí hasta el paso del Sendero —apuntó Doug—. Allí hay una senda que cruza el SMP y baja hasta un camping. Podemos ir al menos hasta allí y ver cómo está la cosa, ver cuánta nieve hay, y entonces abandonar si queremos.

—¿Tú qué opinas, Greg? —pregunté. Yo haría lo que hiciera él.

Greg asintió.

—Me parece un buen plan.

—Eso mismo haré yo —afirmé—. No tendré ningún problema. Ahora tengo mi piolet.

Greg me miró.

—¿Sabes utilizarlo?

A la mañana siguiente me dio una clase práctica.

—Aquí está el asta —explicó, deslizando la mano a lo largo del piolet—. Y esto es el regatón —añadió, tocando con la yema del dedo la punta afilada—. Y en el otro extremo tenemos la cruz.

¿El asta? ¿La cruz? ¿El regatón? Intenté no echarme a reír como una adolescente en clase de educación sexual, pero no pude evitarlo.

—¿Qué pasa? —preguntó Greg con la mano en torno al asta de su piolet, pero yo me limité a negar—. Hay dos bordes —prosiguió—. El lado romo es la hojuela. Sirve para excavar el apoyo para el pie. Y el otro lado es la pica. Sirve para salvar el culo cuando resbalas por la ladera de la montaña. —Hablaba en un tono como dando por sentado que yo eso ya lo sabía y sencillamente repasara los rudimentos antes de empezar.

—Ya. El asta, la cruz, el regatón, la pica, la *juela* —dije.

—La hojuela —me corrigió—. Empieza por «ho». —Estábamos en un escarpado terraplén junto al río, lo más parecido que encontramos a una pendiente helada—. Ahora imaginemos que te caes —dijo Greg, lanzándose por el talud a modo de demostración. Mientras caía, hundió la pica en el barro—. Te conviene clavar esa pica con todas tus fuerzas a la vez que te aferras al asta con una mano y a la cruz con la otra. Así. Y cuando estás anclada, intentas recuperar el equilibrio.

Lo miré.

—¿Y si no recuperas el equilibrio?

—Pues entonces te agarras aquí —contestó él, desplazando las dos manos hacia lo alto del piolet.

—¿Y si no aguanto tanto tiempo? O sea, llevaré la mochila y tal, y en realidad ni siquiera tengo fuerza para hacer una sola dominada.

—Tú aguanta —dijo él desapasionadamente—. A menos que prefieras rodar por la ladera de la montaña.

Me puse manos a la obra. Me lancé una y otra vez contra la pendiente cada vez más lodosa, simulando que resbalaba en el hielo, y una y otra vez hundí la pica de mi piolet en el suelo ante la mirada de Greg, que me aleccionaba y hacía comentarios críticos sobre mi técnica.

Doug y Tom, sentados allí cerca, fingían no prestar atención. Albert y Matt yacían en una lona que habíamos extendido para ellos a la sombra de un árbol junto a la furgoneta de Ed, demasiado enfermos para ir a cualquier sitio salvo al excusado varias veces por hora. Los dos se habían despertado en plena noche aquejados de lo que, empezábamos a creer, era giardiasis, una enfermedad provocada por un parásito acuático que causa una diarrea y unas náuseas inmovilizadoras, requiere fármacos para curarla y casi siempre implica una interrupción de una semana o más en el sendero. Por eso los excursionistas del SMP hablaban tanto de depuradores y fuentes de agua, por miedo a cometer un error y pagar las consecuencias. No sabía dónde habían contraído Matt y Albert lo que fuera que tuvieran, pero recé para no padecerlo yo también. Al final de la tarde nos reunimos todos en torno a ellos, que yacían pálidos y exánimes sobre su lona, e intentamos convencerlos de que había llegado el momento de trasladarlos al hospital de Ridgecrest. Demasiado enfermos para resistirse, nos observaron mientras llenábamos sus mochilas y las cargábamos en la parte de atrás de la furgoneta de Ed.

—Gracias por ayudarme a aligerar la mochila —dije a Albert cuando nos quedamos un momento a solas antes de su marcha. Él levantó la vista débilmente para mirarme desde su lecho en la lona—. Habría sido incapaz de hacerlo yo sola.

Me dirigió una débil sonrisa y asintió.

—Por cierto —añadí—. Quería decírtelo..., respecto a por qué decidí recorrer el SMP... Me divorcié. Estaba casada, y no hace mucho me divorcié. Por otro lado, mi madre falleció hace cuatro años; con solo cuarenta y cinco, tuvo un cáncer fulminante y murió. Ha sido una etapa dura de mi vida y digamos que me he

137

descarriado. Así que... —Él abrió los ojos de par en par, fijando la mirada en mí—. Pensé que venir aquí me ayudaría a centrarme.

—Quedándome sin palabras, un poco sorprendida por haber dicho tanto, representé con un gesto de las manos mi estado de desmoronamiento.

—Bueno, ahora ya te has orientado, ¿no? —dijo. Se incorporó y el rostro se le iluminó a pesar de las náuseas. Se puso en pie, caminó lentamente hasta la furgoneta de Ed y se sentó al lado de su hijo.

Me encaramé en la parte de atrás con sus mochilas y la caja de cosas que ya no necesitaba y fui con ellos hasta la tienda de abastos. Cuando llegamos, Ed se detuvo un momento; bajé de un salto con mi caja y me despedí con la mano de Albert y Matt, gritando: «¡Suerte!».

Sentí de pronto una mezcla de afecto y pena al verlos marcharse. Ed regresaría al cabo de unas horas, pero muy probablemente no volvería a ver a Albert y Matt. Me adentraría en Sierra Alta con Doug y Tom al día siguiente, y por la mañana tendría que despedirme también de Ed y Greg; este se quedaría en Kennedy Meadows un día más y, aunque con toda seguridad me alcanzaría, probablemente sería una visita fugaz, y luego también él desaparecería de mi vida.

Me acerqué al porche de la tienda de abastos y lo dejé todo en la caja gratuita para excursionistas del SMP, menos la sierra plegable, el flash especial de alta tecnología para mi cámara y los prismáticos en miniatura. Metí estos objetos en la vieja caja de reaprovisionamiento y le puse la dirección de Lisa en Portland. Mientras cerraba la caja con un rollo de celo que me había dejado Ed, tuve la sensación de que faltaba algo.

Después, mientras iba por el camino de regreso al camping, caí en la cuenta: el rollo de condones.

Habían desaparecido todos, del primero al último.

TERCERA PARTE

CADENA DE LA LUZ

Ahora estamos en las montañas
y ellas están en nosotros...
JOHN MUIR, *My First Summer in the Sierra*

Si los nervios no te responden
ponte por encima de los nervios.
EMILY DICKINSON

8

Corvidología

Dicen que Kennedy Meadows es la puerta de entrada a Sierra Alta, y a primera hora de la mañana siguiente crucé esa puerta. Doug y Tom me acompañaron el primer medio kilómetro, pero, de pronto, me detuve y les dije que siguieran adelante porque tenía que sacar algo de mi mochila. Nos abrazamos y nos deseamos suerte, despidiéndonos para siempre o hasta pasado un cuarto de hora; no lo sabíamos. Apoyada en un peñasco para descansar la espalda por un momento del peso de Monstruo, los vi alejarse.

Su marcha me llenó de melancolía, aunque también sentí alivio cuando desaparecieron entre los árboles oscuros. No era verdad que tuviera que sacar algo de la mochila; solo quería estar sola. La soledad siempre me había parecido un lugar real, como si no fuera un estado, sino más bien un espacio a donde podía retirarme para ser quien de verdad era. La soledad radical del SMP había alterado esa percepción. La soledad ya no era un espacio, sino el amplio mundo, y ahora me hallaba sola en ese mundo, ocupándolo como nunca antes lo había hecho. Viviendo en libertad de esa manera, sin siquiera un techo sobre mi cabeza, tenía la sensación de que el mundo era a la vez mayor y más pequeño. Hasta entonces no había abarcado realmente en mi cabeza la inmensidad del mundo, no había entendido siquiera lo inmenso que podía ser un kilómetro hasta que cada kilómetro fue contemplado a paso de caminante. Y sin embargo, también estaba lo opuesto, la extraña relación de intimidad que había llegado a mantener con el sendero; de la misma manera que los pinos piñoneros y las flores mono entre los que pasé esa mañana, los torrentes que vadeé me resultaron familiares y conocidos pese a que nunca había pasado entre ellos ni los había vadeado antes.

Caminé con el fresco de la mañana al ritmo del golpeteo de mi nuevo bastón de esquí blanco contra el sendero, sintiendo el peso aligerado pero todavía absurdamente enorme de Monstruo desplazarse y acomodarse. Esa mañana al partir pensé que sería distinto estar en el sendero, que caminaría con más facilidad. Al fin y al cabo, la mochila pesaba menos, en parte gracias a la criba de Albert, y en parte porque ya no necesitaba llevar más que el agua de las cantimploras ahora que habíamos llegado a un tramo menos árido. Pero después de una hora y media me detuve a descansar con los habituales dolores y molestias. Al mismo tiempo percibía ligeramente que mi cuerpo se fortalecía, tal como Greg me había asegurado.

Era el primer día de la tercera semana, oficialmente verano —la última semana de junio— y no solo había cambiado la estación, sino también el terreno, cada vez a mayor altura en la Reserva Natural South Sierra. En los setenta kilómetros entre Kennedy Meadows y el paso del Sendero, ascendería desde una altitud de 1.800 metros hasta unos 3.300. Incluso en el calor de esa primera tarde, otra vez en el sendero, sentí un asomo de frescor en el aire que sin duda me envolvería por la noche. Indudablemente estaba ya en la Sierra: la adorada Cadena de la Luz de Muir. Caminé bajo grandes árboles oscuros que sumían por completo en la sombra las plantas más pequeñas a sus pies y entre amplios prados con flores silvestres; atravesé con dificultad torrentes fruto del deshielo, pasando de una inestable roca a otra con la ayuda de mi bastón de esquí. Yendo a pie, Sierra Nevada parecía superable, aunque a duras penas. En definitiva, siempre podía dar un paso más. Solo cuando doblaba una curva y avistaba los picos blancos al frente, dudaba de mi capacidad; solo cuando pensaba en lo mucho que me faltaba por recorrer, perdía la fe en mis posibilidades de llegar.

En ocasiones veía las huellas de Doug y Tom en el sendero, a ratos polvoriento, a ratos embarrado. A media tarde los encontré sentados cerca de un torrente y advertí sorpresa en sus rostros al verme. Me senté a su lado, bombeé agua y charlamos un rato.

—Deberías acampar con nosotros esta noche si nos alcanzas —sugirió Tom antes de seguir su camino.

—Ya os he alcanzado —contesté, y nos echamos a reír.

Al final de ese día llegué tranquilamente al pequeño claro donde habían plantado sus tiendas. Después de cenar compartie-

ron conmigo las dos cervezas que se habían llevado de Kennedy
Meadows, ofreciéndome tragos mientras descansábamos sentados en el suelo, arrebujados con nuestra ropa. Mientras bebíamos,
me pregunté quién de ellos se habría apropiado de los once condones ultrafinos no lubrificados marca Trojan que había comprado en Portland unas semanas antes. Sospechaba que tenía que
ser uno de los dos.

Al día siguiente, caminando sola, llegué a una ancha franja de
nieve en una escarpada pendiente, un gigantesco recubrimiento
helado que ocultaba el sendero. Era como un desgalgadero, solo
que daba más miedo, un río de hielo en lugar de piedras. Si resbalaba al intentar cruzarla, me deslizaría por la ladera y me estrella-
ría contra los peñascos que se veían más abajo o, peor aún, caería
más allá, a saber dónde. En el vacío, o esa impresión daba desde mi
elevada posición. Si no intentaba cruzarla, tendría que regresar a
Kennedy Meadows, lo cual tampoco me parecía mala idea. Sin
embargo, allí me quedé.

Maldita sea, pensé. Maldita, maldita sea. Saqué el piolet y
analicé el recorrido, lo que en realidad se redujo a permanecer
allí parada varios minutos haciendo acopio de valor. Vi que
Doug y Tom lo habían atravesado: sus huellas eran una sucesión
de agujeros en la nieve. Sostuve el piolet tal como Greg me había enseñado y pisé uno de los agujeros. Su existencia me com-
plicó y facilitó la vida a la vez. No tenía que excavar los puntos
de apoyo para el pie, sino que podía aprovechar los de ellos dos,
incómodamente dispuestos y resbaladizos, y a veces tan profundos que se me quedaba atrapada la bota dentro, perdía el equilibrio y caía; el piolet me parecía tan poco manejable que era una
carga más que una ayuda. «Detente», pensaba una y otra vez,
imaginando lo que haría con el piolet si empezaba a resbalar
pendiente abajo. Allí la nieve era muy distinta de la de Minnesota. En algunos puntos era más hielo que otra cosa, tan apre-
tada que me recordaba más a una dura capa de hielo en un con-
gelador que había que descongelar. En otros lugares era más
blanda de lo que parecía a simple vista y se hundía.

No miré la agrupación de peñascos más abajo hasta que llegué al otro lado de la nieve y me hallé en el sendero lodoso,
temblorosa pero contenta. Sabía que ese paseo no había sido
más que una muestra de lo que me esperaba. Si no optaba por
abandonar el sendero en el camino que rodeaba la zona nevada,

143

pronto llegaría al paso de Forester, que, con sus cuatro mil metros, era la cota más alta del SMP. Y en el supuesto de que no resbalara por la ladera de la montaña mientras intentaba superar ese paso, después caminaría solo por nieve durante varias semanas. Sería nieve mucho más traicionera que la porción que acababa de atravesar, pero una vez rebasada esa porción, por pequeña que fuera, lo que tenía por delante me pareció mucho más real. Me dio a entender que no quedaba más remedio que sortearlo. No estaba debidamente preparada para recorrer el SMP en un año normal, y menos aún en un año en que la profundidad de la nieve duplicaba o triplicaba la del año anterior. No se habían producido tantas precipitaciones de nieve como las de ese año desde 1983, y no volverían a suceder hasta pasada una docena de años.

Además, la nieve no era lo único que debía tenerse en cuenta. Estaba asimismo todo lo relacionado con ella: ríos y torrentes peligrosamente crecidos que tendría que vadear sola, temperaturas tan bajas que me expondría a la hipotermia, la realidad de que dependería exclusivamente del mapa y la brújula en largos tramos, allí donde el sendero quedaba oculto bajo la nieve, y todo ello agravado por el hecho de que estaba sola. Además, carecía del equipo necesario; de los conocimientos y de la experiencia. Y como viajaba en solitario, no tenía margen de error. Si me retiraba, como la mayoría de los demás excursionistas del SMP, me perdería el esplendor de Sierra Alta; pero si seguía en el sendero, pondría mi vida en peligro.

—Lo dejo en el paso del Sendero —anuncié a Doug y Tom mientras cenábamos esa noche. Pese a haber caminado todo el día sola, había cubierto por segunda vez cerca de veinticinco kilómetros en un día, y los alcancé de nuevo cuando acamparon—. Iré a Sierra City y retomaré el sendero desde allí.

—Nosotros hemos decidido seguir adelante —respondió Doug.

—Lo hemos hablado y creemos que deberías unirte a nosotros —añadió Tom.

—¿Unirme a vosotros? —pregunté, mirando desde el túnel de mi oscura capucha de forro polar. Dado que la temperatura apenas estaba por encima de cero grados, llevaba puesta toda la ropa que tenía. Alrededor había nieve bajo los árboles en las zonas poco expuestas al sol.

—Es peligroso que vayas sola —adujo Doug.

—Ninguno de nosotros dos iría solo —añadió Tom.

—Pero es peligroso para todos nosotros adentrarnos en la nieve. Ya sea juntos o por separado —declaré.

—Nosotros queremos intentarlo —afirmó Tom.

—Gracias —dije—. Me conmueve vuestro ofrecimiento, pero no puedo.

—¿Por qué no? —preguntó Doug.

—Porque el sentido de mi viaje es que estoy aquí para hacerlo sola.

Permanecimos un rato en silencio, cenando, cada uno de nosotros acunando un cazo caliente lleno de arroz o judías o pasta entre las manos enguantadas. Lamenté decir que no. No solo porque sabía que con eso me decantaba por rodear Sierra Alta, sino porque, aun sosteniendo que deseaba hacer ese viaje sola, su compañía me reconfortaba. Estar cerca de Tom y Doug por la noche me libraba de tener que decirme a mí misma: «No tengo miedo», cada vez que oía troncharse una rama en la oscuridad o soplar el viento con tal violencia que parecía presagiar alguna desgracia. Pero yo no estaba allí para librarme de decir «No tengo miedo». Había ido, comprendía, para imponerme a ese miedo, para imponerme a todo, en realidad, a todo lo que me había hecho a mí misma y a todo lo que me habían hecho otros. Eso no lo conseguiría yendo a remolque de nadie.

Después de cenar, me tendí en la tienda con los *Cuentos completos* de Flannery O'Connor sobre el pecho, tan agotada que no podía sostener el libro en alto. Mi estado no se debía solo al frío y al cansancio de un día de caminata: a esa altitud el aire estaba enrarecido. Y sin embargo, no podía acabar de dormirme. En lo que parecía un estado de fuga, pensé en lo que representaba rodear Sierra Alta. En esencia lo echaba todo a perder. Tanta planificación, la organización de todo el verano hasta la última caja y la última comida. Ahora iba a saltarme setecientos veinticinco kilómetros del sendero que pretendía recorrer. Llegaría a Ashland a primeros de agosto, no a mediados de septiembre.

—¿Doug? —lo llamé en la oscuridad. Su tienda se hallaba a un metro de la mía.

—¿Sí?

—Estaba pensando…, si rodeo Sierra Alta, podría recorrer, en lugar de ese tramo, todo Oregón. —Me puse de costado para que-

145

dar de cara a su tienda, medio deseando que viniera a acostarse a mi lado, él o cualquiera. Era esa misma sensación voraz y vacía que había experimentado en el motel de Mojave al desear un acompañante. No alguien a quien amar. Solo alguien contra quien apretar mi cuerpo—. ¿No sabrás por casualidad qué distancia cubre el sendero en Oregón?

—Unos ochocientos kilómetros —respondió.

—Perfecto —dije, y el corazón se me aceleró al pensarlo, antes de cerrar los ojos y dormirme profundamente.

La tarde del día siguiente, Greg me alcanzó justo antes de que yo llegara al paso del Sendero, la ruta por la que saldría del SMP.

—Voy a rodear Sierra Alta —le anuncié de mala gana.

—Yo también —dijo.

—¿Ah, sí? —pregunté con alivio y satisfacción.

—Francamente, esto está a rebosar de nieve —dijo, y miramos los pinos de Balfour que crecían entre los peñascos a un lado del sendero, torcidos por el viento, y las montañas y picos que se extendían a kilómetros de distancia bajo aquel cielo de un azul puro.

El punto más alto del sendero se hallaba a solo cincuenta y cinco kilómetros de allí. La cumbre del monte Whitney, el pico más alto de los Estados Unidos continentales, estaba aún más cerca; para llegar, bastaba con desviarse brevemente del SMP.

Juntos, descendimos tres kilómetros por la senda del paso del Sendero hasta la zona de picnic y el camping de Horseshoe Meadows, donde nos reunimos con Doug y Tom, y conseguimos que nos llevaran a los cuatro en coche a Lone Pine. No había planeado ir allí. Algunos excursionistas del SMP se enviaban cajas de reaprovisionamiento a Lone Pine, pero yo había previsto llegar hasta la localidad de Independence, a otros ochenta kilómetros al norte. Aún me quedaba en la bolsa comida para unos cuantos días, pero, cuando llegamos al pueblo, fui de inmediato a una tienda de alimentación para reabastecerme. Necesitaba comida suficiente para el tramo de 155 kilómetros que recorrería una vez sorteada Sierra Alta, desde Sierra City hasta Belden Town. Después busqué un teléfono público, llamé a Lisa y le dejé un mensaje en el contestador, para contarle mi nuevo plan tan deprisa como pude y pedirle que enviara la caja dirigida a Belden Town de inmediato y que retuviera todas las demás hasta que le proporcionara los detalles de mi nuevo itinerario.

Me sentí desplazada y melancólica cuando colgué, menos entusiasmada de lo que preveía por estar en el pueblo. Paseé por la calle principal hasta encontrar a los hombres.

—Volvemos al sendero —dijo Doug, mirándome a los ojos. Sentí una opresión en el pecho cuando me despedí de él y de Tom con un abrazo. Había empezado a sentir cierto cariño por ellos, pero además me preocupaban.

—¿Seguro que queréis meteros en la nieve? —pregunté.

—¿Tú estás segura de que no quieres? —contestó Tom.

—Aún llevas tu amuleto —apuntó Doug, señalando la pluma negra que me había dado en Kennedy Meadows. La había insertado en el armazón de Monstruo, por encima del hombro derecho.

—Un recuerdo tuyo —dije, y nos reímos.

Cuando se marcharon, fui con Greg a la tienda de abastos que hacía las veces de estación de autobuses de la Greyhound en el pueblo. Pasamos ante bares que se anunciaban como cantinas del Viejo Oeste y tiendas que vendían sombreros de vaquero y exhibían en los escaparates cuadros enmarcados de hombres a lomos de potros salvajes encabritados.

—¿Has visto *El último refugio*, de Humphrey Bogart? —preguntó Greg.

Moví la cabeza en un gesto de negación.

—Se rodó aquí. Además de muchas otras películas. Del Oeste.

Asentí, sin sorprenderme. En efecto, el paisaje parecía salido de Hollywood: una planicie más bien yerma cubierta de artemisa, rocosa y sin árboles, con una vista que se extendía kilómetros a la redonda. Las cumbres blancas de Sierra Nevada, al oeste, se recortaban tan espectacularmente en el cielo azul que casi me parecían irreales, como una extraordinaria fachada.

—Allí está nuestro autocar —dijo Greg, señalando un gran autobús de la Greyhound en el aparcamiento de la tienda cuando nos acercábamos.

Pero se equivocó. No había autocares directos hasta Sierra City, según descubrimos. Tendríamos que coger un autocar esa noche y viajar siete horas hasta Reno, Nevada; luego, una hora más en otro hasta Truckee, California. Desde allí no tendríamos más opción que el autostop para los setenta y pico kilómetros hasta

Sierra City. Compramos dos billetes de ida y un montón de tentempiés, y nos sentamos en el suelo tibio al borde del aparcamiento de la tienda, esperando a que llegara el autocar. Nos liquidamos varias bolsas de patatas fritas y latas de refrescos mientras charlábamos. Agotamos primero el Sendero del Macizo del Pacífico como tema de conversación, luego el equipo del mochilero y el récord histórico de nieve una vez más, luego las teorías y prácticas «ultraligeras» de Ray Jardine y sus seguidores —quienes quizás habían malinterpretado, o quizá no, el espíritu que subyacía en esas teorías y prácticas—, hasta llegar a nosotros mismos. Le pregunté por su empleo y su vida en Tacoma. No tenía animales de compañía ni hijos, y salía con una chica desde hacía un año. También ella era una entusiasta mochilera. Saltaba a la vista que su vida era un mundo ordenado y bien meditado. A mí me parecía a la vez aburrido y asombroso. No supe qué la parecía a él el mío.

El autocar a Reno iba casi vacío cuando por fin llegó. Seguí a Greg hasta la parte central, donde ocupamos pares de asientos contiguos a ambos lados del pasillo.

—Voy a dormir un rato —anunció en cuanto el autocar salió a la carretera.

—Yo también —dije, aunque sabía que no sería así. Ni siquiera extenuada, era capaz de dormir en vehículos en movimiento de cualquier tipo, y no estaba extenuada.

Me sentía sobreexcitada por hallarme de regreso en el mundo. Miré por la ventanilla mientras Greg dormía. Ninguna persona que me conociera desde hacía más de una semana tenía la menor idea de dónde me encontraba. «Voy camino de Reno, Nevada», pensé con cierto asombro. Nunca había estado en Reno. Se me antojaba el lugar más absurdo del mundo a donde ir yendo vestida como iba y sucia como un perro, con el pelo estropajoso como un saco de arpillera. Saqué todo el dinero de mis bolsillos y conté los billetes y las monedas, con la ayuda de la luz de mi linterna frontal. Tenía cuarenta y cuatro dólares y veinticinco centavos. Se me cayó el alma a los pies ante semejante miseria. Había gastado mucho más dinero del que imaginaba. No había previsto las paradas en Ridgecrest y Lone Pine, ni el billete de autocar hasta Truckee. No iba a disponer de más dinero hasta que accediera a mi siguiente caja de reaprovisionamiento en Belden Town, para lo que faltaba más de una semana, e incluso entonces serían solo veinte pavos. Greg y yo habíamos acordado alojarnos en un motel en Sierra City para descansar una noche después del largo viaje, pero yo tenía la desagradable sensación de que no me quedaría más remedio que buscar un sitio donde acampar.

No podía hacer nada al respecto. No disponía de tarjeta de crédito. Sencillamente tendría que apañármelas con lo que tenía. Me maldije por no haber metido más dinero en las cajas a la vez que reconocía que no habría sido posible. Había repartido en las cajas todo el dinero que tenía. Había ahorrado las propinas de todo el invierno y la primavera, y había vendido buena parte de mis pertenencias, y con ese dinero había comprado toda la comida de las cajas y todo el equipo que después dispuse en la cama del motel de Mojave. Además, había extendido un cheque a Lisa para los gastos de los envíos postales, y otro para el pago de cuatro meses de cuotas de los préstamos estudiantiles correspondientes al título que no había obtenido y que tendría que pagar hasta los cuarenta y tres años. La cantidad sobrante era lo que podía gastar en el SMP.

Volví a guardar el dinero en el bolsillo, apagué la linterna y miré por la ventanilla hacia el oeste, experimentando un triste desasosiego. Sentía nostalgia, pero no sabía si era por la vida que llevaba antes o por el SMP. Apenas distinguía la silueta oscura de Sierra Nevada contra el cielo iluminado por la luna. Volvía a parecer un muro impenetrable, igual que unos años antes cuando la vi por primera vez mientras viajaba en coche con Paul, pero ya no tenía la sensación de que fuera impenetrable. Me imaginaba a mí misma en ella, dentro de ella, parte de ella. Sabía cómo se sentía uno al avanzar paso a paso. Volvería a estar en ella tan pronto como me marchara de Sierra City. Estaba rodeando Sierra Alta —perdiéndome los parques naturales de Sequoia, Kings Canyon y Yosemite, Tuolumne Meadows, y las reservas naturales de John Muir y Desolation, y tantas cosas más—, pero aún recorrería más de ciento cincuenta kilómetros por Sierra Nevada antes de adentrarme en la cadena de las Cascadas.

Cuando el autocar se detuvo en la estación de Reno a las cuatro de la madrugada, no había pegado ojo. Greg y yo teníamos que esperar una hora antes del siguiente autocar rumbo a Truckee, así que, somnolientos, nos paseamos por el pequeño casino contiguo a la estación con las mochilas a la espalda. Yo, cansada pero tensa, bebía té Lipton caliente de un vaso de espuma de po-

149

liestireno. Greg jugó al blackjack y ganó tres dólares. Por mi parte, saqué tres monedas de veinticinco centavos de mi bolsillo, jugué las tres en una máquina tragaperras y lo perdí todo.

Greg me dedicó una sonrisa irónica, como si lo hubiera visto venir y ya me hubiera avisado.

—Oye, nunca se sabe —dije—. Una vez estuve en Las Vegas, de paso, hace un par de años, y metí una moneda de cinco centavos en una máquina tragaperras y gané sesenta pavos.

No pareció impresionado.

Fui al aseo de mujeres. Mientras me cepillaba los dientes ante un espejo iluminado con fluorescentes que estaban por encima de una hilera de lavabos, una mujer, señalando mi mochila, dijo:

—Me gusta esa pluma. —Y la señaló en mi mochila.

—Gracias —repuse, cruzando una mirada con ella en el espejo. Estaba pálida y tenía los ojos castaños, nariz aguileña y una larga trenza que le caía por la espalda; vestía una camiseta teñida de manera irregular y un par de vaqueros recortados con parches y sandalias Birkenstock—. Me la regaló un amigo —masculló, con el dentífrico resbalándome desde la boca. Tuve la sensación de que hacía una eternidad que no hablaba con una mujer.

—Tiene que ser de córvido —afirmó ella, que tendió la mano para tocarla delicadamente con un dedo—. Es un cuervo o un grajo, un símbolo del vacío —añadió con tono místico.

—¿El vacío? —pregunté, alicaída.

—Es algo bueno —dijo—. Es el lugar donde «nacen» las cosas, donde se «inician». Piensa en un agujero negro, que absorbe energía y luego la libera en forma de algo nuevo y vivo. —Interrumpiéndose, fijó en mí una mirada elocuente—. Mi expareja es ornitólogo —explicó con tono menos etéreo—. Su área de investigación es la corvidología. Hizo la tesis sobre los cuervos y, como yo tengo un máster de lengua inglesa, no me quedó otra que leer el puto texto unas diez veces, así que sé más de lo que necesito saber sobre el tema. —Se volvió hacia el espejo y se alisó el pelo—. ¿No irás por casualidad al Encuentro del Arco Iris?

—No. Estoy...

—Deberías venir. Mola mogollón. Este año el encuentro es en el bosque nacional Shasta-Trinity, en el lago Toad.

—Fui al Encuentro del Arco Iris el año pasado, cuando se celebró en Wyoming —respondí.

—¡Qué guaaay! —dijo de esa manera especial, como a cámara

lenta, tal como la gente dice «guay»—. Feliz caminata —añadió. Tendió la mano y me apretó el brazo—. ¡Corvidología! —exclamó animadamente mientras se dirigía a la puerta, mirándome a mí y a mi pluma con el pulgar en alto.

A las ocho, Greg y yo ya estábamos en Truckee. A las once seguíamos de pie en el arcén de la calurosa carretera haciendo autostop para ir a Sierra City.

—¡Eh! —grité como una desesperada a un minibús Volkswagen cuando pasó a toda velocidad. En el último par de horas nos habían despreciado al menos seis de ellos. Me indignaba especialmente que no nos recogieran las personas que conducían minibuses Volkswagen. Dije a Greg—: Putos *hippies*.

—Pensaba que tú eras *hippy* —señaló.

—Y lo soy. Más o menos. Pero solo un poco. —Me senté en la gravilla del arcén y volví a atarme el cordón de la bota, pero al acabar no me puse en pie. Me sentía aturdida de agotamiento. Hacía un día y medio que no dormía.

—Deberías adelantarte un poco y hacer autostop tú sola —propuso Greg—. Lo entendería. Si fueras sola, ya te habrían cogido hace rato.

—No —contesté, aunque sabía que tenía razón: una mujer sola resulta menos amenazadora que una pareja hombre-mujer. La gente quiere ayudar a una mujer sola. O intentar bajarle las bragas. Pero de momento estábamos juntos, y juntos seguimos hasta que, pasada una hora, un coche se detuvo, subimos y fuimos a Sierra City. Era una aldea pintoresca, formada por menos de una docena de edificios de madera, y encaramada a una altitud de 1.280 metros. El pueblo estaba encajonado entre el río North Yuba y la imponente Sierra Buttes, cuya silueta marrón se dibujaba contra el cielo azul al norte.

El coche nos dejó en la tienda de abastos, en el centro del pueblo, un acogedor establecimiento de otra época, donde los turistas se sentaban a comer cucuruchos en el porche pintado, atestado por el gran número de gente que estaba allí por el fin de semana del Cuatro de Julio.

—¿Quieres un cucurucho? —preguntó Greg, sacando un par de dólares.

—No. Quizá después —contesté, manteniendo un tono de

151

desenfado para disimular mi desesperación. Quería un cucurucho, claro está. Pero no me atrevía a comprármelo por miedo a no
poder pagarme luego una habitación. Cuando entramos en la pequeña y abarrotada tienda, procuré no mirar la comida. Me quedé
cerca de la caja, examinando los folletos turísticos mientras Greg
compraba.

—El pueblo entero fue destruido por un alud en 1852 —le
conté cuando volvió, abanicándome con el folleto de papel brillante—. Cedió la nieve del Buttes. —Él asintió como si ya lo supiera, mientras lamía su cucurucho de chocolate. Volví la cabeza;
verlo era una tortura para mí—. Espero que no te importe, pero
necesito encontrar un lugar barato. Para esta noche, quiero decir.
—La verdad era que necesitaba encontrar un sitio gratuito, pero
estaba demasiado cansada para plantearme acampar. No dormía
desde mi última noche en el SMP en Sierra Alta.

—¿Qué te parece eso? —dijo Greg, señalando un viejo edificio de madera en la acera de enfrente.

Un bar restaurante ocupaba la planta baja; en los pisos superiores había habitaciones con baño compartido. Solo eran las
13.30 horas, pero la mujer del bar nos permitió ocupar las habitaciones antes. Después de pagar la mía, me quedaban trece dólares.

—¿Quieres cenar abajo esta noche? —preguntó Greg
cuando nos hallábamos ante las puertas de nuestras habitaciones contiguas.

—Claro —contesté, ruborizándome un poco.

Greg no me atraía; sin embargo, en el fondo, albergaba la esperanza de atraerlo yo a él, cosa que, como bien sabía, era absurda. Quizás había sido él quien se había apropiado de mis condones. Al pensarlo, un estremecimiento recorrió mi cuerpo.

—Puedes ir tú primero si quieres —dijo él, señalando el
cuarto de baño al final del pasillo que compartíamos con todos
los ocupantes de nuestra planta. De momento, al parecer, éramos los
únicos huéspedes.

—Gracias —respondí, y abrí la puerta de mi habitación y
entré.

Había un ajado tocador de madera antiguo con un espejo redondo contra una pared y una cama de matrimonio contra la otra,
con una mesita de noche destartalada y una silla al lado. Una
bombilla desnuda colgaba del techo en el centro de la habitación.
Me desprendí de Monstruo y me senté en la cama. Chirrió, se

hundió y osciló precariamente bajo mi peso, pero, aun así, me pareció excelente. Casi me dolió el cuerpo de placer solo de sentarme en la cama, como si me hicieran lo contrario de quemarme. Como había comprobado, la silla plegable que me servía de colchoneta no me proporcionaba una superficie muy blanda. La mayoría de las noches en el SMP había dormido a pierna suelta, pero no porque estuviera cómoda: sencillamente estaba demasiado molida para que esos detalles me afectaran.

Quería dormir, pero tenía las piernas y los brazos veteados de mugre; mi hedor era magnífico. Meterme en la cama en semejante estado se me antojó un delito. No me había bañado debidamente desde mi paso por el motel de Ridgecrest, hacía casi dos semanas. Recorrí el pasillo hasta el cuarto de baño. No había ducha, solo una enorme bañera de porcelana con patas en forma de garra y un estante con una pila de toallas plegadas. Cogí una de las toallas e inhalé su esplendor con aroma a detergente; luego me desvestí y me miré en el espejo de cuerpo entero.

Ofrecía una imagen pasmosa.

Más que una mujer que había pasado las últimas tres semanas caminando con una mochila a cuestas por la montaña, parecía una mujer que había sido víctima de un crimen violento y grotesco. Magulladuras de distintos colores, oscilando entre amarillo y negro, cubrían mis brazos y mis piernas, mi espalda y mi trasero, como si me hubieran apaleado. Tenía ampollas y sarpullidos en las caderas y los hombros, además de verdugones inflamados y costras oscuras allí donde la piel se había abierto debido a las rozaduras de la mochila. Por debajo de las magulladuras, las heridas y la mugre, veía nuevos abultamientos musculares, la carne tersa en sitios donde era blanda hasta hacía poco.

Llené la bañera de agua, me metí en ella y me restregué con un paño y jabón. En cuestión de minutos el agua se había oscurecido tanto a causa de la suciedad y la sangre desprendidas por mi cuerpo que la vacié y la volví a llenar.

Me sumergí en el agua de la segunda bañera, y tal vez podría decir que sentí mayor gratitud que por ninguna otra cosa. Al cabo de un rato, me examiné los pies. Los tenía llenos de ampollas y maltrechos, con un par de uñas ya del todo ennegrecidas. Me toqué una y vi que estaba casi del todo suelta. Ese dedo venía atormentándome desde hacía días, cada vez más hinchado, como si la uña fuera a reventar sin más, pero ahora solo me dolía un poco.

153

Cuando tiré de la uña, se me quedó en la mano con una intensa punzada de dolor. En su lugar había ahora en mi dedo algo que no era exactamente piel ni uña. Era translúcido y brillaba un poco, como un trozo pequeño de film transparente.

—He perdido la uña de un dedo del pie —dije a Greg en la cena.

—¿Estás perdiendo uñas? —preguntó.

—Solo una —contesté lúgubremente, consciente de que con toda probabilidad perdería otras y que esa era una prueba más de mi idiotez de tomo y lomo.

—Es probable que sea porque las botas te quedan pequeñas —dijo cuando la camarera nos sirvió dos platos de espaguetis y una cesta con pan de ajo.

Había planeado ser comedida al pedir, sobre todo porque esa tarde había gastado otros cincuenta centavos en la lavandería, compartiendo la colada con Greg. Pero en cuanto nos sentamos me dejé llevar e imité a Greg en todo: pidiendo un cuba libre con la cena, aceptando el pan de ajo. Procuré que no se me notara que calculaba a cuánto ascendía la cuenta mientras comíamos. Greg ya sabía lo mal que me había preparado para recorrer el SMP. No necesitaba saber que había otro frente en el que también era una negada absoluta.

Pero era una negada. Después de llegar la cuenta, añadir la propina y pagar a medias, me quedaban sesenta y cinco centavos.

De vuelta en mi habitación tras la cena, abrí *El Sendero del Macizo del Pacífico. Volumen I: California* para leer sobre el tramo del sendero que recorrería a continuación. Mi siguiente parada era un lugar llamado Belden Town, donde me esperaba la caja de reaprovisionamiento con el billete de veinte dólares. Podía llegar hasta Belden con sesenta y cinco centavos, ¿o no? Al fin y al cabo estaría en plena naturaleza y no tendría donde gastar el dinero, razoné, pese a que seguía preocupada. Escribí una carta a Lisa, pidiéndole que comprara y me enviara una guía del SMP para la parte de Oregón del sendero utilizando el poco dinero que le había dejado, y reorganizando los destinos de las cajas que debía enviarme para el resto de California. Repasé la lista una y otra vez, cerciorándome de que todo estaba en orden, haciendo cuadrar los kilómetros con fechas y lugares.

Cuando apagué la luz y me tendí en la cama chirriante para dormir, oí moverse a Greg al otro lado del tabique, también en su chirriante cama; me resultaba tan palpable su cercanía como su distancia. Al oírlo allí me sentí tan sola que habría aullado de dolor si no me hubiese contenido. No sabía por qué exactamente. No quería nada de él y, a la vez, lo quería todo. ¿Qué haría él si yo llamaba a su puerta? ¿Qué haría yo si él me dejaba entrar?

Sabía qué haría yo. Lo había hecho ya muchas veces.

—Sexualmente soy como un hombre —le había dicho a un psicoterapeuta a quien había visitado un par de veces el año anterior, un tal Vince que trabajaba de voluntario en un consultorio comunitario en el centro de Minneapolis donde personas como yo podían ir a hablar con personas como él por diez pavos la visita.

—¿Cómo es un hombre? —me había preguntado él.

—Desapegado —contesté—. O al menos muchos lo son. Yo también soy así. Capaz de ser desapegada cuando se trata de sexo.

—Miré a Vince. Era un cuarentón de cabello oscuro, peinado con raya al medio y el pelo ahuecado, dispuesto como dos alas negras a los lados del rostro. No me decía nada, pero, si se hubiera levantado, hubiera cruzado la consulta y me hubiera besado, le habría devuelto el beso. Habría hecho cualquier cosa.

Pero no se levantó. Solo asintió sin decir nada, transmitiendo con su silencio escepticismo y fe a la vez.

—¿Quién se ha mostrado desapegado contigo? —preguntó por fin.

—No lo sé —contesté, sonriéndole como cuando me sentía incómoda.

No lo miraba exactamente a él; en realidad, miraba el póster enmarcado, colgado por encima de su cabeza, un rectángulo negro con un remolino blanco que, al parecer, era la Vía Láctea. Del centro salía una flecha, sobre la cual se leían las palabras USTED ESTÁ AQUÍ. Esta imagen se había vuelto ubicua en camisetas y pósteres, y a mí siempre me irritaba vagamente, sin saber muy bien cómo interpretarla, si pretendía ser cómica o seria, si indicar la grandeza o la insignificancia de nuestra vida.

—Nadie ha roto nunca conmigo, si es eso lo que preguntas —dije—. Siempre he sido yo la que ha puesto fin a las relaciones.

—De pronto sentí que me ardía la cara. Me di cuenta de que estaba sentada con los brazos y las piernas cruzados en la postura yóguica del águila, retorcida irremediablemente. Intenté relajarme y sentarme con normalidad, pero me era imposible. De

155

mala gana, lo miré a los ojos—. ¿Aquí es cuando toca hablar de mi padre? —pregunté, y dejé escapar una risa falsa.

Siempre había sido mi madre quien había estado en el centro de mí, pero en la consulta de Vince de repente sentí a mi padre como una estaca en el corazón. «Lo odio», decía yo en la adolescencia. Ahora ya no sabía qué sentía por él. Era como un vídeo doméstico que reproducía en mi cabeza, uno de esos con la narración llena de interrupciones y escenas sueltas. Había grandes escenas dramáticas e inexplicables momentos que se desmarcaban del tiempo, quizá porque la mayor parte de mis recuerdos de él son de mis primeros seis años de vida. Ahí estaba mi padre estampando los platos de la cena, llenos de comida, contra la pared en un arranque de ira. Ahí estaba mi padre asfixiando a mi madre, sentado a horcajadas sobre su pecho, golpeándole la cabeza contra la pared. Ahí estaba mi padre sacándonos de la cama a mi hermana y a mí en plena noche cuando yo tenía cinco años para preguntar si nos marcharíamos para siempre con él, mientras mi madre, allí de pie, ensangrentada, estrechando contra su pecho a mi hermano pequeño, un bebé dormido, le rogaba que parara. Cuando, en lugar de contestar, lloramos, se hincó de rodillas, apretó la frente contra el suelo y gritó con tal desesperación que yo estaba segura de que todos íbamos a morir allí en ese mismo instante.

Una vez, en medio de una de sus diatribas, amenazó con echar a la calle a mi madre y a sus hijos, desnudos, como si no fuéramos también hijos suyos. Entonces vivíamos en Minnesota. Era invierno cuando profirió esa amenaza. Yo tenía una edad en que todo lo interpretaba de manera literal. Me pareció muy capaz de hacer algo así. Nos imaginé a nosotros cuatro, desnudos y gritando, corriendo por la nieve helada. Cuando vivíamos en Pensilvania, nos obligó a quedarnos fuera de casa un par de veces a Leif, a Karen y a mí, cuando mi madre estaba en el trabajo y nosotros a cargo de él, porque necesitaba un descanso. Nos mandó al jardín trasero y cerró las puertas; mi hermana y yo llevábamos cogido de las pegajosas manos a nuestro hermano, tan pequeño que apenas caminaba. Nos paseábamos llorando por la hierba y luego, olvidado el disgusto, jugábamos a casitas y a reina del rodeo. Después, furiosos y aburridos, nos acercábamos a la puerta trasera y la aporreábamos y vociferábamos. Recuerdo claramente la puerta y también los tres peldaños de hormigón que llevaban a ella, y que tenía que ponerme de puntillas para ver por la ventana de la mitad superior.

Las cosas buenas no dan para una película. No hay suficiente para una bobina. Las cosas buenas son un poema, poco más largo que un haiku. Está la pasión de mi padre por Johnny Cash y los Everly Brothers. Están las chocolatinas que nos traía a casa de la tienda de alimentación donde trabajaba. Están todas las grandes cosas que quería ser, un anhelo tan desnudo y patético que yo lo percibía y me causaba dolor incluso de niña. Está él cantando esa canción de Charlie Rich que dice: «Oye, ¿has visto por casualidad a la chica más guapa del mundo?», y añadiendo que hablaba de mí, de mi hermana y de nuestra madre, que éramos las chicas más guapas del mundo. Pero incluso esos recuerdos están empañados. Eso solo lo decía cuando pretendía reconquistar a mi madre, cuando sostenía que en adelante las cosas cambiarían, cuando le prometía que nunca volvería a hacer lo que había hecho.

Siempre volvía a hacerlo. Era un mentiroso y un engatusador, una fuente de aflicción y un bruto.

Mi madre nos cogía y lo abandonaba y volvía, lo abandonaba y volvía. Nunca íbamos muy lejos. No sabíamos adónde ir. No teníamos familia cerca, y mi madre, orgullosa como era, no quería implicar a sus amigos. En Estados Unidos el primer refugio para mujeres maltratadas no abrió hasta 1974, el año en que mi madre dejó a mi padre definitivamente. No nos quedaba más remedio que viajar en coche toda la noche: mi hermana y yo en el asiento trasero, durmiendo y despertando ante las extrañas luces verdes del salpicadero; Leif delante con nuestra madre.

Al llegar la mañana, estábamos otra vez en casa. Nuestro padre, sobrio, preparaba huevos revueltos, y no mucho después empezaba a cantar esa canción de Charlie Rich.

Cuando por fin mi madre rompió con él para siempre —yo tenía entonces seis años—, un año después de trasladarnos todos de Pensilvania a Minnesota, lloré y le rogué que no lo hiciera. El divorcio me parecía lo peor que podía ocurrir. A pesar de todo, quería a mi padre y sabía que, si mi madre se divorciaba de él, lo perdería, y no me equivocaba. Después de la separación definitiva, nosotros nos quedamos en Minnesota y él regresó a Pensilvania, y mantuvimos el contacto solo de manera intermitente. Nos llegaban una o dos cartas al año, dirigidas a Karen, a Leif y a mí; nos apresurábamos a abrir el sobre, rebosantes de júbilo. Pero entonces descubríamos que contenía una invectiva contra nuestra madre, a la que tachaba de puta, de estúpida, a quien acusaba de vivir a costa de los subsidios. Algún día se resarciría de todos nosotros, aseguraba. Algún día se la pagaríamos.

—Pero no se la pagamos —le había dicho a Vince en nuestra segunda y última sesión. En mi siguiente visita me explicó que abandonaba su empleo; me daría el nombre y el número de teléfono de otro psicoterapeuta—. Después del divorcio de mis padres, comprendí que la ausencia de mi padre en mi vida era, tristemente, algo bueno. No hubo ya más escenas violentas —expliqué—. Es decir, imagina cómo habría sido mi vida si me hubiese criado mi padre.

—Imagina cómo habría sido tu vida si hubieses tenido un padre que te hubiera querido como debería querer un padre —contraatacó Vince.

Intenté imaginarlo, pero mi mente no se dejó doblegar. No pude desglosarlo en una lista. No pude concebir afecto o seguridad, confianza en mí misma o sensación de arraigo. Un padre que te quería como debía querer un padre era algo mayor que la suma de sus partes. Era como el remolino blanco en el póster USTED ESTÁ AQUí por encima de la cabeza de Vince. Era una cosa gigantesca e inexplicable que contenía otro millón de cosas, y, como yo nunca lo había tenido, temía no llegar a encontrarme dentro de ese gran remolino blanco.

—¿Y qué me dices de tu padrastro? —preguntó Vince. Consultó el cuaderno que tenía en el regazo para leer una anotación suya, supuestamente sobre mí.

—Eddie. Él también es desapegado —contesté sin darle importancia, como si me trajera sin cuidado, como si fuera casi gracioso—. Es una larga historia —dije en dirección al reloj colgado cerca del póster USTED ESTÁ AQUí—. Y casi se ha acabado el tiempo.

—Te ha salvado la campana —repuso Vince, y los dos nos reímos.

Veía el contorno de Monstruo a la tenue luz de las farolas que se filtraba en la habitación de Sierra City; la pluma que Doug me había regalado sobresalía del armazón. Pensé en la corvidología. Me pregunté si de verdad la pluma era un símbolo o si no era más que algo con lo que cargaba a lo largo del camino. La fe no era lo mío, pero la ausencia de fe tampoco. Era tan inquisitiva como escéptica. No sabía dónde depositar mi fe, ni si existía tal lugar, ni cuál era el significado exacto de «fe», aquel concepto tan complejo. Todo parecía posiblemente poderoso y posiblemente falso. «Eres una buscadora —me había dicho mi madre en su última semana de vida, tendida en la cama del hospital—, como yo.» Pero ignoraba qué buscaba mi madre exactamente. ¿Lo sabía ella? Era la única pregunta que no le hice, pero, incluso si me lo hubiera dicho, habría dudado de ella, insistiéndole en que me explicara el mundo espiritual, preguntándole cómo podía demostrarse. Incluso dudaba de cosas cuya verdad era verificable. «Deberías ver a un psicoterapeuta», me decía todo el mundo tras la muerte de mi madre, y al final —el año anterior a mi andadura, en lo hondo de mis momentos más oscuros— lo hice. Pero no conservé la fe. Nunca telefoneé al otro terapeuta que Vince me había recomendado. Tenía problemas que un psicoterapeuta no podía resolver; un dolor que ningún hombre en un despacho podía aliviar.

Me levanté de la cama, envolví mi cuerpo desnudo con una toalla y, tras salir al pasillo descalza, pasé por delante de la habitación de Greg. En el cuarto de baño, eché el pestillo de la puerta, abrí el grifo de la bañera y me metí en ella. El agua caliente fue como magia; todo se llenó con su ruido atronador hasta que lo cerré y se produjo un silencio que pareció más profundo que antes. Me recosté contra la porcelana perfectamente curva y fijé la mirada en la pared hasta que oí llamar a la puerta.

—¿Sí? —dije, pero no hubo respuesta, sino solo el sonido de unos pasos que se alejaban por el pasillo—. Está ocupado —añadí alzando la voz, aunque eso era evidente. Estaba ocupado. Yo estaba dentro. Yo estaba allí. Me sentía como no me había sentido desde hacía tiempo: yo dentro de mí, ocupando mi lugar en la insondable Vía Láctea.

Cogí un paño del estante situado junto a la bañera y me restregué con él, pese a que ya estaba limpia. Me restregué la cara y la nuca y el cuello y el pecho y el vientre y la espalda y el trasero y los brazos y las piernas y los pies.

«Lo primero que hice cuando nacisteis fue besar todas las partes de vuestros cuerpos —solía decirnos mi madre a mis hermanos y a mí—. Contaba todos los dedos de las manos y de los pies, y todas las pestañas —continuaba—. Seguía las rayas de vuestras manos.»

Yo no me acordaba, y, sin embargo, nunca lo había olvidado. Eso formaba parte de mí tanto como cuando mi padre decía que me tiraría por la ventana. Más aún.

Me recosté, cerré los ojos y hundí la cabeza en el agua hasta que esta me cubrió la cara. Tuve la sensación que tenía de niña cuando hacía eso mismo: como si el mundo conocido del cuarto de baño hubiera desaparecido y se hubiera transformado, mediante esa simple inmersión, en un lugar foráneo y misterioso. Sus sonidos y sensaciones corrientes pasaban a amortiguarse, a ser distantes, abstractos, a la vez que aparecían otros sonidos y sensaciones que no se oían o registraban normalmente.

No había hecho más que empezar. Habían trascurrido tres semanas desde el inicio de mi andadura, pero todo en mí me parecía diferente. Me quedé en el agua conteniendo la respiración, tanto como pude, sola en una nueva tierra extraña, mientras alrededor el mundo real seguía emitiendo su zumbido.

9

Permanecer localizado

*H*abía rodeado Sierra Alta. Había pasado de largo. Ya no corría peligro. Había dejado la nieve atrás de un salto. El resto de California sería un viaje sin obstáculos, supuse. Luego atravesaría Oregón hasta Washington. Mi nuevo destino era un puente que cruzaba el río Columbia, la frontera de los dos estados. El Puente de los Dioses. Estaba a 1.622 kilómetros por el sendero; hasta el momento había recorrido solo 273, pero empezaba a acelerar el paso.

Por la mañana, Greg y yo salimos de Sierra City y caminamos dos kilómetros y medio por el arcén de la carretera hasta llegar al cruce con el SMP; luego anduvimos juntos durante unos minutos por el sendero y, por fin, nos detuvimos para despedirnos.

—Según la guía, se conoce a ese arbusto como «desdicha de montaña» —dije, señalando los matorrales verdes de escasa altura que bordeaban el sendero—. Esperemos que no sea literal.

—Me temo que podría serlo —observó Greg, y tenía razón: el sendero ascendería casi mil metros en los siguientes trece kilómetros. Yo estaba preparada para empezar el día, con comida para una semana en la mochila, Monstruo—. Suerte —dijo, fijando sus ojos castaños en los míos.

—Suerte también a ti. —Lo abracé con fuerza.

—Persevera, Cheryl —me animó cuando se volvía para marcharse.

—Lo mismo digo —respondí, como si necesitara que se lo dijesen.

A los diez minutos lo había perdido de vista.

Estaba ilusionada por hallarme de nuevo en el sendero, a 725 kilómetros al norte de donde lo había dejado. Los picos nevados y las elevadas paredes de granito de Sierra Alta ya no se veían, pero a mí el sendero se me antojaba el mismo. En muchos sentidos, su aspecto era también igual. Pese a los interminables paisajes de montaña y desierto que había visto, era la imagen de la banda de medio metro de anchura formada por el sendero lo que me resultaba más familiar, aquello en lo que mantenía posada la vista casi siempre, atenta a las raíces y las ramas, las serpientes y las piedras. A veces el sendero era arenoso, otras veces rocoso o lodoso o pedregoso o estaba alfombrado de capas y capas de pinaza. Podía ser negro o marrón o gris o amarillento como el caramelo de mantequilla, pero siempre era el SMP. La base.

Caminé por un bosque de pinos, robles y cedros de incienso; luego pasé entre abetos de Douglas mientras el sendero repechaba y repechaba, sin ver a nadie esa soleada mañana, durante mi ascenso, pese a que percibía la presencia invisible de Greg. A cada kilómetro esa sensación se desvanecía, conforme lo imaginaba cada vez más lejos, avanzando a su habitual ritmo vertiginoso. El sendero dejó atrás el bosque umbrío y llegó a una sierra despejada, desde donde veía, abajo, el cañón que se extendía kilómetros y kilómetros, y por encima las formaciones de roca. Al mediodía me hallaba a más de dos mil metros de altura, y allí el sendero se convertía en un barrizal, pese a que hacía días que no llovía. Finalmente, cuando doblé un recodo, me encontré ante un campo nevado. O más bien, lo que consideré un campo, es decir, una extensión que tenía un límite. Me detuve en el borde y busqué las huellas de Greg, pero no las vi. La nieve no estaba en pendiente, sino en una zona llana de un bosque poco denso, y menos mal, porque ya no tenía el piolet. Lo había dejado esa mañana en la caja gratuita para excursionistas del SMP de la oficina de correos de Sierra City cuando Greg y yo salíamos del pueblo. No tenía dinero para reenviárselo a Lisa, muy a mi pesar, dado su coste, pero tampoco estaba dispuesta a cargar con él, pensando que en adelante no lo necesitaría.

Clavé el bastón de esquí en la nieve, pisé la superficie helada y empecé a caminar, proeza que conseguía solo de manera intermitente. En algunos lugares resbalaba; en otros, se abrían agujeros bajo mis pies y me hundía casi hasta las rodillas. Al poco tiempo se me acumuló nieve dentro de las botas, y el frío me quemó los tobillos de tal modo que tuve la sensación de que me habían raspado la carne con un cuchillo romo.

162

Eso me preocupaba menos que el hecho de no ver el sendero, enterrado bajo la nieve. La ruta parecía bastante clara, me dije para tranquilizarme; sostenía las páginas de mi guía mientras caminaba, y me detenía a ratos para examinar cada palabra. De pronto, al cabo de una hora, me asusté y paré. ¿Iba por el SMP? Durante todo ese rato había permanecido atenta con la esperanza de ver alguno de los pequeños indicadores metálicos en forma de rombo del SMP que aparecían clavados de vez en cuando a los árboles, pero no había encontrado ninguno. Eso no era por fuerza razón para alarmarse. Me constaba que no debía confiar en los indicadores del SMP. En algunos tramos los había cada pocos kilómetros; en otros, podía caminar durante días sin ver ninguno.

Saqué del bolsillo del pantalón corto el mapa topográfico de esa zona. Al hacerlo, la moneda de cinco centavos que llevaba en el bolsillo salió con él y cayó en la nieve. Alargué el brazo hacia la moneda, agachándome precariamente bajo la mochila, pero, al rozarla con los dedos, se hundió más y desapareció. Escarbé en la nieve, pero no la encontré.

Ahora solo me quedaban sesenta centavos.

Recordé la moneda de cinco centavos de Las Vegas, aquella con la que había jugado en una máquina tragaperras y con la que había ganado sesenta dólares. Al pensar en ello, solté una sonora carcajada, con la sensación de que esas dos monedas estaban relacionadas, aunque no podía explicar por qué: sencillamente esa absurda idea se me ocurrió allí en aquel momento. Quizá perder la moneda me diera suerte, tal como, en realidad, la pluma negra, símbolo del vacío, tenía un significado positivo. Quizá yo no estaba justo en medio de algo, aquella nieve, que tanto me había esforzado por evitar. Quizás al doblar el siguiente recodo el panorama se despejaría.

Para entonces tiritaba, allí de pie en la nieve en pantalón corto, con la camiseta empapada en sudor, pero no me atrevía a seguir sin antes orientarme. Desdoblé las hojas de la guía y leí qué decían los autores de *El Sendero del Macizo del Pacífico. Volumen I: California* sobre ese tramo del sendero. «Desde la elevación al borde del sendero, mirando hacia abajo, se observa una pendiente constante, flanqueada de arbustos —decía para describir el lugar donde pensaba que podía hallarme—. Al cabo de un rato el sendero se nivela en un llano de bosque abierto…» Giré en un lento círculo, abarcando los 360 grados a mi alrededor. ¿Sería

163

eso el llano de bosque abierto? Habría cabido pensar que la respuesta sería evidente, pero no lo era. Allí lo único evidente era que todo estaba enterrado bajo la nieve.

Cogí la brújula, que pendía de un cordel a un lado de mi mochila, junto al silbato más sonoro del mundo. No la había usado desde el día que recorrí aquella pista de montaña al final de mi dura semana inicial en el sendero. Observándola conjuntamente con el mapa, deduje como pude dónde debía de estar y seguí adelante, con paso lento e inseguro por la nieve, a ratos resbalando en su superficie, a ratos hundiéndome en ella, con las espinillas y las pantorrillas cada vez más irritadas. Al cabo de una hora vi un rombo metálico donde se leía SENDERO DEL MACIZO DEL PACÍFICO, clavado a un árbol cubierto de nieve, y me invadió una sensación de alivio. Seguía sin conocer mi paradero exacto, pero al menos sabía que estaba en el SMP.

A media tarde llegué a una elevación desde donde veía una profunda hondonada llena de nieve.

—¡Greg! —llamé, para comprobar si estaba cerca.

No había visto el menor rastro de él en todo el día, pero aún albergaba la esperanza de que la nieve lo hubiese obligado a aminorar la marcha, lo que me permitiría alcanzarlo; así podríamos superar esa zona juntos. Oí unas tenues voces y vi a tres esquiadores en una cima contigua, al otro lado de la hondonada nevada, inaccesibles pero no tan lejos como para no oírnos. Agitaron los brazos en amplios movimientos en dirección a mí y yo les devolví el saludo. Por la distancia y por su indumentaria de esquí, me fue imposible distinguir si eran hombres o mujeres.

—¿Dónde estamos? —vociferé por encima de la extensión nevada.

—¿Qué? —contestaron a gritos, aunque apenas las oí.

Repetí mis palabras una y otra vez —«¿Dónde estamos? ¿Dónde estamos?»—, hasta que se me irritó la garganta. Creía saber aproximadamente dónde estaba, pero quería ver qué decían ellos, solo para mayor seguridad. Pregunté y pregunté sin hacerme entender, así que lo probé por última vez, con toda mi alma, casi arrojándome por la ladera de la montaña a causa del esfuerzo:

—¡¿Dónde estamos?!

Siguió un silencio, indicio de que por fin habían captado mi pregunta, y luego contestaron al mismo tiempo:

—¡¡California!!

Por la manera en que se apoyaron unos en otros, supe que reían.

—Gracias —respondí con sarcasmo, aunque el tono de mi voz se lo llevó el viento.

Dijeron algo que no alcancé a entender. Lo repitieron varias veces, pero llegó distorsionado en cada ocasión, hasta que por fin gritaron las palabras una por una y las oí.

—¡¿Te... has... perdido?!

Me lo pensé por un momento. Si decía que sí, me rescatarían y para mí se habría acabado ese sendero dejado de la mano de Dios.

—¡No! —rugí. No estaba perdida.

Estaba jodida.

Miré los árboles alrededor, la menguante luz oblicua a través de ellos. Pronto anochecería, y debía encontrar un sitio donde acampar. Montaría la tienda en la nieve y despertaría en la nieve, y seguiría avanzando por la nieve. Eso a pesar de todo lo que había hecho para eludirla.

Reanudé la marcha y, al final, encontré lo que pasaba por ser un rincón relativamente acogedor donde plantar la tienda cuando no queda más remedio que considerar acogedora una porción de nieve helada bajo un árbol. Cuando me metí en el saco de dormir, tras ponerme el equipo impermeable encima de la ropa, estaba helada pero bien, con las cantimploras muy cerca de mí para que no se congelara el agua.

165

Por la mañana, las paredes de mi tienda estaban cubiertas de remolinos de escarcha debido a que durante la noche se había helado mi aliento condensado. Me quedé un rato inmóvil pero despierta, no preparada todavía para afrontar la nieve, escuchando los trinos de pájaros cuyos nombres desconocía. Solo sabía que su sonido ahora ya me resultaba familiar. Cuando me incorporé, bajé la cremallera de la puerta y me asomé; vi a los pájaros revolotear de árbol en árbol, elegantes, sencillos e indiferentes a mí.

Cogí mi cazo, eché agua y leche en polvo, y lo removí; luego añadí un poco de granola y me senté a comer cerca de la puerta abierta de mi tienda, con la esperanza de hallarme aún en el SMP. Me puse en pie, lavé el cazo con un puñado de nieve y oteé el paisaje. Estaba rodeada de rocas y árboles que sobresalían de la nieve helada. Me preocupaba mi situación y, al mismo tiempo, sentía asombro ante aquella vasta y solitaria belleza. ¿Debía continuar o dar media vuelta?, me pregunté, aunque ya conocía la respuesta. La sentía arraigada en mis entrañas: claro que continuaría. Llegar hasta allí había representado tal esfuerzo que no podía contemplar otra posibilidad. Dar media vuelta tenía sentido desde un punto de vista lógico. Podía volver sobre mis pasos hasta Sierra City y hacer autostop hasta algún lugar despejado de nieve aún más al norte. Eso sería lo seguro. Sería lo razonable. Sería probablemente lo más acertado. Pero no había nada dentro de mí que me indujera a hacerlo.

Caminé todo el día, cayendo y resbalando y avanzando penosamente, impulsándome con tanto vigor con el bastón de esquí que me salieron ampollas. Me lo pasé a la otra mano y también me salieron ampollas. Al doblar cada recodo y al superar cada cima y al cruzar cada prado, esperaba que ya no hubiera más nieve. Pero siempre había más nieve entre alguna que otra porción donde la tierra quedaba a la vista. «¿Es eso el SMP?», me preguntaba cuando veía asomar esas porciones de tierra. Nunca tenía la total certeza. Solo el tiempo lo diría.

Sudaba mientras caminaba. Llevaba la espalda mojada allí donde la mochila cubría mi cuerpo, al margen de la temperatura y la ropa que me pusiera. Cuando me detenía, empezaba a tiritar en cuestión de minutos, y de pronto sentía la ropa fría como el hielo. Mis músculos por fin habían empezado a adaptarse a las exigencias del excursionismo de larga distancia, pero ahora se hallaban sometidos a nuevas exigencias, y no solo al esfuerzo continuo que suponía mantenerme erguida. Si el suelo por el que caminaba estaba en pendiente, tenía que marcar cada paso a fin de pisar con firmeza, por miedo a resbalar ladera abajo y estrellarme contra las rocas y los arbustos y los árboles o, peor aún, despeñarme por el borde de un precipicio. Metódicamente, escarbaba con el pie en la corteza helada, formando puntos de apoyo paso a paso. Recordé que Greg me había enseñado a hacer eso mismo con el piolet allá en Kennedy Meadows. Ahora anhelaba ese piolet casi con fervor patológico, y me lo imaginaba inútilmente abandonado en la caja gratuita para montañeros del SMP en Sierra City. A fuerza de escarbar con las botas e impulsarme con los brazos, me salieron nuevas ampollas en los pies, además de acrecentarse las que me habían salido durante los primeros días de andadura, y tenía aún en carne viva las caderas y los hombros por las correas de Monstruo.

Seguí avanzando, una penitente en el sendero, a una marcha angustiosamente lenta. La mayoría de los días avanzaba a una media de algo más de tres kilómetros por hora, pero en la nieve todo era distinto: más lento, más incierto. Al principio pensaba que me llevaría seis días llegar a Belden Town, pero, al cargar en mi mochila comida para seis días, no tenía la menor idea de con qué me encontraría. Seis días en esas condiciones eran impensables, y no solo por el desafío físico de moverme entre la nieve. Cada paso suponía además un esfuerzo calculado para permanecer poco más o menos en lo que confiaba que fuera el SMP. Con el mapa y la brújula en mano, intenté recordar todo lo que pude de *Staying Found*, el libro que había quemado hacía tiempo. Muchas de las técnicas —triangulación, orientación por azimuts, referentes visuales— me habían desconcertado incluso cuando tenía el libro en la mano. Ahora me resultaba imposible aplicarlas con una mínima certidumbre. Nunca había poseído mente matemática. Sencillamente me era imposible retener las fórmulas y los números en la cabeza. Era una lógica a la que yo veía poco sentido. En mi percepción, el mundo no era un gráfico ni una fórmula ni una ecuación. Era un relato. Así que básicamente confiaba en las descripciones narrativas de mi guía, que leía una y otra vez, cotejándolas con los mapas, tratando de adivinar la intención y los matices de cada palabra y cada oración. Era como estar dentro de una gigantesca pregunta de examen estandarizada: «Si Cheryl sube hacia el norte por una pendiente durante una hora a un ritmo de dos kilómetros y medio por hora, y se dirige luego al oeste hacia un collado desde el cual ve dos lagos alargados al este, ¿está en el lado sur del pico 7503?».

Hice más y más cábalas, midiendo, leyendo, deteniéndome, calculando y contando hasta depositar por fin mi fe en lo que fuera que me parecía cierto. Por suerte, ese tramo, salpicado de picos y paredes rocosas, lagos y embalses a menudo visibles desde el sendero, ofrecía numerosas pistas. Tenía la misma sensación que al principio, cuando empecé a recorrer Sierra Nevada desde su extremo meridional: la sensación de que estaba encaramada en lo alto del mundo, de que lo contemplaba todo desde arriba. Avancé de cima en cima, experimentando alivio cuando avistaba

167

tierra desnuda en las zonas donde el sol había fundido la nieve, temblando de alegría cuando identificaba una masa de agua o determinada formación rocosa que concordaba con lo que mostraba el mapa o lo que describía la guía. Entonces me sentía fuerte y serena, y, al cabo de un momento, cuando volvía a detenerme una vez más para evaluar la situación, tenía la certeza de que la decisión de continuar había sido una gran estupidez. Pasé junto a árboles que me resultaban desconcertantemente familiares, como si con toda seguridad hubiese pasado junto a ellos una hora antes. Contemplé vastas extensiones de montes que no me parecieron muy distintos de las vastas extensiones que había visto antes. Rastreé el terreno en busca de huellas, con la esperanza de que el menor indicio de la presencia de otro ser humano me tranquilizara, pero no vi ninguna. Solo distinguí rastros de animales: los tenues zigzagueos de los conejos o las marcas triangulares dejadas, supuse, por puercoespines o mapaches en su correteo. A veces el aire cobraba vida con el sonido del viento que azotaba los árboles; otras veces se acallaba profundamente por el efecto silenciador de la interminable nieve. Excepto yo, todo parecía seguro de sí mismo. El cielo no se preguntaba dónde estaba.

—¡¡¡Hola!!! —vociferaba de vez en cuando, convencida siempre de que nadie contestaría, pero, aun así, necesitando oír una voz, aunque fuera la mía. Mi voz me protegería de ello, creía, y ese «ello» era la posibilidad de perderme para siempre en medio de aquel paraje agreste y nevado.

Mientras caminaba, los fragmentos de canciones se sucedían en el popurrí de la emisora de radio que sonaba en mi cabeza, interrumpido ocasionalmente por la voz de Paul, que me reprochaba lo tonta que había sido por adentrarme así, sola, en la nieve. Sería él quien haría lo que hiciera falta si de verdad no volvía. Pese a nuestro divorcio, seguía siendo mi familiar más cercano, o al menos el que tenía el mínimo sentido de la organización necesario para asumir tal responsabilidad. Recordé sus arremetidas contra mí el otoño anterior en el viaje de Portland a Minneapolis tras arrancarme de las garras de la heroína y de Joe. «¿Sabes que podrías morir? —había dicho con repugnancia, como si en parte deseara que así fuera para demostrar que tenía razón—. Cada vez que tomas heroína es como si jugaras a la ruleta rusa. Te pones una pistola en la sien y aprietas el gatillo. No sabes cuándo habrá una bala en la recámara.»

Yo no había aducido nada en mi defensa. Lo que decía era verdad, pese a que a mí no me lo había parecido en su momento.

Pero recorrer un camino abierto por mí misma —camino que esperaba que fuera el SMP— era todo lo contrario de consumir heroína. El gatillo que había apretado al adentrarme en la nieve avivaba más que nunca mis sentidos. A pesar de la incertidumbre, intuía que hacía bien en seguir adelante, como si el propio esfuerzo tuviera sentido; tal vez estar en medio de la belleza no profanada de la naturaleza significaba que también yo podía considerarme no profanada, al margen de lo que hubiera perdido o de lo que me hubiera visto privada, más allá de los actos deplorables que hubiera cometido contra otros o contra mí misma, o de todo lo malo que otros me hubieran hecho. Aunque eran muchas las cosas ante las que me había mostrado escéptica, frente a aquello era diferente: la naturaleza poseía una nitidez que me incluía dentro de ella.

Abatida y eufórica, avancé en aquel ambiente frío. El sol resplandecía a través de los árboles; su brillante luz se reflejaba en la nieve pese a las gafas de sol. Aunque la nieve estaba omnipresente, notaba cómo se debilitaba, cómo se fundía imperceptiblemente minuto a minuto. Parecía tan viva en su agonía como lo estaba un panal de abejas en la plenitud de su vida. En ocasiones pasaba por lugares donde oía un borboteo, como si un torrente descendiera bajo la nieve, invisible. En otras, la nieve caía en grandes cuajarones húmedos de las ramas de los árboles.

En mi tercer día tras salir de Sierra City, mientras me curaba las ampollas de los pies, sentada cerca de la puerta abierta de la tienda, caí en la cuenta de que el día anterior había sido el Cuatro de Julio. Al imaginar tan claramente qué habían hecho sin mí no solo mis amigos, sino también buena parte de los habitantes de Estados Unidos, me sentí aún más lejos. Sin duda habían celebrado fiestas y desfiles, se habían quemado bajo el sol y habían tirado petardos, mientras yo estaba allí, sola en medio del frío. Por un instante me vi desde lo alto, una mota sobre aquella gran masa verde y blanca, ni más ni menos importante que cualquiera de las aves sin nombre posadas en los árboles. Allí podía ser cuatro de julio o diez de diciembre. Esos montes no contaban los días.

A la mañana siguiente caminé por la nieve durante horas hasta llegar a un claro donde había un gran árbol caído, con el tronco limpio de nieve y ramas. Me quité la mochila y me enca-

169

ramé a él, sintiendo su rugosa corteza debajo de mí. Saqué unas cuantas lonchas de cecina de ternera de la mochila y, allí sentada, me las comí entre trago y trago de agua. Pronto vi una mancha roja a mi derecha: un zorro entrando en el claro, posando sus patas silenciosamente en la nieve. Dirigió la vista al frente sin mirarme, al parecer sin saber siquiera que yo estaba allí, aunque eso parecía poco probable. Cuando el zorro se hallaba justo ante mí, a unos tres metros, se detuvo, volvió la cabeza y miró plácidamente hacia mí, olfateando, sin mirarme a los ojos. Tenía un aspecto en parte felino, en parte canino, rasgos faciales afilados y compactos, actitud alerta.

Se me aceleró el corazón, pero me quedé absolutamente inmóvil, reprimiendo el impulso de levantarme a toda prisa y saltar detrás del árbol en busca de protección. Ignoraba cómo reaccionaría a continuación el zorro. No creía que fuera a hacerme daño, pero no podía evitar temerlo. Aunque apenas me llegaba a las rodillas, su fuerza debía de ser tremenda, su belleza deslumbrante, su superioridad respecto a mí evidente hasta en su mismísimo pelaje inmaculado. Podía abalanzarse sobre mí en un abrir y cerrar de ojos. Ese era su mundo. Se sentía tan seguro como el cielo.

—Zorro —susurré con la voz más suave posible, como si llamándolo por su nombre pudiera defenderme de él y a la vez atraerlo hacia mí.

Alzó su cabeza roja de huesos delicados, pero siguió donde estaba durante unos segundos más, examinándome, antes de dar media vuelta, sin la menor alarma, para acabar de cruzar el claro y adentrarse entre los árboles.

—Vuelve —lo llamé en voz baja, y luego de pronto exclamé—: ¡Mamá! ¡Mamá! ¡Mamá! ¡Mamá! —No sabía que la palabra iba a salir de mi boca hasta que salió.

Y después, igual de repentinamente, callé, extenuada.

A la mañana siguiente llegué a una carretera. En los días anteriores había atravesado pistas de montaña más pequeñas y escabrosas enterradas en la nieve, pero ninguna tan ancha y bien definida como esta. Casi me hinqué de rodillas cuando la vi. La belleza de los montes nevados era inapelable, pero la carretera era mi gente. Si era la que creía, el mero hecho de llegar hasta allí podía considerarse una victoria. Significaba que no me había apartado del SMP. Significaba asimismo que había pueblos a pocos kilómetros en ambas direcciones. Podía doblar a la izquierda o la derecha y seguir, y accedería a una versión de los primeros días de julio que tenía sentido para mí. Me quité la mochila y me senté en un granuloso montículo de nieve, planteándome qué hacer. Si me hallaba donde creía, había recorrido setenta kilómetros del SMP en los cuatro días desde que salí de Sierra City, aunque probablemente había caminado más que eso, dadas mis vacilantes aptitudes con el mapa y la brújula. Belden Town estaba a otros ochenta y ocho kilómetros por el sendero, cubiertos de nieve en su mayor parte. No tenía sentido siquiera contemplar esa posibilidad. En la mochila solo me quedaba comida para unos días. La acabaría toda si intentaba seguir adelante. Me encaminé por la carretera en dirección a un pueblo llamado Quincy.

La carretera era como el paraje que había recorrido durante los últimos días, silenciosa y nevada; solo que ahora no tenía que detenerme cada pocos minutos para decidir hacia dónde iba. Me limité a seguirla, y la nieve dio paso al barro. Mi guía no decía a qué distancia estaba Quincy, sino solo que había «un día entero de marcha». Avivé el paso, esperando llegar antes del anochecer. Otro asunto era qué haría allí con solo sesenta centavos.

A las once doblé una curva y vi un todoterreno verde aparcado a un lado de la pista.

—Hola —dije en voz alta, con actitud mucho más cauta que al bramar esa misma palabra en medio de la desolación blanca.

No contestó nadie. Me acerqué al todoterreno y miré en el interior. En el asiento delantero vi una sudadera con capucha, y en el salpicadero, una taza de café de papel, entre otros apasionantes objetos que me recordaron mi vida anterior. Seguí adelante por la carretera durante media hora, hasta que vi acercarse un coche por detrás y me volví.

Era el todoterreno verde. Al cabo de un momento se detuvo junto a mí. Viajaban un hombre y una mujer, él al volante, y ella en el asiento contiguo.

—Si quieres que te llevemos, vamos a Packer Lake Lodge —dijo la mujer después de bajar la ventanilla.

Se me cayó el alma a los pies. Aun así, le di las gracias y subí al asiento trasero. Había leído algo sobre Packer Lake Lodge en mi guía unos días antes. Habría podido coger un sendero lateral para llegar allí un día después de salir de Sierra City, pero había deci-

171

dido pasar de largo y seguir en el SMP. Mientras circulábamos por la carretera, sentí cómo se invertía mi avance hacia el norte —todos los kilómetros que había superado tan esforzadamente, perdidos en menos de una hora—, y sin embargo, viajar en aquel coche era como estar en el Paraíso. Retiré el vaho en una porción de la ventana empañada y vi pasar los árboles como exhalaciones. Nuestra velocidad máxima debía de ser de unos treinta kilómetros por hora en aquella carretera tortuosa; aun así, tenía la sensación de que nos movíamos con una rapidez inexplicable, transformado el paisaje en algo general más que concreto, que ya no me incluía, sino que se quedaba discretamente al margen.

Me acordé del zorro. Me pregunté si habría vuelto al árbol caído y habría pensado en mí. Recordé el momento posterior a su desaparición en el bosque, cuando llamé a mi madre. Después de ese alboroto se produjo un profundo y poderoso silencio que parecía contenerlo todo. Los trinos de los pájaros y los chasquidos de los árboles. La nieve agonizante y el borboteo del agua invisible. El sol resplandeciente. El cielo seguro de sí mismo. El arma que no tenía una bala en la recámara. Y la madre. Siempre la madre. La que nunca vendría a mí.

10

Cadena de la Luz

*E*l mero hecho de ver Packer Lake Lodge fue como un golpe. Era un restaurante. Con comida. Y yo bien podría haber sido un perro, un pastor alemán. La olí en cuanto me apeé del todoterreno. Di las gracias a la pareja que me había recogido y, a pesar de todo, me encaminé hacia el pequeño edificio, en cuyo porche dejé a Monstruo antes de entrar. El comedor estaba atestado de turistas, en su mayoría personas que habían alquilado una de las cabañas rústicas que rodeaban el establecimiento. No parecieron advertir la forma en que miraba sus platos cuando me dirigí hacia la barra: pilas de tortitas rodeadas de beicon, huevos revueltos exquisitamente presentados, o —lo más doloroso de todo— hamburguesas con queso enterradas bajo irregulares montículos de patatas fritas. Quedé desolada al verlos.

—¿Qué sabe de los niveles de nieve al norte de aquí? —pregunté a la mujer sentada tras la caja.

Me di cuenta de que era la jefa por cómo seguía con la mirada a la camarera mientras esta iba de aquí para allá con una cafetera en la mano. No conocía personalmente a esa mujer, pero había trabajado para ella miles de veces. Se me ocurrió que podía pedirle un empleo para la temporada de verano y abandonar el SMP.

—Está a rebosar en casi todas partes por encima de aquí —contestó—. Este año todos los montañeros han dejado el sendero. Han preferido ir por la carretera de Gold Lake.

—¿La carretera de Gold Lake? —pregunté, perpleja—. ¿Ha pasado por aquí un hombre en estos últimos días? Se llama Greg. De unos cuarenta años. Con el pelo castaño y barba.

Negó con la cabeza, pero la camarera intervino para decir que había hablado con un excursionista del SMP que coincidía con esa descripción, aunque desconocía su nombre.

—Puedes sentarte si quieres comer algo —dijo la mujer.

Había una carta en la barra y la cogí solo para echar un vistazo.

—¿Tiene algo que cueste sesenta centavos o menos? —pregunté en broma, con voz tan baja que apenas se me oyó por encima del bullicio.

—Una taza de café cuesta setenta y cinco centavos. Rellenarla es gratis —contestó ella.

—De hecho, llevo comida en la mochila —dije, y me dirigí hacia la puerta, pasando junto a platos desechados en los que quedaban montones de sobras perfectamente comestibles que nadie excepto yo y los osos y los mapaches habríamos estado dispuestos a comer.

Salí al porche y me senté al lado de Monstruo. Saqué mis sesenta centavos del bolsillo y fijé los ojos en aquellas monedas plateadas que tenía en la mano como si, por mirarlas con suficiente intensidad, fueran a multiplicarse. Pensé en la caja que me esperaba en Belden Town, con el billete de veinte dólares dentro. Me moría de hambre y era verdad que llevaba comida en la mochila, pero en mi desaliento no me sentía capaz de comerla. Opté por hojear la guía, intentando una vez más concebir un nuevo plan.

—Te he oído hablar del Sendero del Macizo del Pacífico ahí dentro —dijo una mujer de mediana edad, esbelta, con una estilosa media melena de color rubio escarcha. Llevaba en cada oreja un pendiente con un solo diamante.

—Estoy dedicando unos meses a recorrerlo —contesté.

—Eso me parece maravilloso. —Sonrió—. Siempre he sentido curiosidad por la gente que lo hace. Sé que el sendero está allá arriba —dijo, señalando hacia el oeste con la mano—, pero nunca he subido hasta allí. —Se acercó y por un momento pensé que iba a abrazarme, pero se limitó a darme unas palmadas en el brazo—. No estarás sola, ¿verdad?

Cuando asentí, se echó a reír y se llevó una mano al pecho.

—¿Y qué demonios opina tu madre de eso?

—Está muerta —respondí, tan desanimada y famélica que no pude atenuarlo con cierto tonillo de disculpa, como acostumbraba.

—Dios bendito. Cuánto lo siento. —En el pecho llevaba unas

gafas de sol colgadas de una sarta de cuentas de vivos colores pastel. Las cogió y se las puso. Se llamaba Christine, me dijo, y estaba alojada en una cabaña cercana con su marido y sus dos hijas adolescentes—. ¿Quieres ir allí a ducharte? —ofreció.

Jeff, el marido de Christine, me preparó un bocadillo mientras me duchaba. Cuando salí del cuarto de baño, me esperaba en un plato, cortado en diagonal y acompañado de nachos de maíz azul y un pepinillo en vinagre.

—Si quieres añadirle más carne, sírvete —dijo Jeff, empujando una bandeja de fiambres hacia mí desde su asiento al otro lado de la mesa. Era atractivo y regordete, de pelo oscuro y ondulado, canoso en las sienes. Era abogado, me había dicho Christine en el breve paseo desde el restaurante hasta su cabaña. Vivían en San Francisco, pero cada año pasaban allí la primera semana de julio.

—Quizás un par de lonchas más, gracias —dije, cogiendo el pavo con falsa indiferencia.

—Es ecológico, por si te preocupan esas cosas, y criado humanamente —señaló Christine—. Elegimos esa vía siempre que nos es posible. Te has olvidado del queso —reprendió a Jeff, y fue a la nevera a rescatarlo—. ¿Te apetecería un poco de havarti al eneldo en el bocadillo, Cheryl?

—Ya estoy servida, gracias —dije por educación, pero ella cortó un trozo igualmente y me lo trajo.

Me lo comí tan deprisa que regresó a la encimera y cortó más sin decir nada. Metió la mano en la bolsa de nachos y me echó un puñado más en el plato; luego abrió una lata de cerveza de raíces y la puso ante mí. Si ella hubiese vaciado el contenido de la nevera, me lo habría comido absolutamente todo. «Gracias», le decía cada vez que me acercaba algo a la mesa.

Más allá de la cocina veía a las dos hijas de Jeff y Christine a través de la puerta corredera de cristal. Sentadas en la terraza en dos sillas de madera, hojeaban las revistas *Seventeen* y *People* con unos auriculares puestos.

—¿Qué edad tienen? —pregunté, señalándolas con la cabeza.

—Dieciséis una, y a punto de cumplir dieciocho la otra —contestó Christine—. Están en secundaria, van a segundo y cuarto.

Notaron que las mirábamos y alzaron la vista. Las saludé con

175

la mano y ellas me devolvieron el saludo tímidamente antes de reanudar su lectura.

—A mí me encantaría si hicieran algo como lo que tú haces. Si fueran tan valientes y fuertes como tú —apuntó Christine—. Bueno, quizá no tan valientes, la verdad. Creo que me asustaría si una de ellas estuviera allí arriba como tú. ¿No te da miedo, tan sola?

—A veces —respondí—. Pero no tanto como podría pensarse.

El pelo mojado me goteaba en los hombros de la camiseta sucia. Era consciente de que mi ropa apestaba, pese a que bajo ella me sentía más limpia que nunca en la vida. La ducha había sido casi una experiencia sagrada después de pasar días sudando bajo la ropa pese al frío, una especie de purificación por medio del agua abrasadora y el jabón. Reparé en unos cuantos libros esparcidos en el otro extremo de la mesa: *Mating,* de Norman Rush; *Heredarás la tierra,* de Jane Smiley, y *Atando cabos,* de E. Annie Proulx. Eran libros que yo había leído y disfrutado, y sus cubiertas se me antojaron rostros familiares; solo verlos me produjo la sensación de que estaba en un sitio parecido a mi casa. Quizá Jeff y Christine me permitirían quedarme allí con ellos, pensé absurdamente. Podía ser como una de sus hijas, y leer revistas mientras me bronceaba en la terraza. Si me lo hubieran ofrecido, habría aceptado.

—¿Te gusta leer? —preguntó Christine—. Es lo que hacemos cuando venimos aquí. Es nuestra idea de relajación.

—La lectura es mi recompensa al final del día —dije—. Ahora mismo estoy leyendo los *Cuentos completos* de Flannery O'Connor. —Aún llevaba el libro entero en la mochila. No lo había quemado página a página mientras avanzaba, consciente de que con la nieve y los cambios de itinerario no podía prever cuánto tardaría en llegar a mi siguiente caja de reaprovisionamiento. Ya lo había acabado y había vuelto a empezar por la primera página la noche anterior.

—Pues puedes quedarte cualquiera de estos —ofreció Jeff, levantándose para coger *Mating*—. Ya los hemos leído. O si estos no son de tu gusto, quizá podrías llevarte este otro —añadió, y desapareció en el dormitorio contiguo a la cocina. Regresó al cabo de un momento con un grueso ejemplar en rústica de James Michener, que dejó junto a mi plato ya vacío.

Miré el libro. Se titulaba *The Novel*; no lo había leído y ni siquiera había oído hablar de él, a pesar de que James Michener ha-

bía sido el autor preferido de mi madre. No supe que eso tenía
algo de malo hasta que fui a la universidad. «Un escritor para en-
tretener a las masas», había dictaminado con desprecio uno de
mis profesores tras preguntarme por mis lecturas. Michener, me
aconsejó, no era la clase autor que debía tomarme la molestia de
leer si de verdad quería ser escritora. Me sentí como una idiota.
Durante la adolescencia me había considerado muy culta tras
abstraerme en *Polonia* e *Hijos de Torremolinos, Espacio* y *Sayo-
nara*. En mi primer mes en la universidad descubrí que no sabía
nada acerca de quién era importante y quién no lo era.

—Oye, ese no es un libro de verdad —dije despectivamente a
mi madre poco después cuando alguien le regaló *Texas*, de Michener, por Navidad.

—¿Un libro de verdad? —Mi madre me miró con expresión
burlona y risueña.

—Quiero decir serio. Auténtica literatura digna de dedicarle
tu tiempo —contesté.

—Bueno, mi tiempo tampoco tiene mucho valor, deberías saberlo, porque nunca he ganado más que el salario mínimo y muy
a menudo he trabajado para nada como una esclava. —Se echó a
reír despreocupadamente y me dio una palmadita en el brazo, es-
cabulléndose sin el menor esfuerzo de mis juicios, como siempre.

Cuando mi madre murió y, tiempo después, la futura esposa
de Eddie se instaló en casa, cogí de la estantería de mi madre todos los libros que me interesó conservar. Cogí todos los que ella
compró a principios de la década de los ochenta, cuando nos trasladamos a nuestra finca: *Enciclopedia de la jardinería ecológica* y
Doble yoga; Flores silvestres del norte y *Edredones para vestir;
Melodías para dulcémele* y *Rudimentos para la elaboración del
pan; El uso de plantas para sanar* y *Siempre consulto en el diccionario la palabra «flagrante»*. Cogí los libros que ella me leyó,
capítulo a capítulo, antes de que yo aprendiera a leer: la versión
no abreviada de *Bambi* y *Azabache* y *La casa de la pradera*. Cogí
los libros que ella adquirió siendo estudiante universitaria en los
años previos a su muerte: *The Sacred Hoop*, de Paula Gunn Allen,
y *The Woman Warrior*, de Maxine Hong Kingston, y *This Bridge
Called My Back*, de Cherríe Moraga y Gloria Anzaldúa. *Moby
Dick*, de Herman Melville, y *Huckleberry Finn*, de Mark Twain, y
Hojas de hierba, de Walt Whitman. Pero no cogí los libros de James Michener, los que mi madre más apreciaba.

177

—Gracias —contesté ahora a Jeff, aceptando *The Novel*—. Te lo cambio por el Flannery O'Connor si lo quieres. Es un libro extraordinario. —Me abstuve de decirle que tendría que quemarlo esa noche en el bosque si lo rechazaba.

—Cómo no —dijo, y se rio—. Pero creo que salgo ganando.

Después de comer, Christine me llevó en coche al puesto del guarda forestal, pero, cuando llegamos, resultó que el guarda con el que hablé conocía las condiciones del SMP solo vagamente. No lo había visitado ese año, informó, porque seguía cubierto de nieve. Se sorprendió al enterarse de que yo sí había estado allí. Volví al coche de Christine y estudié mi guía para orientarme. El único punto del SMP al que tenía sentido volver era el cruce con una carretera a veintidós kilómetros de donde estábamos.

—Diría que quizás esas chicas sepan algo —dijo Christine. Señaló en dirección a una gasolinera situada más allá del aparcamiento. Había allí dos jóvenes junto a una camioneta con el rótulo de un campamento de verano pintado en un costado.

Me presenté a ellas, y al cabo de unos minutos di un abrazo de despedida a Christine y subí a la parte de atrás de la camioneta. Las jóvenes eran universitarias que trabajaban en unas colonias de verano; iban a pasar por el lugar donde el SMP cruzaba la carretera. Dijeron que me llevarían con mucho gusto siempre y cuando no me importara esperar mientras ellas hacían sus recados. Me senté a la sombra de su voluminosa camioneta, leyendo *The Novel,* en el aparcamiento de un supermercado mientras ellas compraban. Era un día caluroso y húmedo, un ambiente veraniego muy distinto del que había en la nieve esa misma mañana. Mientras leía, sentí tan viva la presencia de mi madre, y tan profundamente su ausencia, que me costó concentrarme en el texto. ¿Por qué me había burlado de ella por gustarle Michener? El hecho era que a mí también me gustaba; a los quince años había leído *Hijos de Torremolinos* cuatro veces. Una de las peores cosas de perder a mi madre a la edad en que la perdí era lo mucho que tenía que lamentar. Pequeños detalles que ahora escocían: todas las ocasiones que yo había despreciado su amabilidad poniendo los ojos en blanco o me había retraído físicamente en reacción al contacto de ella; la vez que había dicho: «¿No te asombra ver que yo a los veintiún años soy tanto más sofisticada de lo que eras tú?». Ahora solo de pensar en mi falta de humildad juvenil me entraban náuseas. Había sido una gilipollas arrogante, y en medio de todo eso mi madre murió. Sí, había sido una hija afectuosa, y sí, había estado a su lado en los momentos importantes, pero podría haberlo hecho mejor. Podría haber sido lo que le había rogado que dijera: que era la mejor hija del mundo.

Cerré *The Novel* y me quedé allí sentada, casi paralizada por el arrepentimiento, hasta que regresaron las jóvenes empujando un carrito. Entre las tres cargamos las bolsas en la camioneta. Las chicas, de cabello limpio y rostro lustroso, tenían cuatro o cinco años menos que yo. Ambas llevaban pantalón corto deportivo y camiseta sin mangas, así como vistosos brazaletes de hilo trenzado en los tobillos y las muñecas.

—Hace un momento hablábamos de que eso de recorrer el SMP sola es una pasada —dijo una de ellas cuando acabamos de cargar las bolsas.

—¿Qué opinan tus padres de eso? —preguntó la otra.

—No opinan. Quiero decir…, no tengo padres. Mi madre ha muerto y no tengo padre…, o sí lo tengo, estrictamente hablando, pero no está en mi vida.

Para no ver asomar a sus alegres rostros una expresión de incomodidad, subí a la camioneta y guardé *The Novel* en Monstruo.

—Vaya —exclamó una de ellas.

—Ya —repuso la otra.

—El lado bueno es que tengo libertad. Puedo hacer lo que me dé la gana.

—Ya —dijo la que antes había exclamado «Vaya».

—Vaya —dijo la que antes había dicho «Ya».

Entraron en la parte delantera y nos pusimos en marcha. Miré por la ventanilla, viendo pasar rápidamente los imponentes árboles, y pensé en Eddie. Me sentí un poco culpable por no haberlo mencionado cuando las chicas preguntaron por mis padres. Ahora él se había convertido en una persona a la que había conocido en otro tiempo. Aún lo quería, y lo había querido de inmediato, desde la noche que lo vi por primera vez a los diez años. No se parecía en nada a los hombres con quienes mi madre había salido en los años posteriores a su divorcio. En su mayoría le habían durado solo unas semanas, ahuyentados todos, como pronto comprendí, por la circunstancia de que unirse a mi madre implicaba unirse a mí, Karen y Leif. Pero Eddie nos quiso a los cuatro desde el principio. Por entonces trabajaba en una fábrica de componentes de automóvil, aunque era carpintero de oficio. Tenía unos ojos azu-

179

les de mirada tierna, una nariz afilada de alemán y el pelo castaño, recogido en una coleta que le colgaba hasta la mitad de la espalda.

La noche en que lo conocí vino a cenar a Tree Loft, el complejo de apartamentos donde vivíamos. Aquel era el tercer complejo de apartamentos en que vivíamos desde el divorcio de mis padres. Todos los bloques se hallaban en un radio de menos de un kilómetro, en un pueblo llamado Chaska, más o menos a una hora de Minneapolis. Nos mudábamos siempre que mi madre encontraba algo más barato. Cuando Eddie llegó, mi madre aún estaba preparando la cena, así que él jugó con nosotros en la exigua zona de césped ante el edificio. Nos perseguía y nos alcanzaba y nos levantaba en el aire y nos sacudía para ver si caía alguna moneda de nuestros bolsillos; si eso ocurría, la cogía de la hierba y se echaba a correr, y nosotros lo perseguíamos, chillando con una alegría especial de la que nos habíamos visto privados durante toda nuestra vida porque ningún hombre nos había querido nunca debidamente. Nos hizo cosquillas y nos miró mientras ejecutábamos pasos de baile y volteretas. Nos enseñó canciones fantasiosas y los complicados intercambios de palmadas del *rhythm and blues*. Nos robó las orejas y la nariz, y luego nos las enseñó con el pulgar asomando entre los dedos índice y medio, para devolvérnoslas por fin mientras nos reíamos. Cuando mi madre nos llamó a cenar, yo estaba ya tan enamorada de él que había perdido el apetito.

En nuestro apartamento no teníamos comedor. Había dos dormitorios, un cuarto de baño y una sala de estar con un pequeño hueco en un rincón que contenía una encimera, una cocina, una nevera y unos armarios. Ocupaba el centro de la sala una amplia mesa redonda de madera con las patas recortadas, de modo que quedaba a la altura de la rodilla. Mi madre se la había comprado por diez dólares a los anteriores inquilinos de ese apartamento. Comíamos alrededor de esa mesa sentados en el suelo. Decíamos que éramos chinos, sin saber que en realidad eran los japoneses quienes comían sentados en el suelo ante mesas bajas. En Tree Loft no se permitían los animales domésticos, pero nosotros teníamos un perro llamado *Kizzy* y un canario llamado *Canario*, que volaba en libertad por todo el apartamento.

Era un pájaro bien educado. Cagaba sobre un papel de periódico que poníamos en una bandeja para gatos colocada en un rincón. Ignoro si mi madre lo adiestró para eso o si lo hacía por propia iniciativa. Pocos minutos después de sentarnos en el suelo en torno a la mesa, *Canario* se posó en la cabeza de Eddie. Normalmente, cuando se posaba en alguno de nosotros, permanecía allí solo un momento y enseguida se echaba a volar; pero en la coronilla de Eddie decidió quedarse. Nos reímos. Eddie se volvió hacia nosotros y, fingiendo que no se había dado cuenta, preguntó de qué nos reíamos.

—Tienes un canario en la cabeza —dijimos.

—¿Cómo? —preguntó, mirando alrededor con afectada sorpresa.

—Tienes un canario en la cabeza —exclamamos.

—¿Dónde? —preguntó.

—¡Tienes un canario en la cabeza! —exclamamos de nuevo, ahora entre carcajadas de placer.

Tenía un canario en la cabeza y, milagrosamente, el pájaro siguió allí, durante toda la cena, e incluso después, hasta quedarse dormido, anidando.

Y Eddie también.

Al menos hasta que mi madre murió. Al principio su enfermedad nos acercó más que nunca. Nos convertimos en camaradas durante las semanas en que ella estuvo mal: nos relevamos en el hospital, nos consultamos sobre las decisiones médicas, lloramos juntos cuando supimos que el final estaba cerca, nos reunimos juntos con el director de la funeraria tras su muerte. Pero poco después Eddie se distanció de mis hermanos y de mí. Se comportó como si fuera un amigo en lugar de un padre. Enseguida se enamoró de otra mujer, y ella no tardó en trasladarse a nuestra casa con sus hijos. Para cuando se cumplió el primer aniversario de la muerte de mi madre, Karen, Leif y yo nos hallábamos, en esencia, solos. Casi todas las pertenencias de mi madre estaban guardadas en cajas que yo había llenado y almacenado. Él nos quería, decía Eddie, pero la vida seguía. Era aún nuestro padre, afirmaba, pero no hacía nada para demostrarlo. Me quejé airadamente, pero al final no me quedó más remedio que aceptar en qué se había convertido mi familia: en algo que, en realidad, no era una familia, para nada.

«No se pueden pedir peras al olmo», solía decir mi madre.

Cuando las chicas detuvieron la camioneta en el arcén de la estrecha carretera, los altos árboles que la flanqueaban tapaban

casi por completo el sol poniente. Les di las gracias por llevarme y
miré alrededor mientras se alejaban. Me encontraba junto a un
cartel del servicio forestal que anunciaba CAMPING WHITEHORSE. El
SMP estaba un poco más allá, me habían dicho las chicas cuando
yo me apeaba de la camioneta. No me había tomado la molestia
de mirar el mapa mientras viajábamos. Después de días de continua vigilancia, estaba cansada de consultar la guía una y otra vez.
Disfruté del paseo sin más, relajándome al ver que las chicas sabían perfectamente por dónde iban. Desde el camping, me dijeron, un corto sendero me llevaría hasta el SMP. Leí las páginas
que acababa de arrancar de la guía mientras recorría el camino
curvo y pavimentado del camping, esforzándome por ver el texto
bajo la menguante luz. Dejé escapar un suspiro de alivio cuando
encontré las palabras CAMPING WHITEHORSE; luego, cuando seguí
leyendo y descubrí que estaba a casi tres kilómetros del SMP, se
me cayó el alma a los pies. Las palabras «un poco más allá» no significaban lo mismo para las chicas de la camioneta que para mí.

Vi alrededor los grifos, las hileras de excusados marrones y el
gran cartel donde se explicaba que el pago de una plaza para una
noche debía realizarse metiendo el dinero en un sobre y deposi-
tándolo en la ranura de una caja de madera. Aparte de unas pocas
caravanas y unas cuantas tiendas, aquello estaba inquietantemente vacío. Mientras recorría otro camino pavimentado, me
pregunté qué hacer. No tenía dinero para pagar, pero ya había oscurecido demasiado para adentrarme en el bosque. Llegué a una
plaza en el borde mismo del camping, la más alejada del cartel
donde se explicaba detalladamente la forma de pago. ¿Quién iba
siquiera a verme?

Monté la tienda y cociné, y me di el lujo de cenar en la mesa
de picnic sin más iluminación que la linterna frontal, y meé cómodamente en el retrete sin taza. Luego me metí en la tienda y
abrí *The Novel*. Cuando llevaba tres páginas leídas, una luz
inundó mi tienda. Bajé la cremallera de la puerta y salí para salu-
dar a la pareja de ancianos que se hallaba ante los cegadores faros
de una furgoneta.

—¡Hola! —saludé con voz vacilante.

—Tiene que pagar por esta plaza —bramó la mujer en respuesta.

—¿Tengo que pagar? —dije con falsa inocencia y sorpresa—.
Pensaba que solo la gente con coche pagaba la tarifa. Yo solo

traigo la mochila —aduje. Los dos escucharon en silencio, con expresiones de visible indignación en sus rostros arrugados—. Me marcharé a primera hora de la mañana. A las seis como mucho.

—Si va a quedarse, tiene que pagar —repitió la mujer.

—Son doce dólares la noche —añadió el hombre con voz entrecortada.

—El problema —dije— es que no llevo dinero encima. Estoy haciendo un largo viaje. Estoy recorriendo el Sendero del Macizo del Pacífico. El SMP, ¿saben? Y en las montañas hay mucha nieve..., este año se ha registrado un récord histórico... y... Bueno, el caso es que tuve que abandonar el sendero, y no era mi intención venir aquí, pero las chicas que me han traído me han dejado sin querer en el sitio equivocado y ya era....

—Nada de eso cambia el hecho de que hay que pagar, jovencita —rugió el hombre con una potencia sorprendente, obligándome su voz a callar como una estridente sirena desde la niebla.

—Si no puede pagar, tiene que recoger sus cosas y marcharse —insistió la mujer. Vestía una sudadera en cuyo pecho se veían dos crías de mapache mirando tímidamente desde una madriguera en un árbol.

—¡Pero si ni siquiera hay nadie! ¡Es ya plena noche! ¿Qué hay de malo en que yo...?

—Son las normas —dijo el hombre con la respiración agitada. Dio media vuelta y volvió a subir a la furgoneta, sin más que añadir.

—Lo sentimos, señorita, pero somos los encargados del camping y estamos aquí para velar por que todo el mundo se atenga a las normas —explicó la mujer. Una expresión de disculpa suavizó su semblante, pero en el acto apretó los labios y agregó —: No nos gustaría tener que llamar a la policía.

Bajé la vista y me dirigí a los mapaches.

—Es que... me cuesta creer que haya algo de malo en esto. O sea, nadie usaría esta plaza si yo no estuviera aquí —dije en voz baja, tratando de formular un último ruego, de mujer a mujer.

—No decimos que tenga que marcharse —gritó ella, como si reprendiera a un perro para hacerlo callar—. Lo que decimos es que tiene que pagar.

—Pues no puedo pagar.

—Justo detrás de los lavabos empieza un sendero que lleva al SMP —informó la mujer, señalando a sus espaldas—. O puede

183

caminar por el arcén de la carretera, más o menos un kilómetro y medio. Creo que la carretera es más directa que el sendero. Dejaremos las luces encendidas mientras recoge sus cosas —dijo, y volvió a entrar en la furgoneta junto a su marido, sus rostros ahora invisibles para mí detrás de los haces de los faros.

Estupefacta, volví a mi tienda. Hasta ese momento no había encontrado en mi viaje a nadie que no me tratara con amabilidad. Entré a rastras, me puse la linterna frontal con manos trémulas y volví a guardar en la mochila todo lo que había sacado, sin preocuparme esta vez de poner cada cosa en su sitio. No sabía qué hacer. Para entonces era noche cerrada, con media luna en el cielo. Lo único que daba más miedo que la idea de recorrer un sendero desconocido a oscuras era caminar por una carretera desconocida a oscuras. Cargué con Monstruo y me despedí con un gesto de la pareja en la furgoneta, incapaz de ver si me devolvían el saludo.

Avancé con la linterna frontal en la mano. Apenas me iluminaba el camino más allá de un paso; las pilas estaban casi agotadas. Seguí el camino pavimentado hasta los lavabos y vi detrás el punto de partida del sendero que había mencionado la mujer. Di unos pasos vacilantes por él. Me había acostumbrado a sentirme a salvo en el bosque, a salvo incluso en plena noche, pero caminar completamente a oscuras era algo muy distinto, porque no veía. Podía encontrarme con animales nocturnos, o tropezar con una raíz. Podía pasar por alto una curva y seguir por donde no tenía previsto. Avancé despacio, nerviosa, como el primer día de mi andadura, cuando iba muy alerta por miedo a toparme con una serpiente de cascabel de un momento a otro.

Al cabo de un rato, el contorno del paisaje se reveló tenuemente ante mí. Me hallaba en un bosque de altos pinos y piceas, sus troncos rectos y desnudos rematados por acumulaciones de espeso ramaje a gran altura. Oía el murmullo de un arroyo a mi izquierda y sentía la blanda alfombra de pinaza seca crujir bajo mis botas. Caminé con una profunda concentración que nunca antes había alcanzado, y que me permitió percibir más nítidamente el sendero y mi cuerpo, como si anduviera descalza y desnuda. Me acordé de cuando aprendí a montar a caballo, de niña. Mi madre me había enseñado con su yegua, *Lady*. Yo iba sentada en la silla mientras ella sujetaba un dogal prendido de la brida. Al principio me agarraba a las crines de *Lady* con las manos, asustada incluso cuando avanzaba solo al paso, pero al final me relajé y mi madre me pidió que cerrara los ojos para poder sentir cómo se movía el caballo debajo de mí y cómo se movía mi cuerpo a la vez que el del animal. Más tarde hice eso mismo con los brazos extendidos a los lados, dando una y otra vuelta, rindiéndose mi cuerpo al de *Lady* mientras nos movíamos.

Al cabo de unos veinte minutos, llegué a un lugar en el sendero donde los árboles se dispersaban. Me quité la mochila y, poniéndome a cuatro patas y con la linterna frontal en la cabeza, exploré un espacio que parecía adecuado para dormir. Planté la tienda, entré y me metí en el saco de dormir pese a que ya no estaba cansada. Me sentía revigorizada por la expulsión y la caminata a esas horas de la noche.

Abrí *The Novel*, pero la luz de la linterna parpadeaba y se desvanecía, así que la apagué y me quedé tendida en la oscuridad. Me deslicé las manos abiertas por los brazos y me estreché a mí misma. Sentí el tatuaje bajo los dedos de la mano derecha; aún podía reseguir el contorno del caballo. Según la mujer que lo había dibujado, sobresaldría de la carne durante unas semanas, pero aún se notaba su relieve incluso pasados varios meses, como si el caballo estuviera grabado en la piel más que dibujado con tinta. No era un caballo cualquiera, ese tatuaje. Era *Lady*, la yegua a la que se refería mi madre cuando preguntó al médico de la clínica Mayo si podía montar tras anunciarle que le quedaba poco tiempo de vida. *Lady* no era su verdadero nombre; era como la llamábamos nosotros. Era una saddlebred americana registrada, y su nombre oficial aparecía escrito con magnífico esplendor en el certificado de la asociación de criadores que llegó con ella: *Stonewall's Highland Nancy*, hija por línea paterna de *Stonewall Sensation* y por línea materna de *Mack's Golden Queen*. Mi madre, contra todo sentido común, se las arregló para comprar a *Lady* en el espantoso invierno en que ella y mi padre rompieron definitivamente. Había conocido a una pareja en el restaurante donde trabajaba de camarera. Querían vender su yegua purasangre de doce años a precio de ganga y, aunque mi madre no podía permitirse siquiera un precio de ganga, fue a ver al animal y llegó al acuerdo con la pareja de pagar trescientos dólares a plazos en seis meses, y luego llegó a otro acuerdo con otra pareja que tenía un establo allí cerca, intercambiando trabajo por el alojamiento de *Lady*.

«Es espectacular», decía mi madre cada vez que la describía, y lo era. De una altura de más de dieciséis palmos, era esbelta, de

185

extremidades largas, con paso airoso, elegante como una reina. Tenía una estrella blanca en la frente, pero el resto del pelaje era zaíno rojizo, como el del zorro que yo había visto en la nieve.

Cuando mi madre la compró, yo tenía seis años. Vivíamos en el sótano de un complejo de apartamentos llamado Barbary Knoll. Ella acababa de dejar a mi padre por última vez. El dinero nos alcanzaba apenas para vivir, pero mi madre necesitaba tener ese caballo. Supe intuitivamente, incluso de niña, que fue *Lady* quien le salvó la vida. Fue el caballo quien le permitió no solo alejarse de mi padre, sino también seguir adelante. Los caballos eran su religión. Con ellos quería quedarse los domingos cuando, de niña, la obligaban a ponerse un vestido para ir a misa. Las historias que me contaba sobre los caballos eran el contrapunto de las otras historias que me había contado sobre su educación católica. Hacía cuanto estaba a su alcance por montarlos. Rastrillaba cuadras y abrillantaba arreos, acarreaba heno y extendía paja, cualquier trabajillo que se le cruzaba con tal de que le permitieran rondar por algún establo cercano y montar el caballo de alguien.

De vez en cuando me representaba imágenes de su antigua vida de vaquera, capturadas como encuadres congelados de una película, tan nítidas y precisas como si hubiese leído la descripción en un libro. Las cabalgatas a campo abierto de un par de días que había hecho con su padre en Nuevo México. Los temerarios trucos de rodeo que había practicado y realizado con sus amigas. A los dieciséis años tenía su propio caballo, un palomino llamado *Pal*, que montó en ferias equinas y rodeos en Colorado. Cuando mi madre murió, conservaba aún las escarapelas. Las guardé en una caja que estaba ahora en el sótano de Lisa en Portland. Una amarilla por un tercer puesto en carrera de barriles; una rosa por un quinto puesto en paso, trote, medio galope; una verde por exhibición y participación; y una escarapela azul por montar su caballo en todos los pasos fluidamente por un circuito con fosos de barro y curvas cerradas, con payasos riéndose a carcajadas y soltando bocinazos, a la vez que ella sostenía en equilibrio un huevo en una cuchara de plata con la mano extendida durante más tiempo que nadie.

En la primera cuadra donde vivió *Lady* cuando pasó a ser nuestra, mi madre realizó las mismas tareas que de niña: limpiar establos y extender heno, acarrear cosas de aquí para allá en una carretilla. A menudo nos llevaba a Karen, a Leif y a mí. Nosotros jugábamos en el establo mientras ella cumplía con sus obligaciones. Después la veíamos dar vueltas y vueltas a lomos de Lady por la pista, y, por último, cuando ella acababa, montábamos por turnos. Cuando nos trasladamos a nuestras tierras en el norte de Minnesota, ya teníamos un segundo caballo, un macho castrado mestizo llamado Roger, que mi madre había comprado porque yo me había enamorado de él y su dueño estaba dispuesto a venderlo por casi nada. Los llevamos a los dos al norte en un remolque prestado. Allí, el terreno de pasto de los caballos comprendía una cuarta parte de nuestras dieciséis hectáreas.

Cuando fui a casa para visitar a Eddie un día de principios de diciembre casi tres años después de la muerte de mi madre, vi con estupefacción lo delgada y débil que estaba Lady. Tenía ya casi treinta y un años, muchos para un caballo, y, aun si cuidarla para devolverle la salud hubiera sido posible, no había allí nadie con tiempo suficiente para dedicárselo. Eddie y su novia habían empezado a dividir su tiempo entre la casa donde me había criado y una caravana en un pueblo a las afueras de las Ciudades Gemelas. Los dos perros, los dos gatos y las cuatro gallinas que teníamos cuando mi madre falleció habían muerto o habían sido enviados a otras casas. Solo permanecían allí nuestros dos caballos, Roger y Lady. Con frecuencia cuidaba de ellos de manera muy expeditiva un vecino a quien Eddie había convencido para que les diera de comer.

Cuando fui de visita ese mes de diciembre, hablé con Eddie del estado de Lady. Al principio reaccionó con hostilidad, diciendo que no entendía por qué los caballos habían de ser problema suyo. No me vi con ánimos de enzarzarme en una discusión para explicarle que él, como viudo de mi madre, era responsable de sus caballos. Hablé solo de Lady, insistiendo en la necesidad de un plan, y al cabo de un rato Eddie suavizó el tono y coincidimos en que había que sacrificarla. Estaba vieja y enferma; había perdido peso de una manera alarmante; el brillo de sus ojos se había apagado. Yo había consultado ya con el veterinario, le dije: vendría él mismo a nuestra finca y practicaría la eutanasia a Lady con una inyección. La otra opción era matarla nosotros de un tiro.

Eddie se decantó por lo segundo. Ambos estábamos a dos velas. Era así como se había sacrificado a los caballos durante generaciones. Extrañamente a los dos nos pareció la opción más humana: que muriera a manos de alguien a quien ella conocía y en

187

quien confiaba, y no de un desconocido. Eddie dijo que se ocuparía de ellos antes de que Paul y yo volviéramos para Navidad, unas semanas más tarde. No iríamos allí para una celebración familiar: estaríamos solos en la finca. Eddie tenía previsto pasar la Navidad en la casa de su novia, con ella y sus hijos. Karen y Leif también tenían sus propios planes: Leif estaría en Saint Paul con su novia y la familia de esta, y Karen con su nuevo marido, el hombre que había conocido y con quien se había casado al cabo de unas pocas semanas, el año anterior.

Me sentí mal cuando entramos por el camino de acceso unas semanas después, la tarde del día de Nochebuena. Una y otra vez había imaginado lo que sentiría al mirar los pastos y ver solo a *Roger*. Pero cuando salí del coche, allí estaba *Lady*, temblando en su cuadra, colgándole la carne del esqueleto. Dolía solo verla. El frío se había recrudecido, y se habían alcanzado mínimos históricos que rondaban los treinta bajo cero, con una sensación térmica aún más baja a causa del gélido viento.

No telefoneé a Eddie para preguntarle por qué no se había atenido a la decisión tomada. En lugar de eso opté por llamar al padre de mi madre en Alabama. Había sido jinete toda su vida. Hablamos durante una hora sobre *Lady*. Me hizo una pregunta detrás de otra, y al final de nuestra conversación insistió encarecidamente en que había llegado el momento de sacrificarla. Le dije que lo consultaría con la almohada. A la mañana siguiente el teléfono sonó poco después del alba.

No era mi abuelo para desearme una feliz Navidad. Era mi abuelo para suplicarme que actuara ya. Dejar a *Lady* morir de muerte natural era cruel e inhumano, insistió, y yo sabía que tenía razón. Sabía asimismo que me correspondía a mí zanjar el asunto. No tenía dinero para pedir al veterinario que viniera a administrarle una inyección, y aunque lo hubiese tenido, era Navidad y seguramente se habría negado. Mi abuelo me describió con todo detalle cómo matar a un caballo de un tiro. Cuando le expresé mi inquietud, me aseguró que era así cómo se había sacrificado a los caballos desde hacía muchos años. También me preocupaba qué hacer después con el cadáver de *Lady*. La tierra estaba congelada hasta tal profundidad que enterrarla era imposible.

—Déjala —me indicó—. Se la llevarán los coyotes.

Después de colgar, pregunté a Paul, levantando la voz:

—¿Qué hago?

Entonces no lo sabíamos, pero era nuestra última Navidad juntos. Al cabo de un par de meses le contaría lo de mis infidelidades y él se marcharía. Cuando llegó otra vez la Navidad, hablábamos ya del divorcio.

—Haz lo que consideres correcto —dijo él aquella mañana de Navidad.

Estábamos sentados a la mesa de la cocina: me eran familiares todas y cada una de las grietas y las muescas de su superficie, y, sin embargo, tenía la sensación de que no podía estar más lejos de casa, sola en un témpano de hielo.

—No sé qué es lo correcto —dije, aunque sí lo sabía.

Sabía qué debía hacer exactamente. Ya me había visto muchas veces en la misma situación: tener que elegir la menos mala entre dos opciones espantosas. Pero no podía hacerlo sin mi hermano. Paul y yo habíamos disparado un arma antes —Leif nos había enseñado a los dos el invierno anterior—, pero ninguno podía hacerlo con un mínimo de seguridad. Leif no era un entusiasta de la caza, pero al menos había salido a cazar con la suficiente frecuencia para saber lo que se traía entre manos. Cuando lo telefoneé, accedió a venir a casa esa misma noche.

189

Por la mañana hablamos detalladamente de cómo actuaríamos. Le expliqué todo lo que me había dicho nuestro abuelo.

—Vale —contestó él—. Prepárala.

Fuera, lucía el sol y el cielo presentaba un azul cristalino. A las once la temperatura había subido a veintisiete grados bajo cero. Nos arrebujamos en varias capas de ropa. El frío era tal que los árboles se resquebrajaban y emitían chasquidos, estallando por efecto de la congelación con sonoras detonaciones que había oído desde mi cama durante la anterior noche de insomnio.

Hablé a *Lady* en susurros mientras le ponía el cabestro, diciéndole lo mucho que la quería mientras la sacaba de la cuadra. Paul cerró la puerta cuando salimos, dejando a *Roger* dentro para que no nos siguiera. La llevé por la nieve helada, volviéndome para verla caminar por última vez. Seguía moviéndose con una gracia y una fuerza indescriptibles, avanzando con su paso airoso y regio que siempre cortaba la respiración a mi madre. La conduje hasta un abedul que Paul y yo habíamos elegido la tarde anterior y la amarramos con el dogal. El árbol se hallaba en el borde mismo del prado, tras el cual el bosque se espesaba notablemente, y a esa distancia de la casa, esperaba yo, los coyotes se acercarían por la noche para llevarse el cuerpo. Le hablé y deslicé las manos por su pelaje zaíno, expresándole mi amor y mi pesar con un murmullo, pidiéndole perdón y comprensión.

Cuando alcé la vista, mi hermano estaba allí de pie con su rifle.

Paul me cogió del brazo y, juntos, retrocedimos unos pasos por la nieve para situarnos detrás de Leif. Solo estábamos a un par de metros de *Lady*. Su aliento caliente era como una nube de seda. La corteza helada de la nieve nos sostuvo por un momento, pero finalmente cedió y nos hundimos hasta las rodillas.

—Justo entre los ojos —le indiqué a Leif, repitiendo una vez más las instrucciones que me había dado nuestro abuelo. Así, había prometido él, la mataríamos de un tiro limpio.

Leif se agachó, apoyando una rodilla en el suelo. *Lady* brincó y arañó el hielo con los cascos; luego bajó la cabeza y nos miró. Respiré hondo y Leif disparó. La bala alcanzó a *Lady* justo entre los ojos, en medio de la estrella blanca, exactamente donde esperábamos. La yegua dio tal sacudida que el cabestro de cuero se partió y se desprendió de la cara; ella se quedó inmóvil, con la vista fija en nosotros, estupefacta.

—Dispara otra vez —exclamé con voz ahogada, y Leif obedeció de inmediato, metiéndole tres balas más en la cabeza en rápida sucesión.

Lady se tambaleó y se estremeció, pero no se desplomó ni echó a correr, pese a que ya no estaba atada al árbol. Nos miraba con una expresión enloquecida en los ojos, asombrada por lo que habíamos hecho, convertida su cara en una constelación de orificios sin sangre. Al instante supe que nos habíamos equivocado, no por pretender matarla, sino por pensar que debíamos hacerlo nosotros. Tendría que haberle insistido a Eddie en que se ocupara él, o pagara al veterinario para ir hasta allí. Yo no había entendido bien en qué consistía matar a un animal. El tiro limpio no existe.

—¡Dispara! ¡Dispara! —rogué con un gemido gutural que no sabía que era mío.

—Se me han acabado las balas —contestó Leif a voz en cuello.

—¡*Lady*! —chillé. Paul me agarró por los hombros para acercarme a él; lo aparté a golpes, jadeando y gimiendo como si alguien estuviera matándome a palos.

Lady dio un paso vacilante y se desplomó sobre las patas de delante; su cuerpo se ladeó al frente espantosamente, como un gran buque al hundirse poco a poco en el mar. Balanceó la cabeza y dejó escapar un hondo lamento. La sangre manó por sus blandos ollares en un repentino y copioso torrente, y produjo un siseo en la nieve de tan caliente como estaba. Tosió y tosió, expulsando tremendas bocanadas de sangre; sus patas traseras cedieron con una lentitud torturante. Permaneció en esa posición, forcejeando por mantenerse grotescamente en pie, hasta que por fin cayó de lado. Entonces pataleó, se agitó y torció el cuello e intentó levantarse otra vez.

—¡*Lady*! —aullé—. ¡*Lady*!

Leif me agarró.

—¡No mires! —gritó, y los dos apartamos la vista—. ¡¡No mires!! —vociferó en dirección a Paul, y Paul obedeció.

—Por favor, ven a llevártela —canturreó Leif con el rostro bañado en lágrimas—. Ven a llevártela. Ven a llevártela. Ven a llevártela.

Cuando me volví, *Lady* había apoyado la cabeza en el suelo por fin, pese a que sus flancos aún se agitaban y sus piernas se sacudían. Los tres, tambaleantes, nos acercamos, avanzando por la nieve endurecida y hundiéndonos de nuevo patéticamente hasta las rodillas cuando nos detuvimos. La observamos mientras soltaba lentas y enormes exhalaciones hasta que por fin suspiró y su cuerpo quedó inmóvil.

El caballo de nuestra madre. *Lady*. *Stonewall's Highland Nancy* había muerto.

Ignoraba si aquello había durado cinco minutos o una hora. Se me habían caído los guantes y el gorro, pero no tenía ánimos siquiera para recuperarlos. Las pestañas se me habían pegoteado a causa del frío. Los mechones de pelo que, agitados por el viento, me habían caído sobre el rostro cubierto de lágrimas y mocos estaban ahora duros como témpanos y tintineaban cuando me movía. Aterida, me los aparté, incapaz siquiera de tener conciencia del frío. Me arrodillé junto al vientre de *Lady* y le acaricié por última vez el pelaje salpicado de sangre. Todavía estaba caliente, igual que mi madre cuando entré en la habitación del hospital y vi que había muerto sin mí. Miré a Leif y me pregunté si él recordaba lo mismo. Me acerqué a rastras a la cabeza de *Lady* y le toqué las orejas frías, suaves como el terciopelo. Puse las manos sobre los orificios negros de bala en su estrella blanca. Los pro-

191

fundos túneles que la sangre había horadado en la nieve alrededor ya empezaban a congelarse.

Paul y yo observamos a Leif sacar su navaja y cortar mechones de pelo zaíno rojizo de la melena y la cola de *Lady*. Me entregó uno.

—Ahora mamá puede pasar al otro lado —dijo, mirándome a los ojos como si no hubiera nadie más en el mundo—. Eso es lo que creen los indios: que cuando muere un gran guerrero, hay que matar a su caballo para que pueda cruzar al otro lado del río. Es una manera de demostrarle respeto. Quizá ahora mamá podrá irse cabalgando.

Imaginé a nuestra madre cruzando el gran río sobre el fuerte lomo de *Lady*, dejándonos por fin casi tres años después de su muerte. Quise que eso fuera verdad. Era lo que deseaba cuando pedía un deseo. No que mi madre volviera cabalgando a mí —pese a que, por descontado, eso me hubiera gustado—, sino que *Lady* y ella se marcharan cabalgando juntas. Que lo peor que había hecho yo en mi vida hubiera sido una curación en lugar de una carnicería.

192

Al final pasé aquella noche en algún lugar del bosque, fuera del camping Whitehorse. Y cuando me dormí, soñé con la nieve. No la nieve en la que mi hermano y yo habíamos matado a *Lady*, sino la nieve que acababa de dejar atrás en la montaña; era más temible su recuerdo que la propia experiencia de estar en ella. Estuve toda la noche soñando con aquello que podría haber ocurrido pero no ocurrió. Resbalaba y me deslizaba por una traicionera pendiente y me precipitaba por un precipicio, o me estrellaba contra las rocas. Caminaba y no llegaba nunca a aquella carretera, sino que me extraviaba y erraba hasta morir de hambre.

A la mañana siguiente examiné mi guía mientras desayunaba. Si ascendía hasta el SMP, como planeaba, encontraría más nieve. Esa idea me asustaba. Observé mi mapa y vi que no sería necesario. Podía regresar hasta el camping Whitehorse y seguir al oeste hacia el lago Bucks. Desde allí podía coger una pista de montaña rumbo norte, y acceder al SMP por un lugar llamado Tres Lagos. En cuanto a distancia, la ruta alternativa equivalía más o menos al recorrido por el SMP, unos veinticinco kilómetros, pero, por su altura, relativamente baja, era probable que estuviera despejada de nieve. Levanté el campamento, desanduve el camino de la noche anterior y atravesé con paso desafiante el camping Whitehorse.

Toda esa mañana, mientras avanzaba hacia el oeste en dirección al lago Bucks, luego hacia el norte y otra vez al oeste bordeando la orilla, para llegar a la escabrosa pista de montaña que me llevaría de regreso al SMP, pensé en la caja de reaprovisionamiento que me aguardaba en Belden Town. De hecho, no tanto en la caja como en el billete de veinte dólares que contenía. Y no tanto en el billete de veinte dólares como en los alimentos y bebidas que podía comprar con él. Pasé horas en un estado de ensoñación, medio extasiada, medio atormentada, fantaseando con un pastel y hamburguesas con queso, chocolate y plátanos, manzanas y ensaladas variadas, y sobre todo con la limonada Snapple. Esto último era absurdo. No había tomado limonada Snapple más que unas cuantas veces en mi vida anterior al SMP, y si bien me gustaba bastante, nunca la había considerado nada especial. Nunca había sido «mi bebida». Ahora, sin embargo, me obsesionaba. Tanto me daba si era de color rosa o amarillo. No pasaba un solo día sin que imaginara vívidamente la sensación de tener una en la mano y llevármela a la boca. Algunos días me prohibía pensar en ello, por temor a enloquecer del todo.

Vi que en el camino a Tres Lagos la nieve había desaparecido hacía muy poco. Se habían abierto grandes grietas en distintos sitios y corrían torrentes de nieve fundida por anchos surcos a los lados. Lo seguí bajo la densa enramada de los árboles sin ver a nadie. A media tarde, sentí en el vientre un retortijón familiar. Me había venido la regla, comprendí. La primera en el sendero. Casi me había olvidado de que la tendría. La nueva conciencia que tenía de mi cuerpo desde el principio de la andadura había desdibujado las maneras en que lo percibía antes. Ya no me preocupaban las delicadas complejidades de si me sentía infinitesimalmente más gorda o más delgada que el día anterior. No existía ya nada como uno de esos días en el que una no está contenta con cómo le queda el pelo. Las más nimias reverberaciones internas se habían visto eclipsadas por el manifiesto dolor que sentía permanentemente en los pies machacados o en los músculos de los hombros y la parte alta de la espalda, que se me agarrotaban y me ardían con tal intensidad que debía detenerme varias veces cada hora para realizar una serie de movimientos que me ofrecieran un momento de alivio. Me quité la mochila, revolví dentro de mi botiquín y encontré el irregular trozo de esponja natural que había guardado en una pequeña bolsa hermética antes del inicio de mi viaje. La había usado solo unas pocas veces experimentalmente antes de incorporarla a mi equipaje para el SMP. Allá en Minneapolis, la esponja me había parecido un método sensato para afrontar la regla, dadas mis circunstancias, pero ahora que la tenía entre los dedos, ya no estaba tan segura. Intenté lavarme las manos con agua de la cantimplora, rociando al mismo tiempo la esponja, y luego la escurrí. Me bajé el pantalón, me puse en cuclillas en el camino y me introduje la esponja en la vagina lo más hondo posible, apretándola contra el cuello del útero.

Mientras me subía el pantalón, oí acercarse el ruido de un motor, y al cabo de un momento una furgoneta roja con una amplia cabina y neumáticos de gran tamaño apareció detrás de una curva. El conductor pisó el freno al verme, sorprendido. También yo me sorprendí, y agradecí profundamente no estar aún en cuclillas, medio desnuda, con la mano hundida en la entrepierna. Saludé con un gesto nervioso cuando la furgoneta se detuvo junto a mí.

194

—¿Qué hay? —dijo un hombre, y alargó el brazo a través de la ventanilla abierta. Le cogí la mano y se la estreché, consciente de dónde acababa de estar la mía. En la furgoneta había otros dos hombres, uno delante, otro en el asiento trasero con dos niños. Los hombres aparentaban unos treinta años; los niños, ocho, poco más o menos.

—¿Vas a Tres Lagos? —preguntó el hombre.

—Sí.

Era guapo, de rasgos bien definidos; tanto él como el hombre sentado a su lado y los niños de detrás eran blancos. El tercero era hispano, de pelo largo, y le sobresalía una barriga redonda y dura.

—Nosotros vamos allí a pescar. Te llevaríamos, pero no hay sitio —dijo, señalando la parte trasera de la furgoneta, cubierta por una caravana acoplada a la caja.

—No pasa nada. Me gusta caminar.

—Oye, esta noche vamos a tomar unos destornilladores hawaianos. Pásate a vernos.

—Gracias —dije, y los observé alejarse.

Caminé el resto de la tarde pensando en los destornilladores hawaianos. No sabía exactamente qué eran, pero no me parecían muy distintos de la limonada Snapple. Cuando llegué a lo alto de la cuesta, avisté la furgoneta roja y el campamento de los hombres, encaramados sobre el más occidental de los Tres Lagos. El SMP estaba un poco más allá. Seguí un exiguo sendero hacia el este bordeando la orilla hasta encontrar un lugar aislado entre los peñascos desperdigados alrededor del lago. Monté la tienda y me metí en el bosque para quitarme la esponja, escurrirla y volver a ponérmela. Me acerqué al lago para filtrar agua y lavarme las manos y la cara. Pensé en zambullirme para bañarme, pero el agua estaba fría como el hielo, y ya me sentía aterida por el aire de la montaña. Antes de iniciar el viaje por el SMP, me había imaginado innumerables baños en lagos, ríos y arroyos, pero a la hora de la verdad solo me sumergí en el agua en contadas ocasiones. Al final del día, a menudo me dolía todo debido a la fatiga y temblaba de algo que parecía fiebre, pero era solo el agotamiento y el frío del sudor al secarse. Lo máximo que solía poder hacer era echarme agua a la cara y quitarme la camiseta y el pantalón corto sudados antes de envolverme en mi anorak y mis mallas de forro polar para dormir.

Me descalcé, me quité la cinta adhesiva y la segunda piel de los pies, y los hundí en el agua helada. Cuando me los froté, se me quedó en la mano otra uña ennegrecida, la segunda que había perdido hasta el momento. El agua del lago estaba en calma y diáfana, circundada por imponentes árboles y los frondosos arbustos que crecían entre los peñascos. Vi en el barro una lagartija de intenso color verde; se quedó inmóvil en el sitio por un instante antes de escabullirse como un rayo. El campamento de los hombres no se hallaba muy lejos por la orilla del lago, pero aún no me habían visto. Antes de ir a visitarlos, me cepillé los dientes, me puse protector labial y me peiné.

—Ahí está —gritó el hombre que antes ocupaba el asiento del acompañante, cuando me acerqué parsimoniosamente—. Y justo a tiempo.

Me dio una taza de plástico rojo con un líquido amarillo que, no pude menos que deducir, era un destornillador hawaiano. Contenía cubitos. Contenía vodka. Contenía zumo de piña. Cuando tomé un sorbo, pensé que me iba a desmayar. No por el efecto del alcohol, sino por el puro prodigio de aquella combinación de azúcar líquido y bebida.

Los dos hombres eran bomberos. El hispano era pintor por

195

afición pero carpintero de oficio. Se llamaba Francisco, si bien todo el mundo lo llamaba Paco. Primo de uno de los blancos, residía en Ciudad de México y estaba allí de visita, aunque los tres se habían criado juntos en la misma manzana de Sacramento, donde los bomberos aún vivían. Paco había ido a México a visitar a su bisabuela hacía diez años; allí se había enamorado de una mexicana y se había quedado. Los hijos de los bomberos correteaban alrededor, jugando a la guerra mientras nosotros permanecíamos sentados en torno a una pila de leña que los hombres aún no habían encendido, y emitían gritos intermitentes, gritos ahogados y sonidos explosivos mientras se disparaban con armas de plástico desde detrás de los peñascos.

«¡No lo dirás en serio! ¡No lo dirás en serio!», exclamaron los bomberos por turno cuando les expliqué lo que estaba haciendo y les mostré mis pies maltrechos con las ocho uñas que me quedaban. Ensartaron una pregunta tras otra, maravillándose, cabeceando y obsequiándome con otro destornillador hawaiano y nachos.

—Son las mujeres las que tienen cojones[2] —dijo Paco mientras preparaba un cuenco de guacamole—. A los hombres nos gusta pensar que somos nosotros, pero nos equivocamos. —El pelo, una larga cola sujeta a tramos mediante sencillas gomitas, le descendía como una serpiente por la espalda.

Cuando encendieron la fogata y comimos la trucha que uno de ellos había pescado en el lago y el guiso a base de carne de un venado que uno de ellos había cazado el invierno anterior, nos quedamos solos Paco y yo, sentados junto al fuego, mientras los otros dos hombres leían a sus hijos en la tienda.

—¿Quieres fumar un porro conmigo? —preguntó a la vez que sacaba uno del bolsillo de la camisa. Lo encendió, dio una calada y me lo pasó—. Así que esto es la Sierra, ¿eh? —dijo, mirando por encima del lago oscuro—. De pequeño nunca vine hasta aquí.

—Es la Cadena de la Luz —respondí, devolviéndole el porro—. Así la llamó John Muir. Entiendo por qué. Nunca he visto una luz como la de aquí. Todas las puestas de sol y los amaneceres contra las montañas.

2. En español en el original. (*N. de los T.*)

—Estás haciendo un viaje espiritual, ¿no? —preguntó Paco con la mirada fija en el fuego.

—No lo sé —contesté—. Quizá podría llamarse así.

—Es eso —dijo, fijando en mí una mirada intensa. Se puso en pie—. Quiero darte una cosa. —Fue a la parte de atrás de la furgoneta y volvió con una camiseta. Me la entregó y yo la sostuve en alto. En la pechera aparecía una foto enorme de Bob Marley, sus rastas rodeadas de imágenes de guitarras eléctricas y efigies precolombinas de perfil. En la espalda había un retrato de Haile Selassie, el hombre que los rastafaris consideraban dios encarnado, orlado de una voluta roja, verde y dorada—. Es una camiseta sagrada —explicó Paco mientras yo la examinaba a la luz del fuego—. Quiero que te la quedes, pues veo que caminas en compañía de los espíritus de los animales, de los espíritus de la tierra y el cielo.

Asentí, enmudecida a causa de la emoción y la certeza, inducida esta por la semiborrachera y el colocón, de que la camiseta era de verdad sagrada.

—Gracias —dije.

Cuando regresé a mi tienda, me quedé de pie contemplando las estrellas con la camiseta en la mano antes de meterme dentro. Ya lejos de Paco, más sobria a causa del aire fresco, pensé en eso de caminar en compañía de los espíritus. ¿Qué significaba? ¿Realmente caminaba yo en compañía de los espíritus? ¿Caminaba mi madre? ¿Adónde había ido después de morir? ¿Dónde estaba *Lady*? ¿De verdad habían cruzado el río cabalgando juntas? La razón me decía que sencillamente habían muerto, pese a que las dos reaparecían repetidamente en mis sueños. Los sueños con *Lady* eran lo contrario de los sueños con mi madre, aquellos en los que ella me ordenaba una y otra vez que la matara. En los sueños con *Lady*, yo no tenía que matar a nadie. Solo tenía que aceptar un ramillete de flores gigantesco, de fantasiosos colores, que ella me traía en su blanda boca. Me empujaba con el hocico hasta que lo cogía y, al recibir esa ofrenda, yo sabía que ella me había perdonado. Pero ¿era así? ¿Era ese su espíritu, o era solo fruto de mi inconsciente?

Al día siguiente me puse la camiseta de Paco para regresar al SMP y seguir hacia Belden Town. En el camino, de vez en cuando alcanzaba a ver el monte Lassen. Se hallaba a unos ochenta kilómetros al norte, una montaña volcánica nevada con

197

una altitud de 3.187 metros: un hito para mí no solo por su envergadura y su majestuosidad, sino porque era el primero de los picos que superaría en la cadena de las Cascadas, a la que accedería justo al norte de Belden Town. Al norte del Lassen, las montañas de las Cascadas Altas formaban una indefinida hilera entre centenares de otros montes menos elevados, cada una de ellas un mojón en mi avance durante las semanas siguientes. En mi imaginación todos esos picos eran como los barrotes de los trepadores infantiles en los que me balanceaba de niña. Cada vez que llegaba a uno de los barrotes, el siguiente era casi inalcanzable. Desde el monte Lassen hasta el Shasta, y de allí al McLoughlin, y luego al Thielsen, y luego al Tres Hermanas —la del sur, la del medio y la del norte—, y luego al monte Washington, y luego al Jack el de los Tres Dedos, y luego al monte Jefferson, y finalmente al monte Hood, en el que recorrería unos ochenta kilómetros hasta llegar al Puente de los Dioses. Son todos volcanes, cuya altitud oscila entre un poco menos de 2.500 metros y un poco más de 4.300. Constituyen una pequeña porción del Anillo de Fuego del Pacífico, una sucesión de volcanes y fosas oceánicas de cuarenta mil kilómetros que bordea el océano Pacífico en forma de herradura, y que empieza en Chile, sigue por el contorno occidental de América del Centro y del Norte, atraviesa Rusia y Japón, y desciende por Indonesia y Nueva Zelanda hasta terminar en la Antártida.

Mi último día completo de caminata en Sierra Nevada fue un continuo descenso. Solo once kilómetros separaban Belden de Tres Lagos, pero el sendero bajaba implacablemente 1.200 metros a lo largo de ocho de ellos. Cuando llegué a Belden, tenía los pies destrozados de una manera totalmente distinta: me habían salido ampollas en las puntas de los dedos. A cada paso, se me deslizaban hacia delante, ejerciendo presión contra la puntera de las botas. Se suponía que ese era mi día más fácil, pero llegué a Belden Town a rastras, cojeando de dolor y descubriendo que, en realidad, aquello no era un pueblo. Era un edificio ruinoso cerca de una vía de ferrocarril. El edificio constaba de un bar, una pequeña tienda —que hacía las veces de oficina de correos—, una minúscula lavandería y duchas. Me quité las botas en el porche de la tienda, me puse las sandalias de acampada y, renqueante, entré a recoger mi caja. Pronto tuve el sobre con los veinte dólares; sentí tal alivio al verlo que por un momento me olvidé de los dedos de los pies. Compré dos botellas de limonada Snapple y regresé al porche para beberlas una detrás de otra.

—Una camiseta guapa —dijo una mujer. Tenía el pelo gris, corto y rizado, y la acompañaba un gran perro blanco sujeto con una correa—. Este es *Odín*. —Se agachó para rascarle el cuello. Luego se irguió, se reacomodó las pequeñas gafas de cristales redondos en la nariz y fijó en mí una mirada de curiosidad—. ¿No estarás haciendo el SMP, por casualidad?

Se llamaba Trina y tenía cincuenta años. Era profesora de lengua en secundaria, en Colorado, y había iniciado su andadura hacía solo un par de días. Había salido de Belden Town, rumbo norte por el SMP, pero se había topado con tanta nieve en el sendero que había vuelto atrás. Al oír su informe, el pesimismo se adueñó de mí. ¿Escaparía algún día de la nieve? Mientras hablábamos, se acercó otra excursionista, una tal Stacy, que también había empezado su andadura el día anterior, siguiendo la misma carretera que yo para llegar a Tres Lagos.

¡Por fin había coincidido con mujeres en el sendero! Aturdida de alivio, conversé con ellas, e intercambiamos atropelladamente los detalles básicos de nuestras vidas. Trina era una ferviente mochilera de fin de semana; Stacy, una experta excursionista que había recorrido el SMP con una amiga desde México hasta Belden Town el verano anterior. Stacy y yo hablamos de los lugares del sendero por donde habíamos pasado las dos, de Ed en Kennedy Meadows, a quien ella había conocido el verano anterior, y de su vida en un pueblo del desierto en el sur de California, donde trabajaba de contable en la empresa de su padre; dedicaba los veranos al excursionismo. Pálida, bonita y de cabello negro, tenía treinta años y pertenecía a una amplia familia irlandesa.

—Acampemos juntas esta noche y tracemos un plan —propuso Trina—. Hay un buen sitio en aquel prado.

Señaló hacia un lugar que se veía desde la tienda. Fuimos allí y montamos las tiendas de campaña. Abrí mi caja mientras Trina y Stacy charlaban en la hierba. Sentí una gradual y creciente satisfacción a medida que cogía cada objeto y me lo acercaba instintivamente a la nariz. Los impecables sobres de fideos Lipton o judías con arroz liofilizados que comía para cenar, las barritas Clif todavía resplandecientes y las inmaculadas bolsas de cierre hermético con frutos secos y fruta desecada. Estaba harta de todo eso, pero verlo nuevo e intacto restableció algo en mí. Estaban tam-

199

bién la camiseta limpia, que ya no necesitaba ahora que tenía la de Bob Marley, dos pares de calcetines de lana nuevos por estrenar y un ejemplar de *A Summer Bird-Cage*, de Margaret Drabble, para el cual no estaba del todo lista todavía, pues había leído más o menos la mitad de *The Novel*, hojas que había quemado esa mañana en la fogata de Paco. Y lo más importante: había una nueva provisión de segunda piel.

Me quité las botas y me senté para curarme los pies destrozados. Cuando el perro de Trina empezó a ladrar, alcé la vista y vi a un joven alto y flaco, rubio, de ojos azules. Supe al instante que hacía el SMP por su manera de arrastrar los pies al andar. Se llamaba Brent, y cuando se presentó lo saludé como a un viejo amigo, pese a que no lo conocía. Había oído hablar de él en Kennedy Meadows. Se había criado en un pueblo de Montana, me contaron Greg, Albert y Matt. Una vez había entrado en una tienda de platos preparados en un pueblo cercano al sendero en el sur de California, había pedido un bocadillo con tres cuartos de kilo de rosbif y se lo había comido de seis bocados. Se echó a reír cuando se lo recordé, y luego se quitó la mochila y se sentó en cuclillas para echar un vistazo a mis pies.

—Esas botas te quedan pequeñas —dictaminó, repitiendo el diagnóstico de Greg en Sierra City.

Lo miré con semblante inexpresivo. Mis botas no podían quedarme pequeñas: eran las únicas que tenía.

—Creo que ha sido de tanto bajar desde Tres Lagos —dije.

—Ahí está —repuso Brent—. Con unas botas de tu número, bajarías sin machacarte los pies. Para eso están las botas, para poder bajar.

Pensé en la gente amable de REI. Me acordé del hombre que me hizo subir y bajar por una pequeña rampa de madera en la tienda precisamente con ese fin: asegurarse de que los dedos de mis pies no se comprimían contra las punteras de la bota cuando descendía y que los talones no rozaban con la parte de atrás cuando ascendía. En la tienda no me pareció que eso ocurriera. Ahora no cabía duda de que me había equivocado, o bien me habían crecido los pies; en todo caso no podía negarse que mientras llevara puestas esas botas, mi vida sería un tormento.

Pero no había nada que hacer. No tenía dinero para comprar otro par y, aunque lo hubiera tenido, tampoco había dónde comprarlo. Me puse las sandalias de acampada y volví a la tienda, donde pagué un dólar por ducharme y me puse mi equipo impermeable mientras se hacía la colada en la lavandería con solo dos lavadoras. Telefoneé a Lisa mientras esperaba y sentí una gran alegría cuando atendió el teléfono. Hablamos de su vida, y yo le conté lo que pude de la mía. Juntas repasamos mi nuevo itinerario. Cuando colgué, firmé en el registro de excursionistas del SMP y lo hojeé para ver cuándo había pasado por allí Greg. Su nombre no constaba. Me pareció imposible que fuera por detrás de mí.

—¿Has sabido algo de Greg? —le pregunté a Brent cuando volví, vestida de nuevo con mi ropa limpia.

—Abandonó por la nieve.

Estupefacta, lo miré.

—¿Seguro?

—Eso me dijeron los australianos. ¿Los conoces?

Negué con la cabeza.

—Son una pareja en su luna de miel. Ellos también decidieron retirarse del SMP. Se fueron a recorrer el SA.

Antes de decidir recorrer el SMP, no había oído hablar del SA: el Sendero de los Apalaches, ese pariente del SMP mucho más popular y desarrollado. Los dos fueron declarados senderos paisajísticos nacionales en 1968. El SA tiene una longitud de 3.500 kilómetros, unos ochocientos menos que el SMP, y sigue el macizo de los Apalaches desde Georgia hasta Maine.

—¿Greg también ha ido al SA? —pregunté con voz aguda.

—Qué va. No quería perderse todos esos tramos del sendero, con tantos rodeos y rutas alternativas, así que volverá el año que viene. O al menos eso me contaron los australianos.

—Vaya —dije, recibiendo la noticia con verdadero malestar.

Greg había sido un talismán para mí desde el día que lo conocí, justo cuando me disponía a abandonar. Según el propio Greg, si él podía hacerlo, yo también podía, y ahora se había ido. Asimismo se habían marchado los australianos, una pareja a la que no conocía, pero que me representé al instante. Aun sin saberlo, sabía que eran aguerridos y atléticos, extraordinariamente aptos para la cruda vida al aire libre (en virtud de su sangre australiana), como yo nunca lo sería.

—¿Y tú por qué no vas a hacer el SA en lugar de seguir con esto? —pregunté, temiendo que me anunciara que, en efecto, ese era su plan.

Se lo pensó por un momento.

—Demasiado tráfico —dijo. Mantuvo la mirada fija en mí, en la cara de Bob Marley, tan grande en mi pecho, como si tuviera algo que añadir—. Por cierto, esa camiseta es una auténtica pasada.

No había puesto los pies en el SA, pero había oído hablar mucho de él a los chicos de Kennedy Meadows. Era lo más parecido al SMP, y a la vez todo lo contrario en muchos sentidos. Unas dos mil personas se ponían en marcha con la intención de hacer el SA cada verano, y si bien solo unos doscientos lo recorrían íntegramente, eso sobrepasaba en mucho el centenar de montañeros, poco más o menos, que acometía el SMP cada año. Los excursionistas del SA acampaban la mayoría de las noches en los refugios de montaña que había a lo largo del sendero o cerca de ellos. En el SA las paradas de reaprovisionamiento se hallaban a menor distancia entre sí, y en su mayoría estaban en pueblos de verdad, y no como las del SMP, que a menudo se reducían a una oficina de correos y un bar o una tiendecita. Imaginé a la pareja australiana en su luna de miel en el SA, comiendo hamburguesas con queso y atracándose de cerveza en una taberna a tres o cuatro kilómetros del sendero, durmiendo de noche bajo un techo de madera. Probablemente los otros excursionistas del sendero les habían puesto apodos, otra práctica mucho más común en el SA que en el SMP, aunque también nosotros tendíamos a poner sobrenombres. La mitad de las veces que Greg, Matt y Albert mencionaban a Brent, lo llamaban el Niño, pese a que era solo unos pocos años más joven que yo. A Greg lo llamaban de vez en cuando el Estadístico, por los muchos datos y cifras que manejaba acerca del sendero y porque era contable. Matt y Albert eran los Scouts Águilas; y Doug y Tom, los Pijines. Creo que yo no tenía mote, pero albergaba la desalentadora sospecha de que, si lo tenía, sería mejor no conocerlo.

Esa noche, Trina, Stacy, Brent y yo cenamos en el bar contiguo a la tienda de Belden. Después de pagar la ducha, la colada, las Snapple, unos tentempiés y alguna cosa más, me quedaban unos catorce dólares. Pedí una ensalada verde y una ración de patatas fritas, los dos platos del menú que, además de ser baratos, satisfacían mis más hondos anhelos, ambos polos opuestos: lo fresco y lo frito. En total me costó cinco dólares, así que ahora me quedaban nueve hasta mi siguiente caja. Me esperaba a 215

202

kilómetros de allí, en el Parque Conmemorativo Estatal de McArthur-Burney Falls, donde había una franquicia que los excursionistas del SMP podían emplear como parada de reaprovisionamiento. Bebí mi agua con hielo, tristemente, mientras los otros disfrutaban de sus cervezas. Durante la comida, charlamos del siguiente tramo. Según toda la información disponible, largos trechos estaban a rebosar de nieve. El apuesto camarero oyó nuestra conversación y se acercó para contarnos que, según algunos rumores, el Parque Volcánico Nacional del Lassen seguía enterrado bajo seis metros de nieve. Estaban dinamitando las carreteras para poder abrirlas ese mismo año, aunque solo fuera para una breve temporada turística.

—¿Quieres una copa? —me preguntó, mirándome a los ojos—. A cuenta de la casa —añadió al verme vacilar.

Me trajo una copa de pinot gris frío, llena hasta el borde. Tomé un sorbo y al instante me sentí mareada de placer, igual que al beber el destornillador hawaiano la noche anterior. Cuando pagamos la cuenta, ya habíamos decidido que, al partir de Belden a la mañana siguiente, seguiríamos una combinación de caminos de montaña de baja altitud y el SMP durante unos ochenta kilómetros, para luego rodear en autostop el tramo del sendero a rebosar de nieve en el Parque Volcánico Nacional del Lassen y volver al SMP en un lugar llamado Old Station.

Cuando volvimos a nuestro campamento, me senté en mi silla para escribir una carta a Joe en una hoja que había arrancado de mi diario. Se acercaba su cumpleaños y, por efecto del vino, me había acordado de él con nostalgia. Recordé un paseo que dimos juntos una noche del año anterior; yo llevaba una minifalda corta, sin nada debajo, e hicimos el amor contra un muro de piedra en un rincón aislado de un parque público. Recordé la vertiginosa emoción que sentía cada vez que nos metíamos otro poco de heroína y que el tinte de su pelo dejó una mancha azul en la funda de mi almohada. No me permití escribir todo eso en la carta. Permanecí inmóvil con el bolígrafo en alto, solo pensando en ello y también en las cosas que podía contarle sobre mi experiencia en el SMP. Parecía imposible transmitirle todo lo que había pasado en el mes transcurrido desde nuestro último encuentro en Portland. Mis recuerdos del verano anterior me resultaban tan ajenos como muy probablemente le resultaría a él mi descripción de ese verano, así que opté por plantearle una larga lista de preguntas:

203

cómo estaba, qué hacía, con quién compartía su tiempo y si había escapado, como mencionaba en su postal enviada a Kennedy Meadows, y si ya estaba limpio. Esperaba que así fuera. No por mí, sino por él. Doblé la hoja y la metí en un sobre que Trina me había dado. Cogí unas cuantas flores silvestres de la pradera y las puse dentro antes de cerrarlo.

—Voy a echar esto al buzón —dije a los demás, y seguí el haz de luz de mi linterna frontal por la hierba y el camino de tierra hasta el buzón, enfrente de la tienda cerrada.

—Hola, guapa —oí decir a una voz masculina cuando echaba la carta. Solo vi el ascua de un cigarrillo en el porche oscuro.

—Hola —contesté, vacilante.

—Soy yo. El camarero —respondió el hombre, y dio un paso al frente en la tenue luz para que le viera el rostro. Preguntó—: ¿Te ha gustado el vino?

—Ah, hola. Sí. Ha sido todo un detalle por tu parte. Gracias.

—Todavía estoy trabajando —dijo, echando la ceniza del cigarrillo en un tiesto—. Pero enseguida acabo. Tengo la caravana al otro lado del camino, por si quieres venir a divertirte un rato conmigo. Puedo llevar una botella entera de ese pinot gris que te ha gustado.

—Gracias —dije—. Pero he de madrugar para ponerme en marcha.

Dio otra calada al cigarrillo, y el ascua ardió con luz viva. Yo lo había observado un poco después de traerme el vino. Le calculaba unos treinta años. Los vaqueros le favorecían. ¿Por qué no me iba con él?

—Bueno, tienes tiempo para pensártelo, por si cambias de opinión —dijo.

—Mañana tengo que caminar treinta kilómetros —contesté, como si eso significara algo para él.

—Podrías dormir en mi caravana —dijo—. Te cedería mi cama. Yo dormiría en el sofá, si quisieras. Seguro que agradecerías una cama después de tanto dormir en el suelo.

—Ya me he instalado allí. —Señalé el prado.

Volví a mi campamento un tanto inquieta, traspasada por un estremecimiento de puro deseo, turbada y halagada a partes iguales por su interés. Cuando volví, las mujeres se habían encerrado ya en sus tiendas por esa noche, pero Brent seguía despierto, de pie en la oscuridad, contemplando las estrellas.

—Bonito, ¿no? —susurré, deteniéndome a su lado a contemplar el cielo.

Al hacerlo, me di cuenta de que no había llorado ni una sola vez desde que puse los pies en el sendero. ¿Cómo podía ser? Después de tanto como había llorado, eso me parecía imposible, pero así era. Casi se me escaparon las lágrimas al tomar conciencia de ello; sin embargo, solté una carcajada.

—¿Qué te hace tanta gracia? —preguntó Brent.

—Nada. —Consulté mi reloj. Eran las diez y cuarto—. A estas horas suelo estar profundamente dormida.

—Yo también —dijo Brent.

—En cambio esta noche estoy de lo más despierta.

—Es por la excitación de estar en un pueblo —dictaminó él.

Los dos nos echamos a reír. Había disfrutado con la compañía de mujeres todo el día, agradeciendo la clase de conversación que rara vez había mantenido desde el principio del SMP, pero curiosamente era a Brent a quien sentía más cercano, aunque solo fuera porque me resultaba familiar. De pie a su lado, me di cuenta de que me recordaba a mi hermano, a quien, a pesar de nuestra distancia, quería más que a nadie.

205

—Deberíamos pedir un deseo —propuse a Brent.

—¿No tendrías que esperar a ver una estrella fugaz? —preguntó él.

—Según la tradición, sí. Pero podemos inventarnos normas nuevas —afirmé—. Por ejemplo, quiero unas botas que no me hagan daño en los pies.

—¡No hay que decirlo en voz alta! —dijo él, exasperado—. Es como cuando soplas las velas en tu cumpleaños. No puedes decir a nadie cuál es tu deseo. Ahora ya no se hará realidad. Puedes dar tus pies por perdidos.

—No necesariamente —dije, indignada, aunque se me revolvió el estómago porque sabía que él tenía razón.

—Vale, ya he pedido el mío. Ahora te toca a ti —dijo.

Miré una estrella, pero mi cabeza saltaba de una cosa a otra.

—¿Mañana vas a salir muy temprano? —pregunté.

—Al amanecer.

—Yo también —dije. No quería despedirme de él a la mañana siguiente. Trina, Stacy y yo habíamos decidido caminar y acampar juntas durante un par de días, pero Brent avanzaba más deprisa que nosotras, lo que significaba que seguiría solo.

—¿Qué? ¿Ya has pedido tu deseo? —preguntó.

—Todavía me lo estoy pensando.

—Es un buen momento para pedirlo. Es nuestra última noche en Sierra Nevada.

—Adiós, Cadena de la Luz —dije al cielo.

—Podrías pedir un caballo —propuso Brent—. Así no tendrías que preocuparte por los pies.

Lo miré en la oscuridad. Era verdad: en el SMP podían circular excursionistas y también animales de carga, aunque todavía no me había cruzado con ningún jinete en el sendero.

—Antes tenía un caballo —dije, volviendo a fijar la mirada en el cielo—. De hecho, tenía dos.

—Afortunada tú —repuso él—. No todo el mundo tiene un caballo.

Permanecimos en silencio durante un rato.

Pedí mi deseo.

CUARTA PARTE

Salvaje

Cuando no tenía techo, hacía
de la audacia mi techo.
ROBERT PINSKY, *Canción del samurái*

Nunca nunca nunca te rindas.
WINSTON CHURCHILL

11

Lou sin Lou

*H*acía autostop en el arcén de la carretera, a las afueras de la localidad de Chester, cuando un hombre al volante de un Chrysler LeBaron plateado paró y se apeó. En las últimas cincuenta y pico horas había caminado ochenta kilómetros con Stacy, Trina y su perro, desde Belden Town hasta un lugar llamado Stover Camp, pero nos habíamos separado diez minutos antes, cuando se detuvo una pareja en un Honda Civic y anunció que solo tenía sitio para dos. «Id vosotras», dijimos las tres. «No, id vosotras», repetimos. Hasta que insistí tanto que Stacy y Trina subieron al vehículo, seguidas torpemente por *Odín*, que se sentó donde pudo mientras yo les aseguraba que ya me las arreglaría.

Y sí, me las arreglaría, pensé, mientras el conductor del Chrysler LeBaron se acercaba a mí por el arcén de gravilla de la carretera. Aun así, sentí cierto malestar en el vientre a la vez que trataba de adivinar, en una milésima de segundo, sus intenciones. Parecía buena persona, un poco mayor que yo. Sí, era buena persona, decidí, cuando vi en el parachoques de su automóvil una pegatina verde donde se leía IMAGINA LA PAZ MUNDIAL.

¿Ha existido alguna vez un asesino en serie que imaginara la paz mundial?

—¿Qué tal? —saludé cordialmente.

Tenía el silbato más sonoro del mundo en la mano. De un modo inconsciente había rodeado con los dedos el cordón de nailon del que pendía en el armazón de Monstruo. No había utilizado el silbato desde que me embistió el toro, pero a partir de entonces tuve visceral conciencia en todo momento de dónde estaba con relación a mí, como si se hallara sujeto no solo a la mochila por medio de un cordón, sino también prendido a mí a través de otro cordón invisible.

—Buenos días —saludó el hombre, y tendió la mano para estrechar la mía; el pelo castaño le cayó por encima de los ojos.

Me dijo que se llamaba Jimmy Carter, aunque no era pariente del presidente, y que no podía llevarme porque no había espacio en el coche. Miré y vi que era verdad. Salvo por el asiento del conductor, estaba todo hasta los topes de periódicos, libros, ropa, latas de refrescos y un revoltijo de otros objetos que se alzaban a la altura de las ventanillas. Quería saber, aun así, si podía hablar conmigo. Explicó que era periodista y trabajaba para una publicación llamada *Hobo Times*. Viajaba en coche por el país entrevistando a «gentes» que llevaban vida de vagabundo.

—No soy una vagabunda —contesté; aquella idea me pareció hasta graciosa—. Soy una excursionista de largas distancias. —Solté el silbato y, extendiendo el brazo hacia la carretera, hice señas con el pulgar a una furgoneta que pasaba—. Estoy recorriendo el Sendero del Macizo del Pacífico —expliqué, mirándolo y deseando que se metiera en el coche y se marchara. Tenía que hacer autostop en dos carreteras distintas para llegar a Old Station y él no era de mucha ayuda.

Estaba sucia, y mi ropa más sucia aún, pero seguía siendo una mujer sola. La presencia de Jimmy Carter complicaba las cosas, alteraba el panorama desde el punto de vista de los conductores que pasaban. Recordé el tiempo que había tenido que esperar a pie de carretera cuando me proponía llegar a Sierra City con Greg. Con Jimmy Carter a mi lado, no iba a parar nadie.

—¿Y cuánto tiempo llevas en la carretera? —preguntó, sacando un bolígrafo y un cuaderno largo y estrecho de periodista del bolsillo trasero de su pantalón de pana ligero. Tenía el pelo desgreñado y sucio. El flequillo a veces ocultaba y a veces dejaba a la vista los ojos oscuros, según cómo soplara el viento. Me dio la impresión de ser una de esas personas que tenían un doctorado en algo etéreo e indescriptible. La historia de la conciencia, quizás, o estudios comparativos del discurso y la sociedad.

—Ya te lo he dicho, no voy vagando por los caminos —insistí, y me eché a reír. Pese a mi impaciencia por parar un coche, no podía evitar sentir cierto placer por la compañía de Jimmy Carter—. Estoy recorriendo el Sendero del Macizo del Pacífico —repetí, señalando a modo de aclaración el bosque que se elevaba desde la carretera, aunque, en realidad, el SMP estaba a unos catorce kilómetros al oeste de dónde nos encontrábamos.

Me miró con semblante inexpresivo, sin entender. Con la mañana avanzada, la temperatura ya era alta: uno de esos días en que a las doce apretaría el calor. Me pregunté si él percibía mi olor. A esas alturas yo ya no lo sentía. Retrocedí un paso y, rindiéndome, bajé mi brazo de autostopista. Por lo que se refería a parar un coche, mientras él no se fuera, lo tenía crudo.

—Es un sendero paisajístico nacional —dije, pero él siguió mirándome con expresión paciente y el cuaderno en la mano con la hoja en blanco. Mientras le explicaba qué era el SMP y qué hacía yo allí, advertí que Jimmy Carter no estaba mal. Me preguntó si llevaría comida en el coche.

—Si estás recorriendo un sendero en plena naturaleza, ¿qué haces aquí? —preguntó.

Le conté que daba un rodeo para evitar la nieve profunda del Parque Volcánico Nacional del Lassen.

—¿Cuánto tiempo llevas en la carretera?

—Llevo en el «sendero» cerca de un mes —contesté, y lo observé mientras lo anotaba. Se me ocurrió que tal vez sí era un poco vagabunda, después de tanto tiempo de autostop y rodeos, pero no me pareció prudente mencionarlo.

—¿Cuántas noches has dormido bajo techo a lo largo de ese mes? —preguntó.

—Tres —contesté, después de pensármelo: una noche en casa de Frank y Annette, y otras dos noches en los moteles de Ridgecrest y Sierra City.

—¿Ese es todo tu equipaje? —preguntó, señalando con el mentón la mochila y el bastón de esquí.

—Sí. Bueno, también tengo unas cuantas cosas almacenadas, pero por ahora esto es todo. —Apoyé la mano en Monstruo, que ya siempre me parecía un amigo, pero más aún en compañía de Jimmy Carter.

—¡Pues entonces diría que eres una vagabunda! —sentenció alegremente, y me pidió que le deletreara mi nombre y mi apellido.

Accedí y enseguida me arrepentí de haberlo hecho.

—¡No me jodas! —exclamó cuando lo hubo anotado en el papel—. ¿De verdad te llamas así?

—Sí —contesté, y me volví, como si buscara un coche, para

211

que no advirtiera la vacilación en mi rostro. Reinó un inquietante silencio hasta que un camión de transporte de madera dobló la curva y pasó estruendosamente, indiferente a mi pulgar suplicante.

—Bien —dijo Jimmy Carter después de pasar el camión—, pues podría decirse que eres una auténtica extraviada.[3]

—Yo no diría eso —farfullé—. Ser vagabunda y ser excursionista son dos cosas muy distintas. —Metí la muñeca en la correa rosa de mi bastón de esquí y escarbé la tierra con la punta, trazando una línea que no iba a ninguna parte—. Puede que no sea una excursionista tal como tú lo concibes —expliqué—. Soy más bien una excursionista «experta». Recorro entre veinticinco y treinta y cinco kilómetros diarios, un día tras otro, monte arriba, monte abajo, lejos de las carreteras, de la gente y de todo, pasando a menudo días y días sin ver a nadie más. Tal vez deberías escribir un artículo sobre eso.

Él apartó la vista del cuaderno y me miró; el pelo se le agitó ante la cara pálida. Se parecía a mucha gente que conocía. Me pregunté si él pensaba eso mismo de mí.

—Joder, casi nunca encuentro a mujeres vagabundas —dijo casi en un susurro, como si me confiara un secreto—, así que esto me viene que ni pintado.

—¡No soy una vagabunda! —insistí, esta vez con mayor vehemencia.

—Es difícil encontrar vagabundas —repitió él, erre que erre.

Le dije que eso se debía a que las mujeres estaban demasiado oprimidas para ser vagabundas. Que muy probablemente las mujeres que deseaban ser vagabundas estaban enclaustradas en una casa con una patulea de niños que criar. Niños engendrados por hombres vagabundos que se habían echado a la carretera.

—Ah, ya veo —me respondió—. Eres feminista, pues.

—Sí —respondí. Fue una satisfacción poder coincidir en algo con él.

—Mis preferidas —declaró, y escribió algo en su cuaderno sin decir a qué se refería con eso de «preferidas».

—¡Pero todo eso da igual! —exclamé—. Porque no soy una vagabunda. Debes saber que esto es una actividad del todo legal.

3. Véase nota 1, en la página 13. *(N. de los T.).*

Esto que hago. No soy la única que recorre el SMP. Hay más gente que lo hace. ¿Has oído hablar del Sendero de los Apalaches? Es como el SMP. Solo que en el este. —Me quedé mirándolo mientras escribía más palabras que las que yo había pronunciado, o esa impresión tuve.

—Me gustaría sacarte una foto —dijo Jimmy Carter. Metió la mano en el coche y sacó una cámara—. Por cierto, esa camiseta mola. Me encanta Bob Marley. Y también me gusta tu pulsera. Muchos vagabundos son veteranos de Vietnam, ¿sabías?

Miré el nombre de William J. Crocket inscrito en mi pulsera.

—Sonríe —indicó, y sacó una foto. Me dijo que buscara su artículo en el número de otoño del *Hobo Times*, como si fuera una lectora asidua. Añadió—: *Harper's* ha publicado fragmentos de algunos artículos.

—¿*Harper's*? —pregunté, estupefacta.

—Sí, es esa revista que…

—Ya sé qué es *Harper's* —lo interrumpí con aspereza—, y no quiero salir en *Harper's*. Mejor dicho, en realidad sí quiero salir en *Harper's*, pero no por ser una vagabunda.

—Pensaba que no eras vagabunda —dijo él, y dio media vuelta para abrir el maletero de su coche.

—En efecto, no lo soy, así que sería muy mala idea salir en *Harper's*, lo que significa que probablemente no deberías siquiera escribir un artículo porque…

—Aquí tienes un paquete asistencial estándar para vagabundos —anunció, volviéndose para darme una lata de cerveza Budweiser fría y una bolsa de plástico lastrada por un puñado de artículos.

—Pero yo no soy una vagabunda —repetí por última vez, con menos fervor que antes, temiendo que al final me creyera y me quitara el paquete asistencial estándar para vagabundos.

—Gracias por la entrevista —dijo, y cerró el maletero—. Cuídate.

—Sí. Lo mismo digo —respondí.

—Vas armada, supongo. O eso espero.

Me encogí de hombros, evitando pronunciarme.

—Porque ya sé que has estado al sur de aquí, pero ahora vas hacia el norte, lo que significa que pronto entrarás en la tierra del Pie Grande.

—¿El Pie Grande?

—Sí. Ya sabes, sasquatch. No te engaño. De aquí a la frontera y, más allá, en Oregón, estarás en el territorio donde más veces dicen haber visto a un pie grande. —Se volvió hacia los árboles como si un sasquatch estuviera a punto de abalanzarse sobre nosotros—. Mucha gente cree en ellos. Muchos vagabundos…, gente que vive al aire libre. Gente que sabe. Oigo hablar del pie grande continuamente.

—Bueno, no tengo miedo, creo. Al menos por ahora —dije, y me eché a reír, aunque se me encogió un poco el estómago.

En las semanas anteriores a mi andadura por el SMP había pensado en osos y serpientes, en pumas y gente extraña que me cruzaría por el camino. No había contemplado la posibilidad de encontrarme con esa otra clase de bestias: bípedos peludos humanoides.

—Seguramente no te pasará nada. Yo no me preocuparía. Lo más probable es que te dejen en paz. Sobre todo si vas armada.

—Ya —asentí.

—Suerte en tu viaje —dijo, y se metió en el coche.

—Y tú suerte… en tu búsqueda de vagabundos —me despedí, y lo saludé con la mano cuando se alejó.

Me quedé allí un rato, dejando pasar los coches sin intentar siquiera hacerlos parar. Me sentí más sola que nadie en todo el ancho mundo. El sol me aplastaba, incluso con la gorra. Me pregunté dónde estarían Stacy y Trina. El hombre que las había recogido las dejaría a unos dieciocho kilómetros al este, en el cruce de la siguiente carretera donde debíamos hacer autostop otra vez, que nos llevaría hacia el norte y luego de regreso al oeste hasta Old Station, donde reemprenderíamos la andadura por el SMP. Habíamos quedado en ese cruce. Lamenté un poco haberlas animado a marcharse sin mí cuando paró aquel coche. Extendí el pulgar al acercarse otro auto y, solo cuando me dejó atrás, caí en la cuenta de que no quedaba muy bien hacer dedo con una lata de cerveza en la mano. Me acerqué el aluminio frío a la frente caliente y de pronto sentí el impulso de bebérmela. ¿Por qué no? En la mochila no haría más que calentarse.

Me cargué en los hombros a Monstruo y bajé tranquilamente por el terraplén de la cuneta, atravesando la maleza, y volví a subir al otro lado para adentrarme en el bosque, donde, en cierto modo, me sentía como en casa. Ahora ese era un mundo que me pertenecía como no me pertenecía ya el de las carreteras, las poblaciones y los coches. Caminé hasta encontrar un buen sitio a la sombra. Me senté en el suelo y abrí la cerveza. No me gustaba la cerveza —de hecho, esa Budweiser era la primera cerveza entera que me bebía en la vida—, pero me supo bien, tal como les sabe la cerveza, imagino, a aquellos que la adoran: fría, áspera, vigorizante y en su punto.

Mientras la bebía, exploré el contenido de la bolsa de plástico. Lo saqué y puse cada cosa en el suelo ante mí: un paquete de chicle de menta, tres toallitas húmedas envueltas individualmente, dos aspirinas en un envoltorio de papel y seis caramelos en papel dorado translúcido, un librito de cerillas donde se leía «Gracias, Laboratorios Steinbeck», una salchicha Slim Jim dentro de su mundo de plástico al vacío, un único cigarrillo en un estuche cilíndrico de plástico, una cuchilla desechable y una lata pequeña pero ancha de alubias con tomate.

Comí primero la Slim Jim, regándola con lo que me quedaba de la Budweiser, y luego los caramelos, los seis, uno detrás de otro, y después —todavía famélica, siempre famélica— dirigí mi atención a la lata de alubias con tomate. La abrí con el abrelatas imposible de mi navaja suiza, avanzando poco a poco, y luego, por la pereza que me daba revolver en la mochila en busca de la cuchara, me las comí con la ayuda de la propia navaja, a lo vagabundo.

Volví a la carretera un poco mareada por la cerveza. Mascando dos chicles de menta para despejarme, enseñé alegremente el pulgar a todos los vehículos que pasaban. Al cabo de unos minutos se detuvo un viejo Maverick blanco. Iba al volante una mujer, y la acompañaban un hombre en el asiento contiguo y otro hombre con un perro en el de atrás.

—¿Adónde vas? —preguntó.

—A Old Station —respondí—. O al menos al cruce de la 36 con la 44.

—Nos pilla de camino —dijo, y salió del coche, fue a la parte de atrás y abrió el maletero. Aparentaba unos cuarenta años. Tenía el pelo muy rizado y teñido de rubio, el rostro hinchado y salpicado de antiguas cicatrices de acné. Vestía un pantalón con las perneras cortadas y una camiseta grisácea sin mangas que parecía hecha con las hebras de una fregona, y lucía unos pendientes de oro en forma de mariposas—. Menuda mochila llevas, chica —dijo, y se rio estentóreamente.

215

—Gracias, gracias —decía yo una y otra vez, enjugándome el sudor de la cara mientras, entre las dos, metíamos a Monstruo en el maletero.

Al final lo conseguimos, y yo me senté detrás con el perro y el hombre. El perro era un husky precioso, de ojos azules, que permanecía de pie en el pequeño espacio de suelo ante el asiento. El hombre era esbelto y más o menos de la misma edad que la mujer; llevaba el pelo oscuro recogido en una fina trenza. Vestía un chaleco negro de cuero sin camisa debajo y un fular rojo en lo alto de la cabeza, al estilo motero.

—Hola —musité en dirección a él mientras buscaba en vano el cinturón de seguridad, embutido irrecuperablemente en el pliegue del asiento, a la vez que recorría sus tatuajes con la mirada: en un brazo, una bola metálica con púas en el extremo de una cadena; en el otro, el busto de una mujer con los pechos desnudos y la cabeza echada hacia atrás en actitud de dolor o éxtasis; escrita a través del pecho moreno, una palabra en latín cuyo significado yo desconocía.

Cuando renuncié a encontrar el cinturón de seguridad, el husky se inclinó hacia mí y, con avidez, me lamió la rodilla con su lengua suave y extrañamente fría.

—Ese puto perro tiene buen gusto con las mujeres —dijo el hombre—. Se llama *Stevie Ray* —añadió. De inmediato el perro dejó de lamerme, cerró la boca firmemente y me miró con sus gélidos ojos ribeteados de negro, como si supiera que acabaran de presentarlo y quisiera mostrarse educado—. Yo soy Spider. Ya has conocido a Louise; la llaman Lou.

—¡Hola! —saludó Lou, mirándome a los ojos por un segundo a través del retrovisor.

—Y este es mi hermano Dave —continuó él, señalando al hombre del asiento del acompañante.

—Hola —saludé.

—¿Y tú qué? ¿Tienes nombre? —preguntó Dave, volviéndose.

—Ah, sí, perdona. Me llamo Cheryl. —Sonreí, aunque sentí una vaga incertidumbre por haberme subido a ese coche en particular. Ya no había nada que hacer. Íbamos de camino, y el viento caliente me agitaba el pelo. Acaricié a *Stevie Ray* a la vez que examinaba a Spider con el rabillo del ojo—. Gracias por recogerme —dije para disimular mi inquietud.

—Ah, no tiene importancia, hermana —contestó Spider. Llevaba un anillo con una turquesa cuadrada en el dedo corazón—. Todos hemos estado en la carretera. Todos sabemos lo que es. Yo hice dedo la semana pasada y ni muerto me habría parado un puto coche. Por eso al verte le he dicho a Lou que parase. El puto karma, ¿sabes?

—Ya —dije, llevándome la mano al pelo para remetérmelo por detrás de las orejas. Lo tenía tan áspero y seco como la paja.

—¿Y qué haces en la carretera? —preguntó Lou desde el asiento delantero.

Solté todo el rollo del SMP, explicando lo del sendero, el récord histórico de nieve y las complicaciones de hacer autostop para llegar a Old Station. Escucharon con curiosidad respetuosa y distante; los tres encendieron cigarrillos mientras yo hablaba.

Cuando acabé, Spider dijo:

—Tengo una historia para ti, Cheryl. Creo que está en la onda de lo que explicas. Hace un tiempo yo andaba leyendo cosas sobre animales, y había en Francia un puto científico allá por los putos años treinta o cuarenta o cuando fuera. Se proponía hacer dibujar a unos simios, imágenes artísticas, como las imágenes que vemos en los cuadros serios de los putos museos y toda esa mierda. La cosa es que el científico enseñaba continuamente a los simios unos cuadros y les daba carboncillos para dibujar, y de pronto un día uno de los simios por fin va y dibuja algo, pero no es una imagen artística lo que dibuja. Dibuja los barrotes de su puta jaula. ¡Su puta jaula! Tía, he ahí la realidad, ¿no? Me identifico con eso, y seguro que tú también, hermana.

—Así es —respondí, muy seria.

—Todos nos identificamos con eso, tío —dijo Dave, y se volvió en el asiento para poder intercambiar con Spider unas palmadas a lo hermanos de sangre moteros.

—¿Quieres saber una cosa de este perro? —me preguntó Spider cuando acabaron—. Me lo dieron el día que murió Stevie Ray Vaughan. Por eso le puse ese puto nombre.

—Me encanta Stevie Ray —dije.

—¿Te gusta *Texas Flood*? —me preguntó Dave.

—Sí —dije, derritiéndome de gusto solo de recordar el disco.

—Lo tengo aquí —dijo. Sacó un CD y lo puso en el aparato de música apoyado entre Lou y él.

Enseguida llenaron el coche los acordes de la celestial guitarra eléctrica de Vaughan. La música se me antojó una forma de sustento, como si fuera comida, como todas las cosas que en su día había dado por sentadas y que ahora se habían convertido en fuente de éxtasis para mí porque me habían sido negadas. Vi pasar los árboles a toda velocidad, absorta en la canción *Love Struck Baby* ('una nena prendada de amor').

Cuando acabó, Lou dijo:

—Nosotros también estamos prendados de amor, Dave y yo. Nos casamos la semana que viene.

—Enhorabuena —los felicité.

—¿Quieres casarte conmigo, cariño? —me preguntó Spider, rozándome fugazmente el muslo desnudo con el dorso de la mano. Sentí la dureza del anillo de turquesa en mi piel.

—No le hagas caso —dijo Lou—. Es un calentorro, el muy cabrón. —Se rio, y cruzamos una mirada por el retrovisor.

También yo era una calentorra, pensé, mientras *Stevie Ray*, el perro, me lamía la rodilla metódicamente y el otro Stevie Ray acometía una versión trepidante de *Pride and Joy*. El punto de la pierna donde Spider me había tocado parecía palpitar. Deseé que volviera a hacerlo, aun sabiendo que era ridículo. Del soporte del retrovisor colgaba una tarjeta plastificada con la imagen de una cruz, junto con un desvaído ambientador en forma de árbol de Navidad, y cuando la tarjeta giraba, veía en el otro lado la fotografía de un niño.

—¿Ese es hijo tuyo? —pregunté a Lou cuando acabó la canción, señalando el espejo.

—Es mi pequeño Luke —respondió ella, tendiendo la mano para golpetear la tarjeta.

—¿Irá a la boda? —pregunté, pero ella no contestó. Se limitó a bajar el volumen de la música, y al instante supe que había dicho una inconveniencia

—Murió hace cinco años, cuando tenía ocho —contestó Lou al cabo de un momento.

—Lo siento mucho —dije. Me incliné y le di unas palmadas en el hombro.

—Iba en bicicleta y lo embistió un camión —explicó sin más—. No murió en el acto. Aguantó durante una semana en el hospital. Los médicos no podían creérselo, que no muriera al instante.

—Tenía aguante, ese puto niño —afirmó Spider.

—Y tanto que lo tenía —coincidió Lou.

—Igual que su madre —intervino Dave, dándole un apretón en la rodilla a Lou.

—Lo siento mucho —repetí.

—Sé que lo sientes —dijo Lou antes de volver a subir el volumen de la música. Seguimos avanzando por la carretera sin hablar, escuchando el gemido de la guitarra eléctrica de Vaughan en *Texas Flood*; al oírla el corazón se me encogía.

Pocos minutos después, Lou anunció a voz en grito:

—Aquí está tu cruce. —Paró en el arcén, apagó el motor y miró a Dave—. ¿Por qué no sacáis a mear a *Stevie Ray*?

Se apearon todos conmigo y se quedaron alrededor encendiendo cigarrillos mientras yo sacaba la mochila del maletero. Dave y Spider se llevaron a *Stevie Ray* y se internaron entre los árboles que había al borde de la carretera; Lou y yo nos quedamos a la sombra, cerca del coche, mientras me abrochaba a Monstruo. Me preguntó si tenía hijos, cuál era mi edad, si estaba casada o si lo había estado alguna vez.

No, veintiséis, no, sí, contesté.

—Eres guapa —dijo—, así que te irá bien hagas lo que hagas. Yo en cambio cuento solo con mi buen corazón para ganarme el aprecio de los demás. Siempre he sido muy del montón.

—Eso no es verdad —protesté—. Yo te veo guapa.

—¿Ah, sí? —preguntó ella.

—Sí —respondí, aunque guapa no era precisamente como yo la habría descrito.

—¿Ah, sí? Gracias. Es agradable oírlo. En general, Dave es el único que lo piensa. —Bajó la mirada hacia mis piernas—. ¡Chica, necesitas depilarte! —exclamó, y luego rio de la misma manera estentórea que al hablar del tamaño de mi mochila—. No me hagas caso —dijo, expulsando humo por la boca—. Te estoy dando la lata. Me parece estupendo que hagas lo que te dé la gana. Si quieres saber mi opinión, tendrían que hacerlo más chicas, eso de mandar a la mierda a la sociedad y todas sus expectativas. Si lo hicieran más mujeres, nos iría mucho mejor. —Aspiró una calada y exhaló el humo, que formó un trazo consistente—. El caso es que después de aquello, la muerte de mi hijo…, después de lo que pasó, yo también me morí. Por dentro. —Se dio una palmada en el pecho con la mano que sostenía el cigarrillo—. Parezco la misma, pero aquí dentro no soy la misma. O sea, la vida sigue y todo ese rollo, pero la muerte de Luke me quitó las ganas de vivir.

219

Intento disimularlo, pero así es. Lou se quedó sin Lou, y no voy a recuperarla. ¿Entiendes lo que quiero decir?

—Sí —respondí, mirándola a los ojos de color avellana.

—Me lo imaginaba —dijo ella—. Esa es la impresión que me has dado.

Me despedí de ellos, fui al otro lado del cruce y tomé la carretera que me llevaría a Old Station. El calor era tan intenso que se elevaba del suelo en ondas visibles. Cuando llegué a la carretera, vi tres figuras ondulantes a lo lejos.

—¡Stacy! —grité—. ¡Trina!

Me vieron y agitaron los brazos. *Odín* saludó con un ladrido.

Un coche nos llevó a las tres a Old Station, otra aldea, más un cúmulo de edificios que un pueblo. Trina se acercó a la oficina de correos para enviar a casa unas cuantas cosas mientras Stacy y yo la esperábamos en la cafetería con aire acondicionado, tomando un refresco y hablando acerca del siguiente tramo del sendero. Era una porción del altiplano de Modoc llamada Hat Creek Rim: una zona desolada y famosa por la escasez de sombra y de agua, un trecho legendario de un sendero de leyendas. Seca y calurosa, fue arrasada por un incendio en 1987. Según *El Sendero del Macizo del Pacífico. Volumen I: California,* si bien no existía ninguna fuente de agua fiable desde Old Station hasta Rock Springs, a cincuenta kilómetros de distancia, en el momento de imprimirse la guía, en 1989, el Servicio Forestal se disponía a instalar un depósito de agua cerca de las ruinas de una antigua torre de vigilancia contra incendios, a veinticinco kilómetros de allí. Advertía asimismo que esta información debía verificarse y, aun cuando lo hubieran instalado, no siempre podía contarse con tales depósitos debido a los actos vandálicos en forma de orificios de bala.

Chupando el hielo de mi refresco cubito a cubito, valoré este dato. Me había deshecho de mi bolsa dromedario en Kennedy Meadows, ya que la mayoría de los tramos del sendero al norte de allí proporcionaban agua suficiente. En previsión de la aridez de Hat Creek Rim, había pensado comprar una garrafa de agua y sujetarla a Monstruo por medio de una correa, pero, por razones económicas y físicas, confiaba en que eso no fuera necesario. Esperaba gastar el poco dinero que me quedaba en comida, allí en la cafetería, en lugar de destinarlo a una garrafa de agua, por no hablar ya del tormento de cargar con ella por los cincuenta kilómetros de sendero por Hat Creek Rim. Así que casi me caí de la silla de alegría y alivio cuando Trina volvió de la oficina de correos con la noticia de que los excursionistas que se dirigían hacia el sur habían escrito en el registro del sendero que el depósito mencionado en la guía estaba allí y contenía agua.

Exultantes, nos dirigimos a un camping situado a menos de dos kilómetros y plantamos las tres tiendas contiguas para una última noche juntas. Trina y Stacy se marcharían al día siguiente, pero yo decidí quedarme, porque deseaba volver a caminar sola y también descansar los pies, aún a medio recuperarse de las ampollas ocasionadas por el descenso desde Tres Lagos.

Cuando desperté a la mañana siguiente, tenía todo el camping para mí. Me senté a la mesa de picnic y bebí té preparado en el cazo mientras quemaba las últimas hojas de *The Novel*. El profesor que había despreciado a Michener tenía razón en algunos aspectos: no era William Faulkner ni Flannery O'Connor, pero en cualquier caso me había atrapado plenamente, y no solo por la manera de escribir. El tema me tocó la fibra sensible. Era una historia sobre muchas cosas, pero se centraba en la vida de una novela, narrada desde las perspectivas del autor y el editor, los críticos y los lectores. Pese a todas las cosas que había hecho en la vida, pese a todas las versiones de mí misma que había vivido, había algo que nunca había cambiado: yo era escritora. Tenía previsto escribir mi propia novela algún día. Me avergonzaba no haberla escrito ya. En la imagen de mí misma que tenía diez años antes, estaba convencida de que a estas alturas habría publicado ya mi primer libro. Había escrito varios cuentos y había hecho un intento serio con una novela, pero me hallaba aún muy lejos de tener un libro acabado. En el tumulto del año anterior había llegado a pensar que la facultad de escribir me había abandonado para siempre, pero en mis caminatas sentía que esa novela volvía a mí, intercalando su voz entre los fragmentos de canciones y las melodías publicitarias que sonaban en mi cabeza. Esa mañana en Old Station, mientras arrancaba las hojas del libro de Michener de cinco en cinco y de diez en diez para que ardieran mejor, acuclillada junto a la fogata de mi campamento para prenderles fuego, decidí empezar. De todos modos solo tenía por delante un largo día caluroso, así que me senté a la mesa de picnic y escribí hasta media tarde.

221

Cuando alcé la vista, vi que una ardilla listada abría un agujero con los dientes en la puerta de malla de mi tienda para acceder a la bolsa de comida. La ahuyenté y la maldije mientras ella me dirigía sus chasquidos desde un árbol. Para entonces el camping se había llenado: la mayoría de las mesas de picnic estaban cubiertas de neveras portátiles y hornillos Coleman; furgonetas y caravanas ocupaban las pequeñas plazas pavimentadas. Saqué la bolsa de comida de la tienda y cargué con ella a lo largo de los casi dos kilómetros de regreso a la cafetería donde me había sentado con Trina y Stacy la tarde anterior. Pedí una hamburguesa, sin importarme gastar casi todo el dinero que me quedaba. Mi siguiente caja de reaprovisionamiento se hallaba en el Parque Estatal de Burney Falls, a 67 kilómetros, pero podía llegar allí al cabo de dos días ahora que por fin era capaz de caminar más deprisa y recorrer mayor distancia: había completado dos etapas de treinta kilómetros consecutivas al salir de Belden. Eran las cinco de la tarde de un día de verano, y no oscurecía hasta las nueve o las diez, así que yo era la única cliente, allí, devorando mi cena.

Salí del restaurante con solo un poco de calderilla en el bolsillo. Pasé de largo ante un teléfono público. Luego volví sobre mis pasos hasta él, cogí el auricular y, al tiempo que las entrañas me temblaban por una mezcla de miedo y emoción, marqué el 0. Cuando me atendió la operadora para pasar mi llamada, le di el número de Paul.

Respondió cuando el teléfono sonaba por tercera vez. Me sentí tan abrumada al oír su voz que apenas pude saludarlo.

—¡Cheryl! —exclamó.

—¡Paul! —dije por fin, y luego, hablando atropelladamente, le conté dónde estaba y parte de lo que me había pasado desde la última vez que lo vi.

Hablamos durante casi una hora, manteniendo una conversación afectuosa y exuberante, marcada por el respaldo y la gentileza. No parecía mi exmarido; parecía mi mejor amigo. Cuando colgué, bajé la mirada hacia mi bolsa de comida, en el suelo. De un color azul verdoso y tubular, y de un material tratado con la textura de la goma, estaba casi vacía. La cogí, la estreché contra mi pecho y cerré los ojos.

Volví al camping y me quedé sentada durante un buen rato a la mesa de picnic con *A Summer Bird-Cage* en las manos, incapaz de leer a causa de la emoción. Observé a la gente preparar la cena alrededor; luego contemplé el sol amarillo mientras se degradaba en rosa, naranja y los más tenues tonos de lavanda en el cielo. Echaba de menos a Paul. Echaba de menos mi vida. Pero no deseaba volver a ella. El recuerdo del momento en que Paul y yo nos dejamos caer en el suelo cuando le conté mis infidelidades me embestía una y otra vez, y tomé conciencia de que al pronunciar esas palabras no solo había provocado mi divorcio, sino también esto otro: verme allí sola, en Old Station, California, sentada a una mesa de picnic bajo el magnífico cielo. No me sentía triste ni dichosa. No me sentía orgullosa ni avergonzada. Solo sentía que, a pesar de todos mis errores, llegar allí había sido un acierto.

Me acerqué a Monstruo y saqué el estuche de plástico con un cigarrillo que me había dado Jimmy Carter ese mismo día. Yo no fumaba, pero, aun así, rompí el estuche, me senté encima de la mesa de picnic y encendí el cigarrillo. Llevaba en el SMP poco más de un mes. Parecía mucho tiempo y a la vez tenía la impresión de que el viaje acababa de empezar, como si justo entonces comenzara a ahondar en aquello que debía hacer allí. Como si fuera aún la mujer con el agujero en el corazón, pero el tamaño del agujero hubiera disminuido mínimamente.

Di una calada y expulsé el humo por la boca, recordando que esa mañana, al marcharse Jimmy Carter, me había sentido más sola que nadie en el ancho mundo. Quizá sí estaba más sola que nadie en el ancho mundo.

Quizás eso no estaba mal.

223

12

Hasta aquí

*D*esperté al alba y, con movimientos precisos, levanté el campamento. Ahora tardaba cinco minutos en recogerlo todo. Los objetos que en su día formaron una insondable pila en la cama del motel de Mojave, aquellos de los que no me había deshecho o no había quemado, tenían su lugar dentro o fuera de mi mochila, y yo sabía exactamente cuál era. Mis manos iban al sitio exacto instintivamente, casi como si la orden no pasara por el cerebro. Monstruo era mi mundo, mi quinta extremidad inanimada. Si bien su peso y su tamaño aún me desbordaban, ahora aceptaba que era la cruz con la que tenía que cargar. No me sentía en contradicción con la mochila, como me ocurría hacía un mes. No era yo contra ella. Las dos éramos una sola.

Cargar con Monstruo también me había cambiado por fuera. Tenía las piernas duras como peñascos, y los músculos, aparentemente capaces de todo, formaban ondulaciones bajo mi carne menguante como nunca hasta entonces. Las zonas de mi cadera, hombros y rabadilla que habían sangrado y formado costra repetidamente a causa del rozamiento de las correas de Monstruo por fin se habían sometido, convirtiéndose en ásperas marcas, metamorfoseada la carne en lo que solo puedo describir como un cruce entre corteza de árbol y pollo muerto una vez hervido en agua y desplumado.

¿Y qué decir de mis pies? En fin, aún los tenía absoluta e indescriptiblemente hechos polvo.

Los pulgares de ambos pies no se habían recuperado del vapuleo sufrido en el despiadado descenso desde Tres Lagos hasta Belden Town. Las uñas parecían casi muertas. Tenía los dedos meñiques tan en carne viva que me preguntaba si al final no se desgastarían por completo y desaparecerían de mis pies. Lo que parecían ya ampollas permanentes cubría la parte de atrás del talón hasta el tobillo. Pero esa mañana en Old Station me negué a pensar en mis pies. La capacidad para recorrer el SMP dependía en gran medida del control mental: la firme determinación de seguir adelante, pasara lo que pasara. Me cubrí las heridas con cinta adhesiva y segunda piel; me puse los calcetines y las botas y, renqueando, me acerqué al grifo del camping para llenar las dos cantimploras de dos litros de agua, que debían durarme los veinticuatro abrasadores kilómetros a través de Hot Creek Rim.

Aún era temprano cuando recorrí la carretera hasta el lugar donde esta cruzaba el SMP, pero ya hacía calor. Me sentía descansada y fuerte, preparada para el día. Pasé la mañana avanzando por lechos de arroyos secos y tortuosos, y por barrancos con la tierra dura como un hueso, deteniéndome para beber agua lo menos posible. Ya entrada la mañana, atravesé una escarpa de varios kilómetros de anchura, un terreno seco y elevado con malas hierbas y flores silvestres que apenas ofrecía una pizca de sombra. Los pocos árboles ante los que pasaba estaban muertos, víctimas del incendio de hacía años, sus troncos calcinados o chamuscados, las ramas rotas y convertidas en dagas por el fuego. Su austera belleza hizo mella en mí con muda y angustiada fuerza.

En lo alto veía el cielo azul por todas partes, el sol radiante e implacable, abrasándome pese a la gorra y el protector solar que me había aplicado en el rostro y los brazos sudorosos. La vista me alcanzaba a kilómetros de distancia: al sur, no muy lejos, estaba el nevado monte Lassen; a mayor distancia, al norte, el monte Shasta, más alto y también nevado. Ver este último me infundió un profundo alivio. Yo debía pasar por allí. Lo dejaría atrás y seguiría hasta el río Columbia. Ahora que había escapado de la nieve, tenía la impresión de que nada podía apartarme de mi rumbo. Cobró forma una imagen de mí misma caminando con soltura y júbilo el resto del camino, aunque el vibrante calor pronto la disipó, recordándome que no sería así, como yo bien sabía. Si llegaba a la línea divisoria entre Oregón y Washington, sería con todas las penalidades que entrañaba desplazarse a pie bajo una mochila monstruosa.

Aquella no se parecía en nada a mis habituales maneras de viajar por el mundo. Ahora los kilómetros no pasaban monótonamente a toda velocidad. Eran marañas largas y apretadas de matojos y terrones de tierra, hojas de hierba y flores que se doblaban al viento, árboles que se movían pesadamente y chirriaban. Eran el sonido de mi respiración y de mis pies contra el sendero paso a paso, y el golpeteo de mi bastón de esquí. El SMP me había enseñado qué era un kilómetro. Yo los acometía humildemente uno tras otro, y aún más humildemente aquel día en Hat Creek Rim, conforme la temperatura pasó de alta a altísima, sin que el viento hiciera mucho más que levantar remolinos de polvo a mis pies. Fue en una de esas ráfagas cuando oí un sonido más insistente que cualquiera de los que producía el viento y comprendí que era una serpiente de cascabel, agitando su cascabel con fuerza y cerca para ahuyentarme. Retrocedí con torpeza y vi a la serpiente en el sendero, a unos pasos por delante; el cascabel en alto como un dedo amonestador, un poco por encima del cuerpo enrollado; la cara roma apuntando hacia mí. Si hubiese avanzado un poco más, habría tropezado con ella. Era la tercera serpiente de cascabel que encontraba en el sendero. Tracé un arco casi cómicamente amplio en torno a ella y seguí adelante.

Al mediodía encontré una estrecha franja de sombra y me senté allí a comer. Me quité los calcetines y las botas, y me recosté en la tierra para apoyar los pies hinchados y maltrechos en la mochila, como hacía casi siempre en mis descansos a la hora del almuerzo. Alzando la vista al cielo, contemplé los halcones y las águilas que me sobrevolaban en serenos círculos, pero no me relajé del todo, y no solo por la serpiente de cascabel. El paisaje era tan árido que veía a grandes distancias, pese a tener la vaga sensación de que algo me acechaba muy cerca, observándome, aguardando para abalanzarse sobre mí. Me incorporé y recorrí el terreno con la mirada en busca de pumas; luego volví a recostarme, diciéndome que no había nada que temer, para incorporarme rápidamente al oír lo que identifiqué como el chasquido de una rama.

No era nada, me dije. No tenía miedo. Cogí la cantimplora y eché un largo trago. Estaba tan sedienta que la vacié; luego destapé la otra e, incapaz de contenerme, bebí también de esa. El termómetro que colgaba de la cremallera de mi mochila marcaba treinta y siete grados bajo aquella sombra.

Reanudé la marcha y, mientras caminaba, canté gratas canciones, bajo aquel sol que parecía poseer una fuerza física real compuesta de algo más que calor. El sudor se acumulaba en torno a mis gafas de sol y me caía a chorros en los ojos; me escocía tanto que a cada rato tenía que parar para enjugarme la cara. Se me antojaba imposible haber estado en las montañas nevadas con toda mi ropa puesta hacía solo una semana, que entonces despertara cada mañana con una gruesa capa de escarcha en las paredes de mi tienda. No podía recordarlo con precisión. Esos días blancos eran ahora como un sueño, como si durante todo ese tiempo hubiera avanzado tambaleante hacia el norte en medio de aquel calor abrasador, hasta cumplirse mi quinta semana en el sendero; el mismo calor que casi me había obligado a abandonar mi andadura en la segunda semana. Me detuve y volví a beber. El agua estaba tan caliente que prácticamente me quemaba la boca.

Artemisas y un despliegue de resistentes flores silvestres alfombraban el amplio altiplano. Al andar, plantas espinosas que no podía identificar me arañaban las pantorrillas. Otras que sí conocía parecían hablarme, pronunciando sus nombres con la voz de mi madre. Nombres que no era consciente de conocer hasta que asomaban con toda nitidez a mi mente: dauco, castilleja, altramuz. Esas mismas flores crecían en Minnesota, blancas y anaranjadas y violáceas. Cuando pasábamos por delante en el coche, mi madre a veces paraba y cogía un ramillete de las que crecían en la cuneta.

Me detuve y alcé la vista al cielo. Las aves de presa todavía volaban en círculo, en apariencia sin apenas aletear. «No volveré a casa», pensé con una irrevocabilidad que me cortó la respiración, y seguí adelante; mi mente se vaciaba con el mero esfuerzo de impulsar mi cuerpo a través de la desnuda monotonía del camino. No había un solo día en el sendero en que esa monotonía no acabara imponiéndose, y a partir de ese momento ya solo pensaba en lo que físicamente me resultaba más difícil. Era una especie de cura cauterizadora. Contaba los pasos, hasta llegar a cien, y empezaba otra vez desde uno. Cada vez que completaba una serie tenía la impresión de haber alcanzado algo por mínimo que fuera. Con el tiempo, cien empezaba a ser una distancia demasiado optimista y bajaba a cincuenta, luego a veinticinco, luego a diez.

«Uno, dos, tres, cuatro, cinco, seis, siete, ocho, nueve, diez.»

Paraba y me inclinaba, apoyando las manos en las rodillas para dar un momentáneo descanso a la espalda. El sudor caía de mi rostro en la tierra clara, como lágrimas.

El altiplano de Modoc era distinto del desierto de Mojave,

227

pero a mí no me lo parecía. En los dos abundaban las plantas del desierto de contornos serrados y eran del todo inhóspitos para la vida humana. Pequeñas lagartijas grises y marrones cruzaban como flechas el sendero cuando me acercaba, o permanecían inmóviles en su posición cuando pasaba por su lado. ¿Y ellas de dónde sacaban el agua?, me preguntaba, intentando no pensar en el calor y la sed. ¿De dónde la sacaría yo? Me hallaba a cinco kilómetros del depósito de agua, calculé. Me quedaban veinte centilitros.

Luego quince.

Luego diez.

Me obligué a no beber los últimos cinco hasta tener a la vista el depósito de agua, y a las cuatro y media allí estaba: a lo lejos, en un promontorio, se veían los puntales ladeados de la torre de vigilancia quemada. Cerca había un depósito metálico afianzado contra un poste. En cuanto lo vi, saqué mi cantimplora y bebí toda el agua que me quedaba, dando gracias porque al cabo de unos minutos podría beber el agua del depósito hasta saciarme. Al acercarme, vi que en el poste de madera situado junto al depósito algo flameaba al viento. Al principio pensé que eran cintas hechas jirones; luego, una tela rasgada. Solo cuando me acerqué, vi que eran pequeñas tiras de papel: notas pegadas con cinta adhesiva al poste agitadas al viento. Me abalancé hacia ellas para leerlas, pese a saber lo que anunciaban incluso antes de que mis ojos se posaran en el papel. Decían lo que decían de distintas maneras, pero el mensaje era el mismo en todas: NO HAY AGUA.

Me quedé inmóvil por un momento, paralizada de miedo. Miré el interior del depósito para confirmar que aquello era cierto. No había agua. No tenía agua. Ni siquiera un sorbo.

Nohayaguanohayaguanohayaguanohayaguanohayagua-nohayagua.

Di una patada al suelo, arranqué puñados de artemisa y los lancé al aire, furiosa conmigo misma por haber hecho lo que no debía una vez más, por haber sido la misma idiota que el día que pisé por primera vez el sendero. La misma que había comprado las botas de un número equivocado y había calculado muy mal la cantidad de dinero que necesitaría para el verano, e incluso quizá la misma idiota que se había creído capaz de recorrer ese sendero.

Saqué del bolsillo del pantalón las páginas de la guía destripada y volví a leerlas. En ese momento, mi miedo no era como el que había sentido antes ese mismo día, al tener el extraño presentimiento de que algo acechaba. Ahora era puro terror. Ya no se trataba de un presentimiento. Era un hecho: me hallaba a kilómetros de una fuente de agua y la temperatura era de alrededor de cuarenta grados. Supe que esa era la situación más grave en que me había encontrado hasta el momento en el sendero, más amenazadora que el toro suelto, más angustiosa que la nieve. Necesitaba agua. La necesitaba pronto. La necesitaba ya. Lo sentía en todos y cada uno de mis poros. Me acordé de cuando Albert me preguntó, nada más conocerlo, cuántas veces orinaba al día. Ahora no meaba desde que había salido de Old Station aquella mañana. No había sentido la necesidad. Había consumido todos los centilitros ingeridos. Tenía tanta sed que no podía ni escupir.

Los autores de *El Sendero del Macizo del Pacífico. Volumen I: California* decían que el suministro de agua «fiable» más cercano se hallaba a veinticuatro kilómetros, en Rock Spring Creek, pero añadían que, de hecho, había agua más cerca en un embalse del que desaconsejaban encarecidamente beber, pues su calidad era «dudosa en el mejor de los casos». Esa fuente de agua estaba a casi ocho kilómetros por el sendero.

A no ser, claro está, que dicho embalse también se hubiera secado.

Era probable que así fuera, admití, mientras me encaminaba hacia allí a toda marcha, lo que, en mi caso, dado el estado de mis pies y el peso de la mochila, no pasaba de ser un andar resueltamente enérgico. Tenía la sensación de ver el mundo entero desde el borde este de Hat Creek Rim. Abajo, un amplio valle se extendía hacia el horizonte, interrumpido por verdes montañas volcánicas al norte y el sur. Aún en mi inquietud, no pude por menos de sentir fascinación ante tal belleza. Era una idiota de tomo y lomo, sí, una idiota que podía morir de deshidratación e insolación, sí, pero al menos estaba en un lugar hermoso —un lugar que había acabado queriendo, pese a las penalidades y también debido a ellas—, y había llegado hasta allí por mi propio pie. Consolándome con esto, seguí adelante, tan sedienta que me entraron náuseas y me sentí con fiebre. «No me pasará nada. Falta muy poco», me decía tras doblar cada recodo y superar cada cuesta, con el sol descendiendo ya hacia el horizonte, hasta que por fin vi el embalse.

Me detuve a contemplarlo. Era un lodazal de aspecto miserable más o menos del tamaño de una pista de tenis, pero en él había agua. Riéndome de alegría, descendí a trompicones por la pendiente hacia la pequeña playa de tierra que rodeaba el embalse. Era la primera vez que recorría treinta y dos kilómetros en un día. Me desabroché a Monstruo, lo dejé en el suelo, me acerqué a la orilla embarrada y me acuclillé para hundir las manos en el agua. Estaba gris y tibia como la sangre. Cuando moví las manos, el cieno del fondo se elevó en forma de espirales verdosas y veteó el agua de color negro.

Saqué mi depurador y bombeé aquel dudoso líquido en mi cantimplora. Usar el depurador me costaba tanto como la primera vez que lo utilicé en Golden Oak Springs, pero era especialmente difícil con aquella agua, tan densa a causa del lodo que el filtro se medio atascó. Para cuando acabé de llenar la cantimplora, me temblaban los brazos del cansancio. Fui en busca del botiquín, saqué los comprimidos de yodo y eché un par en el agua. Llevaba los comprimidos precisamente por esa razón, a modo de refuerzo por si, en algún momento, me veía obligada a beber agua posiblemente contaminada. Incluso a Albert, en Kennedy Meadows, le habían parecido una buena idea, cuando echó sin contemplaciones determinados objetos en la pila de lo prescindible. Albert, que al día siguiente sucumbió a una enfermedad transmitida por el agua.

Tuve que esperar treinta minutos a que el yodo actuara para poder beber sin peligro. Tenía una sed atroz, pero me distraje llenando la otra cantimplora. Cuando acabé, extendí la lona en la playa de tierra, me coloqué de pie encima y me desvestí. El viento había refrescado al declinar la luz. Con sus suaves ráfagas, enfrió las zonas recalentadas de mis caderas desnudas. No se me ocurrió pensar que podía aparecer alguien por el sendero. No había visto un alma en todo el día y, aun si llegaba alguien, estaba tan catatónica a causa de la deshidratación y el agotamiento que me daba igual.

Consulté el reloj. Hacía veintisiete minutos que había echado los comprimidos de yodo en el agua. Normalmente al anochecer estaba famélica, pero en ese momento la idea de comer no me decía nada. El agua era mi único deseo.

Me senté en la lona azul y me bebí una cantimplora entera, y luego la otra. El agua tibia sabía a hierro y barro y, sin embargo, nunca había probado algo tan increíble. La sentí moverse dentro de mí, a pesar de que, ni siquiera después de beber dos cantimploras de dos litros cada una, no me había recuperado del todo. Aún no tenía hambre. Me sentí como en aquellos primeros días en el sendero, cuando mi agotamiento era tal que lo único que deseaba mi cuerpo era dormir. Ahora lo único que quería era agua. Volví a llenar las cantimploras. Dejé que el yodo las purificara y me bebí las dos otra vez.

Cuando me sacié, ya era de noche y asomaba la luna llena. No pude reunir la suficiente energía para montar la tienda, tarea que exigía poco más de dos minutos de esfuerzo, pero que en ese momento se me antojó hercúlea. No necesitaba una tienda. No llovía desde mis primeros días en el sendero. Me vestí de nuevo y extendí el saco de dormir sobre la lona, pero seguía haciendo demasiado calor para meterme dentro, así que me tendí encima. Estaba tan cansada que no podía ni leer. Incluso contemplar la luna me resultó un esfuerzo. Había consumido ocho litros de dudosa agua de embalse desde mi llegada hacía un par de horas, y aún no tenía ganas de mear. Había cometido una estupidez extraordinaria al ponerme en marcha para cruzar Hat Creek Rim con tan poca agua. «Nunca volveré a ser tan descuidada», prometí a la luna antes de vencerme el sueño.

Desperté al cabo de dos horas con la sensación vagamente grata de que unas manos pequeñas y frescas me daban suaves palmadas. Las notaba en las piernas y los brazos desnudos, y en la cara y el pelo, en los pies y en el cuello y en las manos. Sentía su peso fresco en el pecho y el vientre a través de la camiseta. «Mmm», gemí, volviéndome un poco de costado antes de abrir los ojos y tomar conciencia a cámara lenta de diversos hechos.

Por un lado, el hecho de la presencia de la luna y de que yo dormía al raso sobre mi lona.

Por otro, el hecho de que había despertado porque me había parecido notar unas manos pequeñas y frescas dándome suaves palmadas, así como el hecho de que unas manos pequeñas y frescas en efecto me daban suaves palmadas.

Y por último el hecho más descomunal de todos, incluso más que la propia luna: esas manos pequeñas y frías no eran manos, sino cientos de pequeñas y frías ranas negras.

Ranas negras, pequeñas, frías y viscosas saltando por encima de todo mi cuerpo.

Cada una era aproximadamente del tamaño de una patata

frita. Constituían un ejército anfibio, una milicia húmeda de piel tersa, una gran emigración de palmípedos, y yo estaba en su camino cuando ellas, con aquellos cuerpos minúsculos, rechonchos y patizambos, brincando, forcejeando y botando, se precipitaron desde el embalse hasta el trozo de tierra que sin duda consideraban su playa privada.

Al cabo de un instante, yo, igual que ellas, brincando, forcejeando, botando, me precipité junto con la mochila, la lona y todo lo que había encima hacia los arbustos más allá de la playa, sacudiéndome a manotazos las ranas del pelo y los pliegues de la camiseta. No pude evitar aplastar unas cuantas bajo mis pies descalzos. Por fin a salvo, me quedé observándolas desde el perímetro libre de ranas, claramente visible el frenético movimiento de sus cuerpecillos oscuros bajo el resplandeciente claro de luna. Metí la mano en los bolsillos de mi pantalón corto en busca de alguna rana extraviada. Reuní mis cosas en un pequeño claro que parecía bastante llano para plantar la tienda y la saqué de la mochila. No necesitaba ver para hacerlo. Monté la tienda en un abrir y cerrar de ojos.

Salí a las ocho y media de la mañana. Era tarde para mí, como las doce del mediodía en mi vida anterior. Y a estas ocho y media también me sentía como me habría sentido a las doce en mi vida anterior. Igual que si hubiese bebido hasta altas horas. Me medio erguí y, aturdida, miré alrededor. Aún no tenía ganas de mear. Recogí las cosas, bombeé más agua inmunda y me encaminé hacia el norte bajo el sol abrasador. El calor apretaba incluso más que el día anterior. Al cabo de una hora estuve a punto de pisar otra serpiente de cascabel, aunque también esta tuvo la gentileza de avisarme con su tintineo.

A media tarde, la idea de llegar hasta el Parque Conmemorativo Estatal McArthur-Burney antes de acabar el día había quedado descartada del todo, por mi retraso de esa mañana, mis pies llagados y palpitantes, y el pasmoso calor. Opté por apartarme brevemente del sendero para acercarme a Cassel, donde, según prometía la guía, encontraría una tienda de abastos. Eran casi las tres cuando llegué allí. Me quité la mochila y me senté en una silla de madera en el anticuado porche de la tienda, al borde de la catatonia debido al calor. A la sombra, el enorme termómetro marcaba treinta y nueve grados. Con ganas de llorar, conté mi dinero, sabiendo que de ninguna manera me alcanzaría para una limonada Snapple. Mi deseo de tomarme una era tan grande que ya no podía definirse siquiera como ansia. Era más bien como una extremidad que me salía de las entrañas. Costaría 99 centavos, o un dólar con cinco, o un dólar con quince: no sabía cuánto exactamente. Sí sabía que tenía solo 76 centavos y que eso no bastaría. Aun así, entré en la tienda, por echar un vistazo.

—¿Estás haciendo el SMP? —preguntó la mujer desde detrás del mostrador.

—Sí —respondí, sonriente.

—¿De dónde eres?

—Minnesota —dije mientras avanzaba ante las sucesivas puertas de cristal de las neveras, con sus bebidas frías dispuestas en ordenadas hileras: latas de cerveza y refrescos helados, botellas de agua mineral y zumos. Me detuve ante la puerta tras la que tenían la limonada Snapple. Apoyé la mano en el cristal cerca de las botellas; había de las dos clases, la amarilla y la rosa. Eran como diamantes o pornografía. Podía mirar, pero no tocar.

—Si ya has acabado la caminata por hoy, puedes acampar en el terreno de detrás de la tienda —me dijo la mujer—. Dejamos quedarse ahí a todos los excursionistas del SMP.

—Gracias, me parece que lo haré —contesté, mirando todavía las bebidas.

Quizá podía al menos sostener una en la mano, pensé; al menos apretármela contra la frente por un momento. Abrí la puerta y saqué una botella de limonada rosa. Estaba tan fría que fue como si me quemara la mano.

—¿Cuánto cuesta? —pregunté sin poder contenerme.

—Te he visto contar las monedas fuera —respondió la mujer, y se echó a reír—. ¿Cuánto tienes?

Le entregué todo lo que tenía dándole las gracias efusivamente y salí al porche con la Snapple. A cada sorbo sentí una punzada de embriagador placer. Sostuve la botella con las dos manos, deseando absorber hasta la última pizca de frescura. Los coches se detenían y la gente se apeaba y entraba en la tienda; luego volvía a salir y se marchaba. Los observé durante una hora en un estado de dicha post-Snapple, parecido más al aturdimiento inducido por las drogas que a otra cosa. Al cabo de un rato, una camioneta paró delante de la tienda solo el tiempo necesario para que bajara un hombre de la parte de atrás y sacara su mochila. Tras despedirse del conductor con la mano, se volvió hacia mí y vio mi mochila.

233

—¡Eh! —exclamó, y una descomunal sonrisa se propagó por su rostro rubicundo y carnoso—. Hace un calor de mil demonios para andar por el SMP, ¿no te parece?

Se llamaba Rex. Era un pelirrojo corpulento, campechano y alegre, de treinta y ocho años. Me pareció una de esas personas que tienen la costumbre de dar calurosos abrazos. Entró en la tienda, compró tres latas de cerveza y se las bebió sentado junto a mí en el porche, donde charlamos hasta el anochecer. Vivía en Phoenix y trabajaba en una empresa, dedicándose a algo que no entendí muy bien, pero se había criado en un pueblo del sur de Oregón. Había recorrido el sendero desde la frontera mexicana hasta Mojave en primavera, y lo había abandonado en el lugar donde yo había empezado, y más o menos por las mismas fechas, para volver a Phoenix durante seis semanas a fin de atender asuntos de trabajo. Transcurrido ese plazo, retomó el sendero en Old Station, sorteando así elegantemente toda la nieve.

—Creo que necesitas unas botas nuevas —señaló cuando le enseñé los pies, repitiendo las opiniones de Greg y Brent.

—Pero no puedo comprarme unas botas nuevas. No tengo dinero —repliqué, sin avergonzarme ya de reconocerlo.

—¿Dónde las compraste? —preguntó Rex.

—En REI.

—Llámalos. Ofrecen una garantía de satisfacción. Te las cambiarán gratis.

—¿Ah, sí?

—Llama al número 1-800 —sugirió.

Estuve dándole vueltas toda la tarde, mientras Rex y yo acampábamos juntos en el terreno situado detrás de la tienda, y todo el día siguiente, mientras recorría más deprisa que nunca los diecinueve kilómetros afortunadamente asequibles hasta el Parque Conmemorativo Estatal McArthur-Burney. Cuando llegué, recogí de inmediato mi caja de reaprovisionamiento en la franquicia y fui a la cabina cercana para llamar a REI por medio de la operadora. Al cabo de menos de cinco minutos, la mujer con la que hablé accedió a enviarme por correo urgente un nuevo par de botas de un número superior, sin coste alguno.

—¿Está usted segura? —pregunté varias veces, sin dejar de quejarme de los problemas que me habían causado aquellas botas de un número pequeño.

—Sí —respondía ella cada vez plácidamente, y ahora ya era

oficial: mi amor por REI era mayor que el que sentía por las personas que producían la limonada Snapple.

Le di la dirección de la tienda del parque, leyéndola en mi caja todavía por abrir. Después de colgar, habría dado saltos de alegría si los pies me lo hubiesen permitido. Abrí la caja, cogí los veinte dólares y me uní al grupo de turistas que hacían cola, esperando que nadie notara que apestaba. Compré un cucurucho y me senté a la mesa de picnic a comerlo con una dicha apenas contenida. Rex se acercó mientras yo estaba allí sentada, y pocos minutos después apareció Trina con su gran perro blanco. Nos abrazamos y le presenté a Rex. Stacy y ella habían llegado el día anterior. Trina había decidido abandonar el sendero allí y regresar a Colorado para hacer varias excursiones de un solo día cerca de su casa durante el resto del verano, en lugar de recorrer el SMP. Stacy seguiría según lo previsto.

—Seguro que estará encantada de que vayas con ella —añadió Trina—. Saldrá mañana por la mañana.

—No puedo —contesté, y atropelladamente le expliqué que debía quedarme a esperar mis botas nuevas.

—Nos preocupamos por ti en Hat Creek Rim —dijo—. No había agua en…

235

—Lo sé —respondí, y las dos cabeceamos pesarosamente.

—Venid —nos dijo Trina a Rex y a mí—. Os enseñaré dónde hemos acampado. Es solo un paseo de veinte minutos, pero queda lejos de todo esto. —Señaló con expresión de desdén en dirección a los turistas, el bar y la tienda—. Además es gratis.

Había llegado al punto en que cada vez que descansaba los pies me dolían más cuando volvía a levantarme, y las diversas llagas se reabrían a cada nuevo esfuerzo. Cojeando, seguí a Trina y Rex por un camino a través del bosque que nos llevó de regreso al SMP, donde había un pequeño claro entre los árboles.

—¡Cheryl! —exclamó Stacy, y vino a abrazarme.

Hablamos sobre Hat Creek Rim y el calor, el sendero y la escasez de agua, y también sobre lo que podía cenarse en el bar. Me quité las botas y los calcetines y me puse las sandalias de acampada. A continuación monté la tienda y procedí al placentero ritual de vaciar la caja mientras charlábamos. Stacy y Rex hicieron buenas migas de inmediato y decidieron recorrer juntos el siguiente tramo del sendero. Cuando ya me disponía a regresar al bar para la cena, los pulgares de los pies se me habían hinchado y

enrojecido tanto que parecían dos remolachas. Ya ni siquiera soportaba los calcetines, así que, renqueando, fui hasta el bar solo
con las sandalias, y allí nos sentamos a una mesa de picnic con
nuestra comida en bandejas de cartón: perritos calientes, jalape-
ños rellenos y nachos con queso anaranjado fosforescente cho-
rreando por los lados. Parecía un festín y una celebración. Levan-
tamos nuestros refrescos en vasos de papel y brindamos.

—¡Por el regreso a casa de Trina y *Odín*! —dijimos, y entre-
chocamos nuestros vasos.

—¡Por la vuelta al sendero de Stacy y Rex! —exclamamos.

—¡Por las botas nuevas de Cheryl! —vociferamos.

Y yo bebí solemnemente por eso.

Cuando desperté a la mañana siguiente, mi tienda era la única
en el claro entre los árboles. Me acerqué a los baños destinados a
los campistas del camping oficial del parque, me duché y regresé
a mi campamento, donde permanecí sentada en mi silla plegable
durante varias horas. Desayuné y leí la mitad de *A summer bird-
cage* de una tirada. Por la tarde, fui a la tienda cercana al bar para
ver si estaban ya allí mis botas, pero la mujer de detrás del mostrador me dijo que el correo aún no había llegado.

Me marché entristecida. Paseando en sandalias por un corto
camino pavimentado, me acerqué a un mirador para ver las
grandes cascadas a las que debía su nombre el parque. Burney
Falls es la caída de agua más caudalosa del estado de California
durante la mayor parte del año, explicaba un cartel. Mientras
contemplaba el agua atronadora, me sentí casi invisible entre
todas aquellas personas con sus cámaras, riñoneras y bermudas.
Me senté en un banco y observé a una pareja dar un paquete entero de pastillas de menta a un puñado de ardillas que se toma-
ban excesivas confianzas y correteaban alrededor de un cartel
donde se leía NO DAR DE COMER A LOS ANIMALES SALVAJES. Me in-
dignó verlos hacer eso, pero mi furia no solo se debía a cómo
perpetuaban un hábito en las ardillas, comprendí. También se
debía a que eran una pareja. Ver cómo se apoyaban el uno en el
otro y entrelazaban los dedos y se tironeaban tiernamente por
el camino pavimentado era casi insoportable. Sentí repulsión y
envidia al mismo tiempo. Su existencia parecía una prueba de
que el amor nunca sería lo mío. Me había sentido muy fuerte y

a gusto mientras hablaba por teléfono con Paul en Old Station hacía solo unos días, pero ya no sentía nada parecido. Todo lo que entonces se había apaciguado ahora se agitaba.

Cojeando volví a mi campamento y me examiné los enormes y atormentados pulgares de los pies. El menor roce se había convertido en un suplicio. Los veía palpitar literalmente: la sangre circulaba bajo la piel a un ritmo acompasado y a cada latido las uñas pasaban del blanco al rosa, del rosa al blanco. Los tenía tan hinchados que daba la impresión de que las uñas iban a desprenderse sin más. Se me ocurrió que quizá no fuera mala idea desprenderlas. Cogí una de las uñas y, con un enérgico tirón, seguido de un instante de lancinante dolor, la uña cedió y sentí un alivio inmediato y casi absoluto. Al cabo de un momento hice lo mismo con el otro pulgar.

Por lo que se refería a las uñas de los pies, era una pugna entre el SMP y yo, comprendí.

De momento el marcador estaba en 6-4, y yo conservaba la ventaja a duras penas.

Al anochecer otros cuatro excursionistas del SMP habían acampado junto a mí. Llegaron mientras quemaba las últimas hojas de *A summer bird-cage* en mi pequeño molde de aluminio. Eran dos parejas de mi edad, poco más o menos, que habían recorrido todo el sendero desde México, salvo el pequeño tramo de Sierra Nevada que estaba a rebosar de nieve y que yo me había saltado. Las dos parejas se habían puesto en camino por separado, pero se habían conocido en el sur de California, donde aunaron fuerzas, y desde allí caminaron y rodearon la nieve juntos en una doble cita en la naturaleza de varias semanas. John y Sarah eran de Alberta, Canadá, y no hacía ni un año que salían juntos cuando empezaron a recorrer el SMP. Sam y Helen era un matrimonio de Maine. Iban a descansar al día siguiente, pero yo tenía previsto reanudar la marcha, les expliqué, en cuanto llegaran mis botas nuevas.

A la mañana siguiente guardé mis cosas en Monstruo y me acerqué a la tienda en sandalias, con las botas atadas al armazón de la mochila. Sentada a una de las mesas de picnic más cercanas, esperé a que llegara el correo. Estaba impaciente por seguir mi camino, no porque me apeteciera andar, sino porque tenía que hacerlo. Para llegar a cada punto de reaprovisionamiento más o menos el día previsto, debía ajustarme a un calendario. A pesar de todos los cambios y rodeos, por razones relacionadas tanto con el dinero como con la meteorología, necesitaba ceñirme a mi plan para terminar mi viaje a mediados de septiembre. Pasé horas allí sentada leyendo el libro que me había llegado en la caja —*Lolita*, de Vladímir Nabokov— mientras aguardaba a que llegaran las botas. La gente iba y venía a rachas, a veces formando corrillos en torno a mí para hacerme preguntas sobre el SMP cuando reparaban en la mochila. Mientras hablaba, las dudas que tenía sobre mí misma en el sendero se esfumaban durante minutos enteros y me olvidaba de la sensación de ser una idiota de tomo y lomo. Recreándome en la atención de la gente que se congregaba en torno a mí, no me sentía solo como una experta mochilera; me sentía como una reina de las amazonas más dura que el puto pedernal.

—Te aconsejo que lo pongas en tu currículo —dijo una mujer entrada en años, natural de Florida, que llevaba una visera de color rosa intenso y unos cuantos collares de oro—. Yo antes trabajaba en recursos humanos. Las empresas buscaban cosas así. Les da a entender que tienes carácter. Te diferencia de los demás.

El cartero llegó a eso de las tres. El de UPS apareció una hora más tarde. Ninguno de los dos traía mis botas. Se me cayó el alma a los pies. Fui a la cabina y telefoneé a REI.

Aún no habían enviado mis botas, me informó educadamente el hombre con quien hablé. El problema era que, como habían averiguado, no podían hacerlas llegar al parque estatal en veinticuatro horas, así que querían enviarlas por correo ordinario, pero, como no tenían forma de ponerse en contacto conmigo, no habían hecho nada.

—Me temo que no lo entiende —dije—. Estoy haciendo el SMP. Duermo en el bosque. Claro que no tenían forma de ponerse en contacto conmigo. Y yo no puedo quedarme aquí esperando durante... ¿Cuánto tiempo tardarán en llegar mis botas por correo ordinario?

—Unos cinco días aproximadamente —contestó él, impertérrito.

—¿Cinco días? —pregunté. La verdad es que no estaba en situación de sulfurarme: al fin y al cabo me enviaban un par de botas gratis.

Aun así, sentí frustración y pánico. Además de tener que ajustarme al calendario, necesitaba la comida de la bolsa para el siguiente tramo del sendero, los 133 kilómetros que me faltaban para llegar a Castle Crags. Si me quedaba en Burney Falls a esperar las botas, tendría que consumir esa comida porque —con poco más de cinco dólares en el bolsillo— no disponía de dinero suficiente para comer los cinco días siguientes en el bar del parque. Alargué el brazo hacia la mochila, saqué la guía y busqué la dirección de Castle Crags. No me imaginaba caminando otros 133 torturantes kilómetros con mis botas pequeñas, pero no me quedó más remedio que pedir a REI que las mandara allí.

Cuando colgué, ya no me sentía como una reina de las amazonas, más dura que el puto pedernal.

Me quedé mirando mis botas con expresión suplicante, como si pudiéramos llegar a un acuerdo. Colgaban de sus polvorientos cordones rojos, atadas a la mochila, malévolas en su indiferencia. Había planeado dejarlas en la caja gratuita para excursionistas en cuanto llegaran las nuevas. Hice ademán de cogerlas, pero no reuní ánimos para calzármelas. Quizá podía ponerme mis endebles sandalias de acampada en algún que otro tramo corto del sendero. Había visto a unas cuantas personas que alternaban botas y sandalias cuando caminaban, pero sus sandalias eran mucho más robustas que las mías. Nunca había tenido la intención de usar las sandalias para caminar. Eran unas baratas de imitación que había comprado en una tienda de saldos por 19,99 dólares, y solo las había llevado para dar a los pies un descanso de las botas al final del día. Me las quité y las sostuve en las manos, como si examinándolas de cerca pudiera dotarlas de una durabilidad que no poseían. El velcro tenía mugre pegoteada y se desprendía de las correas negras en los extremos raídos. Las suelas azules eran dúctiles como la masa de pan y tan finas que cuando caminaba sentía los contornos de los guijarros y los palos bajo mis pies. Llevarlas era poco menos que ir descalza. ¿Y pretendía llegar hasta Castle Crags a pie con aquello?

Quizá no debía, pensé. Quizá no fuera. Llegar hasta aquí ya era mucho. Podía incluirlo en el currículo.

—Joder —dije. Cogí una piedra y la lancé con todas mis fuerzas a un árbol cercano, y luego otra, y otra más.

Pensé en la mujer en la que siempre pensaba en momentos así: una astróloga que me había hecho la carta astral cuando tenía veintitrés años. Una amiga se la había encargado para mí como regalo de despedida poco antes de marcharme de Minnesota a Nueva York. La astróloga era una mujer práctica de mediana edad llamada Pat, que me obligó a sentarme a la mesa de su cocina, colocando entre ambas un papel lleno de marcas misteriosas y una grabadora que ronroneaba suavemente. Yo no tenía mucha fe en esas cosas. Pensé que sería divertido, una sesión para potenciar el ego durante la cual ella haría comentarios genéricos tales como: «Tienes un corazón bondadoso».

Pero no fue eso lo que hizo. O mejor dicho, hizo esos comentarios, pero también añadió otros asombrosamente concretos, tan precisos y específicos, tan reconfortantes y a la vez alarmantes, que me costó no echarme a berrear de dolor, admitiendo que todo era verdad. «¿Cómo puede saber eso?», preguntaba yo una y otra vez. Y luego escuchaba sus explicaciones sobre los planetas, el Sol y la Luna, los «aspectos» y el momento en que nací, sobre lo que significaba ser Virgo con la luna en Leo y ascendente Géminis. Yo asentía mientras pensaba: «Esto es un montón de disparates *new age* antiintelectuales», y entonces ella introducía otro comentario que me volaba el cerebro en siete mil pedazos de tan cierto como era.

Hasta que empezó a hablar de mi padre.

—¿Era veterano de Vietnam? —preguntó.

No, contesté, no lo era. Estuvo en el ejército durante una breve etapa, a mediados de los años sesenta. De hecho, lo destinaron a la base de Colorado Springs, donde cumplía destino el padre de mi madre, y fue así cómo se conocieron mis padres, pero no fue a Vietnam.

—Tiene cierto parecido con un veterano de Vietnam —insistió ella—. Quizá no literalmente. Pero tiene algo en común con algunos de esos hombres. Padece profundas heridas. Daños. Esos daños han contaminado su vida y te han contaminado a ti.

Yo no estaba dispuesta a asentir. Todo lo que me había ocurrido en la vida se había amalgamado en el cemento gracias al cual mi cabeza se mantuvo perfectamente inmóvil en el momento en que una astróloga me dijo que mi padre me había contaminado.

—¿Heridas? —fue lo único que conseguí decir.

—Sí —afirmó Pat—. Y tú tienes esas heridas en el mismo sitio. Eso es lo que hacen los padres si no curan sus propias heridas. Hieren a sus hijos en el mismo sitio.

—Mmm —musité con semblante inexpresivo.

240

—Es posible que me equivoque. —Posó la mirada en el papel colocado entre nosotras—. Esto no es necesariamente literal.

—De hecho, solo he visto a mi padre tres veces desde los seis años —dije.

—El cometido de un padre es enseñar a sus hijos a ser guerreros, a darles la seguridad para subirse al caballo y entrar en combate al galope cuando hace falta. Si no recibes eso de tu padre, tienes que aprenderlo por tu cuenta.

—Pero… creo que eso ya lo he hecho —farfullé—. Soy fuerte, afronto las cosas. Soy…

—Esto no tiene que ver con la fortaleza —corrigió Pat—. Y puede que no lo veas así todavía, pero quizá llegue un día, tal vez dentro de muchos años, en que necesites subirte al caballo y entrar en combate al galope, y entonces vas a dudar, vas a titubear. Para curar la herida que te causó tu padre, vas a tener que subirte a ese caballo y entrar en combate al galope como un guerrero.

En ese momento solté una breve risotada, una carcajada cohibida, medio resoplido, medio graznido, que pareció más triste que alegre. Lo sé porque me llevé a casa la cinta grabada y la escuché repetidamente. «Para curar la herida que te causó tu padre, vas a tener que subirte a ese caballo y entrar en combate al galope como un guerrero.» Mezcla de resoplido y graznido.

Rebobinado. Repetición.

«¿Te apetece un bocadillo de nudillos? —solía preguntarme mi padre cuando se enfadaba, sosteniendo su puño de hombre en alto a unos centímetros de mi cara de niña de tres y cuatro y cinco y seis años—. ¿Te apetece? ¿Eh? ¿Eh? ¿Eh? ¡¡¡Contesta!!!»

Me puse las absurdas sandalias y emprendí el largo camino hacia Castle Crags.

13

La acumulación de árboles

*L*a primera en pensar en el SMP fue una mujer. Era una maestra jubilada de Bellingham, Washington, llamada Catherine Montgomery. En una conversación con el montañero y escritor Joseph T. Hazard, sugirió que debería existir, de frontera a frontera, «un sendero elevado serpenteando por las cimas de nuestras montañas occidentales». Corría el año 1926. Aunque enseguida unos cuantos excursionistas acogieron favorablemente la idea de Montgomery, el SMP no empezó a fraguar hasta que Clinton Churchill Clarke asumió la causa seis años después. Clarke era un magnate del petróleo que vivía ociosamente en Pasadena, pero era también un entusiasta de las actividades al aire libre. Horrorizado por una cultura que pasaba «demasiado tiempo sentada en los mullidos asientos de los automóviles, demasiado tiempo sentada en los mullidos asientos de los cines», Clarke presionó al Gobierno federal para que creara un pasillo en plena naturaleza donde trazar el sendero. Su visión iba mucho más allá del SMP, que, según esperaba, sería un simple segmento de un «Sendero de las Américas» mucho más largo, desde Alaska hasta Chile. Tenía la convicción de que el tiempo pasado en la naturaleza proporcionaba un «perdurable valor curativo y civilizador», y dedicó veinticinco años a la defensa del SMP, pese a lo cual, cuando murió, en 1957, el sendero aún no era más que un sueño.

Quizá la aportación más importante de Clarke al sendero fue conocer a Warren Rogers, que tenía veinticuatro años cuando los dos coincidieron en 1932. Rogers trabajaba para el YMCA en Alhambra, California, cuando Clarke lo convenció para que contribuyera a trazar el mapa de la ruta y asignara equipos de voluntarios del YMCA para desarrollar las labores cartográficas y, en algunos casos, construir lo que acabaría siendo el SMP. Aunque al principio se mostró reacio, Rogers no tardó en apasionarse con el proyecto de la creación del sendero, y destinó el resto de su vida a abogar por el SMP y a trabajar para vencer todos los obstáculos legales, económicos y logísticos que le salieron al paso. Rogers vivió el tiempo suficiente para ver que el Congreso constituía el Sendero Paisajístico Nacional del Macizo del Pacífico en 1968, pero murió en 1992, un año antes de concluirse el sendero.

Había leído la parte de mi guía sobre la historia del sendero el invierno anterior, pero solo entonces —cuando estaba a unos tres kilómetros de Burney Falls, caminando con mis endebles sandalias en el calor de última hora de la tarde— tomé conciencia del significado de esa historia, y esta cobró fuerza y me golpeó de pleno en el pecho: por absurdo que fuera, cuando Catherine Montgomery, Clinton Clarke, Warren Rogers y los otros cientos de personas que habían participado en la creación del SMP imaginaron a la gente que recorrería ese sendero que serpenteaba por las altas cimas de nuestros montes occidentales, me imaginaban a mí. Daba igual que todo mi equipo, desde las sandalias baratas de imitación o las botas y la mochila de alta tecnología (para lo que corría en 1995) les fuera ajeno, porque lo importante era absolutamente atemporal. Era lo que los había impulsado a luchar por el sendero contra viento y marea, y era lo que me había empujado a mí y a todos los demás excursionistas de larga distancia a seguir adelante en los días de mayor desaliento. No tenía nada que ver con las modas pasajeras de material o calzado o mochilas, ni con las filosofías de ninguna época en particular, ni siquiera con el hecho de ir del punto A al punto B.

Solo tenía que ver con la sensación que producía estar en la naturaleza. Con qué se sentía al caminar durante kilómetros sin más razón que ser testigo de la acumulación de árboles y praderas, montes y desiertos, torrentes y rocas, ríos y hierba, amaneceres y puestas de sol. Era una experiencia poderosa y fundamental. Creía que eso era lo que debía de sentir un ser humano en plena naturaleza, ahora y siempre. Eso era lo que Montgomery sabía. Y lo que sabían también Clarke y Rogers y los millares de personas que los precedieron y siguieron sus pasos. Era lo que yo misma sabía antes siquiera de saberlo de verdad, antes de tener ocasión de saber lo auténticamente duro y extraordinario que sería el SMP, hasta qué punto el sendero me haría añicos y a la vez me protegería.

243

Pensaba en eso mientras me adentraba en mi sexta semana en el sendero bajo la sombra húmeda de los pinos ponderosos y los abetos de Douglas. Percibía la superficie pedregosa del camino en las plantas de mis pies a través de las finas suelas de mis sandalias. Sin el sostén de las botas, sentía la tensión en los músculos de los tobillos, pero al menos mis dedos llagados no chocaban contra las botas a cada paso. Caminé hasta llegar a un puente de madera que salvaba un arroyo. Incapaz de encontrar un espacio llano en las inmediaciones, planté la tienda en el puente, que era el propio sendero, y dormí con el delicado rumor de la pequeña cascada de fondo.

Desperté al alba y caminé unas cuantas horas con mis sandalias; ascendí más de quinientos metros a través del bosque y alcancé a ver el monte Burney, al sur, alguna que otra vez cuando salía de la sombra de los pinos y los abetos. Al detenerme para almorzar, desaté de mala gana las botas de la mochila, pensando que no me quedaba más remedio que ponérmelas. Empezaba a ver pruebas de lo que los autores de *El Sendero del Macizo del Pacífico. Volumen I: California* señalaban en su introducción a la sección que describe los kilómetros entre Burney Falls y Castle Crags. Decían que en ese tramo el sendero estaba tan mal conservado que parecía «poco más que caminar campo a través» en algunos puntos y, aunque eso todavía no lo había visto, dicha advertencia no auguraba nada bueno para mis sandalias. Ya habían empezado a ceder, soltándose partes de las suelas y chacoloteando a cada paso, lo cual permitió entrar ramitas y guijarros mientras avanzaba.

Me obligué a meter los pies en las botas y seguí adelante, ajena al dolor mientras, en mi ascenso, pasaba ante un par de inquietantes torres eléctricas que emitían chisporroteos de ultratumba. A lo largo del día vi varias veces, al noroeste, el monte Pelado y el pico del Grizzly —oscuras montañas marrones y verdes cubiertas de agrupaciones de escuálidos árboles y arbustos azotados por el viento—, pero básicamente caminé por un bosque de monte bajo, cruzando un número cada vez mayor de rudimentarias pistas con profundas huellas de tractor. Pasé por zonas desboscadas que volvían lentamente a la vida, grandes campos de tocones y raíces y pequeños árboles verdes no mucho más altos que yo, donde el sendero se volvía intransitable en algunos puntos y costaba seguirle el rastro entre los árboles y las ramas tirados por el viento. Los árboles eran de las mismas especies que aquellos ante los que había pasado a menudo, pero este bosque, apático y un tanto más lúgubre, pese a la amplitud de las intermitentes vistas, me producía una sensación distinta.

A media tarde paré a descansar en un punto del camino que ofrecía una buena vista del paisaje verde y ondulado. Estaba en una ladera; la montaña se elevaba por encima de mí y descendía en escarpada pendiente por debajo. Como no había otro sitio, me senté en el propio sendero, cosa que hacía con frecuencia. Me quité las botas y los calcetines, y me masajeé los pies mientras observaba las copas de los árboles, ya que mi posición era en esencia un saliente por encima del bosque. Me encantaba la sensación de verme más alta que los árboles, de contemplar la enramada desde arriba, como un pájaro. La imagen alivió mi preocupación por el estado de mis pies y el difícil trecho que tenía por delante.

Fue en medio de esta ensoñación cuando tendí el brazo hacia el bolsillo lateral de la mochila. Cuando abrí la cremallera, Monstruo se volcó sobre las botas y alcanzó la izquierda de refilón de tal modo que la bota saltó por el aire como si yo la hubiera lanzado. La vi rebotar —iba a la velocidad de la luz y a la vez a cámara lenta— y precipitarse por el borde del saliente y caer entre los árboles sin el menor ruido. Ahogué una exclamación de sorpresa y me abalancé sobre mi otra bota, que estreché contra mi pecho, esperando que el tiempo invirtiera su curso, que alguien saliera riéndose del bosque, cabeceando y diciendo que todo había sido una broma.

Pero nadie se rio. Nadie se reiría. El universo, como yo había descubierto, jamás bromeaba. Se apropiaba de lo que le venía en gana y nunca lo devolvía. La realidad era que ahora solo me quedaba una bota.

Así que me puse en pie y arrojé también esta más allá del borde. Fijé la mirada en mis pies descalzos durante un buen rato; a continuación empecé a reparar mis sandalias con cinta adhesiva tan bien como pude, inmovilizando las suelas y reforzando las correas donde amenazaban con desprenderse. Decidí ponerme los calcetines por debajo de las sandalias para protegerme los pies de las tiras de cinta adhesiva y reanudé la marcha con el estómago revuelto por la nueva situación, pero procuré tranquilizarme con la idea de que al menos me esperaba un nuevo par de botas en Castle Crags.

245

Al anochecer, el bosque se abrió en una amplia extensión de lo que solo podía considerarse escombros de la naturaleza, un paisaje talado y arrasado, en cuyo contorno se dibujaba tenuemente el SMP. Tuve que parar varias veces para localizar el sendero, obstaculizado como estaba por ramas caídas y terrones de tierra revuelta. Los árboles que permanecían en pie en el borde del terreno desboscado parecían llorar la pérdida, expuestas sus ásperas cortezas recientemente a la intemperie, extendiéndose sus irregulares ramas en ángulos absurdos. Yo nunca había visto nada así en un bosque. Era como si alguien, provisto de una gigantesca bola de demolición, la hubiese dejado balancearse entre los árboles. ¿Era ese el pasillo en la naturaleza que el Congreso tenía en la mente cuando lo creó? No lo parecía, pero yo estaba atravesando un territorio boscoso nacional, lo que, pese a su prometedor nombre, significaba que me hallaba en unas tierras que los poderes fácticos podían utilizar como consideraran oportuno por el bien público. A veces eso implicaba que la tierra permanecía intacta, como lo estaba en casi todo el SMP. Otras veces significaba que se talaban los árboles antiguos para hacer cosas como sillas y papel higiénico.

246

La imagen de la tierra removida y yerma me inquietó. Me entristeció y encolerizó, pero de un modo que incluía la compleja verdad de mi propia complicidad. Al fin y al cabo, también yo utilizaba mesas y sillas y papel higiénico. Mientras me abría paso entre los escombros, supe que había llegado al final de mi jornada. Subí por un empinado terraplén hasta un espacio desboscado y allanado, y planté la tienda entre los tocones y los montículos de mantillo revuelto, sintiéndome sola como rara vez me había sentido en el sendero. Deseaba hablar con alguien, y no con cualquiera.

Deseaba hablar con Karen o Leif o Eddie. Quería volver a tener una familia, verme envuelta por algo que creyese a salvo de la destrucción. A la vez que experimentaba esa añoranza, sentí hacia ellos algo tan vehemente como el odio. Imaginé una gran máquina como la que había devorado ese bosque devorando las dieciséis hectáreas de bosque de Minnesota. Deseé con toda mi alma que así fuera. Entonces yo quedaría libre, pensé. Como no habíamos estado a salvo de la destrucción a partir de la muerte de mi madre, la destrucción absoluta sería ahora un alivio. La pérdida de mi familia y mi hogar eran mi propio desbosque privado. Lo que quedaba era solo la desagradable prueba de algo que ya no existía.

Había estado en casa por última vez la semana antes de partir hacia el SMP. Había ido para despedirme de Eddie y a visitar la tumba de mi madre, sabiendo que no volvería a Minnesota después de mi andadura. Acabé mi último turno en el restaurante donde atendía mesas en Minneapolis y, tras viajar al norte por carretera durante tres horas, llegué a la una de la madrugada. Tenía previsto aparcar en el camino de acceso y dormir en la parte de atrás de la furgoneta para no molestar a nadie en la casa. Cuando llegué, había una fiesta en marcha. Dentro, todas las luces estaban encendidas y en el jardín ardía una fogata; había tiendas dispuestas por doquier, y altavoces colocados en la hierba emitían música a todo volumen. Era el sábado del fin de semana del Día de los Caídos, a finales de mayo. Me apeé de la furgoneta y me abrí paso entre la muchedumbre, en su mayoría desconocidos. Aquello me desconcertó, pero no me sorprendió, ni el carácter ruidoso de la fiesta ni el hecho de que no me hubieran invitado. Era solo una prueba más de hasta qué punto las cosas habían cambiado.

—¡Cheryl! —exclamó Leif cuando entré en el garaje atestado. Atravesé el gentío hacia él y nos abrazamos—. He tomado hongos y estoy en pleno viaje —me dijo alegremente, apretándome el brazo con excesiva fuerza.

—¿Dónde está Eddie? —pregunté.

—No lo sé, pero tengo que enseñarte una cosa —dijo, tirando de mí—. Seguro que te cabreas.

Lo seguí al jardín, y subimos por los peldaños de entrada a la casa. Cruzamos la puerta y nos detuvimos ante la mesa de la cocina. Era la misma que antes, cuando éramos pequeños, teníamos en el complejo de apartamentos Tree Loft, la que nuestra madre había comprado por diez pavos, aquella en la que cenamos la noche que conocimos a Eddie, pensando que éramos chinos porque estábamos sentados en el suelo. Ahora tenía la altura de una mesa normal. Al marcharnos de Tree Loft e instalarnos en una casa con Eddie, él serró las cortas patas y atornilló un barril a la parte de abajo, y a partir de entonces comimos en ella sentados en sillas. La mesa nunca había sido nada del otro mundo, y había ido empeorando con el paso de los años; Eddie reparaba las grietas con masilla de madera. Aun así, era nuestra mesa.

O al menos lo había sido hasta esa noche de la semana anterior a mi marcha rumbo al SMP.

247

Ahora la mesa tenía la superficie salpicada de palabras y frases recién grabadas, y nombres e iniciales de personas unidos mediante signos de sumar o envueltos por corazones, realizados obviamente por los asistentes a la fiesta. Ante nuestros ojos, un adolescente a quien yo no conocía marcó la superficie de la mesa con una navaja suiza.

—No hagas eso —le ordené, y me miró alarmado—. Esa mesa es… —No pude acabar la frase. Me limité a dar media vuelta y me encaminé como una flecha hacia la puerta.

Leif me siguió mientras yo pasaba entre las tiendas y la fogata, ante el gallinero, ahora sin gallinas, alejándome del prado donde ya no vivían caballos, y me adentraba en el bosque por un camino que iba a la glorieta. Una vez allí, me senté y lloré mientras mi hermano permanecía en silencio junto a mí. Estaba molesta con Eddie, pero sobre todo estaba asqueada conmigo misma. Había encendido velas y había hecho proclamas en mi diario personal. Había llegado a conclusiones sanas sobre la aceptación y la gratitud, sobre el destino y el perdón y la fortuna. En un diminuto y enconado rincón dentro de mí, había dejado marcharse a mi madre y había dejado marcharse a mi padre y, finalmente, había dejado marcharse también a Eddie. Pero la mesa era otra cosa. No se me había ocurrido pensar que también eso tendría que dejarlo marchar.

—Me alegro de irme de Minnesota —dije, sintiendo en mi boca el sabor amargo de esas palabras—. Me alegro mucho.

—Yo no —repuso Leif. Me acarició el pelo de la nuca y retiró la mano.

—No quiero decir que me alegre de alejarme de ti —aclaré, enjugándome la cara y la nariz con las manos—. Pero, de todos modos, casi nunca nos vemos. —Era verdad; por más que él afirmara que yo era la persona más importante en su vida (su «segunda madre», me llamaba a veces), nos veíamos solo de manera muy esporádica. Él era escurridizo y ambiguo, irresponsable y casi imposible de localizar. Siempre tenía el teléfono desconectado. Sus circunstancias de vida siempre eran provisionales—. Puedes venir a visitarme —dije.

—¿Visitarte? ¿Dónde? —preguntó.

—Donde sea que decida vivir el próximo otoño. Cuando acabe con el SMP.

Me pregunté dónde viviría. No imaginaba aún dónde sería.

Podía ser en cualquier sitio. Lo único que sabía era que no sería allí. «¡No en este estado! ¡No en este estado!», había repetido mi madre de manera desconcertante durante los días previos a su muerte, cuando insistí en que dijera dónde quería que esparciéramos sus cenizas. Nunca conseguí que me explicara qué quería decir con eso, si se refería al estado de Minnesota o al estado en que se hallaba: su debilidad y confusión.

—Quizás en Oregón —dije a Leif, y permanecimos callados durante un rato.

—En la glorieta hace frío de noche —susurró él al cabo de unos minutos, y los dos miramos alrededor, observándola en la tenue luz nocturna.

Paul y yo nos habíamos casado allí. La habíamos construido juntos para nuestra boda hacía ya casi siete años, con la ayuda de Eddie y de mi madre. Era el humilde castillo de nuestro amor ingenuo y malhadado. Formaba el tejadillo una lámina de hojalata acanalada; las paredes laterales eran de madera sin lijar, y uno se clavaba astillas si las tocaba. El suelo se componía de tierra apisonada y piedras planas que habíamos acarreado a través del bosque en una carretilla azul que pertenecía a mi familia desde hacía siglos. Después de casarme con Paul en la glorieta, esta se había convertido en el lugar de nuestro bosque hacia donde la gente caminaba cuando caminaba, donde se congregaba cuando se congregaba. Eddie había colgado una ancha hamaca de cuerdas de un extremo al otro, un regalo que le había hecho a mi madre de hacía años.

—Echémonos aquí —propuso Leif, señalando la hamaca.

Nos encaramamos a ella y, apoyando el pie en la misma piedra a la que me subí en mi boda con Paul, di impulso a la hamaca para mecernos suavemente.

—Ya estoy divorciada —dije sin emoción.

—Pensaba que te habías divorciado ya hace tiempo.

—Bueno, ahora es oficial. Teníamos que mandar nuestra documentación a las autoridades estatales para que lo tramitaran. La semana pasada me llegó el certificado definitivo con el sello del juzgado.

Asintió con la cabeza sin decir nada. Aparentemente no sentía gran compasión por mí ni por el divorcio del que yo era responsable. Paul les caía bien a él, Eddie y Karen. No podía hacerles entender por qué lo había echado todo a perder. «Pero se os veía muy felices», era lo único que decían. Y era cierto: esa era la impresión que dábamos. Del mismo modo que, cuando murió mi madre, parecía que yo lo sobrellevaba dignamente. La pena no tiene rostro.

Mientras Leif y yo nos mecíamos en la hamaca, atisbábamos las luces de la casa y la fogata entre los árboles. Oíamos las voces apagadas de los asistentes conforme la fiesta decaía y terminaba. La tumba de nuestra madre estaba allí cerca, detrás de nosotros, quizás a unos treinta pasos por el camino, que seguía más allá de la glorieta y accedía a un pequeño claro, donde habíamos formado un arriate, enterrado sus cenizas y colocado una lápida. Sentí la presencia de mi madre y advertí que Leif también, pese a que no hice el menor comentario al respecto, por miedo a que la sensación, expresándola, desapareciese. Me adormilé sin darme cuenta y desperté cuando el sol empezaba a filtrarse en el cielo. Olvidando por un instante dónde me encontraba, me volví hacia Leif, sobresaltada.

—Me he dormido —dije.

—Lo sé —contestó—. Yo he estado despierto todo el tiempo. Los hongos.

Me incorporé en la hamaca y volví la cabeza para mirarlo.

—Me tienes preocupada. Por las drogas, ya me entiendes.

—Mira quien fue a hablar.

—Eso era distinto. Fue solo una fase, y tú lo sabes —dije, procurando no ponerme a la defensiva. Había muchas razones por las que lamentaba haber caído en el consumo de heroína, pero perder la credibilidad ante mi hermano era lo que más lamentaba.

—Vamos a dar un paseo —propuso.

—¿Qué hora es? —pregunté.

—¿Qué más da?

Lo seguí de regreso por el camino. Dejamos atrás los coches y las tiendas de campaña silenciosas y continuamos por el camino de acceso hasta la carretera de grava que discurría ante nuestra casa. La luz era tenue, teñida de una ligerísima tonalidad rosada, tan hermosa que mi agotamiento pasó a segundo plano. Sin mediar palabra, fuimos a la casa abandonada que se hallaba a corta distancia carretera abajo, un poco más allá de nuestro camino de acceso, el sitio adonde solíamos ir de niños, aburridos en los largos y calurosos días de verano antes de tener edad para conducir. Por entonces la casa estaba vacía y se caía a pedazos. Ahora se caía aún más.

—Creo que se llamaba Violet, la mujer que vivía aquí —dije a mi hermano cuando subimos al porche, recordando los rumores acerca de la casa que yo había oído a los viejos lugareños finlandeses hacía años.

La puerta de entrada nunca había estado cerrada con llave, y así seguía. La abrimos de un empujón y entramos. Avanzamos pisando en sitios donde faltaban tablas en el suelo. Allí continuaban, asombrosamente, los mismos objetos esparcidos por la casa desde hacía una docena de años, solo que ahora se los veía aún más decrépitos. Cogí una revista amarillenta y vi que la había publicado el Partido Comunista de Minnesota y tenía fecha de octubre de 1920. Encontré una taza desportillada con dibujo de rosas, volcada, y la enderecé. La casa era tan pequeña que bastaban unos pasos para tenerlo todo a la vista. Me dirigí a la parte de atrás y me acerqué a una puerta de madera que colgaba oblicuamente de un gozne y tenía un cristal intacto en la parte superior.

—No lo toques —susurró Leif—. Si se rompe, trae mal karma.

Rodeamos con cuidado la puerta y entramos en la cocina, con boquetes y hoyos y una mancha negra enorme donde antes estaba la cocina de gas. En el rincón había una pequeña mesa de madera a la que le faltaba una pata.

—¿Tú grabarías tu nombre ahí? —pregunté, señalando la mesa, y de pronto mi voz destilaba emoción.

—No sigas por ahí —contestó Leif, y me agarró por los hombros para darme una firme sacudida—. Olvídalo, Cheryl. Es la realidad. Y la realidad es lo que tenemos que aceptar, nos guste o no.

Asentí y me soltó. Nos quedamos uno al lado del otro, contemplando el jardín por las ventanas. Vimos el cobertizo ruinoso, que antes era la sauna, y el bebedero invadido por la mala hierba y el musgo. Más allá, un campo amplio y pantanoso daba paso a lo lejos a un bosquecillo de abedules, y más allá a una ciénaga, que sabíamos que estaba allí pero no veíamos.

—Claro que no grabaría nada en esa mesa, ni tú tampoco —dijo Leif al cabo de un rato, volviéndose hacia mí—. ¿Sabes por qué? —preguntó.

Negué con la cabeza, pese a que ya conocía la respuesta.

—Porque nos crio mamá.

Y

Abandoné mi campamento en la zona desboscada al amanecer y no vi a nadie en toda la mañana. Al mediodía no veía siquiera el SMP. Lo había perdido en medio de los árboles derribados por el viento y los caminos provisionales que se entrecruzaban hasta el punto de ocultar el sendero. Al principio no me alarmé mucho, convencida de que el camino por el que iba serpentearía hasta cruzarse con el sendero en otro lugar, pero no fue así. Saqué el mapa y la brújula, y me orienté. O creí orientarme: mi aptitud para encontrar mi posición aún era poco fiable. Seguí un camino, pero este me llevó a otro, y a otro más, hasta que ya no recordaba con claridad si ya había pasado antes por allí o no.

Paré a comer en el calor de primera hora de la tarde, aplacada un poco mi hambre canina por la inquietante evidencia de que no sabía dónde estaba. En silencio, me enfurecí conmigo misma por haber sido tan descuidada, por seguir adelante en mi irritación en lugar de detenerme a reflexionar sobre el rumbo que debía tomar, pero ya no podía hacer nada. Me quité la camiseta de Bob Marley y la colgué a secar en una rama; saqué otra de la mochila y me la puse. Desde que Paco me regaló la camiseta, cargaba con dos, que me iba cambiando a lo largo del día, tal como hacía con los calcetines, pese a saber que esa práctica era un lujo que no hacía más que añadir peso a la mochila.

Examiné el mapa y seguí adelante por una escabrosa pista forestal, y luego por otra, sintiendo un asomo de esperanza cada vez que conseguía orientarme. Pero, al atardecer, la pista por la que iba terminó en una montaña de tierra, raíces y ramas, alta como una casa, formada por los buldóceres. La escalé para disponer de una vista mejor y localicé otra pista más allá de una antigua franja de tierra desboscada. Me abrí paso a través de esta hasta que se me salió una sandalia al desprenderse la cinta adhesiva y la correa del empeine que la sujetaban a mi pie.

—¡¡Ahhhhh!! —grité, y miré alrededor, percibiendo el extraño silencio de los árboles a lo lejos. Eran como una presencia, como personas, protectores que me sacarían de ese aprieto, pese a que no hacían más que contemplarme mudamente.

Me senté en el suelo entre la maleza y unos pequeños árboles que me llegaban a la altura de la rodilla, y llevé a cabo una amplia reparación de mi calzado. Confeccioné un par de botines de color gris metálico enrollando vueltas y vueltas de cinta adhesiva alrededor de los calcetines y el armazón de las sandalias, como si me hiciera una escayola para los pies rotos. Procuré tensar bien la cinta para que los botines no se me salieran mientras caminaba, pero también tuve la cautela de dejarla un poco suelta para poder quitármelos al final del día sin estropearlos. Debían durarme hasta Castle Crags.

Y a esas alturas no tenía la menor idea de a qué distancia estaba ni de cómo se llegaba.

Con mis botines de cinta adhesiva, seguí atravesando el terreno desboscado hasta una pista forestal y miré alrededor. Ya no sabía en qué dirección ir. Las únicas vistas despejadas eran aquellas que me proporcionaban las zonas desboscadas y las pistas. El bosque era una espesura de abetos y ramas caídas, y ese día descubrí que las pistas forestales eran solo líneas en un laberinto inexplicable. Iban al oeste y luego al noreste, y después doblaban al sur durante un trecho. Para complicar más las cosas, el tramo del SMP entre Burney Falls y Castle Crags, más que ir al norte, trazaba una amplia curva hacia el oeste. Ya no podía siquiera fingir que seguía el curso del sendero. Ahora mi único objetivo era descubrir la manera de salir de dondequiera que estuviese. Sabía que si iba al norte, tarde o temprano llegaría a la interestatal 89. Avancé por la pista casi hasta el anochecer y encontré un espacio relativamente llano en el bosque donde montar la tienda.

Estaba perdida pero no tenía miedo, me dije mientras preparaba la cena. Me quedaba comida y agua de sobra. Llevaba en la mochila todo lo que necesitaba para sobrevivir durante una semana o más. Si seguía andando, al final encontraría la civilización. Y sin embargo, cuando me metí en la tienda, sentí un estremecimiento de palpable gratitud al verme en el conocido refugio de nailon verde y paredes de malla que se había convertido en mi hogar. Me despojé con cuidado de los botines de cinta adhesiva y los dejé en el rincón. Examiné los mapas de mi guía por enésima vez ese día, abrumada por un sentimiento de frustración e incertidumbre. Finalmente me rendí y devoré cien páginas de *Lolita*, sumiéndome tanto en su realidad espantosa y cómica que olvidé la mía.

Por la mañana, caí en la cuenta de que no tenía la camiseta de Bob Marley. La había dejado a secar en aquella rama el día anterior. Perder las botas era malo. Pero perder aquella camiseta era

253

todavía peor. Esa prenda no era una simple camiseta vieja. Era, al menos según Paco, una camiseta sagrada que significaba que yo caminaba acompañada de los espíritus de los animales, la tierra y el cielo. No sabía si creérmelo, pero aquella prenda se había convertido en símbolo de algo que no era capaz de precisar.

Reforcé los botines con otra capa de cinta adhesiva y caminé durante todo aquel húmedo día. La noche anterior había trazado un plan: seguiría esa pista forestal hasta dondequiera que me llevase. Haría caso omiso de las otras que se cruzasen con ella, por intrigantes o prometedoras que pareciesen. Había llegado a la convicción de que si, no hacía eso, caminaría por un laberinto interminable. A media tarde tuve la sensación de que la pista me llevaba a algún sitio. Se ensanchaba y presentaba menos baches, y más adelante el bosque se abría. Finalmente, doblé una curva y vi un tractor sin conductor. Más allá del tractor había una carretera asfaltada de dos carriles. La crucé, doblé a la izquierda y caminé por el arcén. Estaba en la interestatal 89, cabía suponer. Saqué los mapas y elaboré la ruta que me permitiría regresar en autostop al SMP. A continuación me dispuse a intentar parar un coche, un tanto cohibida con mis botas de cinta de color gris metálico. Pasaban automóviles en grupos de dos o tres, muy espaciados. Hice dedo en la carretera durante media hora, con creciente angustia. Por fin se detuvo un hombre al volante de una furgoneta. Me acerqué a la puerta del acompañante y la abrí.

—Puedes echar la mochila en la parte de atrás —sugirió. Era un hombre grande como un toro, cercano a los cincuenta años, calculé.

—¿Esta es la interestatal 89? —pregunté.

Me miró atónito.

—¿Ni siquiera sabes en qué carretera estás?

Negué con la cabeza.

—¿Qué demonios llevas en los pies? —preguntó.

Pasada casi una hora, me dejó en un lugar donde el SMP cruzaba un camino de grava en el bosque, no muy distinto de aquellos que había seguido el día anterior al extraviarme. Al día siguiente caminé a lo que para mí era una velocidad récord, espoleada por el deseo de llegar a Castle Crags al final del día. Mi guía explicaba que, como de costumbre, el sitio adonde llegaría no sería precisamente un pueblo. El sendero llevaba a un parque estatal en cuyos límites había una tienda de abastos y una oficina de correos, pero a mí eso me bastaba. En la oficina de correos tendrían mis botas y mi caja de reaprovisionamiento. La tienda de abastos incluía un pequeño restaurante donde podría satisfacer al menos parte de mis fantasías en cuanto a comida y bebida tan pronto como recuperase el billete de veinte dólares de la caja. Y el parque ofrecía un camping gratuito para los excursionistas del SMP, donde también podría darme una ducha caliente.

Cuando llegué a rastras a Castle Crags, a eso de las tres, iba casi descalza, con los botines medio desintegrados. Renqueando, entré en la oficina de correos con las tiras de cinta cubiertas de tierra ondeando en torno a los pies y pregunté por mi correspondencia.

—Debería haber dos cajas para mí —añadí, desesperada por hacerme con el paquete de REI. Mientras esperaba a que la empleada volviese de la trastienda, se me ocurrió que quizá tuviera algo más que las botas y la caja de reaprovisionamiento: cartas. Había enviado notificaciones a todas las paradas que me había saltado en mis rodeos, dando indicaciones para que reenviaran allí mi correo.

—Aquí tienes —dijo la empleada, dejando la caja de reaprovisionamiento pesadamente en el mostrador.

—Pero debería haber... ¿Hay algún paquete de REI? Sería...

—Vayamos por partes —contestó la mujer levantando la voz mientras regresaba a la trastienda.

Cuando salí de la oficina de correos, casi gritaba de alegría y alivio. Junto con la inmaculada caja de cartón que contenía mis botas —¡mis botas!— tenía nueve cartas, dirigidas a mí y enviadas a las paradas en el camino donde no había estado, escritas con caligrafías que reconocí. Me senté en el hormigón cerca del pequeño edificio y pasé rápidamente los sobres uno tras otro, tan abrumada que no podía abrir ninguno. Una carta era de Paul. Una de Joe. Otra de Karen. Las demás eran de amigos de todo el país. Las dejé a un lado y abrí la caja de REI con mi navaja. Dentro, cuidadosamente envueltas en papel, estaban mis botas de cuero marrón.

Las mismas botas que habían caído por el borde de la montaña, solo que nuevas y de un número más grande.

—¡Cheryl! —gritó una voz femenina, y alcé la vista. Era Sarah, una de las mujeres de las dos parejas que había conocido en Burney Falls, allí de pie, sin mochila—. ¿Qué haces aquí?

255

—¿Qué haces «tú» aquí? —contesté. Creía que estaría aún por detrás de mí en el sendero.

—Nos perdimos. Acabamos saliendo a la carretera e hicimos autostop.

—¡Yo también me perdí! —dije gratamente sorprendida, alegrándome de no haber sido la única que se había apartado del sendero.

—Todos nos perdimos —añadió—. Ven —señaló en dirección a la entrada del restaurante, en el extremo del edificio—. Estamos todos dentro.

—Enseguida voy —dije.

Cuando se fue, saqué mis botas nuevas de la caja, me desprendí de los botines por última vez y los tiré a un cubo de basura cercano. Abrí la caja de reaprovisionamiento, saqué un par de calcetines limpios, nuevos, por estrenar, me los puse en los pies mugrientos y luego me calcé las botas. Estaban impecables. En su perfección, parecían casi una obra de arte mientras me paseaba por el aparcamiento. El prodigio del dibujo intacto de la suela; el esplendor de las punteras sin marcas. Las noté rígidas pero espaciosas; tuve la impresión de que me irían bien, aunque me preocupaba tener que estrenarlas en el propio sendero. No me quedaba más remedio que esperar lo mejor.

—¡Cheryl! —exclamó Rex con voz atronadora cuando entré en el restaurante.

Stacy estaba sentada a su lado, y junto a ella se hallaban Sam y Helen y John y Sarah; entre los seis llenaban prácticamente el pequeño restaurante.

—Bienvenida al paraíso —dijo John con una botella de cerveza en la mano.

Comimos hamburguesas con queso y patatas fritas. A continuación, en el éxtasis de la sobremesa, nos paseamos por la tienda de abastos, con los brazos cargados de patatas fritas, galletas, cerveza y dos botellas de vino tinto barato de tamaño mágnum, y lo pagamos todo a escote. Atolondradamente, subimos los siete en tropel por una cuesta hasta el camping del parque estatal, donde dispusimos nuestras tiendas en un apretado círculo en la zona destinada a acampada gratuita y pasamos la velada en torno a una mesa de picnic, riendo y contando una anécdota tras otra mientras la luz se desvanecía en el cielo. En medio de la charla, dos osos negros —que parecían realmente negros— salieron de entre los

256

árboles que circundaban el camping, y apenas se asustaron cuando les gritamos para ahuyentarlos.

Durante toda la velada fui llenando el pequeño vaso de papel que había cogido en la tienda de abastos y tomé continuos sorbos de vino como si fuera agua, hasta que me supo como tal. No tenía la impresión de haber caminado ese día veintisiete kilómetros con temperaturas de alrededor de treinta y cinco grados bajo el peso de una mochila y sin más calzado que cinta adhesiva en torno a los pies. Era como si hubiese llegado allí flotando. Como si la mesa de picnic fuese el mejor lugar donde había estado y donde estaría en la vida. No me di cuenta de que me había emborrachado hasta que todos decidimos dar el día por finalizado y, al levantarme, tuve la sensación de que el arte de permanecer en pie había cambiado sus reglas. Al cabo de un instante estaba a cuatro patas vomitando patéticamente en medio de nuestro campamento. Pese a lo ridícula que había sido mi vida en los años anteriores, nunca había arrojado a causa del alcohol. Cuando acabé, Stacy colocó mi cantimplora junto a mí y, en un susurro, me aconsejó que necesitaba beber. La verdadera yo dentro de la entidad borrosa en que me había convertido comprendió que Stacy tenía razón, que no solo estaba borracha, sino también profundamente deshidratada. No había tomado un sorbo de agua desde que dejé el caluroso sendero esa tarde. Me obligué a incorporarme y beber.

257

En cuanto tomé un sorbo, volví a vomitar.

Por la mañana, me levanté antes que los demás e hice lo posible por barrer el vómito con la rama de un abeto. Fui a las duchas, me quité la ropa sucia y me quedé bajo el chorro de agua caliente en el compartimento de hormigón, sintiéndome como si alguien me hubiera dado una paliza la noche anterior. No tenía tiempo para resacas. Me proponía estar de vuelta en el sendero antes del mediodía. Me vestí y regresé al campamento y, sentada a la mesa, bebí tanta agua como toleré, a la vez que leía las nueve cartas, una por una, mientras los demás dormían. Paul hablaba con tono filosófico y afectuoso sobre el divorcio. Joe se mostraba romántico e impetuoso, sin mencionar si estaba o no en rehabilitación. Karen, lacónica y práctica, me ponía al día sobre su vida. Las cartas de los amigos eran un torrente de afecto y chismorreos, de noticias y anécdotas graciosas. Para cuando terminé de leerlas, los otros salían de sus tiendas, iniciando el día tan renqueantes como yo cada mañana hasta que mis articulaciones entraban en calor. Me complació ver que todos, del primero al último, parecían al menos la mitad de resacosos que yo. Todos nos sonreímos, maltrechos y divertidos. Helen, Sam y Sarah se fueron a duchar; Rex y Stacy volvieron a la tienda de abastos.

—Tienen bollos de canela —dijo Rex mientras se alejaban, tentándome para que los acompañara, pero decliné el ofrecimiento con un gesto, y no solo porque se me revolvía el estómago ante la sola idea de comer: entre la hamburguesa, el vino y los tentempiés que había comprado la tarde anterior, me quedaban menos de cinco dólares, una vez más.

Cuando se marcharon, vacié mi caja de reaprovisionamiento, y organicé la comida en un montón para guardarla en Monstruo. Acarrearía una pesada carga de comida en el siguiente tramo, una de las etapas más largas del SMP: 250 kilómetros hasta el valle de Seiad.

—¿Sarah y tú necesitáis alguna cena más? —pregunté a John, que estaba sentado a la mesa, durante un breve rato en que nos quedamos solos en el campamento—. Me sobran raciones de esto. —Sostuve en alto una bolsa de algo llamado «fideos Fiesta», un plato que toleraba bastante bien los primeros días pero que ahora detestaba.

—No, gracias —respondió.

Saqué *Dublineses*, de Joyce, con su tapa verde y ajada, y me lo acerqué a la nariz. Despedía un agradable olor a moho, exactamente el mismo que el de la librería de viejo de Minneapolis donde lo había comprado unos meses antes. Lo abrí y vi que mi ejemplar había sido impreso décadas antes de nacer yo.

—¿Qué es esto? —preguntó John, cogiendo una postal que había comprado en la tienda la tarde anterior. Era una fotografía de una talla realizada con motosierra de un sasquatch, con las palabras «Tierra del Pie Grande» estampadas en lo alto de la tarjeta—. ¿Crees que existe? —preguntó, dejando de nuevo la postal.

—No. Pero quienes sí lo creen sostienen que esta es la capital mundial del pie grande.

—La gente cuenta muchas cosas —contestó.

—En fin, si está en algún sitio, supongo que es aquí —dije, y miramos alrededor.

Por detrás de los árboles que nos rodeaban se alzaban los antiguos peñascos grises llamados Castle Crags, cuyas cimas almenadas se elevaban por encima de nosotros como una catedral. Pronto pasaríamos ante ellos al recorrer por el sendero kilómetros de rocas graníticas y ultramáficas que mi guía describía como material «de origen ígneo y carácter intrusivo», fuera cual fuera el significado de eso. Nunca me había interesado mucho la geología, pero no necesitaba conocer el sentido de «ultramáfico» para ver que accedía a un paisaje distinto. Mi transición a la cadena de las cascadas había sido como la que experimenté al entrar en Sierra Nevada: llevaba varios días caminando por ellas cuando tuve la sensación de que finalmente penetraba en el concepto que tenía de ellas.

—Solo una parada más —dijo John, como si me adivinara el pensamiento—. Solo nos queda el valle de Seiad, y luego ya viene Oregón. Estamos a solo 320 kilómetros de la línea divisoria.

Asentí y sonreí. No me pareció que las palabras «solo» y «320 kilómetros» pertenecieran a la misma frase. No me había permitido pensar mucho más allá de la siguiente parada.

—¡Oregón! —exclamó, y casi me dejé arrastrar por el júbilo de su voz, casi me llevó a creer que esos 320 kilómetros eran coser y cantar, pero de sobra sabía que no era así. Para mí, todas y cada una de las semanas en el sendero habían sido un suplicio.

—Oregón —admití, adoptando una expresión seria—. Pero, primero, California.

259

14

Salvaje

$\mathcal{A}$ veces parecía que el Sendero del Macizo del Pacífico era una única larga montaña por la que escalaba. Que al final de mi viaje en el río Columbia habría alcanzado la cima del sendero, y no su cota más baja. La sensación de escalada no era solo metafórica. Literalmente creía que, por asombroso que pareciera, casi siempre estaba subiendo. A veces casi lloraba ante el implacable ascenso, y los músculos y los pulmones me ardían a causa del esfuerzo. Solo cuando pensaba que ya no podía subir más, el sendero se nivelaba y descendía.

¡Qué fabulosos eran los primeros minutos del descenso! Abajo y abajo y abajo, hasta que también bajar se convertía en algo imposible y extenuante, y tan implacable que imploraba que el sendero ascendiera de nuevo. Bajar, advertí, era como coger la hebra suelta de un jersey que uno llevaba horas tejiendo y como si tirara de ella hasta que el jersey entero quedaba deshecho en una pila de hilo. Recorrer el SMP era el esfuerzo enloquecedor de tejer ese jersey y deshacerlo una y otra vez. Como si todo lo ganado se perdiera inevitablemente.

Cuando abandoné Castle Crags a las dos —una hora por detrás de Stacey y Rex, y varias por delante de las parejas—, calzaba unas botas que eran todo un bendito número mayor que el par anterior. «¡El Pie Grande soy yo!», había dicho en broma al despedirme de las parejas. Subí y subí bajo el abrasador calor del día, eufórica por estar en el sendero, eliminados ya a fuerza de sudor los últimos residuos de la resaca. Subí y subí, a lo largo de toda la tarde y al día siguiente, aunque el entusiasmo por las botas nuevas no tardó en desvanecerse, dando paso a la cruda evidencia de que, por lo que a los pies se refería, las cosas no iban a cambiar en absoluto. Mis botas nuevas no habían hecho más que machacarme los pies otra vez. Atravesaba el hermoso territorio que a esas alturas ya daba por sentado, con el cuerpo por fin apto para la tarea de recorrer grandes distancias, pero debido a los problemas con los pies me sumí en la más negra desesperación. Recordé haber pedido aquel deseo a la estrella cuando estaba con Brent en Belden Town. Por lo visto, al decirlo en voz alta, me había gafado realmente. Quizá nunca volvería a tener los pies en condiciones.

Abstraída en una espiral de pensamientos amargos, el segundo día después de salir de Castle Crags estuve a punto de pisar dos serpientes de cascabel enrolladas en el sendero a unos pocos kilómetros una de otra. Con su cascabeleo, me obligaron a volver literalmente de donde estaba, previniéndome en el último momento. Escarmentada, me obligué yo misma a volver. Seguí avanzando, imaginando cosas inimaginables: que mis pies de hecho no estaban unidos a mí, por ejemplo, o que lo que notaba no era, en realidad, dolor, sino simplemente una «sensación».

Acalorada, furiosa, harta de mí misma, paré a comer a la sombra de un árbol, extendí la lona y me recosté en ella. La noche anterior había acampado con Rex y Stacy, y planeaba reunirme con ellos esa noche —las parejas continuaban en algún lugar por detrás de nosotros—, pero yo había caminado sola durante todo el día sin ver un alma. Observé las aves de presa sobrevolar a lo lejos los picos rocosos, alguna que otra nube blanca y tenue surcar lentamente el cielo, hasta que sin querer me quedé dormida. Desperté al cabo de media hora con un grito ahogado, sobresaltada por un sueño, el mismo que había tenido la noche anterior. En él, el pie grande me secuestraba. Lo hacía de una manera bastante educada, aproximándose a mí y llevándome cogida de la mano hasta lo más profundo del bosque, donde vivía toda una aldea de los de su especie. En el sueño sentía asombro y temor al verlos. «¿Cómo habéis permanecido ocultos de los humanos tanto tiempo?», preguntaba yo a mi captor pie grande, pero él solo gruñía. Al mirarlo, caí en la cuenta de que no era un pie grande ni mucho menos, sino un hombre con una máscara y un disfraz peludo. Vi su pálida carne humana bajo el contorno de la máscara, cosa que me aterrorizó.

Esa mañana, al despertar, no había dado importancia al sueño, achacándolo a la postal que había comprado en Castle Crags, pero ahora que soñaba lo mismo por segunda vez, pareció tener mayor

261

trascendencia, como si el sueño no fuera en realidad un sueño, sino un augurio, aunque no sabía de qué. Me puse en pie, volví a echarme a Monstruo a la espalda y, con una sensación de fría inquietud, escruté la hilera de riscos, los picos rocosos y las altas paredes de colores gris y óxido que me rodeaban cerca y lejos entre salpicones de árboles verdes. Cuando me reuní con Stacy y Rex esa noche, experimenté no poco alivio al verlos. Con los nervios a flor de piel desde hacía horas, me sentía insegura ante los pequeños ruidos procedentes de los arbustos y turbada después por los largos silencios.

—¿Cómo tienes los pies? —preguntó Stacy mientras yo montaba la tienda junto a la suya.

Como única respuesta me senté en el suelo, me quité las botas y los calcetines y se los enseñé.

—Caray —susurró—. Eso parece doloroso.

—¿A que no sabes de qué me enteré ayer por la mañana en la tienda? —preguntó Rex. Removía el contenido de un cazo sobre la llama de su hornillo, enrojecido aún su rostro por los esfuerzos del día—. Según parece, se celebran en el lago Toad, más adelante, unas fiestas llamadas «Encuentro del Arco Iris».

—¿En el lago Toad? —repetí, recordando de pronto a la mujer que había conocido en los lavabos de la estación de autobuses de Reno. Ella iba allí.

—Sí —contestó Rex—. El lago está a menos de un kilómetro del sendero, a unos catorce de aquí. Creo que deberíamos ir.

Di palmadas de júbilo.

—¿Qué es el Encuentro del Arco Iris? —preguntó Stacy.

Se lo expliqué mientras cenábamos; había asistido hacía un par de veranos. El Encuentro del Arco Iris lo organiza la Familia del Arco Iris de la Luz Viva, una especie de tribu compuesta por los llamados librepensadores, cuya meta común es la paz y el amor en la Tierra. Cada verano montan un campamento en el recinto de un bosque nacional que atrae a millares de personas a una celebración que culmina en la semana del Cuatro de Julio, pero se prolonga todo el verano.

—Hay tamboradas, hogueras y fiestas —les expliqué a Rex y Stacy—. Pero lo mejor de todo son esas increíbles cocinas al aire libre donde la gente va y prepara panes y guisa verduras y estofados y arroces. Las cosas más diversas, y cualquiera puede acercarse y comer sin más.

—¿Cualquiera? —preguntó Rex con voz quejumbrosa.

—Sí —respondí—. Uno solo tiene que llevar su taza y su cuchara.

Mientras hablábamos, decidí que me quedaría en el Encuentro del Arco Iris durante unos días, y mandaría a paseo las imposiciones de mi calendario. Necesitaba esperar a que los pies se me curaran para centrarme otra vez en el juego, sacudirme la escalofriante sensación surgida dentro de mí de que podía secuestrarme una mítica bestia bípeda humanoide.

Y quizá de paso, muy posiblemente, podía llevarme a la cama a un *hippy sexy*.

Después, en mi tienda, revolví el contenido de la mochila y encontré el condón que acarreaba desde el principio, el que había rescatado en Kennedy Meadows cuando Albert excluyó los demás de mi mochila. Seguía intacto en su pequeña envoltura blanca. Parecía un momento excelente para darle uso. Durante las seis semanas que había pasado en el sendero, ni siquiera me había masturbado, demasiado quebrantada al final del día para hacer nada salvo leer y demasiado asqueada por mi propio hedor a sudor para que mi cabeza se encaminara en cualquier dirección que no fuera el sueño.

Al día siguiente caminé más deprisa que nunca, haciendo muecas de dolor a cada paso, por un terreno que se ondulaba entre 2.000 y 2.300 metros y ofrecía vistas de lagos altos e inmaculados por debajo del sendero e infinitos montes en las inmediaciones y a lo lejos. Era mediodía cuando empezamos a bajar por la pequeña senda que descendía desde el SMP hasta el lago Toad.

—Desde aquí no se ve gran cosa —apuntó Rex mientras contemplábamos el lago, unos cien metros más abajo.

—No se ve nada —confirmé. Se veía solo el lago rodeado de pinos escuálidos, con el monte Shasta al este; después de haberlo tenido a la vista al norte en Hat Creek Rim, ahora por fin dejaba atrás aquel espectacular pico de 4.200 metros.

—Quizás el encuentro se celebre a cierta distancia de la orilla —observó Stacy, pero cuando llegamos al lago quedó claro que allí no había ningún alegre campamento, ni una efervescente muchedumbre tocando el tambor, colocándose y preparando suculentos estofados. No había panes morenos ni *hippies sexys*.

El Encuentro del Arco Iris fue todo un chasco.

Desalentados, los tres comimos cerca del lago los tristes ali-

263

mentos que siempre comíamos. Después, Rex fue a darse un baño, y Stacy y yo nos encaminamos sin mochila por la escarpada senda hacia una pista de montaña que, según nuestra guía, había por allí cerca. Pese a las evidencias, no habíamos abandonado totalmente la esperanza de dar con el Encuentro del Arco Iris; cuando llegamos a la desigual pista al cabo de diez minutos, comprobamos que no había nada. Nadie. Todo eran árboles, tierra, rocas y hierbajos, igual que siempre.

—Eso es que nos han informado mal, supongo —dijo Stacy, oteando el paisaje, con voz aguda a causa de la misma rabia y pesadumbre que anidaba en mí.

Mi decepción me parecía tremenda e infantil, como si estuviera a punto de tener una de esas pataletas que no experimentaba desde que tenía tres años. Me acerqué a una enorme roca plana junto a la pista, me tendí en ella y cerré los ojos para no ver el estúpido mundo y evitar así que aquello fuera lo que al final me provocara el llanto en el sendero. La roca, caliente y lisa, era ancha como una mesa. Me producía una sensación increíblemente grata en la espalda.

—Espera —dijo Stacy al cabo de un rato—. Me ha parecido oír algo.

Abrí los ojos y agucé el oído.

—Probablemente ha sido el viento —especulé, sin oír nada.

—Probablemente. —Me miró y cruzamos una débil sonrisa.

Llevaba un sombrero que se ataba por debajo de la barbilla, un pantalón corto y unas polainas que le llegaban hasta las rodillas, indumentaria con la que ofrecía todo el aspecto de una *girl scout*. Al conocerla, me había decepcionado un poco que no se pareciera más a mis amigas y a mí. Era más callada, emocionalmente más fría, menos feminista, sin tanto interés por el arte y la política, más corriente. Si la hubiera conocido fuera del sendero, es probable que no nos hubiéramos hecho amigas, pero para entonces le tenía mucho afecto.

—Lo he oído otra vez —anunció de pronto, y dirigió la mirada pista abajo.

Me levanté cuando una pequeña y destartalada furgoneta repleta de gente dobló la curva. Llevaba matrícula de Oregón. Vino derecha hacia nosotros y frenó bruscamente con un chirrido a pocos pasos. Antes de que el conductor hubiese siquiera apagado el motor, empezaron a saltar las siete personas y los dos perros que viajaban dentro. Harapientos y sucios, engalanados a lo *hippy*, eran todos, sin duda, miembros de la tribu del Arco Iris. Hasta los perros iban discretamente adornados con pañuelos y cuentas. Tendí la mano para tocar sus lomos peludos cuando pasaron como flechas junto a mí y se adentraron entre los hierbajos.

—Hola —saludamos Stacy y yo al mismo tiempo a los cuatro hombres y las tres mujeres que estaban ante nosotros.

Ellos, ofendidos, se limitaron a fijar la mirada en nosotras con los ojos entornados, como si acabaran de salir de una cueva, no de la caja o la cabina de una furgoneta. Daba la impresión de que llevaban toda la noche en pie o salían de los efectos de algún alucinógeno o las dos cosas.

—¿Esto es el Encuentro del Arco Iris? —inquirió el hombre que un momento antes estaba sentado al volante. Tenía la piel curtida y huesos pequeños. Una extraña y repulsiva cinta blanca que le cubría la mayor parte de la cabeza evitaba que el pelo largo y ondulado le cayera sobre la cara.

—Eso buscábamos también nosotras, pero aquí no hay nadie más —contesté.

—¡Dios, qué mierda! —gimió una mujer pálida con aspecto de desamparada. Llevaba al descubierto la esquelética cintura y lucía un *collage* de tatuajes celtas—. Mierda, ¿hemos venido hasta aquí desde Ashland para nada? —Fue a tenderse en la roca que yo acababa de abandonar—. Tengo tanta hambre que voy a morirme, en serio.

—Yo también tengo hambre —se lamentó otra de las mujeres, una enana de pelo negro con una cuerda a modo de cinturón de la que pendían campanillas de plata. Se acercó a la desamparada y le dio unas palmadas en la cabeza.

—¡Esos folkeros de mierda! —bramó el hombre de la cinta en el pelo.

—Mierda, y que lo digas —masculló un tipo con una cresta mohawk verde y un gran aro de plata en la nariz, como los que llevan a veces los toros.

—¿Sabéis qué voy a hacer? —preguntó el hombre de la cinta en el pelo—. Voy a organizar mi propio Encuentro de Mierda en el lago del Cráter. No necesito a esos folkeros de mierda para que me digan adónde ir. Por aquí soy un hombre influyente.

—¿A qué distancia está el lago del Cráter? —preguntó con acento australiano la tercera mujer. Era alta, rubia y guapa, todo en ella un espectáculo: su pelo una montaña de rastas recogidas en lo alto de la cabeza, *piercings* en las orejas que parecían hechos de auténticos huesos de pájaro, exuberantes anillos en todos los dedos.

—No muy lejos, ricura —respondió el hombre de la cinta en el pelo.

—No me llames «ricura» —replicó ella.

—¿En Australia «ricura» es una palabra ofensiva? —preguntó.

Ella dejó escapar primero un suspiro y luego un gruñido.

—Vale, nena, no te llamaré «ricura». —Soltó una carcajada hacia el cielo—. Pero sí te llamaré «nena» si me viene en gana. Como dijo Jimi Hendrix: «Yo llamo nena a todo el mundo».

Crucé una mirada con Stacy.

—También nosotras buscábamos el encuentro —dije—. Nos habían dicho que se celebraba aquí.

—Estamos haciendo el Sendero del Macizo del Pacífico —añadió Stacy.

—¡Necesito comida! —gimoteó la desamparada desde la roca.

—Yo puedo darte un poco —le dije—. Pero la tengo arriba, en el lago.

Se limitó a mirarme con rostro inexpresivo y ojos vidriosos. Me pregunté cuántos años tendría. Parecía de mi edad, y, sin embargo, podría haber pasado por una niña de doce años.

—¿Tenéis sitio en el coche? —nos preguntó la australiana en confianza—. Si vais a Ashland, voy con vosotras.

—Vamos a pie —dije, y me miró con cara de incomprensión—. Llevamos mochilas. Las hemos dejado en la orilla del lago.

—De hecho, sí vamos a Ashland —informó Stacy—. Pero tardaremos unos doce días en llegar allí. —Las dos nos reímos, pero fuimos las únicas.

Al cabo de unos minutos, todos se apiñaron de nuevo en la furgoneta y se marcharon, y Stacy y yo desanduvimos el camino hasta el lago Toad. Cuando regresamos, las dos parejas estaban sentadas con Rex, y nos encaminamos todos juntos al SMP, pero no tardé en rezagarme y fui la última en llegar, renqueante, al campamento, ya casi a oscuras, entorpecida por el desastre que eran mis pies.

—Pensábamos que no lo conseguirías —apuntó Sarah—. Creíamos que ya habías parado a acampar.

—Pues aquí estoy —respondí, dolida, pese a saber que ella lo decía solo para reconfortarme por mis problemas en los pies.

En Castle Crags, mientras bebíamos y contábamos anécdotas, Sam había comentado en broma, después de enumerar yo mis diversas desdichas, que mi apodo en el sendero debería ser la Excursionista Desventurada. En ese momento me había reído —la Excursionista Desventurada me parecía un mote bastante acertado—, pero no quería ser esa excursionista. Quería ser la reina de las amazonas más dura que el puto pedernal.

Por la mañana me levanté antes que los demás y, en silencio, mezclé en el cazo mi leche en polvo con agua fría y granola un poco rancia y pasas. Me había despertado otra vez el sueño del pie grande, casi idéntico a los dos anteriores. Mientras desayunaba, advertí que, sin querer, permanecía atenta a los sonidos entre los árboles todavía a oscuras. Emprendí la marcha antes de que los demás saliesen siquiera de sus tiendas, contenta de partir con ventaja. Por desventurada que fuese, pese al agotamiento, la lentitud y el dolor de pies, mantenía el ritmo de los demás, aquellos a quienes consideraba verdaderos excursionistas. Entre veintisiete y treinta kilómetros diarios, un día tras otro, eran ya de rigor.

267

Al cabo de una hora, oí un enorme estrépito entre los arbustos y los árboles junto a mí. Me quedé inmóvil, sin saber si gritar o permanecer en un silencio absoluto. No pude evitarlo: por absurdo que fuera, el hombre con la máscara de pie grande de mis sueños asomó inmediatamente a mi cabeza.

—¡Aaah! —grité cuando una bestia peluda cobró forma ante mí en el sendero, tan cerca que la olí.

Un oso, comprendí al cabo de un momento. Me recorrió con la mirada lánguidamente antes de resoplar, dar media vuelta y marcharse corriendo hacia el norte por el sendero.

¿Por qué tenían que marcharse siempre en la misma dirección que iba yo?

Aguardé unos minutos y seguí adelante, mirando donde pisaba, nerviosa, entonando versos de canciones a voz en cuello. «Podría beber una caja entera de ti, cariño, y aún me mantendría en pie», arrullé sonoramente.

«¡Ella era una máquina rápida, mantenía limpio el motor…!», gruñí.

«Es la hora de tomar unas hojitas de té con Té Tetley», gorjeé.

Surtió efecto. No volví a tropezarme con el oso. Ni con el pie grande.

Sí me encontré con algo que ciertamente debía temer: una amplia lámina de nieve helada que cubría el sendero en un ángulo de cuarenta grados. A pesar del calor, no se había fundido toda en las pendientes orientadas hacia el norte. Veía el otro extremo de la nieve. Prácticamente podía lanzar una piedra hasta el otro lado. Pero no podía lanzarme a mí misma. Tenía que cruzarlo a pie. Miré montaña abajo, recorriendo el curso de la nieve con la vista; existía la posibilidad de que resbalara y cayera. Terminaba mucho más abajo, en una acumulación de irregulares peñascos. Más allá de estos solo había aire.

Empecé a avanzar poco a poco, marcando cada paso con las botas, afianzándome con el bastón de esquí. En lugar de estar más segura en la nieve, tras mi experiencia en Sierra Alta, me sentí más alterada, más consciente de lo que podía ocurrir. Me resbaló un pie y caí sobre las manos; lentamente, volví a levantarme con las rodillas flexionadas. «Voy a caerme», fue la idea que me asaltó, y al concebirla me quedé paralizada y miré en dirección a los peñascos, imaginando que me precipitaba hacia ellos. Volví la vista hacia el lugar de donde venía y luego hacia el sitio al que me dirigía, ambos equidistantes respecto a mí. Me hallaba demasiado lejos del uno y del otro, así que me obligué a seguir adelante. Apoyé las manos en el suelo y avancé a gatas el resto del tramo nevado; las piernas me temblaban incontroladamente; el bastón de esquí repiqueteaba junto a mí, colgado de mi muñeca por la correa rosa de nailon.

Ya de nuevo en el sendero, en el extremo opuesto, me compadecí de mí misma y me sentí estúpida y débil, vulnerable como no me había sentido antes en el sendero, envidiando a las parejas que se tenían el uno al otro, y a Rex y Stacy, que se habían convertido tan fácilmente en un dúo de excursionistas; cuando Rex abandonara el sendero en el valle de Seiad, Stacy se reuniría con su amiga Dee para poder atravesar juntas Oregón, pero yo seguiría siempre sola. ¿Y por qué? ¿Cuál era el efecto de estar sola? «No tengo miedo», dije, evocando mi antiguo mantra para serenarme. Pero no sentí lo mismo que cuando lo decía antes. Quizá porque eso ya no era del todo cierto.

Tal vez a esas alturas había llegado ya tan lejos que tenía las agallas necesarias para sentir miedo.

Cuando paré a almorzar, me entretuve hasta que los otros me alcanzaron. Me dijeron que se habían encontrado con un guarda forestal que los previno sobre un incendio al oeste y al norte, cerca de Happy Valley. De momento no afectaba aún al SMP, pero les había recomendado que permanecieran alertas. Dejé que se marcharan antes que yo, diciéndoles que los alcanzaría al anochecer, y caminé sola bajo el calor de la tarde. Al cabo de un par de horas llegué a un manantial en un idílico prado y me detuve a cargar agua. Era un lugar demasiado hermoso para marcharme, así que me quedé un rato, dejando los pies en remojo en el manantial hasta que oí un campanilleo cada vez más sonoro. Apenas había conseguido ponerme en pie cuando una llama blanca dobló el recodo y vino derecha hacia mí con una dentuda sonrisa en la cara.

—¡Aaah! —grité, como cuando vi el oso; tendí la mano para agarrarla del dogal que colgaba de su arnés, una vieja costumbre de mi infancia con los caballos.

La llama llevaba una alforja guarnecida con una sarta de campanillas de plata, no muy distinta del cinturón de la mujer que había conocido en el lago Toad.

—Tranquila —le dije, allí de pie, descalza y estupefacta, preguntándome qué hacer a continuación.

También el animal parecía estupefacto, con una expresión a la vez cómica y severa. Se me pasó por la cabeza que quizá mordiera, pero no tenía manera de saberlo. Nunca había estado tan cerca de una llama. Ni siquiera había estado lejos de una. Mi experiencia con ellas era tan mínima que ni siquiera tenía la total certeza de que fuera una llama. Olía a arpillera y a aliento matutino. Tiré del animal discretamente en dirección a mis botas y metí los pies en ellas. Luego le acaricié el cuello largo y áspero con ademán vigoroso, confiando en que lo interpretase como un gesto imperioso. Pasados unos minutos, apareció una anciana con dos trenzas grises a los lados de la cabeza.

—¡La has cogido! Gracias —dijo en voz muy alta, con una amplia sonrisa y una mirada radiante. Salvo por la pequeña mochila cargada a sus espaldas, parecía una mujer salida de un cuento de hadas, menuda, regordeta, de mejillas sonrosadas y rostro pícaro. La seguía un niño, y a este un gran perro pardo—. La he soltado un momento y se ha escapado —explicó la mujer. Riendo, cogió el dogal de la llama—. Me he imaginado que la co-

269

gerías. Más arriba nos hemos encontrado con tus amigos y me han dicho que tú venías detrás. Yo soy Vera, y este es mi amigo Kyle —dijo, señalando al niño—. Tiene cinco años.

—Hola —saludé, bajando la mirada hacia él—. Yo me llamo Cheryl.

El niño llevaba al hombro, colgada de un grueso cordel, una botella de sirope de arce con agua, una botella de cristal, cosa rara de ver en el sendero, como también me resultó raro verlo a él. Hacía una eternidad que no estaba en compañía de un niño.

—Hola —contestó él, alzando al instante los ojos de color gris agua de mar para fijarlos en los míos.

—Y ya has conocido a *Estrella Fugaz* —dijo Vera, dando unas palmadas en el cuello a la llama.

—Te olvidas de *Miriam* —le apuntó Kyle a Vera. Apoyó su manita en la cabeza del perro—. Esta es *Miriam*.

—Hola, *Miriam* —dije—. ¿Te lo pasas bien de excursión? —pregunté a Kyle.

—Nos lo pasamos en grande —contestó con un tono curiosamente formal, y se fue a chapotear con las manos en el agua del manantial.

Charlé con Vera mientras el crío lanzaba hojas de hierba al agua y las observaba alejarse flotando. Ella me contó que vivía en un pueblo en el centro de Oregón y que salía de excursión siempre que podía. Kyle y su madre habían atravesado una situación horrenda, dijo ella en voz baja; habían tenido que vivir en las calles de Portland. Vera los había conocido hacía solo unos meses, por mediación de cierta organización llamada Principios Básicos para la Vida. La madre de Kyle le había pedido a Vera que se llevara al niño de excursión mientras ella enderezaba su vida.

—¡Prometiste no hablar a la gente de mis problemas! —protestó Kyle con vehemencia, corriendo hacia nosotras.

—No hablo de tus problemas —respondió Vera cordialmente, aunque no era verdad.

—Porque tengo problemas muy serios y no quiero hablar de eso con desconocidos —dijo él, mirándome de nuevo a los ojos.

—Mucha gente tiene problemas serios —tercié—. Yo misma tengo problemas serios.

—¿Qué problemas? —preguntó él.

—Problemas con mi padre, por ejemplo —contesté, vacilante, arrepintiéndome de inmediato. No había pasado tiempo suficiente en compañía de niños para saber en qué medida uno debía ser sincero con un niño de cinco años—. En realidad no he tenido padre —expliqué con un tono vagamente alegre.

—Yo tampoco tengo padre —dijo Kyle—. Bueno, todo el mundo tiene padre, pero yo ya no conozco al mío. Lo conocía de pequeño, pero no me acuerdo de él. —Abrió las manos y se miró las palmas. Las tenía llenas de pequeñas briznas de hierba. Las vimos revolotear arrastradas por el viento—. ¿Y tu mamá? —preguntó.

—Murió.

De inmediato levantó la cara hacia mí, pasando su expresión de sorprendida a serena.

—A mi madre le gusta cantar —dijo—. ¿Quieres oír una canción que me enseñó?

—Sí —contesté, y el pequeño, sin el menor titubeo, cantó la letra completa de *Red River Valley* con una voz tan pura que sentí que me vaciaba por dentro—. Gracias —dije cuando acabó, ya medio desmoronada—. Puede que eso sea lo mejor que he oído en toda mi vida.

—Mi madre me ha enseñado muchas canciones —declaró solemnemente—. Es cantante.

Vera me tomó una fotografía, y yo volví a ceñirme a Monstruo.

—Adiós, Kyle. Adiós, Vera. Adiós, *Estrella Fugaz* —me despedí mientras ascendía por el sendero.

—¡Cheryl! —vociferó Kyle cuando ya casi me había perdido de vista.

Paré y me di la vuelta.

—La perra se llama *Miriam*.

—Adiós, *Miriam* —dije.

A media tarde llegué a un lugar umbrío donde había una mesa de picnic, un lujo poco común en el sendero. Cuando me acerqué, vi que había un melocotón en la mesa y, bajo este, una nota.

¡Cheryl!
Les hemos sacado esto para ti a unos excursionistas que han venido a pasar el día. ¡Que lo disfrutes!

SAM Y HELEN

Me emocioné al ver el melocotón, claro está —la fruta y la verdura frescas competían con la limonada Snapple en mis fantasías alimentarias—, pero me conmovió aún más el hecho de que Sam y Helen lo hubieran dejado allí para mí. Sin duda ellos tenían fantasías alimentarias tan absorbentes como las mías. Me senté en la mesa de picnic y, dichosamente, di un bocado al melocotón; tuve la sensación de que su exquisito jugo se propagaba por todas mis células. Gracias al melocotón, me pareció menos grave tener los pies reducidos a una masa de pulpa palpitante. La bondad del obsequio eclipsó el calor y el tedio del día. Mientras me lo comía, caí en la cuenta de que no podría dar las gracias a Sam y Helen por dejármelo. Me sentía en condiciones de quedarme sola otra vez: esa noche iba a acampar sola.

Cuando tiré el hueso del melocotón, vi que tenía alrededor centenares de azaleas de docenas de tonalidades de rosa y naranja claro, y la brisa desprendía algunos de sus pétalos. Se me antojaron un obsequio, igual que el melocotón y que la versión de *Red River Valley* que cantó Kyle. Por difícil y enloquecedor que llegara a ser el sendero, raro era el día que no ofrecía alguna manifestación de lo que se conocía, en la jerga del SMP, como «magia del sendero»: los sucesos inesperados y gratos que sobresalían en marcado contraste con los desafíos del sendero. Antes de ponerme en pie para echarme a Monstruo a las espaldas, oí pasos y me volví. Un ciervo venía hacia mí por el sendero, al parecer ajeno a mi presencia. Emití un leve ruido, para no sobresaltarlo, pero en lugar de alejarse como una exhalación, se detuvo y me miró, olfateando en dirección a mí antes de proseguir lentamente hacia donde yo estaba. A cada paso, paraba para evaluar si debía continuar o no, y cada vez continuaba, acercándose y acercándose, hasta hallarse a solo tres metros. Con expresión de calma y curiosidad, extendía el hocico hacia mí tanto como podía. Permanecí allí sentada, inmóvil, contemplándolo sin experimentar el menor miedo, a diferencia de lo que me había ocurrido semanas antes cuando el zorro se detuvo a observarme en medio de la nieve.

—No pasa nada —susurré al ciervo, sin saber qué iba a decir hasta que lo solté—: en este mundo estás a salvo.

Cuando hablé, fue como si se hubiese roto un encantamiento. El ciervo perdió todo interés en mí, y, sin embargo, no se echó a correr. Se limitó a levantar la cabeza y alejarse unos pasos, abriéndose camino entre las azaleas con sus delicados cascos a la vez que mordisqueaba las plantas.

Caminé sola durante los siguientes días, arriba y abajo, y arriba otra vez, por el largo y caluroso trecho hasta el valle de Seiad, dejando atrás el Etna Summit y adentrándome en las montañas de Mármol, pasando cerca de lagos donde los mosquitos me obligaron a embadurnarme de DEET por primera vez en mi viaje, cruzándome con excursionistas de un solo día que me informaban sobre los incendios forestales que ardían al oeste, pero que no habían irrumpido aún en el SMP.

Una noche acampé en un espacio de hierba desde donde veía señales de esos incendios: una turbia cortina de humo que ocultaba la vista al oeste. Me quedé sentada en mi silla durante una hora, contemplando el paisaje mientras el sol se difuminaba entre el humo. Había visto muchas puestas de sol sobrecogedoras en mis atardeceres en el SMP, pero esa fue más espectacular que cualquier otra en mucho tiempo: la luz difusa, degradándose en un millar de tonalidades de amarillo, rosa, naranja y morado sobre la ondulada tierra verde. Podría haberme puesto a leer *Dublineses* o haberme echado a dormir en el capullo de mi saco, pero esa noche el cielo me hipnotizó de tal modo que no podía dejar de mirarlo. Mientras lo contemplaba, caí en la cuenta de que había rebasado la mitad de mi recorrido. Llevaba en el sendero más de cincuenta días. Si todo transcurría según lo previsto, pasados otros cincuenta días habría acabado mi recorrido por el SMP. Para entonces, lo que tuviera que ocurrirme allí ya me habría pasado.

«Recuerda el valle de río Rojo y al vaquero que tanto te quiso…», canté, y mi voz se apagó gradualmente, porque desconocía el resto de la letra. Acudieron a mi cabeza imágenes de la cara y las manos pequeñas de Kyle, reverberaciones de su impecable voz. Me pregunté si algún día sería madre y en qué clase de «situación horrenda» se habría metido la madre de Kyle, dónde podía estar su padre y dónde estaría el mío. «¿Qué estará haciendo en este preciso instante?», había pensado más de una vez a lo largo de mi vida, pero nunca fui capaz de imaginar la respuesta. No sabía nada de la vida de mi propio padre. Estaba allí, pero era invisible, una bestia hecha de sombra en el bosque; un incendio tan lejano que no era más que humo.

Eso era mi padre: el hombre que no había ejercido de padre conmigo. Me asombraba en todo momento. Una vez y otra y otra más. De todas las salvajadas, la mayor de todas había sido siempre su incapacidad para quererme como debería haberme querido. Pero aquella noche, mientras contemplaba el paisaje cada vez más oscuro después de cincuenta y tantas noches en el SMP, comprendí que ya no debía sentir asombro por él.

En el mundo había muchas otras cosas asombrosas.

Se abrían dentro de mí como un río. Como si no supiera que podía respirar y de pronto respirase. Me reí por el regocijo mismo de esa idea, y al cabo de un momento derramaba mis primeras lágrimas en el SMP. Lloré y lloré y lloré. No lloraba de felicidad. No lloraba de tristeza. No lloraba por mi madre ni por mi padre ni por Paul. Lloraba por mi sensación de plenitud. Plenitud por aquellos cincuenta y tantos difíciles días en el sendero y también por los 9.760 días que los habían precedido.

Estaba entrando. Estaba saliendo. California quedaba atrás como un largo velo de seda. Ya no me sentía como una idiota de tomo y lomo, ni como una reina de las amazonas más dura que el puto pedernal. Me sentía feroz, humilde y recompuesta por dentro, como si también yo estuviera a salvo en este mundo.

QUINTA PARTE

CAJA DE LLUVIA

Yo camino despacio, pero nunca retrocedo.
ABRAHAM LINCOLN

Dime, ¿qué planeas hacer
con tu vida salvaje y preciosa?
MARY OLIVER, *The Summer Day*

15

Caja de lluvia

*D*esperté en la oscuridad de mi penúltima noche en California al oír el azote del viento contra las ramas de los árboles y el repiqueteo de la lluvia sobre mi tienda. Había llovido tan poco a lo largo del verano que había dejado de poner la funda impermeable, y dormía solo con una amplia malla entre el cielo y yo. Descalza, salí a rastras en la oscuridad para extender la funda sobre la tienda, temblando pese a ser primeros de agosto. Las temperaturas no bajaban de treinta grados desde hacía semanas, y a veces alcanzaban los cuarenta, pero con el viento y la lluvia, el tiempo había cambiado de pronto. De nuevo en la tienda, me puse las mallas y el anorak de forro polar, me metí en el saco y subí la cremallera hasta la barbilla, ciñéndome bien la capucha en torno a la cabeza. Cuando desperté a las seis, el pequeño termómetro en la mochila marcaba tres grados.

Caminé por una elevada cumbre bajo la lluvia, vestida con casi toda la ropa que tenía. Si paraba más de unos minutos, me entraba tal frío que me castañeteaban cómicamente los dientes hasta que me ponía en marcha de nuevo y empezaba a sudar otra vez. En días despejados, afirmaba mi guía, se veía Oregón al norte, pero yo no veía nada más allá de tres metros por la densa niebla que lo ocultaba todo. No necesitaba ver Oregón. Lo presentía, enorme ante mí. Lo recorrería de punta a punta si llegaba al Puente de los Dioses. ¿Quién sería yo si lo conseguía? ¿Quién sería yo si no lo lograba?

Ya entrada la mañana, Stacy salió de la niebla; venía por el sendero en dirección sur. Habíamos salido juntas del valle de Seiad el día anterior, después de pasar la noche con Rex y las parejas. Por la mañana, Rex había tomado un autocar de regreso a su vida real mientras el resto de nosotros seguía adelante, y nos separamos al cabo de unas horas. Estaba casi segura de que no volvería a ver a las parejas en el sendero, pero Stacy y yo teníamos planeado reunirnos en Ashland, donde ella descansaría unos días mientras esperaba a su amiga Dee para iniciar con ella la andadura a través de Oregón. Ahora, al verla, me sobresalté, como si fuera mitad mujer, mitad fantasma.

—Vuelvo al valle de Seiad —dijo, y me explicó que tenía frío y ampollas en los pies; además, el saco de plumón se le había empapado la noche anterior y no podía contar con que se secara antes de la noche—. Iré a Ashland en autocar —anunció—. Ven a verme al albergue cuando llegues.

La abracé y, cuando se alejó, la niebla la envolvió en cuestión de segundos.

Al día siguiente desperté antes que de costumbre. El cielo presentaba un palidísimo color gris. Ya no llovía y el aire se notaba más cálido. Emocionada, me ceñí a Monstruo y me alejé de mi campamento: esos eran mis últimos kilómetros en California.

Me hallaba a un kilómetro más o menos de la línea divisoria cuando la pulsera de William J. Crockett se enganchó a una rama suspendida junto al borde del sendero, salió volando y fue a caer en la espesa maleza. Busqué entre las rocas, los arbustos y los árboles, presa del pánico, consciente, mientras me abría paso entre los matorrales, de que no había nada que hacer. No la encontraría. No había visto adónde había ido a parar. Al salir despedida, no había oído más que un ligerísimo sonido metálico. Me parecía absurdo perder la pulsera en ese preciso momento, un claro augurio de complicaciones en el futuro. Intenté darle la vuelta en mi cabeza y convencerme de que la pérdida representaba algo bueno —el símbolo de todo aquello que ya no necesitaba, quizás; un aligeramiento de la carga en sentido figurado—, pero al final esa idea se desdibujó y pensé solo en el propio William J. Crockett, el hombre de Minnesota que tenía más o menos mi edad cuando murió en Vietnam, cuyos restos nunca se habían hallado, cuya familia sin duda lloraba aún su pérdida. La pulsera no era más que el símbolo de la vida que él perdió demasiado joven. El universo sencillamente lo había atrapado en sus voraces e implacables fauces.

No podía hacer otra cosa que seguir adelante.

Llegué a la línea divisoria al cabo de unos minutos, y allí me detuve para asimilarlo: California y Oregón, un final y un principio contiguos. Para ser un lugar tan trascendente, no parecía nada especial. Allí solo había una caja metálica marrón que contenía un registro del sendero y en un letrero se leía: WASHINGTON: 801 KILÓMETROS. Nada de Oregón.

Pero yo sabía qué eran esos 801 kilómetros. Llevaba dos meses en California, pero tenía la sensación de haber envejecido años desde que estuve en el paso de Tehachapi sola con mi mochila e imaginé que llegaba a este otro punto. Me acerqué a la caja metálica, saqué el registro del sendero y, hojeándolo, leí las anotaciones de las semanas anteriores. Había comentarios de unas cuantas personas cuyos nombres yo no había visto nunca y otros de personas a quienes no había conocido, pero a quienes me parecía conocer porque había seguido sus pasos todo el verano. Las anotaciones más recientes eran de las parejas: John y Sarah, Helen y Sam. Bajo sus jubilosos comentarios, escribí el mío, tan abrumada por la emoción que decidí ser concisa: «¡Lo conseguí!».

Oregón. Oregón. Oregón.

Allí estaba yo. Entré en el estado, y alcancé a ver los picos del majestuoso monte Shasta al sur y del monte McLoughlin, más bajo pero más duro, al norte. Avancé por una cresta a gran altitud, y me encontré con breves trechos de nieve helada que crucé con la ayuda de mi bastón de esquí. Veía vacas pastando en las elevadas praderas verdes no muy lejos por debajo de mí y oía el campanilleo de sus enormes cencerros cuadrados cuando se movían.

—Hola, vacas de Oregón —las saludé a voz en cuello.

Esa noche acampé bajo una luna casi llena, en un cielo luminoso y frío. Abrí *Esperando a los bárbaros*, de J. M. Coetzee, pero solo leí unas páginas porque no podía concentrarme; Ashland asomaba una y otra vez a mi pensamiento. Por fin lo tenía tan cerca que podía permitirme pensar en él. En Ashland habría comida, música y vino, y gente que no sabía nada del SMP. Y lo más importante, habría dinero, y no solo los habituales veinte pavos. En mi caja de Ashland, había metido 250 dólares en cheques de viaje, pues inicialmente había pensado que esa sería la caja que me daría la bienvenida al final de mi andadura. No contenía comida ni reaprovisionamiento. Contenía solo cheques de viaje y un conjunto que ponerme para el «mundo real»: mis Levi's preferidos, de color azul descolorido, y una entallada camiseta negra, un sujetador de encaje del mismo color nuevo por estrenar y unas bragas a juego. Así vestida, había pensado meses antes, celebraría el final de mi

279

viaje y volvería a dedo a Portland. Al cambiar el itinerario, le había pedido a Lisa que pusiera esa caja pequeña en otra de las cajas que había llenado de comida y provisiones, y que la enviara a Ashland, no a una de las paradas a las que no llegaría en Sierra Nevada. Estaba impaciente por echarle mano —a esa caja dentro de la caja— y pasar el fin de semana con ropa distinta a la del sendero.

Llegué a Ashland al día siguiente, a eso de la hora del almuerzo, después de que me recogieran en la carretera un grupo de voluntarios de AmeriCorps.

—¿Te has enterado de la gran noticia? —me preguntó uno de ellos cuando estaba ya en la furgoneta.

Negué con la cabeza sin explicar que eran pocas las noticias que había oído, grandes o pequeñas, en los últimos dos meses.

—¿Conoces a los Grateful Dead? —dijo, y yo asentí—. Ha muerto Jerry García.

De pie en una acera en el centro del pueblo, me incliné para contemplar una imagen en colores psicodélicos del rostro de García en primera plana del periódico local y leer lo que pude a través de la ventanilla de plástico transparente del expendedor de periódicos, ya que no tenía dinero siquiera para comprar un ejemplar. Me gustaban varias canciones de los Grateful Dead, pero nunca había coleccionado cintas de sus conciertos en directo ni los había seguido por el país como algunos amigos míos, que eran auténticos fans. La muerte de Kurt Cobain el año anterior me había afectado más directamente; su final triste y violento había sido una advertencia no solo sobre los excesos de mi generación, sino también sobre los míos propios. Aun así, el fallecimiento de García parecía tener mayor trascendencia, como si fuera el final de una etapa, pero también de una época que había durado toda mi vida.

Caminé con Monstruo a la espalda unas cuantas manzanas hasta la oficina de correos, dejando atrás letreros escritos a mano en los escaparates de las tiendas donde se leía: TE QUEREMOS, JERRY. DESCANSA EN PAZ. Las calles eran un hervidero de turistas bien vestidos que llegaban en tropel para pasar el fin de semana y de jóvenes radicales de la zona inferior de la región del Pacífico noroeste que, congregados en corrillos en las aceras, emitían vibraciones más intensas que de costumbre debido a la noticia. «Eh», me dijeron varios de ellos cuando pasé por su lado; algunos añadieron: «hermana». Sus edades oscilaban entre la adolescencia y la tercera edad, y vestían atuendos que los situaban en algún punto del continuo *hippy*/anarquista/*punk*/*rock*/artista/drogota. Yo parecía uno de ellos —velluda, curtida y tatuada, lastrada por el peso de todas mis pertenencias—, y olía como uno de ellos, solo que sin duda peor, ya que no me bañaba debidamente desde la ducha en el camping de Castle Crags durante mi resaca de hacía un par de semanas. Y sin embargo, me sentía fuera de todo aquello, ajena a todo el mundo, como si acabara de aterrizar allí procedente de otro lugar y de otro tiempo.

—¡Eh! —exclamé, sorprendida, al pasar junto a uno de ellos.

Era uno de los hombres silenciosos salidos de la furgoneta que apareció en el lago Toad cuando Stacy y yo buscábamos el Encuentro del Arco Iris. Pero, colocado como iba, se limitó a asentir con la cabeza, al parecer sin reconocerme.

Llegué a la oficina de correos y abrí las puertas enérgicamente, con una sonrisa de expectación, pero, cuando di mi nombre a la mujer del mostrador, solo me entregó un pequeño sobre acolchado dirigido a mí. Ninguna caja. Ninguna caja dentro de otra caja. Ni Levi's, ni sujetador de encaje negro, ni 250 dólares en cheques de viaje, ni la comida que necesitaba para recorrer la distancia hasta mi siguiente parada en el Parque Nacional del lago del Cráter.

—Tendría que haber una caja para mí —dije, sosteniendo el pequeño sobre acolchado.

—Tendrá que volver mañana —respondió la mujer con indiferencia.

—¿Está segura? —insistí con un tartamudeo—. O sea… Me consta que tendría que estar aquí.

La mujer negó con la cabeza sin la menor compasión. Yo le traía sin cuidado. Era una joven radical sucia y maloliente de la zona inferior de la región del Pacífico noroeste.

—Siguiente —dijo, haciendo una seña al hombre que encabezaba la cola.

Salí a la calle tambaleante, medio ciega de pánico y rabia. Estaba en Ashland, Oregón, y tenía solo 2,29 dólares. Necesitaba pagar una habitación en el albergue esa noche. Necesitaba mi comida antes de seguir adelante. Pero sobre todo —después de sesenta días caminando bajo mi mochila, comiendo alimentos liofilizados que sabían a cartón caliente, viviendo sin el menor

281

contacto humano durante semanas enteras a la vez que subía y bajaba montañas con una increíble diversidad de temperaturas y terrenos— necesitaba que las cosas fueran fáciles. Solo durante unos días. Por favor.

Fui a un teléfono público cercano, me quité a Monstruo, lo dejé en el suelo y me encerré en la cabina. Me sentí extraordinariamente a gusto allí dentro, tanto que tuve la sensación de que ya nunca desearía salir de ese pequeño habitáculo transparente. Miré el sobre acolchado. Era de mi amiga Laura, de Minneapolis. Lo abrí y extraje el contenido: una carta plegada en torno a un collar que ella me había hecho en honor de mi nuevo nombre. STRAYED, decía en letras mayúsculas de plata prendidas de una cadena de bolitas. A primera vista parecía decir STARVED, 'famélica', porque la Y era un poco distinta de todas las demás letras, más gruesa y chata, forjada con un molde distinto, e inconscientemente combiné las letras formando una palabra que me resultaba familiar. Me puse el collar y miré el reflejo distorsionado de mi pecho en la brillante superficie metálica del teléfono. Quedaba por debajo del que llevaba puesto desde Kennedy Meadows, el pendiente de plata con una turquesa que había sido de mi madre.

Cogí el auricular e intenté llamar a Lisa a cobro revertido para preguntarle por mi caja, pero no contestó.

Alicaída, paseé por las calles procurando no desear nada. Ni almuerzo, ni las magdalenas ni las galletas expuestas en los escaparates, ni los cafés con leche en vasos de papel que los turistas sostenían en sus manos inmaculadas. Fui a pie hasta el albergue para ver si encontraba a Stacy. No estaba allí, me dijo el hombre de recepción, pero volvería más tarde; ya había reservado alojamiento para esa noche.

—¿Quieres reservar tú también? —me preguntó, pero negué con la cabeza.

Me acerqué a la cooperativa de alimentos naturales, delante de la cual los jóvenes radicales de la zona inferior de la región del Pacífico noroeste habían establecido algo semejante a un campamento de día, concentrados en la hierba y en las aceras ante la tienda. Casi de inmediato identifiqué a todos los hombres que había visto en el lago Toad: el de la cinta en la cabeza, el jefe de la manada que, como Jimi Hendrix, llamaba «nena» a todo el mundo. Sentado en la acera al lado de la entrada de la tienda, sostenía un pequeño letrero de cartón escrito con rotulador en el que pedía dinero. Ante sí tenía un envase de café con un puñado de monedas.

—Hola —saludé, deteniéndome ante él, animada al ver un rostro conocido, aunque fuera el suyo. Seguía con la extraña cinta sucia en la cabeza.

—¿Qué tal? —contestó, y fue evidente que no se acordaba de mí. No me pidió dinero. Al parecer, saltaba a la vista que no tenía. Preguntó—: ¿Estás de viaje?

—Estoy recorriendo el Sendero del Macizo del Pacífico —contesté para avivarle la memoria.

Asintió con la cabeza, sin reconocerme.

—Ha venido mucha gente de fuera para las celebraciones por los Dead.

—¿Hay celebraciones? —quise saber.

—Esta noche se montará algo.

Sentí curiosidad por saber si había organizado un mini-Encuentro del Arco Iris en el lago del Cráter, como había anunciado, pero no tanta como para preguntárselo.

—Que vaya bien —dije, y me alejé.

Entré en la cooperativa; me resultó extraño el contacto del aire acondicionado en las piernas y los brazos desnudos. A lo largo del SMP, en mis paradas de reaprovisionamiento, había visitado tiendas de abastos y pequeños supermercados para turistas, pero no había estado en ningún establecimiento como aquel desde el inicio de mi viaje. Recorrí los pasillos arriba y abajo, contemplando todo aquello que no podía ser mío, estupefacta ante esa repentina abundancia. ¿Cómo era posible que antes yo diera por sentadas todas esas cosas? Tarros de pepinillos en vinagre y barras de pan tan reciente que venía en bolsas de papel, botellas de zumo de naranja y tarrinas de sorbete, y sobre todo la fruta y la verdura, dispuestas en bandejas tan resplandecientes que casi me cegaron. Me entretuve allí, oliéndolo todo: los tomates y los cogollos de lechuga, las nectarinas y las limas. Tuve que contenerme para no meterme algo en el bolsillo.

Fui a la sección de belleza y salud, donde me eché muestras gratuitas de varias clases de loción en las manos y me las unté por todo el cuerpo; sus distintas fragancias me marearon: melocotón y coco, lavanda y mandarina. Tras examinar los tubos de muestra de carmín, me apliqué uno llamado Bruma de Ciruela mediante un bastoncillo natural, ecológico, fabricado con material reciclado y que cogí de un tarro de cristal de aspecto aséptico y con tapa pla-

283

teada. Me lo retoqué con un pañuelo de papel natural, ecológico, fabricado con material reciclado, y me miré en el espejo redondo que había sobre un pedestal al lado del expositor de lápices de labios. Había elegido Bruma de Ciruela porque se parecía a la barra de labios que me ponía en mi vida corriente antes del SMP, pero ahora, pintada así, parecía un payaso, con la boca demasiado llamativa, demencial, en contraste con mi rostro curtido.

—¿Puedo ayudarla? —preguntó una mujer con gafas de abuela y una placa donde se leía JEN G.

—No, gracias —respondí—. Solo estaba mirando.

—Ese tono le queda bien. Realza el azul de sus ojos.

—¿Usted cree? —pregunté con una súbita sensación de timidez. Me miré en el pequeño espejo redondo, como si verdaderamente me plantease la compra de Bruma de Ciruela.

—También me gusta su collar —apuntó Jen G—. *Starved*: famélica. Tiene gracia.

Me llevé la mano al collar.

—En realidad dice «Strayed». Es mi apellido.

—Ah, sí —dijo Jen G, mirándolo de más cerca—. No lo había visto bien. Tiene gracia de las dos maneras.

—Es una ilusión óptica —expliqué.

Recorrí los pasillos en dirección a la sección de comidas preparadas, donde cogí una áspera servilleta de un expendedor y me limpié la Bruma de Ciruela de los labios. Luego examiné la selección de limonadas. No tenían Snapple, para mi pesar. Compré una limonada natural, ecológica, recién exprimida y sin conservantes con el dinero que me quedaba y fui a sentarme enfrente de la tienda. En mi furor por llegar al pueblo, no había comido, así que saqué una barra de proteínas y unos frutos secos rancios de la mochila a la vez que me prohibía pensar en la comida con la que tenía planeado deleitarme en lugar de eso: una ensalada César con una pechuga de pollo a la plancha y una cesta de crujiente pan que untaría de aceite de oliva, Coca-Cola Light para beber; y de postre, un banana split. Me bebí la limonada y charlé con todo aquel que se acercaba: con un hombre de Michigan que se había trasladado a Ashland para estudiar en la universidad local, y con otro que era batería de un grupo; con una mujer que era ceramista, especializada en estatuillas de diosas, y otra con acento europeo que me preguntó si esa noche iría a la celebración conmemorativa por Jerry García.

Me entregó una octavilla donde se leía, en la parte superior, «En recuerdo de Jerry».

—Es en un club cerca del albergue, por si estás alojada allí —me dijo. Era regordeta y bonita, de pelo muy rubio, recogido en un blando moño en lo alto de la cabeza—. Nosotros también estamos viajando —añadió, señalando mi mochila.

No supe a qué se refería con ese «nosotros» hasta que apareció un hombre a su lado. En cuanto a su físico, era su opuesto: alto y casi angustiosamente delgado, vestido con un pareo granate que le colgaba justo por debajo de las huesudas rodillas, el pelo más bien corto, distribuido en cuatro o cinco coletas en distintos puntos de la cabeza.

—¿Has llegado hasta aquí en autostop? —preguntó el hombre. Era norteamericano.

Les hablé de mi andadura por el SMP, de mis planes de pasar el fin de semana en Ashland. El hombre se quedó indiferente, pero la mujer me miró asombrada.

—Me llamo Susanna y soy suiza —se presentó, cogiéndome la mano entre las suyas—. A lo que tú haces nosotros lo llamamos «peregrinación». Si quieres, te doy un masaje en los pies.

285

—Ah, sería todo un detalle, pero no tienes por qué hacerlo —dije.

—Quiero hacerlo. Sería un honor para mí. Es la costumbre suiza. Enseguida vuelvo. —Se dio media vuelta y entró en la cooperativa mientras yo, levantando la voz, le decía que era muy amable.

Cuando se marchó, miré a su novio. Con aquel pelo, me recordó a una muñeca Kewpie.

—No te preocupes, le gusta mucho hacerlo —explicó él, y sentó a mi lado.

Susanna salió al cabo de un minuto, con aceite fragrante en las manos ahuecadas.

—Es de menta —dijo, sonriéndome—. ¡Quítate las botas y los calcetines!

—Pero mis pies… —vacilé—. Los tengo sucios y en muy mal estado….

—¡Esta es mi misión! —exclamó. Obedecí y, al cabo de un momento, estaba impregnándome de aceite de menta—. Estos pies… los tienes muy fuertes —declaró Susanna—. Son como los de un animal. Percibo su fuerza en las palmas de mis manos.

Y también noto lo maltrechos que están. Veo que has perdido las uñas.

—Sí —musité, acodándome en la hierba. Se me cerraban los ojos.

—Los espíritus me han pedido que haga esto —dijo mientras hundía los pulgares en las plantas de mis pies.

—¿Te lo han pedido los espíritus?

—Sí. Al verte, los espíritus me han susurrado que tenía algo que ofrecerte, y por eso me he acercado con la octavilla, pero entonces he comprendido que había otra cosa. En Suiza, sentimos un gran respeto por quienes peregrinan. —Rotando los dedos de mis pies uno por uno entre los de sus manos, alzó la vista y preguntó—: ¿Qué significa esa palabra en tu collar? ¿Que estás famélica?

Y así pasé el siguiente par de horas, matando el tiempo ante la cooperativa. Famélica sí que estaba, eso desde luego. Ya no me sentía yo misma. Me sentía como un pozo de deseo, un ser ávido y marchito. Alguien me dio una magdalena vegetariana, otro una ensalada de quinoa con uvas. Varios se acercaron a admirar mi tatuaje del caballo o a interesarse por mi mochila. A eso de las cuatro apareció Stacy y le hablé de mi difícil situación; se ofreció a prestarme dinero hasta que llegara mi caja.

—Déjame probar otra vez en la oficina de correos —dije, reacia a aceptar su ofrecimiento, pese a lo mucho que se lo agradecía.

Regresé a la oficina de correos y me puse en la cola, decepcionada al ver que detrás del mostrador seguía la misma mujer que me había informado de que mi caja no estaba allí. Cuando me acerqué, le pregunté por ella como si no hubiese pasado por allí hacía solo unas horas. Entró en la trastienda, volvió con la caja y la deslizó hacia mí por encima del mostrador sin disculparse.

—Así que estaba aquí ya antes —dije, pero ella, sin inmutarse, contestó que no debía de haberla visto.

En mi éxtasis, fui incapaz de enfadarme y acompañé a Stacy al albergue con mi caja. Me registré y la seguí primero escalera arriba y después a través del dormitorio principal de mujeres hasta un pequeño hueco más íntimo situado bajo los aleros del edificio. Dentro había tres camas individuales. Stacy ocupaba una; su amiga Dee otra; y habían reservado para mí la tercera. Stacy me presentó a Dee, y charlamos mientras yo abría la caja. Allí estaban mis viejos vaqueros limpios, mi sujetador y mis bragas nuevas, y más dinero del que había tenido desde el inicio de mi viaje.

Fui a las duchas y, bajo el agua caliente, me restregué bien. No me duchaba desde hacía dos semanas, durante las cuales las temperaturas habían oscilado entre los tres y los cuarenta grados. Sentí cómo el agua se llevaba las sucesivas capas de sudor, como si fueran de hecho una capa de piel. Cuando acabé, me miré desnuda en el espejo; estaba más delgada que la última vez que me había mirado, y mi cabello estaba tan claro como no lo tenía desde que era niña. Me puse el sujetador nuevo, las bragas, la camiseta y los Levi's descoloridos, que ahora me venían holgados, pese a que tres meses antes me costaba ponérmelos; luego regresé al hueco y me calcé las botas. Ya no estaban nuevas —se habían ensuciado y me daban calor, me pesaban y me hacían daño—, pero no tenía más calzado que ese.

Durante la cena con Stacy y Dee, pedí todo lo que me vino en gana. Después fui a una zapatería y compré unas sandalias deportivas Merrell de colores azul y negro, como las que debería haber elegido antes de mi viaje. Volvimos al albergue, pero pocos minutos después Stacy y yo salíamos de nuevo, camino de la celebración conmemorativa por Jerry García en un club cercano; Dee se quedó para dormir. Nos sentamos a una mesa en una pequeña zona acordonada que bordeaba la pista de baile, y allí bebimos vino blanco y observamos a mujeres de todas las edades, formas y tamaños, y algún que otro hombre, girar al ritmo de las canciones de los Grateful Dead, que sonaban una tras otra. Detrás de los bailarines, una pantalla mostraba una serie de imágenes proyectadas, algunas abstractos remolinos psicodélicos, otras dibujos figurativos de Jerry y su grupo.

—¡Te queremos, Jerry! —vociferó una mujer en la mesa contigua cuando apareció una imagen de él.

—¿Vas a bailar? —pregunté a Stacy.

Ella negó con la cabeza.

—Tengo que volver al albergue. Mañana salimos temprano.

—Yo creo que voy a quedarme un rato —dije—. Mañana, si aún estoy dormida, despiértame para despedirnos.

Cuando se marchó, pedí otra copa de vino y me quedé allí sentada escuchando la música, observando a la gente, sintiendo una profunda felicidad por el mero hecho de estar en un espacio entre otras personas una noche de verano escuchando música. Cuando me levanté para marcharme al cabo de media hora, pusieron *Box of rain*. Era una de mis canciones preferidas de los Dead y estaba un poco achispada, así que impulsivamente salí a la pista y empecé a bailar, y me arrepentí casi en el acto. Las rodillas, rígidas, me crujían después de tanto caminar, y tenía una extraña falta de flexibilidad en la cadera, pero en el momento en que me disponía a marcharme descubrí de pronto al hombre de Michigan —a quien había conocido antes ese mismo día— pegado a mí, aparentemente bailando conmigo, entrando y saliendo de mi órbita en su rotación como un giroscopio *hippy*, trazando una caja imaginaria en el aire con los dedos a la vez que me dirigía gestos de asentimiento con la cabeza, como si yo supiera qué demonios quería decir aquello. Así las cosas, me pareció descortés marcharme.

—Siempre pienso en Oregón cuando oigo esta canción —dijo, levantando la voz para hacerse oír por encima de la música mientras yo ejecutaba los movimientos de un falso *boogie*—. ¿Captas? —preguntó—. Caja de lluvia. Como si Oregón fuera también una caja de lluvia.

Asentí y me reí, intentando dar la impresión de que me lo pasaba bien, pero, en cuanto terminó la canción, salí disparada y me quedé junto a una pared baja, de un metro de altura, paralela a la barra.

—Eh —me dijo un hombre al cabo de un rato, y me volví.

Se hallaba al otro lado de la pared y sostenía un rotulador y una linterna. Por lo visto, era un empleado del club, quizás encargado de la zona donde estaba permitido beber, aunque yo no había reparado en él hasta ese momento.

—Eh —respondí.

Era guapo, con unos rizos oscuros que le rozaban los hombros, y parecía un poco mayor que yo. WILCO, rezaba el rótulo en la pechera de su camiseta.

—Me encanta ese grupo —apunté, señalando su camiseta.

—¿De verdad los conoces? —preguntó.

—Claro que los conozco —contesté.

Contrajo sus ojos castaños en una sonrisa.

—Tope —dijo—. Me llamo Jonathan —añadió, y me estrechó la mano.

La música empezó a sonar de nuevo antes de que pudiera decirle mi nombre; pero él se inclinó hacia mí para preguntarme al oído, gritando con delicadeza, de dónde era. Parecía saber que yo no era de Ashland. También a voz en cuello, le expliqué con la mayor concisión posible lo relativo al SMP, y después se inclinó otra vez hacia mí y, vociferando, pronunció una larga frase que yo no entendí a causa de la música, pero no me importó por el maravilloso roce de sus labios en mi pelo y el cosquilleo de su aliento en mi cuello, que me recorrió todo el cuerpo.

—¿Qué? —grité cuando acabó.

Él lo repitió, esta vez más despacio y más alto, y comprendí que me decía que esa noche trabajaba hasta tarde, pero que al día siguiente acababa a las once de la noche, y luego me preguntaba si me apetecía ir a ver al grupo que actuaba y después salir con él.

—¡Claro! —exclamé, aunque medio deseé obligarlo a repetirlo todo para sentir en mi pelo y mi cuello el efecto del roce de sus labios.

Me entregó el rotulador y, con mímica, me pidió que anotara mi nombre en la palma de su mano para poder incluirme en la lista de invitados. «Cheryl Strayed», escribí con la mayor claridad posible, apenas sin poder controlar el temblor de mis manos. Cuando acabé, él lo miró y levantó el pulgar, y yo me despedí con un gesto y salí por la puerta con una sensación de éxtasis.

Tenía una cita.

¿Tenía una cita? Empecé a pasear por las calurosas calles y de pronto me asaltaron las dudas. Quizás al final mi nombre no se incluyera en la lista. Quizá lo había oído mal. Quizás era absurdo salir con alguien con quien apenas había hablado y cuyo principal atractivo era ser guapo y gustarle Wilco. Desde luego había hecho cosas así con hombres basándome en mucho menos. Pero aquello era distinto. Yo misma era distinta. ¿O no?

Volví al albergue y pasé sigilosamente junto a las camas donde dormían mujeres desconocidas, hasta llegar al pequeño hueco bajo los aleros donde Dee y Stacy también dormían. Me desvestí y me metí en una cama de verdad que, para mi asombro, me pertenecía durante esa noche. Me quedé en vela durante una hora, recorriéndome el cuerpo con las manos, imaginándome qué sensación le produciría a Jonathan si lo tocaba la noche siguiente: los montes de mis pechos y el llano de mi abdomen, los músculos de mis piernas y el vello áspero de mi pubis —todo eso parecía aceptable—; pero cuando llegué a las caderas y palpé aquellas marcas del tamaño de la palma de mi mano que parecían algo entre corteza de árbol y

289

pollo desplumado, comprendí que bajo ningún concepto podía quitarme el pantalón en mi cita del día siguiente. Y mejor así, probablemente. Bien sabía Dios que me había quitado el pantalón demasiadas veces, tantas que había perdido la cuenta, sin duda más de las que me convenía.

Pasé el día siguiente intentando disuadirme de ver a Jonathan esa noche. Durante todo el tiempo que dediqué a hacer la colada, darme festines en restaurantes y vagar por las calles mirando a la gente, me preguntaba: «Al fin y al cabo, ¿quién es para mí ese fan de Wilco tan guapo?». Y a la vez desfilaban por mi cabeza las imágenes de todo aquello que podíamos hacer.

Sin quitarme los pantalones.

Esa tarde me duché, me vestí y fui a la cooperativa para ponerme el lápiz de labios Bruma de Ciruela y aceite de ylang-ylang de las muestras gratuitas antes de acercarme con paso firme a la mujer que controlaba la puerta del club donde trabajaba Jonathan.

—Puede que esté en la lista —dije con naturalidad, y le di mi nombre, preparada para el rechazo.

Sin mediar palabra, me estampó un sello rojo en la mano.

Jonathan y yo nos vimos tan pronto como entré; me saludó desde su lugar inasequible en una plataforma elevada, donde se ocupaba de la iluminación. Pedí una copa de vino y me quedé allí de pie bebiéndola poco a poco en lo que esperaba que fuera una pose elegante, escuchando al grupo, cerca de la pared baja donde había conocido a Jonathan la noche anterior. Era un grupo de *bluegrass* relativamente famoso del Área de la Bahía de San Francisco. Dedicaron una canción a Jerry García. La música era buena, pero no pude concentrarme en ella debido a lo mucho que me esforzaba en mostrarme satisfecha y a gusto, en dar la impresión de que hubiese estado en ese mismo club, escuchando a ese mismo grupo, tanto si Jonathan me hubiese invitado como si no, y sobre todo en mirar y a la vez no mirar a Jonathan, que me miraba cada vez que yo lo miraba, lo que me llevó a temer que pensara que yo no dejaba de mirarlo, porque ¿y si era una simple coincidencia que, cada vez que yo lo miraba, él me miraba a mí, y en realidad él no me miraba siempre, sino solo en los momentos en que yo lo miraba a él? Eso lo induciría a preguntarse: «¿Por qué esa mujer me mira siempre?». Así que a partir de ese instante no lo miré durante tres canciones de *bluegrass* enteras, una de las cuales incluyó un solo de violín improvisado y aparentemente interminable, hasta que por fin el público aplaudió en reconocimiento del mérito, y yo ya no pude aguantar más y miré, y él no solo me miraba, sino que además me saludó con la mano.

Le devolví el saludo.

Me di la vuelta y me quedé absolutamente inmóvil y erguida, con plena conciencia de mí misma como objeto de una belleza tórrida y exquisita, percibiendo la mirada de Jonathan en mi culo y mis muslos cien por cien músculo, mis pechos en alto por efecto del precioso sujetador bajo la ceñida camiseta, mi cabello muy claro y mi piel bronceada, mis ojos azules aún más azules gracias al lápiz de labios Bruma de Ciruela, sensación que se prolongó durante más o menos una canción, al final de la cual dicha sensación se invirtió, y entonces tomé conciencia de que era una bestia horrenda con la carne de la cadera como la corteza de un árbol y la piel de un pollo desplumado y el rostro en exceso moreno y chupado y el pelo castigado por los elementos y un abdomen inferior que —pese a todo el ejercicio y las privaciones, pese a comprimírmelo la correa de la mochila durante dos meses hasta el punto, habría cabido esperar, de hacerlo desaparecer— conservaba una forma innegablemente redondeada, a menos que yo estuviese tendida o metiera la tripa. De perfil, mi nariz descollaba de tal modo que en cierta ocasión una amiga había dicho que recordaba a un tiburón. Y mis labios…, ¡mis labios ridículos y ostentosos! Discretamente, los apreté contra el dorso de la mano para borrar la Bruma de Ciruela mientras se oía aún el sonido lastimero de la música.

291

A Dios gracias, hubo un descanso. Jonathan apareció de pronto junto a mí y, estrechándome la mano solícitamente, me dijo que se alegraba de que hubiera ido y me preguntó si me apetecía otra copa de vino.

Rehusé el ofrecimiento. Solo deseaba que dieran ya las once para que él se marchara de allí conmigo y yo pudiera dejar de preguntarme si era una monada o una gárgola, y si él me miraba o creía que yo lo miraba a él.

Todavía faltaba una hora y media.

—¿Y después qué haremos? —preguntó—. ¿Has cenado?

Le dije que sí, pero que me avenía a cualquier cosa. No mencioné que en ese momento era capaz de devorar aproximadamente cuatro cenas seguidas.

—Vivo en una granja ecológica a unos veinticinco kilómetros

de aquí. Por la noche es una pasada darse un paseo por allí. Podríamos acercarnos hasta allí, y te traeré en coche cuando tú quieras.

—Vale —contesté, desplazando el pequeño pendiente de plata con una turquesa por la delicada cadena del collar. Había decidido no ponerme el collar Strayed/Starved, por si Jonathan interpretaba la segunda opción—. De hecho, creo que voy a salir a tomar el aire. Pero volveré a las once.

—Tope —dijo él, alargando el brazo para darme otro apretón en la mano antes de regresar a su puesto y de que el grupo reanudara la actuación.

Aturdida, salí a la noche, con la pequeña bolsa de nailon roja que normalmente contenía mi hornillo colgada de mi muñeca, balanceándose en el extremo de su cordel. Pese a haber tirado la mayor parte de esas bolsas y contenedores en Kennedy Meadows para no acarrear el peso extra, había conservado esa en concreto, con la idea de que el hornillo necesitaba su protección. Ahora la había transformado en bolso para esos días en Ashland, aunque despedía un vago olor a gasolina. Su contenido iba seguro dentro de una bolsa con cierre hermético que hacía las veces de monedero muy poco elegante: el dinero, el permiso de conducir, el protector labial y un peine, y la tarjeta que me habían dado en el albergue para recoger de la consigna a Monstruo, el bastón de esquí y la caja de comida.

—¿Qué tal? —dijo un hombre que estaba de pie en la acera frente al bar. En voz baja, preguntó—: ¿Te gusta el grupo?

—Sí. —Le sonreí cortésmente.

Aparentaba cerca de cincuenta años. Vestía vaqueros, tirantes y una camiseta raída. Tenía una barba rizada y larga hasta el pecho y una calva en torno a la cual una aureola de pelo lacio y canoso le caía hasta los hombros.

—He bajado de las montañas. A veces me gusta venir a oír música —dijo.

—Yo también. También he bajado de las montañas, quiero decir.

—¿Dónde vives?

—Estoy haciendo el Sendero del Macizo del Pacífico.

—Ah, ya. —Asintió—. El SMP. He ido allí. Mi casa está en la otra dirección. Tengo un tipi y vivo allí cuatro o cinco meses al año.

—¿Vives en un tipi? —pregunté.

Él asintió.

—Sí. Yo solo. Me gusta, pero a veces la soledad pesa un poco. Me llamo Clyde, por cierto. —Me tendió la mano.

—Yo soy Cheryl —dije, y se la estreché.

—¿Quieres venir a tomar una infusión conmigo?

—Vaya, gracias, pero estoy esperando a un amigo que acabará de trabajar enseguida. —Lancé una mirada en dirección a la puerta del club, como si Jonathan fuera a salir de un momento a otro.

—Tengo la camioneta aquí mismo, así que no habría que ir muy lejos —dijo, señalando una vieja camioneta de reparto de leche estacionada en el aparcamiento—. Vivo ahí cuando no estoy en el tipi. Llevo muchos años experimentando con la vida de ermitaño, pero a veces es agradable venir al pueblo y escuchar a un grupo.

—Lo entiendo —respondí.

Me gustaron él y sus modales suaves. Me recordó a algunos de los hombres que había conocido del norte de Minnesota, amigos de mi madre y Eddie, personas inquisitivas y cálidas, claramente al margen de las convenciones. Casi nunca los veía desde la muerte de mi madre. Ahora tenía la sensación de que no los había conocido nunca y tampoco tendría ocasión de hacerlo en el futuro. Me parecía que todo aquello que existió en el lugar donde me crie ahora estaba muy lejos, era irrecuperable.

—Pues encantado de conocerte, Cheryl —dijo Clyde—. Voy a poner el agua a hervir para la infusión. Si quieres acompañarme, serás bienvenida, como ya te he dicho.

—Claro —respondí de inmediato—. Tomaré una infusión.

Nunca he visto una casa dentro de una camioneta que no me haya parecido lo más encantador del mundo, y la de Clyde no fue una excepción. Ordenada y eficiente, elegante y artística, original y utilitaria. Había una estufa de leña y una pequeña cocina, una hilera de velas y una sarta de luces navideñas que creaban fascinantes sombras alrededor. Una estantería con libros abarcaba tres paredes de la camioneta, y la ancha cama estaba empotrada en ella. Me quité las sandalias nuevas y, tendiéndome en la cama, saqué libros de la estantería mientras Clyde ponía el agua a hervir. Había libros sobre la vida de los monjes y otros sobre personas que vivían en cuevas; acerca de personas que vivían en el Ártico y en la selva amazónica y en una isla frente a la costa del estado de Washington.

—Es camomila cultivada por mí —dijo Clyde, echando el agua caliente en una tetera en cuanto hirvió. Mientras la dejaba reposar, encendió unas cuantas velas, se acercó y se sentó a mi lado en la cama, donde yo yacía boca abajo, apoyada sobre los codos, hojeando un libro ilustrado de los dioses y diosas hindúes.

—¿Tú crees en la reencarnación? —pregunté mientras mirábamos juntos los intrincados dibujos, leyendo comentarios sobre ellos en los párrafos de texto de las páginas.

—No —contestó—. Creo que estamos aquí una sola vez y lo que hacemos cuenta. ¿Y tú en qué crees?

—Aún intento averiguarlo —respondí, aceptando el tazón caliente que me entregó.

—Tengo otra cosa para nosotros, si te apetece, una cosita que cultivé en el bosque. —Sacó del bolsillo una raíz nudosa parecida al jengibre y la sostuvo en la palma de la mano para enseñármela—. Es opio masticable.

—¿Opio? —pregunté.

—Sí, aunque mucho más suave. Tiene un puntito muy relajado. ¿Quieres un poco?

—Sí —contesté sin pensarlo, y lo observé mientras cortaba un trozo y me lo entregaba. Cortó otro trozo para él y se lo metió en la boca—. ¿Se masca? —pregunté, y él asintió.

Me lo llevé a la boca y mastiqué. Era como comer madera. Tardé un momento en caer en la cuenta de que quizá sería mejor apartarme totalmente del opio y, ya puestos, de cualquier raíz que me ofreciese un desconocido, al margen de lo amable y poco amenazador que pareciese. Lo escupí en la mano.

—¿No te gusta? —preguntó. Se rio y me acercó un pequeño cubo de basura para que lo tirara.

Me quedé conversando con Clyde hasta las once, y entonces me acompañó hasta la puerta del club.

—Suerte allá en el bosque —dijo, y nos dimos un abrazo.

Poco después apareció Jonathan y me llevó a su coche, un Buick Skylark antiguo al que llamaba Beatrice.

—¿Qué tal ha ido el trabajo? —pregunté. Sentada a su lado por fin, ya no me sentía nerviosa como cuando estaba en el bar y él me observaba.

—Bien —contestó.

Cuando nos adentramos en la oscuridad a las afueras de Ashland, me contó cómo era la vida en una granja ecológica, propiedad

294

de unos amigos suyos. Él vivía allí gratis a cambio de un poco de trabajo, explicó, lanzándome miradas, su rostro tenuemente iluminado por el resplandor del salpicadero. Se desvió por una carretera, luego por otra, hasta que perdí por completo la noción de dónde me hallaba respecto a Ashland, lo que para mí en realidad significaba dónde me hallaba respecto a Monstruo. Lamenté no habérmelo llevado. Nunca me había alejado tanto de mi mochila desde el inicio de mi andadura por el SMP, y me sentía rara. Jonathan entró por un camino de acceso, dejó atrás una casa a oscuras donde ladró un perro y siguió por un camino con roderas entre hileras de maíz y flores. Cuando por fin los faros iluminaron una gran tienda de campaña rectangular plantada en una plataforma de madera, detuvo el coche.

—Ahí vivo yo —anunció, y nos apeamos.

Hacía más fresco que en Ashland. Me estremecí, y Jonathan me echó el brazo a los hombros con tal naturalidad que dio la impresión de que lo había hecho antes un centenar de veces. Avanzamos entre el maíz y las flores bajo la luna llena, hablando de los distintos grupos y músicas que nos gustaban a él o a mí o a los dos, contando anécdotas de actuaciones que habíamos visto.

—He visto a Michelle Shocked en directo tres veces —dijo Jonathan.

—¿Tres veces?

—Una vez viajé en coche en plena nevada para ir al concierto. No había más de diez espectadores.

—Vaya —exclamé, comprendiendo que me sería imposible conservar los pantalones puestos con un hombre que había visto tres veces a Michelle Shocked, por repulsiva que fuese la carne de mis caderas.

—Vaya —contestó él, buscando mis ojos con sus ojos castaños en la oscuridad.

—Vaya —dije.

—Vaya —repitió él.

No era más que una palabra, pero, de repente, me sentí confusa. Ya no parecía que estuviéramos hablando sobre Michelle Shocked.

—¿Qué flores son estas? —pregunté, señalando los tallos que florecían alrededor, aterrorizada de pronto ante la perspectiva de que fuera a besarme.

No era que yo no quisiese besarlo. Era que no había besado

a nadie desde mi último beso a Joe hacía más de dos meses, y, cada vez que me pasaba tanto tiempo sin besar a alguien, tenía la certeza de que me había olvidado de cómo se hacía. Para postergar el beso, le pregunté por su trabajo en la granja y su trabajo en el club, y de dónde era y por su familia, y quién había sido su última novia y cuánto tiempo habían estado juntos y por qué habían roto, y entre tanto él apenas me contestaba y no me preguntaba nada a cambio.

A mí eso no me importó mucho. Me resultaba agradable tener su brazo alrededor del hombro, y más agradable aún cuando lo desplazó a mi cintura, y para el momento en que, después de trazar un círculo, regresamos a su tienda en la plataforma y él se volvió para besarme, y descubrí que, en efecto, aún sabía besar, todo aquello a lo que él no había contestado exactamente o no me había preguntado se desvaneció.

—Ha estado muy bien —dijo, y nos sonreímos de esa manera bobalicona en que sonríen dos personas que acaban de besarse por primera vez—. Me alegro de que hayas venido.

—Yo también —convine. Tenía una intensa percepción de sus manos en mi cintura, tan cálidas a través de la fina tela de la camiseta, rozando la cinturilla de los vaqueros. Estábamos justo entre el coche de Jonathan y su tienda. Eran las dos direcciones en que podía ir: de regreso a mi solitaria cama bajo los aleros del albergue en Ashland, o a su cama con él.

—Mira el cielo —sugirió—. Cuántas estrellas.

—Es precioso —contesté, pero no miré el cielo.

Preferí recorrer con la vista el paisaje oscuro, salpicado de diminutos puntos de luz, las casas y granjas dispersas por el valle. Pensé en Clyde, solo bajo ese mismo cielo, leyendo buenos libros en su furgoneta. Me pregunté dónde estaría el SMP. Se me antojaba muy lejano. Caí en la cuenta de que no le había hablado del sendero a Jonathan, aparte de lo que le dije al oído a voz en grito por encima de la música la noche anterior. Él no me había preguntado nada.

—No sé por qué —explicó Jonathan—, pero, en cuanto te vi, supe que debía acercarme y hablar contigo. Sabía que eras tope.

—Tú también eres tope —afirmé, pese a que jamás usaba la palabra «tope».

Se inclinó y volvió a besarme, y yo le devolví el beso con más ardor que antes, y allí nos quedamos, de pie, besándonos y besándonos entre su tienda de campaña y su coche, rodeados por el maíz y las flores y las estrellas y la luna, y me pareció la experiencia más grata del mundo; mis manos se deslizaron lentamente por su cabello rizado y descendieron por sus robustos hombros, y a lo largo de sus brazos fuertes y en torno a su fornida espalda, estrechando su magnífico cuerpo masculino contra el mío. Ni una sola de las veces que me he encontrado en esa situación he dejado de recordar lo mucho que me gustan los hombres.

—¿Quieres entrar? —preguntó Jonathan.

Asentí, y me indicó que esperara a que él entrara y encendiera las luces y la calefacción; volvió al cabo de un momento y mantuvo las cortinas de la puerta de la tienda abiertas para dejarme entrar.

No era una tienda de campaña como ninguna de las que yo conocía. Era una suite de lujo: caldeada por un pequeño calefactor, tan alta que era posible ponerse de pie, con espacio para pasearse en la zona no ocupada por la cama de matrimonio, situada en el centro. A ambos lados de la cama se alzaban pequeñas cajoneras de cartón sobre las que había sendas lámparas de pilas con forma de vela.

—Encantador —apunté, quedándome a su lado en el reducido espacio entre la puerta y los pies de la cama.

A continuación tiró de mí hacia él y volvimos a besarnos.

—Se me hace raro preguntar esto —dijo al cabo de un rato—. No quiero dar nada por sentado, porque para mí ya está bien si…, ya me entiendes, si nos quedamos aquí sin más…, eso ya sería tope…, o si quieres, puedo llevarte de vuelta al albergue… ahora mismo, incluso, si eso es lo que quieres, aunque espero que no sea eso lo que quieras…, pero antes…, o sea, no es que tengamos que hacerlo por fuerza…, pero por si acaso nosotros…, o sea, no tengo nada, ni enfermedades ni nada, pero si nosotros… ¿No tendrás por casualidad un condón?

—¿Tú no tienes condones? —pregunté.

Negó con la cabeza.

—Pues yo tampoco —dije, lo que me pareció lo más ridículo del mundo, porque de hecho había cargado con un condón por desiertos abrasadores y laderas heladas, a través de bosques, montañas y ríos, y hora tras hora durante los días más torturantes, tediosos y jubilosos que imaginarse puedan, y todo para acabar allí, en una caldeada tienda de lujo con una cama de matrimonio y lámparas a pilas en forma de vela, mirando a los ojos de un hom-

297

bre *sexy*, dulce, ensimismado, de ojos castaños, fan de Michelle Shocked, sin ese condón solo porque tenía en la cadera dos durezas del tamaño de la palma de la mano, bochornosamente ásperas, y me había prometido con tal rotundidad no quitarme el pantalón que había dejado el condón aposta en mi botiquín, dentro de la mochila, en un pueblo que ni siquiera sabía ya por dónde quedaba, en lugar de hacer lo sensato, racional y realista, es decir, ponerlo en mi pequeño bolso falso con olor a gasolina sin plomo.

—Da igual —susurró él, cogiéndome las dos manos entre las suyas—. Podemos quedarnos aquí sin más. En realidad, hay muchas cosas que podemos hacer.

Y reanudamos los besos. Nos besamos y nos besamos y nos besamos; él deslizó sus manos por todo mi cuerpo encima de mi ropa, y yo mis manos por todo su cuerpo encima de la suya.

—¿Quieres quitarte la camiseta? —musitó él al cabo de un rato, apartándose de mí, y me reí porque yo sí quería quitarme la camiseta, así que me la quité, y él se quedó allí de pie contemplándome con mi sujetador negro de encaje, el que había metido en una caja meses antes porque pensaba que al llegar a Ashland quizá desearía ponérmelo y, acordándome de eso, me reí otra vez.

—¿Qué te hace tanta gracia? —preguntó.

—Es que... ¿te gusta mi sujetador? —Moví las manos en un floreo, exhibiéndome como una modelo—. Ha recorrido un largo camino.

—Me alegro de que haya llegado hasta aquí —afirmó él, y alargando un brazo, rozó con el dedo muy delicadamente el contorno de uno de los tirantes, cerca de la clavícula, pero en lugar de bajármelo y dejar al descubierto mi hombro como yo creía que iba a hacer, recorrió con la yema lentamente el contorno superior de las copas y luego el borde inferior.

Observé su rostro mientras lo hacía. Eso me pareció un gesto más íntimo que besarle. Cuando terminó de perfilar el sujetador entero, apenas me había tocado y yo, sin embargo, estaba tan húmeda que casi no podía tenerme en pie.

—Ven aquí —dije, atrayéndolo hacia mí y luego hacia la cama, a la vez que me desprendía de las sandalias a sacudidas.

Seguíamos en vaqueros, pero él se quitó la camiseta y yo me desabroché el sujetador y lo lancé al rincón de la tienda, y nos besamos y rodamos uno encima del otro a un ritmo febril hasta languidecer y quedarnos uno al lado del otro besándonos un poco más. Durante todo ese rato sus manos habían ido de mi cabello a mis pechos y a mi cintura, y por último habían desabrochado el botón superior de mis vaqueros, que fue cuando me acordé de mis horrendas durezas en las caderas y me aparté de él.

—Perdona —dijo—. Pensaba…

—No es eso. Es… Antes debo decirte una cosa.

—¿Estás casada?

—No —contesté, aunque tardé un momento en tomar conciencia de que decía la verdad. Paul asomó por un instante a mi mente. Paul. Y de pronto me incorporé—. ¿Tú estás casado? —pregunté, volviéndome hacia Jonathan, que seguía tumbado en la cama a mis espaldas.

—No estoy casado. No tengo hijos —respondió.

—¿Qué edad tienes? —pregunté.

—Treinta y cuatro.

—Yo tengo veintiséis.

Nos quedamos pensativos. A mí se me antojó exótico y perfecto que tuviera treinta y cuatro años, por la sencilla razón de que, a pesar de que él no me había preguntado nada sobre mi vida, al menos me había ido a la cama con alguien que ya no era un crío.

—¿Qué quieres decirme? —preguntó, y apoyó la mano en mi espalda desnuda. Cuando me tocó, advertí mi propio temblor. Me pregunté sí él también lo notó.

—Es algo por lo que me siento cohibida. Tengo la piel de las caderas…, un poco, digamos… Verás, anoche te conté que estoy recorriendo ese sendero que se llama SMP, ¿recuerdas? Pues tengo que cargar con mi mochila todo el tiempo, y donde la correa de la cintura me roza la cadera me ha salido… —busqué una manera de explicarlo sin emplear las expresiones «corteza de árbol» y «carne de pollo desplumado»— una aspereza. Una especie de callos, de tanto andar. Lo digo solo para que no te asustes si…

Ya sin aliento, se me apagó la voz, quedando absorbidas mis palabras enteramente por el placer inmaculado que me producía el roce de sus labios en la base de la espalda mientras, con las manos extendidas ante mí, acababa de desabrocharme el vaquero. Incorporándose, acercó a mí su pecho desnudo, me apartó el pelo para besarme el cuello y los hombros, hasta que me volví y lo atraje sobre mí a la vez que, con un contoneo, me despojaba del pantalón y recorría mi cuerpo con sus besos desde la oreja hasta el cuello, luego hasta la clavícula, los pechos, el ombligo. Llegó por fin al en-

299

caje de mis bragas y me las bajó en busca de las durezas en las prominencias de la cadera, que yo esperaba que no tocase.

—Nena —susurró, sus labios muy tiernos contra la parte más áspera de mí—. No debes preocuparte por nada.

Fue divertido. Fue más que divertido. Lo que ocurrió en aquella tienda de campaña fue una especie de festejo. Nos dormimos a las seis de la madrugada y nos despertamos al cabo de dos horas, agotados pero despiertos, demasiado molidos para seguir durmiendo.

—Hoy es mi día libre —anunció Jonathan mientras se incorporaba—. ¿Quieres ir a la playa?

Accedí sin saber dónde podía estar exactamente la playa. También era mi día libre, el último. Al día siguiente volvería al sendero, camino del lago del Cráter. Nos vestimos y, en coche, recorrimos durante dos horas una carretera larga y curva por la que cruzamos el bosque y fuimos a parar al otro lado de las montañas costeras. Bebimos café, comimos bollos y escuchamos música mientras viajábamos, sin apartarnos de los estrechos márgenes de la conversación de la noche anterior: la música, por lo visto, era lo único de lo que podíamos hablar. Cuando llegamos al pueblo costero de Brookings, casi lamenté haberme prestado a ir, y no solo porque mi interés por Jonathan menguaba, sino porque llevábamos tres horas en el coche. Se me hacía raro estar tan lejos del SMP, era como si, en cierto modo, lo traicionara.

Esa sensación quedó acallada por la magnificencia de la playa. Mientras caminaba junto al océano al lado de Jonathan, caí en la cuenta de que ya había estado en esa playa, con Paul. Habíamos acampado en el camping del parque estatal cercano durante nuestro largo viaje por carretera post-Nueva York, aquel en que fuimos al Gran Cañón y Las Vegas, a Big Sur y San Francisco, y que al final nos había llevado hasta Portland. En el camino nos detuvimos para acampar en esa playa. Encendimos una fogata, preparamos la cena y jugamos a las cartas en una mesa de picnic; luego nos metimos en la parte de atrás de mi furgoneta para hacer el amor en el futón que teníamos allí. Sentí el recuerdo de aquello como un manto sobre mi piel: quién era yo cuando estuve allí con Paul y qué pensaba que ocurriría y qué había ocurrido, y quién era yo ahora y cómo había cambiado todo.

Pese a mi silencio, Jonathan no me preguntó en qué pensaba.

Callados, caminamos juntos; aunque era domingo por la tarde, nos cruzamos con poca gente. Caminamos y caminamos hasta que no hubo nadie salvo nosotros.

—¿Qué te parece aquí? —preguntó Jonathan cuando llegamos a un lugar tras el cual se alzaban unos peñascos oscuros dispuestos en semicírculo. Lo miré mientras extendía una manta, dejaba encima la bolsa con comida que había comprado en Safeway y se sentaba.

—Quiero caminar un poco más, si no te importa —dije, y dejé mis sandalias cerca de la manta.

Me resultó agradable quedarme sola, sintiendo el viento en el pelo, el efecto balsámico de la arena en los pies. Mientras caminaba, cogí piedras bonitas que no podría llevarme. Cuando me había alejado tanto que no distinguía ya a Jonathan, me agaché y escribí el nombre de Paul en la arena.

Lo había hecho muchas veces antes. Lo había hecho durante años: cada vez que visitaba una playa después de enamorarme de Paul, a los diecinueve años, estuviéramos juntos o no. Pero mientras escribía su nombre en ese momento, supe que lo hacía por última vez. No quería sufrir ya más por él, preguntarme si al abandonarlo había cometido un error, atormentarme por las mil maneras distintas en que lo había agraviado. ¿Y si me concedía el perdón a mí misma?, pensé. ¿Y si me concedía el perdón pese a haber hecho algo que no debería haber hecho? ¿Y si era una embustera, una farsante y no hubiera excusa para lo que había hecho salvo que era lo que quería y lo que necesitaba hacer? ¿Y si lo lamentaba, pero, en caso de poder retroceder en el tiempo, optara por volver a hacer las cosas tal y como las había hecho? ¿Y si realmente había deseado follarme a todos esos hombres? ¿Y si la heroína me había enseñado algo? ¿Y si la respuesta correcta era «sí» en lugar de «no»? ¿Y si lo que me había inducido a hacer todo aquello que los demás pensaban que no debía hacer era también lo que me había llevado a ese punto? ¿Y si no me redimía nunca? ¿Y si ya me había redimido?

—¿Las quieres? —le pregunté a Jonathan cuando regresé junto a él con las piedras que había recogido.

Sonrió, negó con la cabeza y me observó mientras las dejaba caer en la arena.

301

Me senté a su lado en la manta, y él sacó las cosas de la bolsa de Safeway: panecillos y queso, un pequeño oso de plástico con miel, plátanos y naranjas, que peló para los dos. Lo comí todo, y luego él alargó el brazo con el dedo untado de miel, me la extendió sobre los labios y me la retiró a besos, mordiéndome al final con la mayor delicadeza.

Y así se inició una fantasía con miel a la orilla del mar. Él, yo, la miel, mezclado todo con la inevitable arena. Mi boca, su boca, y el recorrido por el interior de mi brazo hasta los pechos. Por la ancha llanura de sus hombros desnudos y hasta sus pezones y su ombligo, y a lo largo del borde superior de su pantalón corto, hasta que por fin ya no pude más.

—Vaya —dije con voz ahogada, porque al parecer esa era nuestra palabra. Expresaba todo aquello que yo no decía: que él, sin ser un gran conversador, era el no va más en la cama. Y eso que aún ni siquiera me lo había follado.

Sin mediar palabra, sacó una caja de condones de la bolsa de Safeway y la abrió. Cuando se levantó, me dio la mano y tiró de mí para ayudarme a ponerme en pie. Me dejé llevar por la arena hasta la acumulación de peñascos dispuestos en semicírculo y lo rodeamos para acceder a lo que parecía una zona privada circunscrita en una zona pública: un resquicio entre las rocas oscuras a plena luz del día. Aquello no era lo mío, hacer el amor al aire libre. No me cabe duda de que hay alguna mujer en este planeta que prefiera la intemperie a un espacio cerrado provisional y de lo más mísero, pero yo todavía no la he conocido; aun así, aquel día decidí que la protección de las rocas bastaría. Al fin y al cabo, en el transcurso de los dos últimos meses, había hecho todo lo demás al aire libre. Nos desvestimos mutuamente, y yo, con el trasero desnudo, me recosté contra un peñasco inclinado y envolví a Jonathan con las piernas hasta que él me hizo volverme y yo me agarré a la roca. A los restos de miel, se unieron el aroma mineral de la sal y la arena, y el aroma vegetal del musgo y el plancton. No tardé en olvidar que estaba a la intemperie, en no acordarme siquiera de la miel, ni de si él me había hecho alguna pregunta o no.

No teníamos mucho de qué hablar cuando hicimos el largo viaje de regreso en coche a Ashland. Estaba tan cansada por el sexo y la falta de sueño, por la arena y el sol y la miel, que de todos modos apenas podía despegar los labios. Permanecimos callados y en paz, oyendo a Neil Young a todo volumen hasta llegar al albergue, donde, sin mayores ceremonias, dimos por concluida nuestra cita de veintidós horas.

—Gracias por todo —dije, y lo besé. Ya había oscurecido; eran las nueve de la noche de un domingo, y el pueblo estaba más tranquilo que el día anterior, replegado y asentado, tras marcharse la mitad de los turistas.

—Tu dirección —dijo él, entregándome un trozo de papel y un bolígrafo.

Anoté la de Lisa, con una creciente sensación de algo que no era exactamente pesar, no era exactamente arrepentimiento y no era exactamente anhelo, sino una mezcla de todo ello. Me lo había pasado bien sin lugar a dudas, pero en ese momento me sentí vacía. Como si existiera algo que yo ni siquiera sabía que deseaba hasta que no lo conseguí.

Le devolví el papel.

—No te dejes el bolso —dijo, cogiendo la pequeña bolsa roja del hornillo.

—Adiós —me despedí, aceptando el bolso y tendiendo la mano hacia la puerta.

—No tan deprisa —añadió él, y me atrajo hacia sí. Me besó con fuerza y yo lo besé con más fuerza aún, como si fuera el final de una era que había durado toda mi vida.

303

A la mañana siguiente me vestí con mi ropa de excursionista: el mismo sujetador deportivo viejo y manchado, y el pantalón corto azul marino raído que llevaba desde el primer día, junto con unos calcetines de lana nuevos y la última camiseta limpia que tendría hasta el final, una camiseta de color gris brezo en la que se leía UNIVERSIDAD DE CALIFORNIA BERKELEY en letras amarillas a lo ancho del pecho. Fui a la cooperativa con Monstruo a la espalda, el bastón de esquí colgado de la muñeca y una caja en los brazos. Allí ocupé una mesa en la sección de comidas preparadas, para organizar la mochila.

Cuando acabé, Monstruo estaba cargado y en orden junto a la pequeña caja que contenía los vaqueros, el sujetador y las bragas, que iba a enviar a Lisa, y una bolsa de plástico con comida que ya no soportaba comer y tenía previsto dejar en la caja gratuita para excursionistas del SMP en la oficina de correos al salir del pueblo. El Parque Nacional del Lago del Cráter era mi siguiente parada, a unos 177 kilómetros por el sendero. Tenía que volver al SMP, pero me sentía reacia a marcharme de Ashland. Busqué en la mochila, encontré el collar con la palabra STRAYED y me lo puse. Tendí la mano y toqué la pluma de cuervo que me había regalado Doug. Seguía insertada en el lugar de mi mochila donde la había puesto por primera vez, aunque ahora deslucida y ajada. Descorrí la cremallera del bolsillo lateral donde llevaba el botiquín, lo saqué y lo abrí. El condón que había acarreado desde Mojave seguía allí, todavía como nuevo. Lo extraje y lo metí en la bolsa de plástico con la comida que no quería; luego me cargué a Monstruo a los hombros y salí de la cooperativa con la caja y la bolsa de plástico en las manos.

No muy lejos vi al hombre de la cinta en el pelo que había conocido en el lago Toad, sentado en la acera donde lo había visto antes, con el bote de café y el pequeño letrero de cartón enfrente.

—Me marcho —anuncié, deteniéndome ante él.

Él alzó la vista para mirarme y asintió. Al parecer, seguía sin recordarme, ni de nuestro primer encuentro en el lago Toad ni del segundo, hacía un par de días.

—Nos conocimos cuando buscabais el Encuentro del Arco Iris —aclaré—. Yo estaba allí con otra mujer, Stacy. Hablamos con vosotros.

Él volvió a asentir y movió con un tintineo el bote de las monedas.

—Aquí llevo comida que no necesito, por si la quieres —ofrecí, dejando la bolsa de plástico a su lado.

—Gracias, nena —dijo cuando ya me marchaba.

Me detuve y me volví.

—Eh —vociferé—. ¡Eh! —repetí alzando la voz hasta que me miró—. No me llames nena —dije.

Juntó las manos, como si rezase, e inclinó la cabeza.

16

Mazama

*E*l lago del Cráter antes era una montaña. Monte Mazama, se llamaba. No se diferenciaba mucho de la cadena de volcanes inactivos por los que pasaría en Oregón a lo largo de mi andadura por el SMP —el monte McLoughlin, los picos de las Tres Hermanas, el monte Washington, Jack el de los Tres Dedos, el monte Jefferson y el monte Hood—, solo que era mayor que todos los demás, con una altitud calculada de unos 3.600 metros. El monte Mazama estalló hará unos 7.700 años en forma de erupción cataclísmica, cuarenta y dos veces más potente que la erupción que desmochó el monte Saint Helens en 1980. Ha sido la mayor erupción explosiva en la cadena de las Cascadas en el transcurso de un millón de años. Después de la destrucción del Mazama, la ceniza y la piedra pómez cubrieron el paisaje en un área de 1.300.000 kilómetros cuadrados, y abarcaron casi todo Oregón y llegaron hasta Alberta, en Canadá. Los klamaths, la tribu de indios norteamericanos que presenció la erupción, creyeron que era un feroz combate entre Llao, el espíritu del inframundo, y Skell, el espíritu del cielo. Cuando el combate concluyó, Llao se vio obligado a retroceder hacia el inframundo, y el monte Mazama se convirtió en una hondonada vacía. A esa formación se la llama caldera, una especie de montaña invertida. Una montaña a la que le han arrancado el mismísimo corazón. Lentamente, con el correr de los siglos, la caldera se fue llenando de agua, recogiendo la lluvia y el producto del deshielo de Oregón, hasta convertirse en el lago que ahora es. Con una profundidad máxima de casi seiscientos metros, el Cráter es el lago más profundo de Estados Unidos y uno de los de más profundidad del mundo.

Yo, como oriunda de Minnesota que era, sabía algo de lagos,

pero, cuando me alejé de Ashland, no conseguía representarme la visión que me esperaba en el lago del Cráter. Se parecería al lago Superior, supuse, el lago cerca del cual había muerto mi madre, una mancha azul que se extendía interminablemente hacia el horizonte. Mi guía decía solo que ver el lago por primera vez desde el borde, situado a unos trescientos metros por encima de la superficie, «producía incredulidad».

Ahora tenía una guía nueva. Una nueva Biblia. *El Sendero del Macizo del Pacífico. Volumen II: Oregón y Washington*, aunque en la cooperativa de Ashland había arrancado las últimas 130 páginas del libro porque no necesitaba la sección de Washington. La primera noche después de Ashland hojeé el libro antes de dormirme, leyendo párrafos sueltos, tal como había hecho con la guía de California en el desierto durante mi primera noche en el SMP.

Después de salir de Ashland, en esos primeros días de viaje, alcancé a ver un par de veces el monte Shasta, al sur, pero la mayor parte del tiempo avancé por bosques que ocultaban las vistas. Entre los mochileros, el SMP de Oregón recibía a menudo el nombre de «túnel verde», porque ofrecía muchas menos vistas panorámicas que el sendero en California. Ya no tenía la sensación de estar encaramada en lo alto, viéndolo todo desde arriba, y se me hacía raro no ver el paisaje a lo lejos. California había alterado mi visión, y Oregón la modificó de nuevo, y la trasladó a un plano más cercano. Crucé bosques de abetos de Douglas nobles y grandiosos y, atravesando zonas cubiertas de hierba y altos cardos que a veces ocultaban el sendero, dejé atrás lagos rodeados de arbustos. Entré en el bosque nacional del río Rogue y caminé bajo colosales árboles antiquísimos. Salí luego a zonas desboscadas como aquellas que había visto unas semanas antes, amplios espacios salpicados de tocones y raíces que habían quedado al descubierto con la tala del denso bosque. Pasé una tarde perdida entre esos escombros, caminando horas y horas hasta dar con una carretera asfaltada y localizar de nuevo el SMP.

Hacía un tiempo soleado y claro, pero el aire era fresco, y fue enfriándose gradualmente a diario a partir del momento en que accedí a la Reserva Natural de Sky Lakes, donde el sendero discurría a una altura siempre superior a los 1.800 metros. Las vistas volvieron a abrirse mientras recorría una cresta formada por rocas y peñascos volcánicos, y de vez en cuando vislumbraba por debajo del sendero algunos lagos y el paisaje que se extendía más allá. A pesar del sol, las tardes de mediados de agosto parecían más bien mañanas de primeros de octubre. Debía caminar sin detenerme para mantener el calor. Si paraba más de cinco minutos, el sudor que empapaba mi camiseta por la espalda se volvía frío como el hielo. No había visto a nadie desde que salí de Ashland, pero de pronto empecé a encontrarme con algún que otro excursionista que subía allí a pasar el día y con mochileros de un par de noches que ascendían al SMP por alguna de las muchas sendas que lo cruzaban, y que iban a dar a picos por encima o lagos por debajo. En general estaba sola, lo que era habitual, pero a causa del frío el sendero me parecía más vacío, sin más sonido que el rumor de las ramas de los perseverantes árboles. También el frío arreciaba, más aún que con la nieve por encima de Sierra City, aunque vi solo unas cuantas superficies nevadas aquí y allá. Comprendí que eso se debía a que seis semanas atrás las montañas avanzaban hacia el verano, y ahora, pasado ese tiempo, se alejaban ya de él, acercándose al otoño, camino de unas condiciones que me expulsaban de allí.

Una noche acampé, me quité la ropa sudada, me puse todas las otras prendas que tenía, me apresuré a prepararme la cena y me metí en el saco de dormir en cuanto acabé de comer, muerta de frío, tan aterida que ni siquiera podía leer. En posición fetal, pasé toda la noche con el gorro y los guantes puestos, casi incapaz de dormir. Cuando por fin salió el sol, la temperatura era de tres grados bajo cero y la tienda estaba recubierta de una fina capa de nieve; el agua de las cantimploras se había congelado pese a que las tenía dentro de la tienda junto a mí. Cuando levanté el campamento, sin haber probado un sorbo de agua, tras comerme una barra de proteínas en lugar de la habitual mezcla de granola y leche en polvo, volví a pensar en mi madre. Llevaba varios días al acecho, como un peso latente en mi cabeza desde Ashland, y ahora por fin, el día de la nevada, sentí, innegablemente, que estaba allí.

Era el 18 de agosto. El día de su cumpleaños. Habría cumplido los cincuenta si aún hubiese vivido.

«No vive. No ha llegado a los cincuenta. Nunca tendrá cincuenta años», me dije mientras caminaba bajo el sol frío y radiante de agosto. «Cumple los cincuenta, mamá. Cumple los putos cincuenta», pensé con creciente rabia a medida que seguía

307

adelante. No daba crédito a la ira que sentí en ese momento contra mi madre por no haber cumplido cincuenta años. Sentí unas ganas casi irrefrenables de darle un puñetazo en la boca.

Sus anteriores cumpleaños no me habían despertado esa rabia. En los últimos años, solo había sentido tristeza. El primer cumpleaños sin ella —el día que habría cumplido los cuarenta y seis—, esparcí sus cenizas con Eddie, Karen, Leif y Paul en el pequeño arriate delimitado por piedras que le habíamos preparado en un claro de nuestra finca. En sus tres cumpleaños posteriores, no hice más que llorar mientras, sentada muy quieta, escuchaba atentamente un álbum entero de Judy Collins, *Colors of the Day*, con la sensación de que cada nota era una de mis células. Solo soportaba escucharlo una vez al año, por todo lo que me traía a la memoria de cuando, en mi infancia, lo ponía mi madre. Con esa música me sentía como si ella estuviera allí conmigo, de pie en la habitación, solo que no estaba y ya nunca estaría.

Ahora, en el SMP, no podía permitirme siquiera un verso. Borré todas y cada una de las canciones del popurrí de la emisora de radio que sonaba en mi cabeza, pulsando un botón imaginario de rebobinado con desesperada precipitación, obligando a mi mente a permanecer en silencio. Era el «no cincuenta cumpleaños» de mi madre y no habría ninguna canción. En lugar de eso, pasé ante lagos situados a gran altitud y crucé descomunales rocas volcánicas mientras la nieve de la noche se derretía sobre las resistentes flores silvestres que crecían entre ellas, apretando el paso más que nunca a la vez que hilvanaba pensamientos poco generosos acerca de mi madre. Morir a los cuarenta y cinco años había sido solo la peor de las cosas que ella había hecho mal. Mientras caminaba, elaboré un catálogo de todas las demás, enumerándolas sistemáticamente en mi cabeza:

1. En una etapa de su vida fumaba hierba de manera ocasional pero con regularidad y no tenía reparos en hacerlo delante de mis hermanos y de mí. En una ocasión, colocada, dijo: «Es solo una hierba. Como el té».

2. No era raro que mi hermano, mi hermana y yo nos quedáramos solos en los edificios de apartamentos llenos de madres solteras. Nos decía que ya teníamos edad suficiente para cuidar de nosotros durante unas horas porque ella no podía pagar una canguro.

Además, estaban todas esas madres a las que podíamos acudir por si pasaba algo. Pero nosotros necesitábamos a «nuestra» madre.

3. Durante esa misma etapa, cuando se enfadaba mucho, a menudo nos amenazaba con pegarnos con una cuchara de madera, y en alguna que otra ocasión lo llevó a la práctica.

4. Una vez nos dijo que no tenía ningún inconveniente en que, si queríamos, la llamáramos por su nombre de pila en lugar de «mamá».

5. Podía mostrarse fría y a menudo distante con sus amigos. Los quería, pero se mantenía alejada. Dudo que se abriera plenamente a ellos. Fue fiel a su convicción de que «la sangre tira», pese a que en mi familia escaseaban los parientes consanguíneos que no vivieran a cientos de kilómetros de nosotros. Mantuvo una actitud de aislamiento y privacidad, y si bien participaba en la comunidad de amigos, separaba a nuestra familia de esa comunidad. Por eso nadie se presentó cuando murió, supuse; por eso sus amigos me dejaron a mi aire en mi inevitable exilio. Como ella no tuvo una relación estrecha con ninguno de ellos, ninguno de ellos la tuvo conmigo. Me desearon lo mejor, pero no me invitaron a la cena de Acción de Gracias, ni me telefonearon el día del cumpleaños de mi madre para saludarme después de su muerte.

6. Era optimista hasta un punto irritante, propensa a decir estupideces tales como: «¡No somos pobres porque somos ricos en amor!» o «¡Cuando una puerta se cierra, otra se abre!», frases que siempre, por alguna razón que yo no acababa de precisar, me provocaban el deseo de estrangularla, incluso cuando estaba muriéndose y su optimismo se manifestó breve y desoladamente en la convicción de que en realidad no moriría, siempre y cuando bebiese una enorme cantidad de zumo de trigo germinado.

7. En mi último año en el instituto no me preguntó a qué universidad quería ir. No me acompañó a visitar varias universidades. Yo ni siquiera sabía que los padres llevaban a sus hijos a visitar universidades hasta que estuve allí y otros me contaron que los suyos lo habían hecho. Tuve que resolverlo por mi cuenta, y solicité plaza solo en Saint Paul por la sencilla razón de que parecía bonita en el

folleto y estaba solo a tres horas en coche de casa. Sí, mi rendimiento había flojeado un poco en el instituto, cuando decidí representar el papel de rubia tonta para no verme excluida socialmente porque mi familia vivía en una casa donde teníamos que hacer las necesidades en un excusado con pozo negro y nos calentábamos con una estufa de leña, o porque mi padrastro tenía el pelo largo y una gran barba greñuda e iba de aquí para allá en un coche destartalado que había convertido él mismo en furgoneta valiéndose de un soldador, una motosierra y unos cuantos tablones, o porque mi madre optó por no afeitarse las axilas y decir a los viriles lugareños amantes de las armas cosas como: «En mi opinión, la caza es un crimen». Pero ella sabía que yo era lista. Sabía que poseía una gran avidez intelectual, que devoraba libros de un día para el otro. Había conseguido calificaciones en la franja alta en todos los exámenes oficiales a los que me había presentado, para sorpresa de todos menos suya y mía. ¿Por qué no había dicho: «Oye, quizá deberías solicitar plaza en Harvard, quizá deberías solicitar plaza en Yale»? La idea de Harvard y Yale ni siquiera se me había pasado por la cabeza en aquella época. Me parecían universidades totalmente ficticias. Solo más tarde tomé conciencia de que Harvard y Yale eran reales. Y si bien lo cierto es que no me habrían aceptado —para ser francos, yo no daba la talla—, algo dentro de mí se hizo añicos por el hecho de que ni siquiera se planteara que pudiera intentarlo.

Pero ahora ya era demasiado tarde, lo sabía, y solo podía echar la culpa a mi madre muerta, aislada, en exceso optimista, la que no me había preparado para la universidad, la que de vez en cuando abandonaba a sus hijos, fumaba hierba, blandía una cuchara de madera y nos daba permiso para llamarla por su nombre de pila. Había fallado. Había fallado. Me había fallado profundamente.

«Que se joda», pensé, tan furiosa que paré en seco.

A continuación lancé un gemido. No derramé ninguna lágrima; solo emití una sucesión de sonoros berridos y mi cuerpo se sacudió con tal violencia que no pude permanecer en pie. Tuve que encorvarme, en medio de mis lamentaciones, a la vez que apuntalaba las manos en las rodillas, sintiendo el gran peso de la mochila sobre mí, el golpeteo del bastón de esquí en el suelo a mis espaldas, y notando que de mi garganta brotaba toda aquella estúpida vida mía.

Estaba mal. Era implacablemente espantoso que me hubiese visto privada de mi madre. Ni siquiera pude odiarla como era debido. No tuve ocasión de crecer y apartarme de ella, de quejarme de ella ante mis amigas y reprocharle las cosas que desearía que hubiera hecho de otra manera, para luego hacerme mayor y comprender que, en realidad, lo había hecho lo mejor que había podido y darme cuenta de que lo que había hecho era bastante aceptable, y acabar estrechándola de nuevo entre mis brazos. Su muerte había borrado todo eso. Me había borrado a mí. Me había cortado las alas en la culminación misma de mi arrogancia juvenil. Me había obligado a hacerme mayor al instante y a perdonarle sus carencias maternales al mismo tiempo que me mantenía en la infancia para siempre, y mi vida terminaba y empezaba en ese lugar prematuro donde lo habíamos dejado. Ella era mi madre, pero yo no tenía madre. Estaba atrapada por ella pero totalmente sola. Ella sería siempre el cuenco vacío que nadie podía llenar. Tenía que rellenarlo yo misma una vez y otra y otra más.

«Que se joda», solté mientras recorría unos cuantos kilómetros, acelerado el paso por la rabia, pero pronto aminoré la velocidad y me detuve para sentarme en una roca. A mis pies crecía un cúmulo de flores de escasa altura, cuyos pétalos tenuemente rosados orlaban las rocas. «Azafrán de primavera», pensé; el nombre me vino a la cabeza porque mi madre me lo había dado a conocer. Esas mismas flores crecían en la tierra donde yo había esparcido sus cenizas. Alargué el brazo y, al acariciar los pétalos de una, sentí que la ira abandonaba mi cuerpo.

Para cuando me levanté y empecé a caminar otra vez, no guardaba el menor rencor a mi madre. La verdad era que, a pesar de todo, había sido una madre magnífica. Lo supe ya en la infancia. Lo supe en los días de su agonía. Lo sabía ahora. Y sabía que eso ya era algo. Que era mucho. Tenía un montón de amigos con madres que —por mucho que vivieran— nunca les darían el amplio amor que me había dado a mí la mía. Mi madre consideraba ese amor suyo su mayor logro. Fue en lo que se apoyó cuando comprendió que iba a morir y que lo iba a hacer pronto, aquello que le sirvió para aceptar mínimamente la idea de dejarnos a Karen, a Leif y a mí.

—Os lo he dado todo —insistió una y otra vez en sus últimos días.

—Sí —concedí. Era así, ciertamente. Eso lo había hecho. Lo

311

había hecho. Lo había hecho. Se había abalanzado sobre nosotros a la máxima velocidad materna. No se había reservado nada, ni una pizca de amor.

—Siempre estaré con vosotros, pase lo que pase —dijo.

—Sí —contesté, frotando su brazo, tan flácido.

Cuando estaba tan enferma que sabíamos que de verdad iba a morir, cuando estábamos en el tramo final del camino al infierno, cuando ya no tenía sentido pensar que el zumo de trigo germinado la salvaría por mucho que bebiera, le pregunté qué quería que se hiciera con su cuerpo —incineración o inhumación—, y ella me miró como si le hablara en sueco.

—Quiero donar todo lo que pueda donarse —dijo al cabo de un rato—. Mis órganos, quiero decir. Que se queden con todas las partes que sirvan de algo.

—De acuerdo —accedí. Me resultó francamente extraño plantearme una cosa así, sabiendo que no hacíamos planes a largo plazo, imaginar partes de mi madre vivas en el cuerpo de otra persona—. Pero, luego, ¿qué? —insistí, casi con la respiración entrecortada por el dolor. Tenía que saberlo. La responsabilidad recaería en mí—. ¿Qué quieres hacer con... lo que... quede? ¿Qué quieres, que te enterremos o te incineremos?

—Me da igual —contestó.

—No puede darte igual —repliqué.

—De verdad que me da igual. Haced lo que os parezca mejor. Haced lo que cueste menos dinero.

—No —insistí—. Tienes que decírmelo. Quiero saber qué quieres que hagamos. —Me invadió el pánico ante la perspectiva de que me tocara a mí decidirlo.

—Ay, Cheryl —dijo, cansada de mí, y cruzamos una mirada en un instante de afligida distensión. Así como yo una y otra vez quería estrangularla por ser demasiado optimista, ella quería estrangularme a mí por negarme a ceder.

—Quemadme —dijo finalmente—. Convertidme en cenizas.

Y eso hicimos, aunque las cenizas de su cuerpo no eran como me esperaba. No se parecían a las de un fuego de leña, sedosas y finas como la arena. Semejaban guijarros pálidos mezclados con gravilla gris menuda. Algunos trozos eran tan grandes que se veía claramente que habían sido huesos. Para mi extrañeza, la caja que me entregó el empleado de la funeraria iba dirigida a mi madre. La llevé a casa y la dejé en el armario debajo de la vitrina de las curiosidades, donde ella colocaba sus objetos más bonitos. Era junio. Se quedó allí hasta el 18 de agosto, al igual que la lápida que habíamos encargado para ella, y que llegó la misma semana que las cenizas. Esta la dejamos en la sala de estar, a un lado; probablemente era una imagen perturbadora para las visitas, pero a mí me reconfortaba. Era de pizarra gris, con las letras grabadas en blanco. Contenía su nombre y las fechas de nacimiento y defunción, junto a la frase que pronunció ante nosotros una y otra vez desde el momento en que se agravó su enfermedad hasta su muerte: «Estoy siempre con vosotros».

Quería que recordáramos eso, y yo lo recordé. Tenía la sensación de que estaba siempre conmigo, al menos en sentido metafórico. Y en cierto modo también en sentido literal. Cuando por fin colocamos la lápida y esparcimos sus cenizas, no las esparcí todas. Me quedé con algunos de los trozos más grandes en la mano. Permanecí allí de pie durante un buen rato, reacia a entregárselos a la tierra. Al final no se los entregué. Nunca lo haría.

Me metí sus huesos quemados en la boca y me los tragué enteros.   313

Cuando llegó la noche del cincuenta cumpleaños de mi madre, volvía a quererla, aunque todavía no soportaba que las canciones de Judy Collins penetraran en mi cabeza. Hacía frío, pero no tanto como la noche anterior. Sentada en mi tienda, bien abrigada y con los guantes puestos, leí las primeras páginas de mi nuevo libro, *Los mejores ensayos norteamericanos, 1991.* Por lo general, esperaba hasta la mañana siguiente para quemar las páginas que había leído la noche anterior. Pero esa noche, cuando acabé de leer, salí de la tienda e hice una pequeña fogata con las páginas que había leído. Mientras la veía arder pronuncié el nombre de mi madre en voz alta como si fuera una ceremonia en honor a ella. Su nombre era Bárbara, pero la llamaban «Bobbi», así que ese fue el nombre que pronuncié. Decir «Bobbi» en lugar de «mamá» se me antojó una revelación, como si por primera vez entendiera de verdad que era mi madre pero también algo más. Cuando murió, también perdí eso: la Bobbi que había sido, la mujer distinta de la persona que era para mí. En ese momento pareció acercarse a mí, con toda la fuerza perfecta e imperfecta de su humanidad, como si su vida fuese un intrincado mural y yo pudiera por fin ver la imagen completa. Quién había sido para mí y quién no había sido. Cómo era que me pertenecía de manera tan profunda y a la vez no me pertenecía.

A Bobbi no se le había concedido su último deseo, que se emplearan sus órganos para ayudar a otros, o al menos no en la medida en que ella esperaba. Cuando murió, estaba estragada por el cáncer y la morfina, su cuerpo de cuarenta y cinco años convertido en algo tóxico. Al final, solo pudieron usar sus córneas. Yo sabía que esa parte del ojo no era más que una membrana transparente, pero, cuando pensaba en lo que había donado mi madre, no lo veía así. Imaginaba sus ojos, tan azules, asombrosamente azules, vivos en el rostro de otra persona. Unos meses después de su muerte recibimos una carta de agradecimiento de la fundación que medió en la donación. Gracias a la generosidad de mi madre, ahora alguien veía, decía la carta. Deseé con toda mi alma conocer a esa persona, mirarla a los ojos. Ese hombre o esa mujer no tendría que pronunciar una sola palabra. Lo único que yo quería era que me mirara. Llamé al número de teléfono que facilitaba la carta para informarme, pero enseguida rechazaron mi petición. La confidencialidad era de la mayor importancia, me explicaron. Debían tenerse en cuenta los derechos del receptor.

—Me gustaría explicarle la naturaleza de la donación de su madre —dijo la mujer por teléfono con un tono paciente y reconfortante que me recordó al de todos los psicoterapeutas del duelo, voluntarios de cuidados paliativos, enfermeras, médicos y empleados de la funeraria que se habían dirigido a mí durante las semanas de la agonía de mi madre y en los días posteriores a su muerte: una voz llena de compasión intencionada, casi exagerada, que a la vez me transmitía que en eso me encontraba totalmente sola—. Lo que se trasplantó no fue todo el ojo, sino la córnea, que es...

—Ya sé qué es una córnea —la interrumpí bruscamente—. Aun así, me gustaría saber quién es esa persona, y verla si es posible. Creo que eso me lo deben.

Colgué el auricular desbordada por el dolor, pero el pequeño núcleo racional que aún quedaba dentro de mí sabía que esa mujer tenía razón. Mi madre no estaba allí. Sus ojos azules habían desaparecido. Nunca volvería a verlos.

Cuando se apagaron las llamas de las hojas que había quemado y me puse en pie para volver a mi tienda, me llegó del este el sonido de unos ladridos y unos aullidos agudos y desesperados: una manada de coyotes. Había oído eso mismo tantas veces en el norte de Minnesota que no me asusté. Me recordó a mi casa. Alcé la vista al cielo y vi magníficas estrellas por todas partes, tan brillantes en contraste con la oscuridad. Me estremecí, consciente de que tenía suerte de estar allí, y pensé que aquello era demasiado hermoso para volver al interior de mi tienda. ¿Dónde estaría al cabo de un mes? Me resultaba imposible pensar que ya no estaría en el sendero, pero así era. Muy probablemente estaría en Portland, aunque fuera solo porque no tendría un centavo. Aún me quedaba un poco de dinero de Ashland, pero no tanto como para no haberlo gastado todo antes de llegar al Puente de los Dioses.

Dejé que Portland me rondara por la mente en los días posteriores mientras dejaba atrás la Reserva Natural de Sky Lakes y me adentraba en el desierto de Oregón: una altiplanicie polvorienta de pinos contortos que, según mi guía, había sido en otro tiempo un conjunto de lagos y torrentes dispersos antes de quedar todo ello enterrado bajo toneladas de piedra pómez y cenizas al entrar en erupción el monte Mazama. Era un sábado a primera hora de la mañana cuando llegué al Parque Nacional del Lago del Cráter. No se veía el lago por ninguna parte. Había llegado al camping situado a doce kilómetros al sur de la orilla del lago.

El camping no era solo un camping. Era un demencial complejo turístico que incluía aparcamiento, tienda, motel, una pequeña autolavandería y lo que parecían trescientas personas revolucionando sus motores y escuchando sus radios a todo volumen, bebiendo ruidosamente con pajitas de sus vasos de papel gigantescos y comiendo patatas fritas de grandes bolsas compradas en la tienda. La escena me fascinó y me horrorizó a la vez. Si no lo hubiese sabido por experiencia propia, no me habría creído que podía caminar quinientos metros en cualquier dirección y hallarme en un mundo absolutamente distinto. Acampé allí esa noche, y me di una gozosa ducha en los baños, y a la mañana siguiente me encaminé hacia el lago del Cráter.

315

Mi guía estaba en lo cierto: ver el lago por primera vez producía incredulidad. La superficie del agua se hallaba a trescientos metros por debajo de donde yo estaba, sobre un borde rocoso de una altitud de 2.130 metros. Abajo, se extendía el irregular círculo del lago, de un azul ultramarino indescriptiblemente puro, como yo nunca había visto en la vida. Tenía algo menos de diez kilómetros de diámetro, interrumpido el azul solo por la cima de un pequeño volcán, la isla de Wizard, que se elevaba 210 metros por encima del agua, y formaba una isla cónica sobre la que crecían retorcidos pinos de Balfour. El borde ondulado y en su mayor parte yermo que rodeaba el lago estaba salpicado de esos mismos pinos y encuadrado por montes lejanos.

—Como el lago es tan profundo y el agua tan pura, absorbe todos los colores de la luz visible salvo el azul, y por eso nos devuelve un reflejo de un azul tan puro —explicó una desconocida que estaba allí junto a mí, respondiendo a la pregunta que, en mi asombro, estuve a punto de formular.

—Gracias —dije.

Como el lago era tan profundo y el agua tan pura, absorbía todos los colores de la luz visible salvo el azul: esa parecía una explicación perfectamente sólida y científica y, aun así, el lago del Cráter tenía algo de inexplicable. La tribu de los klamaths aún lo consideraba un lugar sagrado, y yo entendía por qué. En cuanto a eso, no era escéptica. Daba igual si estaba rodeada de turistas tomando fotografías y pasando despacio en sus coches. Yo percibía la fuerza del lago. Era como una conmoción en medio de aquel magnífico territorio: inviolable, independiente y solitario, como si siempre hubiera estado allí y siempre fuera a estar, absorbiendo todos los colores de la luz visible salvo el azul.

Saqué varias fotografías y recorrí el borde del lago, cerca de un pequeño conjunto de edificaciones destinadas a alojar a turistas. No me quedaba más remedio que pasar el día allí, porque era domingo y la oficina de correos del parque estaba cerrada; no podía recoger mi caja hasta el día siguiente. Lucía el sol y por fin había subido de nuevo la temperatura y, mientras caminaba, pensé que, si hubiese seguido adelante con el embarazo del que me había enterado en la habitación de aquel motel de Sioux Falls la noche anterior a mi decisión de recorrer el SMP, estaría dando a luz justo entonces. Habría salido de cuentas la semana del cumpleaños de mi madre. En aquel momento sentí la aplastante fusión de

316

esas fechas como un puñetazo en el vientre, pero no vacilé en mi determinación de poner fin al embarazo. Solo rogué al universo que me diera otra oportunidad, que me permitiera convertirme en quien necesitaba ser antes de ser madre: una mujer cuya vida fuese radicalmente distinta de la de mi madre.

Por mucho que la quisiera y la admirara, había pasado la infancia empeñada en no acabar siendo como ella. Sabía por qué se había casado con mi padre a los diecinueve años, embarazada y solo un poco enamorada. Era una de las historias que la obligué a contar a fuerza de preguntarle y preguntarle, y ella, moviendo la cabeza en un gesto de negación, decía: «¿Por qué quieres saberlo?». Se lo pregunté tantas veces que al final cedió. Cuando se enteró de que estaba embarazada, se planteó dos opciones: un aborto ilegal en Denver, o permanecer oculta en una ciudad lejana durante el embarazo y luego entregar a mi hermana a su propia madre, que se había ofrecido a criar a la niña como si fuera su hija. Pero mi madre no había hecho lo uno ni lo otro. Decidió seguir adelante con el embarazo y se casó con mi padre. Se convirtió en madre de Karen, después en la mía y luego en la de Leif.

En nuestra madre.

—Nunca pude sentarme al volante de mi propia vida —me había dicho una vez entre sollozos poco después de enterarse de que iba a morir—. Siempre he hecho lo que los demás querían. Siempre he sido la hija o la madre o la mujer de alguien. Nunca he sido solo yo.

—Ay, mamá —fue lo único que pude decir mientras le acariciaba la mano.

Era demasiado joven para decir otra cosa.

Al mediodía fui a la cafetería, en uno de los edificios cercanos, y comí. Después atravesé el aparcamiento del Crater Lake Lodge y me paseé por el vestíbulo elegantemente rústico con Monstruo a la espalda; me detuve para echar un vistazo al comedor. Había unas cuantas personas sentadas a las mesas, grupos de gente atractiva con copas de chardonnay y pinot gris como piedras preciosas de color amarillo pálido. Salí al porche alargado que daba al lago, pasé entre una fila de suntuosas mecedoras y encontré una separada de las demás.

Me quedé allí sentada durante el resto de la tarde, contem-

317

plando el lago. Todavía me faltaban 550 kilómetros por recorrer antes de llegar al Puente de los Dioses, pero, por alguna razón, tenía la sensación de haber llegado. Como si aquella agua azul me dijera algo que yo debía saber y para lo que había caminado hasta allí.

Aquello fue en otro tiempo Mazama, me recordaba a mí misma una y otra vez. Aquello fue en otro tiempo una montaña de casi 3.600 metros de altitud a la que un día le arrancaron el corazón. Aquello fue en otro tiempo un páramo de lava, piedra pómez y ceniza. Aquello fue en otro tiempo una hondonada vacía que tardó centenares de años en llenarse. Pero por mucho que lo intentara, no podía ver nada de eso en la imaginación. Ni la montaña, ni el páramo, ni la hondonada vacía. Sencillamente ya no estaban allí. Solo quedaban la quietud y el silencio de esas aguas: aquello en lo que se convirtieron una montaña y un páramo y una hondonada vacía después de iniciarse la curación.

17

En una marcha primaria

*O*regón era en mi imaginación como los recuadros de la rayuela. En mi cabeza, pasaba de unos recuadros a otros, girando sobre ellos, brincando, desde el lago del Cráter hasta el Puente de los Dioses. Ciento treinta y seis kilómetros hasta mi siguiente caja, en un lugar llamado Complejo Turístico Shelter Cove. Doscientos treinta kilómetros más hasta mi última caja, en el lago de Olallie. Y una vez allí, me quedaría un último tramo, hasta el río Columbia: 170 kilómetros hasta la localidad de Cascade Locks, con una parada en el Timberline Lodge de Mont Hood, en el punto medio de esa etapa final, para tomar una copa y celebrar con incredulidad que casi había llegado.

Pero el resultado de la suma total era el mismo: 550 kilómetros de recorrido.

Lo bueno, como vi rápidamente, era que, al margen de lo que ocurriera en esos 550 kilómetros, habría bayas frescas por el camino. Arándanos rojos y azules, zarzas naranjas y zarzamoras, todo ello maduro, listo para cogerse, a lo largo de kilómetros y kilómetros de sendero. En mi plácido caminar por el monte Thielsen y la Reserva Natural Diamond Peak, recogía los frutos de los arbustos con las manos, y a veces me detenía para llenar la gorra.

Hacía frío. Hacía calor. En la carne mezcla de corteza de árbol y pollo desplumado de mi cadera se formó otra capa. Los pies ya no me sangraban, ni me salían ampollas, pero aún sentía un dolor de mil demonios. En algunos momentos reduje la jornada a medio día, recorriendo solo doce o trece kilómetros en un intento de aliviar el dolor, pero de poco me sirvió. Era un dolor profundo. A veces, mientras caminaba, me daba la sensación de que en realidad tenía los pies rotos, como si debiera llevarlos escayolados más que calzados con unas botas. Como si les hubiese infligido un daño hondo e irreversible al cargar con tanto peso a lo largo de tantos kilómetros de terreno agotador. Pese a eso, estaba más fuerte que nunca. Aun con esa tremenda mochila mía, ya era capaz de cubrir grandes distancias, aunque acababa el día destrozada.

EL SMP me resultaba más fácil, pero eso no significaba que fuera fácil.

Había mañanas agradables y alguna que otra hora placentera por las tardes, trechos de quince kilómetros que recorría como si tal cosa, sin apenas sentir nada. Me encantaba abstraerme en el ritmo de mis pasos y el golpeteo de mi bastón de esquí en el sendero, en el silencio y las canciones y las frases en mi cabeza. Me encantaban las montañas y las rocas y los ciervos y los conejos que desaparecían rápidamente entre los árboles, y los escarabajos y las ranas que cruzaban con torpeza el sendero. Pero todos los días llegaba un momento en que aquello ya no me encantaba, en que era monótono y difícil, y mi mente ponía una marcha primaria que se reducía de forma exclusiva a un movimiento continuo hacia delante, y yo caminaba hasta que caminar se me hacía insoportable, hasta que creía que no podía dar ni un paso más, y entonces me detenía y acampaba y realizaba con eficiencia todas las tareas que exigía la acampada, todo en un esfuerzo para llegar cuanto antes al momento de dicha en que podía desplomarme, totalmente molida, en mi tienda.

Así me sentía cuando llegué a rastras al Complejo Turístico Shelter Cove: agotada y aburrida del sendero, vacía de todo excepto de gratitud por estar allí. De un salto, había avanzado un recuadro más en la rayuela de Oregón. El Complejo Turístico Shelter Cove era una tienda rodeada de un conjunto de cabañas rústicas en una amplia extensión de verde a orillas de un gran lago llamado Odell, entre verdes bosques. Subí al porche de la tienda y entré. Vendían tentempiés y aparejos de pesca dispuestos en cortas hileras, y asimismo había una nevera con bebidas. Encontré una botella de limonada Snapple, cogí una bolsa de patatas fritas y me dirigí al mostrador.

—¿Estás haciendo el SMP? —preguntó el hombre desde detrás de la caja registradora. Cuando asentí, señaló una ventana al fondo de la tienda—. La oficina de correos está cerrada hasta mañana por la mañana, pero puedes acampar gratis en un sitio que tenemos cerca de aquí. Y puedes ducharte por un pavo.

Me quedaban solo diez dólares —mis paradas en Ashland y el Parque Nacional del lago del Cráter me habían salido más caras de lo previsto, cosa que a esas alturas ya no me sorprendía—, pero sabía que tenía veinte dólares en la caja que recibiría a la mañana siguiente, así que cuando entregué al hombre el dinero para pagar el refresco y las patatas, le pedí cambio para la ducha.

Fuera, abrí la limonada y las patatas fritas, y las consumí mientras me dirigía, expectante, hacia el baño, la pequeña construcción de madera que me había señalado el hombre. Cuando entré, me complació ver que era un cubículo para una sola persona. Eché el pestillo por dentro, y aquello se convirtió en mis dominios. Me habría quedado a dormir allí dentro si me hubieran dejado. Me desnudé y me miré en el espejo rayado. El sendero no solo me había destrozado los pies, sino también, al parecer, el pelo: ahora lo tenía más áspero y, curiosamente, el doble de espeso, erizado por las capas de sudor seco y el polvo del sendero, como si de una manera lenta pero segura estuviera convirtiéndome en Farrah Fawcett en su máximo esplendor y en Gunga Din en su peor momento.

Eché las monedas en la ranura de la pequeña caja, entré en la ducha y me solacé bajo el agua caliente, restregándome con el trozo de jabón que alguien había dejado allí hasta que se disolvió por completo en mis manos. A continuación me sequé usando el mismo pañuelo que empleaba para lavar el cazo y la cuchara con el agua de lagos y arroyos, y volví a ponerme la ropa sucia. Me cargué a Monstruo a la espalda y regresé a la tienda sintiéndome mil veces mejor. Delante había un amplio porche con un banco alargado que se extendía a ambos lados. Me senté allí y contemplé el lago Odell mientras me peinaba el pelo mojado con los dedos. El lago de Olallie, pensaba, luego Timberline Lodge y, por último, Cascade Locks.

«Salta, brinca, gira y hecho.»

—¿Tú eres Cheryl? —preguntó un hombre que salió de la tienda.

Al cabo de un momento lo siguieron otros dos. Por sus camisetas manchadas de sudor supe de inmediato que eran excursionistas del SMP, aunque no llevaban mochila. Barbudos, bronceados y sucios, eran jóvenes y muy atractivos, increíblemente musculosos y delgados. Uno era alto. Otro era rubio. Otro tenía la mirada intensa.

Me alegré muchísimo de haberme duchado.

—Sí —contesté.

—Venimos siguiéndote desde hace tiempo —dijo el rubio, y una sonrisa asomó a su enjuto rostro.

—Sabíamos que hoy te alcanzaríamos —añadió el de la mirada intensa—. Hemos visto tus huellas en el sendero.

—Hemos leído tus anotaciones en el registro —agregó el alto.

—Intentábamos adivinar tu edad —apuntó el rubio.

—¿Cuántos años me echabais? —pregunté, sonriendo como una demente.

—Pensábamos que tendrías nuestra edad o cincuenta años —respondió el de la mirada intensa.

—Espero no haberos decepcionado —dije, y nos reímos y ruborizamos.

Eran Rick, Josh y Richie, todos ellos tres o cuatro años más jóvenes que yo. Eran de Portland, Eugene y Nueva Orleans respectivamente. Los tres habían estudiado juntos en una recóndita universidad de letras de Minnesota situada a una hora en coche de las Ciudades Gemelas.

—¡Yo soy de Minnesota! —exclamé cuando me lo dijeron, pero eso ya lo sabían por mis anotaciones en el registro del sendero.

—¿Todavía no tienes un apodo del sendero? —me preguntó uno de ellos.

—No, que yo sepa.

Ellos sí tenían un apodo del sendero: los Tres Jóvenes Machotes, sobrenombre que les habían puesto otros excursionistas en el sur de California, me contaron. El nombre les pegaba. Eran tres hombres jóvenes y viriles. Habían recorrido todo el sendero desde la frontera mexicana. A diferencia de todos los demás, no habían eludido la nieve con un rodeo. La habían atravesado, de principio a fin —a pesar del récord histórico de nevadas de ese año—, y por eso iban a la zaga del grupo de excursionistas que hacían la travesía completa de México a Canadá y, en fecha tan tardía, me habían alcanzado. No habían visto a Tom, Doug, Greg, Matt, Albert, Brent, Stacy, Trina, Rex, Sam, Helen, John, Sarah. Ni siquiera habían parado en Ashland. No habían bailado al son de las canciones de los Dead ni probado el opio masticable, ni hecho el amor con nadie contra una roca en la playa. Sencillamente habían avanzado y avanzado, habían caminado casi cuarenta kilómetros diarios, acercándose a mí desde mi salto al norte para rodear Sierra City. No solo eran tres jóvenes machotes. Eran tres jóvenes y extraordinarias máquinas de caminar.

Estar en compañía de ellos era como unas vacaciones.

Nos dirigimos al lugar de acampada que la tienda nos tenía reservado, donde los Tres Jóvenes Machotes ya habían dejado sus mochilas, y nos preparamos la cena, charlamos y contamos anécdotas sobre lo ocurrido en el sendero y fuera de él. Me inspiraron una enorme simpatía. Sintonizamos. Eran encantadores, guapos, divertidos, amables, y me permitieron olvidar lo estragada que me sentía hacía solo una hora. En su honor, preparé el pastel de frambuesas liofilizado con el que había cargado durante semanas, guardándolo para una ocasión especial. Cuando estuvo listo, nos lo comimos con cuatro cucharas de mi cazo y luego dormimos en fila bajo las estrellas.

Por la mañana, fuimos a recoger nuestras cajas y volvimos con ellas al campamento para reorganizar las mochilas antes de ponernos en marcha. Abrí mi caja y hundí las manos entre las lisas bolsas de cierre hermético con comida, buscando a tientas el sobre que contenía el billete de veinte dólares. Para entonces se había convertido para mí en una emoción ya conocida, localizar ese sobre con el dinero dentro, pero esta vez no lo encontré. Lo saqué todo y recorrí con los dedos los pliegues interiores de la caja, buscándolo, pero no estaba allí. No sabía por qué. Sencillamente no estaba. Me quedaban seis dólares y doce centavos.

—Mierda —dije.

—¿Qué pasa? —preguntó uno de los Jóvenes Machotes.

—Nada —respondí. Me abochornaba estar siempre sin blanca, que no hubiese nadie invisible detrás de mí con una tarjeta de crédito o una cuenta bancaria.

Metí la comida en mi vieja bolsa azul, angustiada ante la perspectiva de tener que recorrer 230 kilómetros hasta mi siguiente caja con solo seis dólares y doce centavos en el bolsillo. Al menos allí a donde iba no necesitaba dinero, razoné para tranquilizarme. Iba en dirección al corazón de Oregón —por el paso de Willamette, el paso de McKenzie, el paso de Santiam, por las Tres Hermanas, y el monte Washington y la Reserva Natural del Monte Jefferson—, y en todo caso no habría ningún sitio donde gastar mis seis dólares y doce centavos, ¿no?

Emprendí el camino al cabo de una hora con los Tres Jóvenes

323

Machotes; me encontré con ellos repetidamente a lo largo del día; de vez en cuando parábamos juntos a descansar. Me tenían asombrada por lo que comían y cómo comían. Eran como bárbaros sueltos en el monte, que engullían tres barritas Snickers cada uno en un único descanso de quince minutos, pese a que estaban flacos como palos de escoba. Cuando se quitaban la camiseta se les veían las costillas. Yo también había perdido peso, pero no tanto como ellos —una pauta injusta que había observado en general en otros excursionistas de ambos sexos con quienes había coincidido ese verano—, aunque ya me daba igual si estaba gorda o delgada. Solo me importaba conseguir más comida. También yo era una bárbara, con un hambre voraz y descomunal. Había llegado al punto en que si, casualmente, un personaje comía en alguna de mis lecturas, yo me saltaba la escena, porque sencillamente me dolía leer sobre algo que quería y no podía tener.

Esa tarde me despedí de los Tres Jóvenes Machotes. Iban a dar un apretón de unos cuantos kilómetros una vez llegados al lugar donde yo tenía previsto acampar, porque además de ser tres máquinas de caminar jóvenes e increíbles, estaban impacientes por llegar al paso de Santiam, donde se apartarían del sendero durante unos días para visitar a amigos y familiares. Mientras ellos se pegaban la gran vida, duchándose y durmiendo en camas de verdad y comiendo cosas que yo prefería ni siquiera imaginar, los adelantaría, y después ellos volverían a seguir mis pasos una vez más.

—Atrapadme si podéis —dije, con la esperanza de que lo consiguieran, entristecida por separarme de ellos tan pronto.

Esa noche acampé sola cerca de un estanque, todavía radiante por haberlos conocido, recordando las historias que me habían contado mientras me masajeaba los pies después de cenar. Otra de mis uñas ennegrecidas se desprendía del dedo. Le di un tirón y se soltó. La arrojé a la hierba.

Ahora el SMP y yo íbamos empatados. El marcador estaba en 5-5.

Sentada en la tienda con los pies apoyados en la bolsa de comida, leí el libro que me había llegado en la caja —*Las diez mil cosas*, de Maria Dermoût— hasta que se me cerraban los ojos. Apagué mi linterna frontal y permanecí tumbada a oscuras. Mientras me adormilaba, oí un búho en un árbol justo encima de mí. «Uuh-uuuh, uh-uuuh», ululaba, y su reclamo era tan potente y a la vez tan delicado que me despertó.

—Uuh-uuuh —le respondí, y el búho permaneció callado—. Uuh-uuuh —probé de nuevo.

—Uuh-uuuh —contestó.

Entré en la Reserva Natural de las Tres Hermanas, así llamada por las montañas Hermana del Sur, Hermana del Norte y Hermana del Medio, que estaban en su periferia. Cada pico de las Tres Hermanas superaba los tres mil metros de altitud; los montes tercero, cuarto y quinto eran, respectivamente, los más altos de Oregón. Eran las joyas de la corona en una concentración de picos volcánicos hasta cierto punto cercanos entre sí que atravesaría la siguiente semana, pero aún no los veía cuando me acercaba desde el sur por el SMP, entonando canciones y recitando fragmentos de poemas en mi cabeza a mi paso por un bosque de altos abetos de Douglas, pinos blancos y tsugas, y mientras dejaba atrás lagos y estanques.

Un par de días después de despedirme de los Tres Jóvenes Machotes, me aparté del sendero por un camino de casi dos kilómetros hacia el complejo turístico del lago Elk, un lugar que salía en mi guía. Era una pequeña tienda junto al lago con una clientela de pescadores, en gran medida como el complejo de Shelter Cove, solo que tenía una cafetería donde servían hamburguesas. No tenía planeado ese desvío, pero cuando llegué al cruce con el SMP, mi hambre insaciable se impuso. Llegué poco antes de las once de la mañana. Aparte del encargado, no había nadie. Examiné el menú, hice cálculos y pedí una hamburguesa con queso, patatas fritas y una Coca-Cola pequeña. Luego, extasiada, me senté a comer de espalda a la pared revestida de aparejos de pesca. La cuenta ascendió a seis dólares y diez centavos. Por primera vez en toda mi vida no pude dejar propina. Dar los dos centavos que me quedaban habría sido un insulto. Saqué un pequeño rectángulo de sellos que llevaba en la bolsa de cierre hermético junto con el permiso de conducir y lo dejé al lado del plato.

—Lo siento, no tengo más dinero, pero le dejo otra cosa —expliqué, tan abochornada que ni siquiera pude decir qué era.

El hombre se limitó a negar con la cabeza y a musitar algo que no entendí.

Me encaminé hacia la pequeña playa vacía del lago Elk con los centavos en la mano, preguntándome si debía lanzarlos al agua y

325

pedir un deseo. Lo descarté y me los guardé en el bolsillo del pantalón, por si llegaba a necesitar dos centavos entre ese momento y el puesto del guarda forestal del lago de Olallie, que estaba todavía a 160 kilómetros, distancia que uno no podía dejar de tomarse en serio. Tener solo esos dos centavos era horrible, pero al mismo tiempo tenía su lado gracioso, como a veces pensaba ante mi estado de miseria. Allí de pie, contemplando el lago Elk, se me ocurrió por primera vez que haberme criado en la pobreza ahora tenía su utilidad. Probablemente no habría cometido la temeridad de emprender semejante viaje con tan poco dinero si no me hubiera criado sin él. Siempre había pensado en la situación económica de mi familia desde el punto de vista de lo que yo no tenía: campamentos de verano, clases particulares, viajes, matrícula universitaria y el inexplicable alivio que acompaña al hecho de tener acceso a una tarjeta de crédito pagada por otro. Pero ahora veía la conexión entre esto y aquello, entre una infancia en la que vi a mi madre y a mi padrastro abrirse camino una y otra vez con dos centavos en el bolsillo y mi propia sensación general de que también yo podía hacerlo. Antes de partir, no había calculado racionalmente el coste del viaje y no había ahorrado esa cantidad más un colchón suficiente ante posibles gastos imprevistos. De haberlo hecho, no estaría allí, después de ochenta y pico días ya en el SMP, sin blanca pero bien: haciendo lo que quería hacer a pesar de que una persona sensata habría dicho que no podía permitirme hacerlo.

Seguí adelante, ascendiendo a un mirador a 1.900 metros de altura desde el que se veían los picos al norte y el este: el Bachelor Butte y el Broken Top, helado, y —el más alto de todos— la Hermana del Sur, que se elevaba 3.157 metros. Según mi guía, era el monte más joven, más alto y más simétrico de las Tres Hermanas. Se componía de unas dos docenas de distintas clases de roca volcánica, pero todo él semejaba una montaña de color marrón rojizo, con sus laderas superiores salpicadas de nieve. Conforme avanzó el día, el aire cambió y subió otra vez la temperatura, y tuve la sensación de hallarme de nuevo en California, por el calor y por la manera en que se abrían las vistas a lo largo y ancho de kilómetros de terreno rocoso y verde.

Ahora que estaba oficialmente entre las Tres Hermanas, ya no tenía el sendero todo para mí. En las altas praderas rocosas me crucé con excursionistas de un solo día, mochileros de corto recorrido y una tropa de boy scouts en una salida de una noche. Me detuve a hablar con algunos de ellos. «¿Llevas arma? ¿No tienes miedo?», preguntaban en un eco de lo que llevaba oyendo todo el verano. «No, no», contestaba yo, y me reía un poco. Conocí a dos hombres de mi edad que habían servido en Iraq durante la operación Tormenta del Desierto y seguían en el ejército, ambos con rango de capitán. Eran de facciones angulosas, fornidos y atractivos, como recién salidos de un póster de alistamiento. Nos tomamos un largo descanso de una tarde junto a un arroyo cercano en el que ellos habían dejado dos latas de cerveza a enfriar. Era su última noche de una excursión de cinco días. Habían cargado con esas latas todo el tiempo para poder bebérselas la última noche a modo de celebración.

Querían saberlo todo sobre mi viaje. Qué se sentía caminando tantos días; qué había visto y a quiénes había conocido y qué demonios me había pasado en los pies. Insistieron en levantar mi mochila y se quedaron atónitos al descubrir que pesaba más que las de ellos. Se prepararon para marcharse y yo les expresé mis mejores deseos, recreándome aún al sol en la orilla del arroyo.

—Eh, Cheryl —vociferó uno de ellos, volviéndose cuando ya casi se habían perdido de vista en el sendero—. Te hemos dejado una cerveza en el arroyo. Lo hemos hecho así para que no la rechaces. Queremos que te la quedes porque eres más dura que nosotros.

Me eché a reír, les di las gracias y fui al arroyo a rescatar la cerveza, sintiéndome halagada y animada. Me la bebí esa noche cerca de las cascadas de Obsidiana, llamadas así por los fragmentos de cristal de color negro azabache que asombrosamente cubrían el sendero, con lo que a cada paso por aquella superficie movediza oía crujidos bajo mis pies, como si caminara sobre capas y capas de porcelana rota.

No me maravillé tanto al día siguiente cuando superé el paso de McKenzie para acceder a la Reserva Natural del Monte Washington y el sendero empezó a ser aún más rocoso cuando crucé los ríos de basalto del cráter de Belknap y el Little Belknap. Eran fragmentos de roca muy brillantes entre primaverales prados verdes. Ahora avanzaba por una extensión de ocho kilómetros de piedras volcánicas negras cuyo tamaño oscilaba entre el de una pelota de béisbol y una de fútbol, y me torcía continuamente los tobillos y las rodillas. Era un paisaje abierto y desolado, y un sol implacable me abrasaba mientras seguía penosamente en dirección al monte Washington. Cuando superé los cráteres, me alegré de volver a caminar entre los árboles y caí en la cuenta de que la gente había desaparecido. Volvía a estar sola: únicamente el sendero y yo.

Al día siguiente atravesé el paso de Santiam y entré en la Reserva Natural del Monte Jefferson, así llamada por la cumbre oscura y majestuosa situada al norte. Pasé ante el rocoso Jack el de los Tres Dedos, con sus múltiples picos, que se alzaba como una mano fracturada hacia el cielo, y seguí adelante conforme avanzaba la tarde y el sol desaparecía tras un manto de nubes y una espesa niebla me envolvía lentamente. Había sido un día caluroso, pero en cuestión de media hora la temperatura descendió unos diez grados, al levantarse el viento y luego amainar de repente. Apreté el paso sendero arriba tanto como pude, goteando el sudor de mi cuerpo pese al frío, y busqué un lugar donde acampar. La noche se acercaba peligrosamente, pero no había ningún lugar llano o despejado para plantar la tienda. Cuando encontré un sitio cerca de un pequeño estanque, era como estar dentro de una nube, con el aire inquietantemente inmóvil y silencioso. En el tiempo que tardé en montar la tienda y filtrar el agua para una cantimplora con mi depurador insoportablemente lento, el viento arreció de nuevo, soplando con violentas ráfagas que agitaban las ramas de los árboles por encima de mí. Yo nunca había vivido una tormenta en la montaña. «No tengo miedo», me recordé mientras me metía en la tienda sin cenar, sintiéndome demasiado vulnerable en el exterior, pese a saber que la tienda me ofrecía poca protección. Permanecí en una actitud de expectante asombro y miedo, preparándome para una poderosa tormenta que no llegó.

Una hora después de oscurecer, el aire volvió a calmarse y oí los aullidos de los coyotes a lo lejos, como si celebraran que el peligro había pasado. Agosto había dado paso a septiembre; por las noches la temperatura bajaba y casi siempre hacía un frío cortante. Salí de la tienda a orinar, con el gorro y los guantes puestos. Cuando observé los árboles con ayuda de la linterna frontal, algo se reflejó en el haz de luz, y me quedé paralizada al advertir que eran dos pares de ojos brillantes fijos en mí.

Nunca supe de quiénes eran. Al cabo de un instante habían desaparecido.

Y

El día siguiente fue soleado y caluroso, como si la extraña tormenta de la noche anterior hubiera sido solo un sueño. Pasé de largo un desvío en el sendero, y al cabo de un rato descubrí que no estaba ya en el SMP, sino en el Sendero Panorámico de Oregón, que discurría paralelo al SMP, poco más o menos a un kilómetro y medio al oeste. Era una ruta alternativa que mi guía describía con suficiente detalle, así que continué por allí sin preocuparme. El sendero me llevaría de nuevo al SMP al día siguiente, y al otro día estaría en el lago de Olallie.

«Brinca, bota, salta y hecho.»

Caminé por un espeso bosque toda la tarde; al doblar una curva, me tope con un trío de enormes alces, que se adentraron entre los árboles con un atronador clamor de pezuñas. Esa noche, solo un momento después de detenerme a acampar cerca de un estanque a la vera del sendero, aparecieron dos cazadores con arco, que se dirigían hacia el sur por el sendero.

—¿Tienes agua? —prorrumpió uno de ellos casi de inmediato.

—No podemos beber el agua del estanque, ¿no? —preguntó el otro con manifiesta desesperación en el semblante.

Los dos aparentaban alrededor de treinta y cinco años. Uno, con el pelo color castaño claro, era fibroso aunque un poco tripudo; el otro, pelirrojo y alto, tenía volumen suficiente para ser defensa en un equipo de fútbol americano. Los dos vestían vaqueros con grandes cuchillos prendidos del cinturón y enormes mochilas con flechas y arcos atravesados.

—Podéis beber el agua del estanque, pero antes tenéis que filtrarla —indiqué.

—No tenemos filtro —dijo el del pelo castaño claro, que se quitó la mochila y la colocó junto a una roca situada en el pequeño claro entre el estanque y el sendero donde me proponía acampar. Yo acababa de dejar mi propia mochila cuando aparecieron.

—Podéis usar el mío si queréis —ofrecí. Descorrí la cremallera del bolsillo de Monstruo, saqué el depurador de agua y se lo entregué al hombre de cabello castaño claro, que lo cogió, se acercó a la embarrada orilla del estanque y se puso en cuclillas.

—¿Y esto cómo se usa? —preguntó, alzando la voz.

Le enseñé cómo se colocaba la toma de agua con su correspondiente boya y cómo se accionaba la manivela en dirección al cartucho.

—Necesitáis una cantimplora —añadí, pero él y su amigo pe-

329

lirrojo y corpulento cruzaron una mirada lastimera y me dijeron que no tenían.

Habían subido allí solo para cazar durante el día. Tenían la furgoneta aparcada en una pista forestal a unos cinco kilómetros, bajando por una senda lateral que yo había cruzado recientemente. Creían que a esas horas ya habrían llegado a su vehículo.

—¿Habéis pasado todo el día sin beber? —pregunté.

—Hemos traído Pepsi —respondió el hombre de pelo castaño claro—. Teníamos seis latas cada uno.

—Ahora vamos ya directos a nuestra furgoneta, así que solo necesitamos agua suficiente para caminar un poco más, pero nos morimos de sed —dijo el pelirrojo.

—Tened —ofrecí, y fui a la mochila para sacar el agua que me quedaba, más o menos una cuarta parte de una de mis cantimploras.

Se la entregué al pelirrojo, y él la cogió y dio un largo sorbo; luego se la entregó a su amigo, que se bebió el resto. Lo lamenté por ellos, pero más lamenté que estuvieran allí conmigo. Estaba agotada, me moría de ganas de quitarme las botas y la ropa sudada, plantar la tienda y prepararme la cena para poder abstraerme en *Las diez mil cosas*. Además, aquellos dos hombres me daban mala espina, con sus Pepsis, sus arcos, sus enormes cuchillos y la manera en que habían irrumpido sin la menor contemplación. Era la misma sensación que me había asaltado aquella primera semana en el sendero, cuando estaba en la furgoneta de Frank y temí que él tuviera malas intenciones, para descubrir finalmente que solo pretendía sacar su regaliz. Concentré el pensamiento en ese regaliz.

—Tenemos las latas vacías de Pepsi —sugirió el pelirrojo—. Podemos bombear el agua en tu cantimplora y luego llenar las latas.

El hombre del cabello castaño claro se acuclilló en la orilla del estanque con mi cantimplora de agua vacía y mi depurador, y el pelirrojo se quitó la mochila y revolvió en su interior para sacar un par de latas vacías de Pepsi. Yo, allí de pie, los observé envolviéndome con los brazos, cada vez mas aterida. Notaba en la piel el contacto frío de los fondillos del pantalón corto, la espalda de la camiseta y el sujetador.

—Cuesta mucho bombear —dijo el hombre del cabello castaño claro al cabo de un rato.

—Hay que darle con un poco fuerza —indiqué—. Así funciona mi filtro.

—No sé —contestó—. No sale nada.

Me acerqué a él y vi que la boya estaba muy cerca del cartucho y el extremo abierto de la toma de agua se había hundido en el lodo del fondo poco profundo del estanque. Le quité el depurador, coloqué el tubo en el agua clara e intenté bombear. Estaba totalmente tapado, atascado a causa del barro.

—El tubo no tenía que hundirse en el barro —dije—. Deberías haberlo mantenido en el agua.

—Joder —se lamentó él, sin disculparse.

—¿Y ahora qué hacemos? —preguntó su amigo—. Yo tengo que beber algo.

Fui a mi mochila, saqué el botiquín y extraje el pequeño frasco con comprimidos de yodo. No los había utilizado desde el embalse que estaba lleno de ranas de Hat Creek Rim, cuando yo misma estaba medio enloquecida por la deshidratación.

—Podemos usar esto —dije, comprendiendo con pesar que tendría que beber agua yodada hasta que consiguiera reparar el depurador, si es que era posible repararlo.

—¿Qué es? —preguntó el hombre del cabello castaño claro.

—Yodo. Lo echas, esperas treinta minutos, y puedes beber el agua sin riesgo.

Me acerqué al estanque, sumergí las dos cantimploras en el lugar donde el agua parecía más clara y eché en ellas los comprimidos de yodo; los hombres me imitaron con sus latas de Pepsi, y eché un comprimido en cada una.

—De acuerdo —dije, y consulté mi reloj—. Esta agua podrá beberse a las siete y diez. —Confiaba en que con eso se marcharían, pero en lugar de eso se sentaron, instalándose cómodamente.

—¿Y tú qué haces aquí sola? —preguntó el hombre del cabello castaño claro.

—Recorro el Sendero del Macizo del Pacífico —contesté, y al instante me arrepentí. No me gustaba cómo me miraba, evaluando descaradamente mi cuerpo.

—¿Tú sola?

—Sí —respondí de mala gana, reacia a decir la verdad y, en igual medida, temerosa de inventar una mentira que me pusiera los nervios aún más a flor de piel de lo que ya los tenía.

—Me cuesta creer que una chica como tú esté aquí sola. Si

quieres saber mi opinión, eres demasiado guapa para estar aquí sola. ¿Es muy largo tu viaje? —preguntó.

—Bastante —contesté.

—No me puedo creer que una jovencita como ella pueda estar aquí sola, ¿no te parece? —dijo a su amigo pelirrojo, como si yo ni siquiera estuviese presente.

—Qué va —me apresuré a decir antes de que el pelirrojo contestara—. Cualquiera es capaz de hacerlo. O sea, es solo…

—Yo, si fueras mi novia, no te dejaría venir aquí sola ni loco; eso te lo aseguro —dijo el pelirrojo.

—Tiene un buen cuerpo, ¿a que sí? —intervino el hombre del cabello castaño claro—. Sano, con buenas curvas. Justo como me gusta a mí.

Dejé escapar un pequeño sonido de complacencia, una especie de risa, aunque de pronto el miedo me atenazó la garganta.

—Bueno, encantada de conoceros, chicos —dije, y me dirigí hacia Monstruo—. Tengo que seguir adelante un poco más, así que más vale que me ponga en marcha.

—Nosotros también nos vamos. No queremos quedarnos sin luz —dijo el pelirrojo, cargándose la mochila.

El hombre del cabello castaño lo imitó. Los observé fingiendo que me preparaba para irme, aunque no deseaba moverme de allí. Estaba cansada, muerta de sed y hambre, y aterida de frío. Se acercaba la noche, y había elegido ese estanque para acampar porque, según mi guía —que describía solo vagamente ese tramo dado que en realidad no pertenecía al SMP—, aquel era el último lugar en un largo trecho donde se podía montar una tienda.

Cuando se fueron, me quedé allí un rato inmóvil, esperando a que se deshiciera el nudo en mi garganta. Estaba bien. Había pasado el peligro. Me comportaba como una tonta. Esos individuos eran repelentes y sexistas, y me habían estropeado el depurador de agua, pero no me habían hecho nada. No tenían malas intenciones. Algunos hombres sencillamente no sabían actuar de otra manera. Saqué las cosas de mi mochila, llené el cazo con agua del estanque, encendí el hornillo y puse a hervir el agua. Me despojé de la ropa sudada para ponerme las mallas de forro polar y la camiseta de manga larga. Tendí mi lona y, cuando sacaba la tienda de la bolsa, reapareció el hombre del cabello castaño claro. Al verlo, supe que mis presentimientos anteriores no andaban desencaminados, que tenía razones para que me inspirara miedo, que había regresado a por mí.

—¿Qué pasa? —pregunté con un tono falsamente relajado, pese a que verlo sin su amigo me aterrorizó. Fue como si por fin me hubiera topado con un puma y hubiera recordado, contra todo instinto, que no debía correr. No debía incitarlo con movimientos rápidos ni enfrentarme a él con mi ira ni excitarlo con mi miedo.

—Pensaba que seguías adelante —dijo.

—He cambiado de idea —repuse.

—Has intentado engañarnos.

—No, no es verdad. Solo he cambiado de…

—También te has cambiado de ropa —observó con tono insinuante, y sus palabras se propagaron por mi vientre como una perdigonada. Me sonrojé de los pies a la cabeza al comprender que mientras me desvestía, él estaba allí cerca mirándome.

—Me gustan tus pantalones —declaró con una mueca. Se quitó la mochila y la dejó en el suelo—. O «mallas», si es así como se llaman.

—No sé de qué hablas —farfullé, aunque apenas oía mis propias palabras, ensordecida por un estruendoso fragor dentro de mi cabeza, que era la toma de conciencia de que toda mi andadura en el SMP podía terminar así, de que por dura o fuerte o valiente que hubiera sido, de que por cómoda que al final me sintiera en aquella soledad, también había tenido suerte, y si ahora se me acababa la suerte, sería como si nada anterior a eso hubiera existido: esa noche anularía todos esos días previos de valentía.

—Hablo de que me gustan tus pantalones —repitió el hombre con cierta irritación—. Te quedan bien. Te realzan la cadera y las piernas.

—Por favor, no hables así —dije con el mayor aplomo posible.

—¿Cómo? ¡Pero si es un cumplido! ¿Ya no puede un hombre decir un cumplido a una chica? Deberías sentirte halagada.

—Gracias —dije en un intento de apaciguarlo, detestándome por eso.

Me acordé de los Tres Jóvenes Machotes, que quizá ni siquiera habían vuelto al sendero. Me acordé del silbato más sonoro del mundo que nadie oiría excepto el pelirrojo. Me acordé de la navaja suiza, demasiado inaccesible en el bolsillo superior izquierdo de la mochila. Me acordé del agua que todavía no había hervido en el cazo sin asa en mi pequeño hornillo. Y finalmente fijé la atención en las flechas que asomaban de lo alto de la mochila del hombre del cabello castaño claro. Sentí la línea invisible entre esas flechas

333

y yo como un hilo caliente. Si él intentaba hacerme algo, echaría mano a una de esas flechas y se la clavaría en la garganta.

—Creo que será mejor que te marches —aconsejé con voz serena—. Pronto será de noche. —Crucé los brazos firmemente ante el pecho, muy consciente de que no llevaba sujetador.

—Este es un país libre —declaró—. Me iré cuando me apetezca. Tengo mis derechos, entiéndelo. —Cogió su lata de Pepsi y agitó con cuidado el agua en su interior.

—¿Qué coño estás haciendo? —preguntó una voz masculina, y al instante apareció el pelirrojo—. He tenido que volver a subir toda esta cuesta para encontrarte. Pensaba que te habías perdido. —Me lanzó una mirada acusadora, como si yo fuera la culpable, como si hubiera conspirado con el hombre de cabello castaño claro para inducirlo a quedarse—. Tenemos que marcharnos ya si queremos llegar a la furgoneta antes de que oscurezca.

—Ve con cuidado aquí en la montaña —me dijo el del cabello castaño claro mientras se echaba la mochila a los hombros.

—Adiós —dije en voz muy baja, sin querer contestarle, pero tampoco deseaba irritarlo si no le contestaba.

—Eh, son las siete y diez —anunció—. Ya se puede beber el agua. —Levantó su lata de Pepsi en dirección a mí y brindó—. Por una joven sola en el bosque —dijo, bebió un trago y se volvió para seguir a su amigo sendero abajo.

Me quedé inmóvil un rato tal como había hecho la primera vez que se marcharon, dejando deshacerse los nudos del miedo. No ha pasado nada, me dije. Estoy perfectamente. Era solo un hombre repelente, calenturiento y desagradable, y ya se ha ido.

Pero volví a meter mi tienda en la mochila, apagué el hornillo, derramé el agua a punto de hervir en la hierba y hundí el cazo en el estanque para que se enfriara. Bebí un sorbo de mi agua yodada y metí como pude la cantimplora y la camiseta, el sujetador y el pantalón húmedos en la mochila. Levanté a Monstruo, me abroché las correas, salí al sendero y me encaminé hacia el norte bajo la luz menguante. Anduve y anduve, y mi mente puso una marcha primaria que se reducía solo a un movimiento continuo hacia delante. Caminé hasta que caminar se me hizo insoportable, hasta que creí que no podía dar siquiera un paso más.

Y entonces eché a correr.

18

La reina del SMP

Cuando desperté, a la mañana siguiente, llovía, mientras la luz se propagaba por el cielo. Yacía en la tienda plantada en la concavidad poco profunda formada por el propio sendero; su medio metro de ancho era el único espacio llano que encontré en la oscuridad la noche anterior. Había empezado a llover a eso de las doce y no había parado en toda la noche. Por la mañana, mientras caminaba, llovió a ratos. Pensé en lo sucedido con aquellos dos hombres, o en lo que casi había pasado; tal vez nunca habría sucedido. Repetí una y otra vez la escena en mi cabeza, asqueada y temblorosa, pero al mediodía había dejado atrás ese episodio y estaba de regreso en el SMP, tras desembocar de nuevo en el desvío que había tomado sin querer el día anterior.

El agua caía del cielo, goteaba desde las ramas y corría por el cauce del sendero. Caminé bajo los árboles enormes, la enramada del bosque muy alta por encima de mí, empapándome por el roce con los arbustos y las plantas de escasa altura que bordeaban el sendero. Pese a lo mojada y pesarosa que estaba, el bosque era mágico: gótico en su grandiosidad verde, luminoso y oscuro a la vez, tan pródigo en su fecundidad que parecía surrealista, como si yo anduviera por un cuento de hadas y no por el mundo real.

Llovió y llovió y llovió intermitentemente a lo largo de aquel día y todo el día siguiente. Llovía aún muy entrada la tarde cuando llegué a la orilla del lago de Olallie, que tenía una superficie de cien hectáreas. Con una profunda sensación de alivio, pasé ante el puesto cerrado del guarda forestal y, caminando ruidosamente por el barro y la hierba mojada, seguí entre unas cuantas mesas de picnic en dirección al pequeño conjunto de construcciones de madera oscura que constituía el complejo turístico del lago de Olallie. Antes de iniciar mi andadura por Oregón, tenía una idea muy distinta de lo que era un «complejo turístico». Allí no había un alma. Las diez primitivas cabañas esparcidas por la orilla del lago parecían todas vacías, y la pequeña tienda entre las cabañas ya había cerrado a esa hora de la tarde.

Empezó a llover otra vez cuando me encontraba bajo un pino contorto cerca de la tienda. Me puse la capucha del impermeable y miré el lago. El gran pico del monte Jefferson se alzaba supuestamente al sur, mientras que la roma prominencia de Olallie Butte se hallaba al norte, pero no veía ninguno de los dos, ocultos por la reciente oscuridad y la niebla. Sin la visión de las montañas, los pinos y el ancho lago me recordaron los bosques del norte de Minnesota. También el aire parecía el de Minnesota. Había pasado una semana desde el Día del Trabajo, celebrado el primer lunes de septiembre; aún no había llegado el otoño, pero se acercaba. Todo parecía abandonado y melancólico. Me llevé la mano bajo el impermeable, saqué las hojas de mi guía y leí sobre un lugar para acampar cerca de allí, más allá del puesto del guarda forestal, con vistas al lago Head, vecino del Olallie, pero mucho más pequeño.

Acampé y me preparé la cena bajo la lluvia; luego me metí en la tienda y me acosté en mi saco de dormir húmedo, vestida con mi ropa mojada. Se me habían acabado las pilas de la linterna frontal, así que no podía leer. Me quedé, pues, escuchando el golpeteo de la lluvia contra el tenso nailon que se extendía a unos palmos por encima de mi cabeza.

Al día siguiente encontraría pilas nuevas en la caja. Allí estarían los bombones de chocolate Hershey's que racionaría a lo largo de la siguiente semana. Allí estaría el último lote de alimentos liofilizados y las bolsas de frutos secos y semillas que se habrían quedado rancios. Pensar en esas cosas era una tortura y un consuelo para mí. Me hice un ovillo, intentando mantener el saco de dormir a distancia del contorno de la tienda por si se filtraba el agua, pero no podía conciliar el sueño. Por triste que fuera, sentí encenderse en mí una chispa de luz relacionada con el hecho de que pasada una semana habría terminado mi andadura por el sendero. Estaría en Portland, viviendo otra vez como una persona normal. Conseguiría un trabajo de camarera; serviría mesas por la noche y escribiría durante el día. Desde que se había instalado en mi cabeza la idea de vivir en Portland, me pasaba horas imaginando qué se sentiría al estar de regreso en un mundo donde podían obtenerse comida y música, vino y café.

Naturalmente, también podía conseguirse heroína, pensé. Pero la cuestión era que no la quería. Quizás en realidad nunca la había querido. Por fin comprendía lo que la heroína había representado para mí: el anhelo de tener una escapatoria, cuando, de hecho, lo que yo buscaba era una vía de acceso. Ahora la había encontrado. O casi.

—Tengo una caja —le dije al guarda forestal a la mañana siguiente, persiguiéndolo al ver que ponía en marcha su furgoneta y empezaba a alejarse.

Se detuvo y bajó la ventanilla.

—¿Eres Cheryl?

Asentí.

—Tengo una caja —repetí, enterrada aún bajo mi putrefacta indumentaria impermeable.

—Tus amigos me hablaron de ti —dijo mientras se apeaba de la furgoneta—. El matrimonio.

Parpadeé y me quité la capucha.

—¿Sam y Helen? —pregunté, y el guarda forestal asintió.

Al pensar en ellos, me invadió un sentimiento de ternura. Volví a ponerme la capucha para seguir al guarda forestal hasta el garaje comunicado con el puesto, que a su vez daba a lo que parecía su vivienda.

—Me voy al pueblo, pero volveré esta tarde, por si necesitas algo —dijo, y me entregó mi caja y tres cartas. Tenía el pelo castaño y bigote, y rondaba los cuarenta años, calculé.

—Gracias —dije, abrazando la caja y las cartas.

Como el tiempo estaba aún lluvioso y crudo, me encaminé hacia la pequeña tienda. Una vez allí, pedí una taza de café al anciano que atendía la caja registradora, y le prometí que le pagaría en cuanto abriera mi caja. Me senté en una silla junto a la estufa de leña y leí mis cartas. La primera era de Aimee, la segunda de Paul, la tercera —para gran sorpresa mía— de Ed, el ángel del sendero que había conocido en Kennedy Meadows. «Si recibes esta carta, significa que lo has conseguido, Cheryl. ¡Enhorabuena!», decía. Me conmovió tanto leer sus palabras que solté una sonora carcajada, y el anciano de la caja registradora alzó la vista.

337

—¿Buenas noticias de casa? —preguntó.

—Sí —contesté—. Algo así.

Abrí mi caja y encontré no solo el sobre que contenía los veinte dólares, sino también otro donde había otros veinte dólares: era el que tendría que haber estado en la caja enviada al complejo turístico Shelter Cove, y que debí de poner en la caja equivocada meses antes. Ya daba igual. Había sobrevivido con mis dos centavos, y la recompensa era que ahora, con mis cuarenta dólares y dos centavos, era rica. Pagué el café, compré una galleta envasada y pregunté al hombre si había duchas. Él negó con la cabeza, y yo lo miré, alicaída. Era un complejo turístico sin duchas ni restaurante, caía una llovizna que calaba y fuera la temperatura era de doce grados.

Volví a llenar mi taza de café y me planteé si debía continuar con mi andadura ese día o no. No había grandes razones para quedarse allí y, sin embargo, caminar otra vez por el bosque con todas mis cosas mojadas no solo era desalentador, sino también, posiblemente, peligroso: con aquel ineludible frío húmedo, corría riesgo de hipotermia. Al menos allí podía quedarme sentada en el calor de la tienda. Llevaba tres días sudando de calor y muriéndome de frío alternativamente. Estaba cansada, física y psicológicamente. Había caminado solo media jornada varios días, pero no descansaba un día entero desde que había estado en el lago del Cráter. Por otra parte, pese a las ganas que tenía de llegar al Puente de los Dioses, no me corría ninguna prisa. La distancia era corta y sabía que llegaría para mi cumpleaños sin muchos problemas. Podía tomármelo con calma.

—No tenemos duchas, jovencita —dijo el anciano—, pero esta noche puedo darle de cenar, si quiere acompañarnos a mí y a un par de empleados.

—¿Cenar? —La decisión de quedarme estaba tomada.

Regresé a mi campamento e hice lo que pude para secar mis cosas entre chaparrón y chaparrón. Calenté un cazo de agua y, desnuda, me encorvé junto a él, lavándome con el pañuelo. Desmonté mi depurador de agua, sacudí el barro que había entrado en el tubo al bombear el hombre del cabello castaño claro y dejé correr agua limpia por la bomba para poder usarla otra vez. Pocos minutos antes de dirigirme al pequeño edificio donde el anciano me había indicado que fuera a cenar, aparecieron los Tres Jóvenes Machotes, empapados y más maravillosos que nunca. Al verlos, salté de alegría, literalmente. Les expliqué que me iba a cenar y que era probable que pudieran acompañarme, y añadí que, si en efecto eso era posible, enseguida volvería a por ellos. Pero cuando llegué al pequeño edificio y lo pregunté, la encargada no se conmovió por su llegada.

—No tenemos comida suficiente —dijo.

Me sentí culpable por sentarme a comer, pero me moría de hambre. Sirvieron comida casera, como la que me daban de niña en Minnesota, improvisada con las cuatro cosas que había a mano. Guiso de carne de ternera picada, maíz en lata y patatas, recubierto todo con queso cheddar, y acompañado de ensalada de lechuga iceberg. Me llené el plato y me lo comí en cinco bocados; luego esperé educadamente a que la mujer cortara la tarta amarilla con baño de azúcar blanco, que aguardaba, tentadora, en una mesa auxiliar. Cuando la cortó, comí un trozo y, luego, discretamente, cogí otro —el más grande del molde—, que envolví en una servilleta de papel y me guardé en el bolsillo del impermeable.

—Gracias —dije—. Tengo que reunirme con mis amigos.

Atravesé la hierba mojada, sujetando el trozo de pastel con sumo cuidado dentro del impermeable. Eran solo las cinco y media, pero la tarde estaba tan oscura y lúgubre que habría podido ser plena noche.

—Ahí estás. Te buscaba —oí decir a un hombre en voz alta. Era el guarda forestal que me había entregado la caja y las cartas esa mañana. Se enjugaba los labios con un paño de cocina—. Hablo raro —explicó, arrastrando las palabras, cuando me acerqué a él— porque hoy me han hecho una intervención en la boca.

Me puse la capucha, pues llovía de nuevo. Aparte de sus problemas en la boca, se lo veía un poco borracho.

—¿Qué te parece si vienes a tomar una copa a mi casa ahora? Así te librarás de la lluvia —dijo con su voz distorsionada—. Vivo aquí mismo: el puesto ocupa la mitad del edificio, y la vivienda, la otra mitad. Tengo un fuego encendido en la chimenea y te prepararé un buen cóctel, o dos.

—Gracias, pero no puedo. Acaban de llegar mis amigos y hemos acampado juntos —respondí, señalando el montículo más allá del camino, tras el cual estaban montadas mi tienda, y

339

a esas alturas probablemente también las de los Tres Jóvenes Machotes.

Al decirlo, me vino a la cabeza una imagen precisa de lo que debían de estar haciendo los tres en ese mismo momento: intentar comer sus detestables cenas en la lluvia, acuclillados bajo sus impermeables, o sentados solos en sus tiendas porque sencillamente no había ningún otro sitio donde estar. Pensé entonces en el calor de ese fuego y en la bebida, y me dije que, si los tres hombres me acompañaban a beber con el guarda forestal, podían servirme para eludir lo que fuera que este pretendiese.

—Pero tal vez… —vacilé. El guarda babeó y se enjugó la boca—. O sea, si no hay inconveniente en que lleve a mis amigos…

Regresé a nuestro campamento con el pastel. Los Tres Jóvenes Machotes estaban encerrados en sus tiendas.

—¡Traigo pastel! —anuncié a gritos, y salieron y se dispusieron alrededor y comieron de mis manos con los dedos, repartiéndose el pastel de una manera natural y tácita que habían perfeccionado a lo largo de los meses de privación y unidad.

Daba la impresión de que en los nueve días transcurridos desde nuestra despedida, la relación entre nosotros se hubiera estrechado, se hubiera vuelto más familiar, como si en ese espacio de tiempo no hubiésemos estado separados sino juntos. Para mí, seguían siendo los Tres Jóvenes Machotes, pero en mi cabeza también empezaba a diferenciarlos. Richie era ocurrente y un poco raro, con un oscuro toque de misterio que me resultaba atractivo. Josh era tierno y listo, más reservado que los otros. Rick era gracioso e incisivo, amable y gran conversador. Mientras los tres comían el pastel de mis manos, me di cuenta de que, si bien me había encaprichado un poco de los tres, sobre todo me gustaba Rick. Era un enamoramiento absurdo, y yo lo sabía. Era casi cuatro años menor que yo, y a nuestras edades esa diferencia tenía su importancia; la brecha entre lo que había hecho él y lo que había hecho yo era distancia suficiente para que fuese más una hermana mayor que una mujer dispuesta a quedarse a solas con él en su tienda, así que me lo quité de la cabeza. Pero no podía negar el creciente aleteo que se producía dentro de mí cada vez que la mirada de Rick y la mía se cruzaban, como tampoco podía negar que veía en sus ojos el reflejo de ese mismo aleteo.

—Siento lo de la cena —dije después de explicarles lo ocurrido—. ¿Habéis comido? —pregunté, sintiéndome culpable, y los tres asintieron lamiéndose el baño de azúcar de los dedos.

—¿Has cenado bien? —preguntó Richie con su acento de Nueva Orleans, que a mis ojos aumentaba más aún su atractivo, a pesar de mi enamoramiento de Rick.

—Era un simple guiso y una ensalada.

Los tres me miraron como si los hubiese ofendido.

—¡Pero por eso os he traído el pastel! —exclamé desde debajo de la capucha del impermeable—. Además tengo otra cosa que podría interesaros. Una fuente de placer distinta. El guarda forestal me ha invitado a una copa en su casa y le he dicho que iría solo si me acompañabais vosotros. Debo advertiros que el hombre es un poquito raro: le han operado en la boca o algo así, y creo que ha tomado calmantes y está algo borracho, pero tiene una chimenea con fuego, bebida y un techo que ofrecernos. ¿Os apetece?

Los Tres Jóvenes Machotes me lanzaron una mirada de bárbaros sueltos en el monte; al cabo de dos minutos estábamos llamando a la puerta del guarda forestal.

—Aquí estás —dijo, arrastrando las palabras, y nos dejó pasar—. Empezaba a pensar que me dejarías plantado.

—Estos son mis amigos: Rick, Richie y Josh —dije, pero el guarda forestal los miró con manifiesto desprecio, apretándose los labios aún con el paño de cocina. No había accedido de buen grado a que los llevara. Lo había consentido a duras penas al decirle que íbamos todos o ninguno.

Los Tres Jóvenes Machotes entraron uno tras otro y se sentaron en el sofá delante del vivo fuego, y apoyaron las botas húmedas en el hogar de piedra.

—¿Te apetece una copa, guapa? —me preguntó el guarda forestal mientras lo seguía a la cocina—. Me llamo Guy, por cierto. No sé si te lo había dicho.

—Encantada, Guy —dije, intentando situarme de tal modo que diese a entender que no estaba con él en la cocina, sino creando un puente entre nosotros y los hombres sentados ante el fuego, como si todos juntos formáramos un único y alegre grupo.

—Estoy preparándote algo especial.

—¿Para mí? Gracias —dije—. ¿A vosotros os apetece una copa? —pregunté a los Tres Jóvenes Machotes, alzando la voz.

Contestaron afirmativamente mientras observaba a Guy lle-

341

nar de hielo un gigantesco vaso de plástico y añadir luego distintas bebidas alcohólicas, para rematarlo con un ponche de fruta de una lata que sacó del frigorífico.

—Es como un suicidio —dije cuando me lo entregó—. Así llamábamos a esta clase de cócteles cuando iba a la universidad, esos en los que echas toda clase de bebidas.

—Pruébalo, a ver si te gusta —indicó Guy.

Tomé un sorbo. Sabía a mil demonios, pero de una manera agradable. Sabía mejor que quedarse sentado bajo la fría lluvia.

—¡Mmmm! —exclamé con excesivo júbilo—. Y a estos chicos, Rick, Richie y Josh, también les gustará. ¿Os apetece? —volví a preguntar a la vez que me encaminaba como una flecha hacia el sofá.

—Claro —respondieron los tres al mismo tiempo, pero Guy se hizo el sordo.

Pasé a Rick el cóctel y me encajoné a su lado. Apretujados los cuatro en el sofá frente a la lumbre, para nosotros un lujoso país de las maravillas, sin un centímetro libre entre nuestros cuerpos, con el adorable costado de Richie contra el mío, tenía la impresión de que el fuego era nuestro sol particular que nos secaba con su calor.

—Si quieres oír historias de suicidios, cariño, yo te contaré lo que es un suicidio —dijo Guy, y se plantó ante mí, reclinado contra la repisa de piedra. Rick bebió del vaso y se lo pasó a Josh, a su lado; luego este tomó un sorbo y se lo pasó a Richie, en el extremo opuesto—. Por desgracia, aquí tenemos que vérnoslas con más de un suicidio. Ese es el lado interesante de este trabajo —explicó Guy, cuya expresión pareció animarse.

Se ocultaba aún el rostro con el paño desde el bigote para abajo. El vaso hizo su recorrido lentamente hasta llegar de nuevo a mí; bebí un sorbo y se lo devolví a Rick, y así sucesivamente, como si nos fumáramos un descomunal porro líquido. Mientras bebíamos, Guy nos contó con pelos y señales la escena con la que se había encontrado una tarde en que un hombre se voló los sesos en un retrete portátil en el bosque, cerca de allí.

—En serio, sesos por todas partes, joder —dijo a través del paño—. Ni te lo imaginas. Piensa en lo más repugnante que te venga a la cabeza, Cheryl, y luego represéntate eso. —Allí de pie, me miraba solo a mí, como si los Tres Jóvenes Machotes no estuvieran presentes—. No solo sesos, sino también sangre y trozos del cráneo y carne. Por todas partes. Esparcidos por las paredes dentro de aquel cubículo.

—No puedo ni imaginarlo —dije, agitando el hielo en el vaso. Ahora que estaba vacío, los Machotes me habían dejado su custodia exclusiva.

—¿Quieres otro, monada? —preguntó Guy. Le di el vaso y él se lo llevó a la cocina.

Me volví hacia los tres hombres y nos miramos con expresiones elocuentes. Al instante prorrumpimos en risas en el mayor silencio posible mientras disfrutábamos del resplandor del fuego.

—Y hay otra historia que tengo que contarte —dijo Guy mientras volvía con el cóctel—. Solo que esta vez fue un asesinato. Un homicidio. Y no fueron sesos, sino sangre. Litros de sangre, mejor dicho «cubos» de sangre, Cheryl.

Y así prosiguió toda la velada.

Después volvimos a nuestro campamento y, formando un círculo cerca de nuestras tiendas, charlamos medio borrachos en la oscuridad hasta que empezó a llover de nuevo y no nos quedó más remedio que despedirnos y dispersarnos. Cuando entré en mi tienda, vi que se había formado un charco en el extremo opuesto. A la mañana siguiente era un pequeño lago; tenía el saco de dormir empapado. Lo saqué y eché un vistazo alrededor en busca de un sitio donde colgarlo, pero era inútil. Se mojaría aún más porque seguía lloviendo a mares. Me lo llevé a la tienda cuando fui allí con los Tres Jóvenes Machotes y lo dejé cerca de la estufa de leña mientras nos tomábamos el café.

—Ya se nos ha ocurrido un apodo del sendero para ti —anunció Josh.

—¿Cuál? —pregunté de mala gana desde detrás de la cortina de mi saco de dormir azul empapado, como si pudiera protegerme de lo que dijeran.

—La Reina del SMP —respondió Richie.

—Porque la gente siempre quiere darte cosas y hacer algo por ti —añadió Rick—. A nosotros nunca nos dan nada. De hecho, nadie hace una mierda por nosotros.

Bajé el saco de dormir y los miré, y los cuatro nos echamos a reír. En tanto que oía una y otra vez la pregunta de si me daba miedo ser una mujer sola allí en medio —partiendo del supuesto de que una mujer sola era presa fácil—, a la hora de la verdad era objeto de una gentileza tras otra. Aparte de la horripilante expe-

343

riencia con el hombre del cabello castaño claro que me había atascado el depurador de agua y de aquella pareja que me había echado del camping en California, no podía hablar más que de actos de generosidad. El mundo y sus habitantes me habían abierto los brazos a cada paso.

Casualmente, en ese preciso momento, el anciano se inclinó sobre la caja registradora.

—Jovencita, quería decirle que si desea quedarse otra noche y secarse, le dejaremos una de esas cabañas casi de balde.

Me volví hacia los Tres Jóvenes Machotes con un interrogante en los ojos.

Al cabo de un cuarto de hora, nos habíamos instalado en la cabaña, donde colgamos nuestros sacos de dormir mojados de las polvorientas vigas. La cabaña era una habitación revestida de madera cuyo espacio abarcaba casi enteramente dos camas de matrimonio con unos somieres metálicos antediluvianos que chirriaban solo con apoyarse.

En cuanto nos acomodamos, regresé a la tienda bajo la lluvia para comprar tentempiés. Cuando entré, Lisa estaba allí junto a la estufa de leña. Lisa, que vivía en Portland. Lisa, que había estado todo el verano enviándome mis cajas. Lisa, con quien iría a vivir al cabo de una semana.

—¡Hola! —medio gritó mientras nos estrechábamos en un abrazo—. Sabía que estarías aquí más o menos por estas fechas —dijo en cuanto nos recuperamos de la impresión—. Hemos decidido acercarnos hasta aquí en coche para verte.

Se volvió hacia su novio, Jason, y le di la mano; nos habíamos visto brevemente los días previos a mi marcha de Portland camino del SMP, cuando ellos empezaban a salir juntos. Me resultó surrealista ver a personas pertenecientes a mi viejo mundo conocido y a la vez me entristeció un poco. Me alegraba y defraudaba verlos: su presencia parecía precipitar el final de mi viaje, y subrayaba el hecho de que, si bien tardaría una semana en llegar allí, Portland se hallaba a solo 145 kilómetros en coche.

A última hora de la tarde nos subimos todos a la furgoneta de Jason y recorrimos las tortuosas pistas forestales hasta las termas de Bagby. Bagby es una versión del paraíso en el bosque: una serie de terrazas de madera en tres niveles que contienen bañeras de distintos tamaños y formas a orillas de un arroyo de aguas calientes y humeantes a unos tres kilómetros de un aparcamiento junto a la carretera en el bosque nacional del monte Hood. No es un centro de negocios ni un complejo turístico ni un lugar de retiro. Es solo un sitio adonde todo el mundo puede ir gratuitamente a cualquier hora del día o la noche para sumergirse en las aguas naturales bajo una antiquísima enramada formada por abetos de Douglas, tsugas y cedros. Su existencia me pareció aún más surrealista que ver a Lisa en la tienda del lago de Olallie.

Estábamos prácticamente solos. Los Tres Jóvenes Machotes y yo bajamos a la terraza inferior, donde había bañeras alargadas y labradas a mano del tamaño de canoas, construidas a partir de cedros ahuecados, bajo un elevado techo de madera en un amplio espacio. Nos desvestimos mientras la lluvia caía suavemente en las exuberantes ramas de los grandes árboles que nos rodeaban, y miré de refilón sus cuerpos desnudos en la penumbra. Rick y yo nos metimos en bañeras contiguas y encendimos los grifos, gimiendo mientras el agua caliente rica en minerales subía de nivel en torno a nosotros. Recordé mi baño en el hotel de Sierra City antes de emprender la marcha hacia la nieve. Me pareció apropiado estar allí en ese momento, a falta de una semana para el final del viaje, como si hubiera sobrevivido a un sueño duro y hermoso.

En el camino a Bagby había ocupado el asiento delantero, al lado de Lisa y Jason, pero en el viaje de vuelta al lago de Olallie subí detrás con los Tres Jóvenes Machotes, vencido ya el frío, sintiéndome limpia y dichosa, y me acomodé en el futón que cubría la caja de la furgoneta.

—Ese futón es tuyo, por cierto —explicó Lisa antes de cerrar el portón trasero de la caravana acoplable—. Lo cogí de tu furgoneta y lo puse aquí por si decidíamos quedarnos a dormir.

—Bienvenidos a mi cama, chicos —dije en un tono burlonamente lascivo para disimular el trastrocamiento que sentí ante la idea de que aquella era, en efecto, mi cama, el futón que había compartido con Paul durante años.

Su recuerdo empañó mi estado de éxtasis. Aún no había abierto la carta que me había enviado, cosa rara, ya que habitualmente rompía los sobres, exultante, cada vez que recibía correo. Esta vez, al reconocer su letra, me contuve. Decidí leerla cuando estuviese otra vez en el sendero, quizá porque sabía que eso me

345

impediría enviarle una respuesta inmediata, escribirle palabras impetuosas y apasionadas que ya no eran ciertas. «Siempre estaré casada contigo en mi corazón», le dije el día que presentamos los papeles del divorcio. De eso hacía solo cinco meses, pero yo ya tenía mis dudas. Mi amor por él era indiscutible, pero mi lealtad no lo era. Ya no estábamos casados, y cuando me instalé junto a los Tres Jóvenes Machotes en la cama que antes compartía con Paul sentí que lo aceptaba; fue como una especie de claridad allí donde antes hubo tanta incertidumbre.

Los cuatro nos apiñamos a lo ancho del futón y allí nos quedamos mientras la furgoneta traqueteaba por las oscuras pistas de montaña: yo, Rick, Josh y Richie, en ese orden en la caja de la furgoneta. No sobraba ni un centímetro, igual que en el sofá del guarda forestal desquiciado la noche anterior. Sentía la presión del costado de Rick contra mi cuerpo, ligeramente decantado hacia mí y alejado de Josh. Por fin se había despejado el cielo, y vi la luna casi llena.

—Mira —dije a Rick, señalando el cielo a través de la ventana de la caravana acoplable. Hablamos en voz baja de las lunas que habíamos visto en el sendero, de dónde nos hallábamos en el momento de verlas y del sendero aún por recorrer.

—Tendrás que darme el número de teléfono de Lisa para vernos en Portland —sugirió—. Yo también me quedaré a vivir allí cuando acabe el sendero.

—Por supuesto que nos veremos —dije.

—Sin lugar a dudas —añadió él, y fijó en mí aquella delicada mirada suya con la que me derretía.

No obstante, comprendí que, si bien seguramente me gustaba mil veces más que muchos de los hombres con quienes me había acostado, no iba a ponerle una mano encima, por grande que fuera mi anhelo. Hacerlo era una posibilidad tan remota como la luna. Y no solo porque fuera más joven que yo o porque dos de sus amigos estuvieran en la cama con nosotros, apretados contra su misma espalda. Se debía a que, finalmente, por una vez, me bastaba con estar allí tendida, sin más, en un estado de arrobo casto y contenido junto a un hombre bueno, tierno, fuerte, atractivo y listo que probablemente solo iba a ser mi amigo. Por una vez no ansié un acompañante. Por una vez la frase «una mujer con un agujero en el corazón» no atronó en mi cabeza. Esa frase ya ni siquiera existía para mí.

—Me alegro mucho de haberte conocido —dije.

—Yo también —contestó Rick—. ¿Quién no se alegraría de conocer a la Reina del SMP?

Le sonreí y me volví para mirar la luna por la ventana, muy consciente del calor de su costado contra el mío mientras permanecíamos juntos en un silencio exquisitamente deliberado.

—Muy agradable —dijo Rick al cabo de un rato—. «Muy agradable» —repitió con mayor énfasis la segunda vez.

—¿Qué es agradable? —pregunté, volviéndome hacia él, aunque ya lo sabía.

—Todo —respondió.

Y era cierto.

19

El sueño de un lenguaje común

$\mathcal{A}$ la mañana siguiente, el cielo amaneció de un azul limpio; el sol brillaba sobre el lago de Olallie, con la vista del monte Jefferson perfectamente encuadrada al sur y la del Olallie Butte al norte. Me senté a una de las mesas de picnic cerca del puesto del guarda forestal y llené a Monstruo para el último tramo de mi andadura. Los Tres Jóvenes Machotes habían partido al amanecer, con prisas por llegar a Canadá antes de que las cascadas Altas de Washington quedaran aisladas por la nieve, pero yo no iba tan lejos. Podía tomármelo con calma.

Guy apareció con una caja en las manos, ahora sobrio, y me arrancó de mi trance contemplativo.

—Me alegro de que aún no te hayas marchado. Acaba de llegar esto —dijo.

Cogí la caja y eché un vistazo al remitente. Era de mi amiga Gretchen.

—Gracias por todo —dije a Guy cuando se alejaba—. Por las copas de la otra noche y la hospitalidad.

—Cuídate —dijo, y desapareció tras la esquina del edificio.

Abrí la caja y ahogué una exclamación cuando vi lo que contenía: una docena de bombones con relucientes envoltorios enrollados y una botella de vino tinto. De inmediato me comí un bombón mientras me preguntaba qué hacer con el vino. Por mucho que me apeteciera abrirlo esa noche en el sendero, no estaba dispuesta a cargar con la botella vacía todo el camino hasta Timberline Lodge. Metí en la mochila lo último que quedaba, me ceñí a Monstruo, cogí el vino y la caja vacía y me encaminé hacia el puesto del guarda forestal.

—¡Cheryl! —exclamó una voz atronadora, y me volví—. ¡Ahí

estás! ¡Ahí estás! ¡Te he alcanzado! ¡Te he alcanzado! —gritó un hombre acercándose a mí.

Me sobresalté tanto que se me cayó la caja a la hierba viendo al hombre agitar los puños en el aire y lanzar jubilosos vítores que me sonaron de algo pero no acabé de identificar. Joven, barbudo, con aspecto de niño mimado por la vida, estaba distinto y al mismo tiempo igual que la última vez que lo vi.

—¡Cheryl! —volvió a gritar, y prácticamente me placó con su abrazo.

Fue como si el tiempo avanzara a cámara lenta desde el momento en que no sabía quién era hasta el momento en que sí lo supe, pero mi conciencia no lo asimiló hasta que me tuvo totalmente entre sus brazos, y entonces exclamé:

—¡Doug! —Y repetí una y otra vez—: ¡Doug, Doug, Doug!

—¡Cheryl, Cheryl, Cheryl! —contestó.

A continuación nos quedamos en silencio y nos separamos un paso para observarnos mutuamente.

—Has perdido peso —apuntó.

—Y tú también —dije yo.

—Ya estás rodada —observó.

—¡Ya lo sé! Y tú también.

—Yo me he dejado la barba —dijo, tirándose de ella—. Tengo muchas cosas que contarte.

—¡Yo también? ¿Dónde está Tom?

—A unos pocos kilómetros. Ya llegará.

—¿Pudisteis atravesar la nieve? —pregunté.

—Una parte sí, pero al final la experiencia fue demasiado intensa. Bajamos y acabamos dando un rodeo.

Cabeceé, todavía asombrada de verlo allí. Le conté que Greg había abandonado el sendero y le pregunté por Albert y Matt.

—No he vuelto a saber de ellos desde que los vimos por última vez. —Me miró y sonrió, y una chispa animó sus ojos—. Hemos ido leyendo tus comentarios en el registro todo el verano. Nos animaban a apretar el paso. Queríamos alcanzarte.

—Precisamente estaba a punto de irme —dije. Me agaché para recoger la caja que, con la agitación, se me había caído—. Si hubieras llegado un minuto después, ya me habría marchado y quién sabe si me hubieras alcanzado.

—Sí te habría alcanzado —afirmó, y se echó a reír de esa manera propia de los niños mimados por la vida que yo recordaba tan

349

vívidamente, aunque también eso había cambiado un poco. Se lo veía más enérgico que antes, un tanto más conmovido, como si hubiera envejecido unos cuantos años en los últimos meses—. ¿Por qué no te quedas mientras organizo mis cosas, y así podemos marcharnos juntos?

—Cómo no —contesté, sin pensármelo dos veces—. Tengo que caminar sola los últimos días antes de llegar a Cascade Locks; ya sabes, para acabar como empecé, pero podemos ir juntos hasta Timberline Lodge.

—¡Joder, Cheryl! —Me atrajo para abrazarme de nuevo—. Me cuesta creer que estemos aquí juntos. Oye, pero si todavía tienes aquella pluma negra que te di. —Alargó el brazo para tocar el raído contorno de la pluma.

—Ha sido mi amuleto —contesté.

—¿Y ese vino? —preguntó, señalando la botella en mi mano.

—Voy a dárselo al guarda forestal —contesté, sosteniéndolo en alto—. No quiero cargar con él todo el camino hasta Timberline.

—¿Estás loca? —preguntó Doug—. Dame a mí esa botella.

La descorchamos esa noche en nuestro campamento junto al río Warm Springs, utilizando mi navaja suiza. La temperatura había ascendido a unos veinte grados durante el día, pero por la noche bajó, y el frescor tonificante de finales de verano dio paso a una sensación otoñal. El follaje de los árboles era ahora casi imperceptiblemente menos espeso; los altos tallos de las flores silvestres se doblaban bajo el peso de los pétalos marchitos. Doug y yo encendimos una fogata mientras se cocía nuestra cena y luego nos sentamos a comer de nuestros cazos, pasándonos el vino una y otra vez, para beber directamente de la botella, pues ninguno de los dos tenía taza. El vino, el fuego y la compañía de Doug se me antojaron un rito iniciático, como una ceremonia para señalar el final de mi viaje.

Al cabo de un rato, nos volvimos ambos hacia la oscuridad al oír de pronto aullidos de coyote no muy lejanos.

—Ese sonido siempre me pone los pelos de punta —apuntó Doug. Tomó un sorbo y me entregó la botella—. Un buen vino, francamente.

—Lo es —coincidí, y eché un trago—. He oído mucho a los coyotes este verano.

—Y no has tenido miedo, ¿no? ¿No es eso lo que te decías a ti misma?

—Es lo que me decía a mí misma —contesté—. Excepto alguna que otra vez —añadí—. Cuando sí lo tenía.

—A mí me ha pasado lo mismo. —Alargó el brazo y puso la mano en mi hombro.

Apoyé la mía sobre la suya y se la apreté. Tenía le sensación de que era un hermano, pero no como mi verdadero hermano. Me parecía alguien que estaría siempre presente en mi vida aun cuando no volviera a verlo.

Cuando acabamos con el vino, me acerqué a Monstruo y saqué la bolsa de cierre hermético que contenía mis libros.

—¿Necesitas lectura? —pregunté a Doug, ofreciéndole *Las diez mil cosas*, pero él negó con la cabeza.

Había acabado de leerlo hacía unos días, pero no había podido quemarlo debido a la lluvia. A diferencia de la mayoría de mis otras lecturas del sendero, *Las diez mil cosas* era un libro que ya había leído al incluirlo en mi caja de reaprovisionamiento meses antes. Novela de denso lirismo ambientada en las islas Molucas, Indonesia, había sido escrita en holandés y se había publicado en 1955, y había recibido en su día una gran acogida por parte de la crítica, pese a que hoy en día prácticamente ha caído en el olvido. No conocía a nadie que la hubiese leído, aparte del profesor universitario de escritura creativa que me la había encomendado en el taller de narrativa en el que estaba matriculada cuando mi madre enfermó. El título no me había pasado inadvertido mientras lo leía diligentemente en la habitación de hospital. Intentaba acallar mi miedo y mi dolor obligando a mi mente a concentrarse en los párrafos a los que esperaba hacer referencia en el debate en clase la semana siguiente, pero era inútil. Solo podía pensar en mi madre. Además, ya sabía qué eran las diez mil cosas. Eran todas las cosas nombradas y no nombradas en el mundo, y todas juntas, sumadas, no eran equiparables al amor de mi madre por mí. Y al mío por ella. Así que cuando me preparaba para el SMP, decidí darle una segunda oportunidad al libro. Esta vez no había tenido el menor problema en concentrarme. Lo comprendí bien desde la primera página. Cada frase de Dermoût me llegó como un suave puñal de complicidad; describía una tierra lejana que se me antojó la sangre de todos los lugares que yo antes amaba.

351

—Creo que me voy a retirar —anunció Doug con la botella vacía en la mano—. Tom probablemente nos alcanzará mañana.

—Ya apagaré yo el fuego —dije.

Cuando se marchó, arranqué las páginas de *Las diez mil cosas* del lomo engomado del libro de bolsillo y las eché al fuego en finos fajos, removiéndolos con un palo hasta que ardieron por completo. Contemplando las llamas, pensé en Eddie, como hacía casi siempre que me sentaba junto al fuego. Fue él quien me enseñó a encender una fogata, quien me llevó de acampada por primera vez. Me enseñó a montar una tienda y a hacer nudos con una cuerda. De él aprendí a abrir una lata con una navaja, a remar en canoa y a esquivar una roca en la superficie de un lago. Después de enamorarse de mi madre, durante tres años nos llevó de acampada y a ir en canoa por los ríos Minnesota, Saint Croix y Namekagon casi todos los fines de semana desde junio hasta septiembre; cuando nos mudamos al norte para instalarnos en la finca que mi familia había comprado con la indemnización obtenida por su espalda rota, me enseñó aún más cosas sobre el bosque.

352 Es imposible saber por qué ocurre una cosa y no otra. Cuál es la causa de qué. Qué destruye qué. Qué lleva a que unas cosas florezcan o mueran o cambien de rumbo. Pero yo, allí sentada esa noche, tenía la casi total certeza de que, a no ser por Eddie, no me habría encontrado a mí misma en el SMP. Y si bien era cierto que mis sentimientos por Eddie me pesaban como una losa en la garganta, ese peso se aligeró al tomar conciencia de aquello. Al final Eddie no me había querido como yo esperaba, pero me había querido cuando más importaba.

Cuando las hojas de *Las diez mil cosas* quedaron reducidas a cenizas, saqué el otro libro de mi bolsa de cierre hermético. Era *The Dream of a Common Language*. Había cargado con él durante todo el recorrido, pero no lo abría desde la primera noche en el sendero. No me había hecho falta. Sabía qué decía. Sus versos habían sonado todo el verano en el popurrí de emisora de radio que había en mi cabeza, fragmentos de varios poemas o a veces el título mismo del libro, que también era un verso de un poema: «el sueño de un lenguaje común». Abrí el libro y lo hojeé, inclinándome para ver las palabras a la luz del fuego. Elegí alrededor de una docena de poemas y leí un par de versos de cada uno, todos tan familiares que me produjeron un extraño consuelo. Había recitado esos versos en silencio a lo largo de los días mientras caminaba. A menudo no sabía qué significaban con exactitud y, sin embargo, en otro sentido, conocía plenamente su significado, como si estuviera todo ante mí y a la vez fuera de mi alcance, y como si su significado fuera como un pez que estaba justo por debajo de la superficie del agua y que yo intentaba atrapar con las manos desnudas, tan cerca, presente y mío, hasta que tendía la mano y desaparecía.

Cerré el libro y miré la tapa beis. No había razón alguna para no quemarlo también.

En cambio, lo estreché contra mi pecho.

Llegamos a Timberline Lodge al cabo de un par de días. Para entonces no éramos solo Doug y yo. Tom nos había alcanzado, y también se habían unido a nosotros dos mujeres: una expareja de veintitantos años que cruzaba Oregón y una pequeña porción de Washington. Los cinco caminamos juntos en diversas formaciones de a dos y de a tres, o a veces todos en fila, convirtiendo aquel trayecto en un relajado paseo, con un ánimo festivo porque íbamos en grupo y los días eran soleados y frescos. En nuestros largos descansos jugamos a pasarnos una pelota de trapo y nos bañamos en cueros en un lago de aguas gélidas, provocamos la ira de unos cuantos avispones y huimos de ellos riendo y gritando. Cuando llegamos a Timberline Lodge, a 1.800 metros de altitud, en la cara sur del monte Hood, éramos como una tribu, unidos tal como, imaginaba yo, se sentían los niños cuando pasaban una semana juntos en un campamento de verano.

Era media tarde cuando llegamos. En el salón, los cinco ocupamos un par de sofás enfrentados con una mesa baja de madera en medio y pedimos bocadillos carísimos; después tomamos cafés con Baileys mientras jugábamos al póquer y al rummy 500 con una baraja que nos prestó el camarero. La ladera del monte Hood se elevaba por encima de nosotros justo ante las ventanas del hotel. Con 3.426 metros, es la montaña más alta de Oregón, un volcán como todos los demás ante los que yo había pasado desde que llegué a la cadena de las cascadas al sur del monte Lassen, allá por julio, pero este, el último de los grandes montes que atravesaría en mi andadura, me parecía el más importante, y no solo porque me hallaba sentada en sus mismísimas ancas. Estaba familiarizada con su imagen, ya que su increíble grandeza era visible desde Portland en los días despejados. En cuanto llegué al monte Hood, me di cuenta de que me sentía un poco como en casa. Portland —donde en rigor nunca había vivido, pese a todo lo que había ocurrido en los ocho o nueve meses que había pasado allí en los últimos dos años— estaba a solo noventa y cinco kilómetros.

Desde lejos, la vista del monte Hood siempre me había cortado la respiración, pero de cerca era distinto, como ocurre con todo. Era menos imperturbablemente majestuoso, a la vez más corriente y más inconmensurable en su cruda autoridad. El paisaje frente a las ventanas del lado norte del hotel no era el resplandeciente monte blanco que uno ve a kilómetros de distancia, sino una pendiente grisácea y más bien árida, salpicada de unos pocos pinares escuálidos y algún que otro altramuz y aster que crecía entre las rocas. En medio de ese paisaje natural irrumpía un telesilla que llevaba a la nieve dura que cubría lo alto. Me alegré de verme protegida de la montaña durante un tiempo, cómodamente instalada dentro del magnífico hotel, un país de las maravillas en aquel áspero paraje. Es una gran estructura de piedra y madera talladas a mano por obreros del organismo estatal Works Progress Administration a mediados de la década de 1930. Todo allí tiene historia. El arte en las paredes, la arquitectura del edificio, las telas tejidas a mano que cubren los muebles: cada pieza confeccionada con esmero para reflejar la historia, la cultura y los recursos naturales del noroeste del Pacífico.

Me disculpé ante los demás y fui a dar un lento paseo por el hotel; luego salí a un amplio patio orientado al sur. Era un día claro y soleado, y se veía a una distancia de más de ciento cincuenta kilómetros. La vista incluía muchas de las montañas ante las que yo había pasado: dos de las Tres Hermanas y el monte Jefferson y Dedo Partido.

«Brinca, salta, gira y hecho», pensé. Ya estaba allí. Ya casi estaba allí. Pero aquello no estaba hecho. Todavía me faltaba recorrer ochenta kilómetros para llegar al Puente de los Dioses.

A la mañana siguiente me despedí de Doug, Tom y las dos mujeres y, sola, ascendí por la corta cuesta que iba desde el hotel hasta el SMP. Pasé por debajo del telesilla y avancé hacia el norte y el oeste bordeando la ladera del monte Hood por un sendero que parecía hecho de cascotes de demolición, erosionados por los crudos inviernos hasta quedar reducidos a arena gruesa. Cuando accedí a la Reserva Natural del Monte Hood, al cabo de veinte minutos, estaba otra vez en el bosque y sentí que el silencio me envolvía.

Me resultó agradable estar sola. Me resultó espectacular. Estábamos a mediados de septiembre, pero el sol lucía y calentaba, y el cielo presentaba un color más azul que nunca. El sendero se abrió en vistas kilométricas y luego volvió a cerrarse en torno a mí en forma de denso bosque para abrirse de nuevo otra vez. Avancé quince kilómetros sin detenerme, crucé el río Sandy y paré para sentarme en un pequeño saliente plano orientado hacia el propio río en la otra orilla. Entonces conservaba apenas unas cuantas páginas de *El Sendero del Macizo del Pacífico. Volumen II: Oregón y Washington*. Lo que quedaba de mi guía lo llevaba doblado en el bolsillo del pantalón corto. Saqué las hojas y volví a leerlas, permitiéndome llegar hasta el final. Me emocionaba la perspectiva de alcanzar Cascade Locks, aunque a la vez me entristecía. No sabía cómo, pero mi vida normal se había convertido en vivir al aire libre y dormir en el suelo en una tienda de campaña cada noche y en caminar sola en plena naturaleza todo el día, casi jornada tras jornada. Era la idea de no hacerlo lo que me asustaba.

Me acerqué al río, me agaché y me eché agua a la cara. Allí era estrecho y poco profundo, no mucho más que un arroyo por lo avanzado del verano y la altitud. ¿Dónde estaba mi madre?, me pregunté. Había cargado con ella durante mucho tiempo, tambaleándome bajo su peso.

«Al otro lado del río», me permití pensar.

Y algo dentro de mí se liberó.

En los días siguientes, pasé por las cascadas de Ramona y entré y salí de la Reserva Natural de Columbia. Alcancé a ver los montes Saint Helens, Rainier y Adams más al norte. Llegué al lago Wahtum y salí del SMP por una ruta alternativa recomendada por los autores de mi guía, que me llevaría cuesta abajo hasta Eagle Creek y el desfiladero del río Columbia y, finalmente, el propio río, que discurría junto al pueblo de Cascade Locks.

Abajo, abajo, abajo, seguí ese último día completo de andadura; descendí 1.200 metros en poco más de veinticinco kilómetros, como bajaban también los riachuelos, arroyos y torrentes que vadeaba y junto a los que avanzaba. Sentía que el río tiraba de mí como un gran imán más abajo y al norte. Me sentía llegar al final de las cosas. Me detuve a pasar la noche en la orilla de Eagle Creek. Eran las cinco y me faltaban solo diez kilómetros para llegar a Cascade Locks. Podría haber llegado al pueblo al anochecer, pero no quería poner fin a mi viaje de esa manera. Quería tomármelo con calma. Ver el río y el Puente de los Dioses a plena luz del día.

Esa noche me senté junto al Eagle Creek y contemplé el agua que corría sobre las rocas. Tenía los pies destrozados tras el largo descenso. Aun después de tanto camino recorrido, con el cuerpo ahora más fuerte de lo que nunca lo había tenido y probablemente nunca lo tendría, caminar por el SMP seguía siendo doloroso. Me habían salido nuevas ampollas en los dedos en sitios ahora reblandecidos, pues en Oregón eran relativamente pocos los descensos extremos. Me los toqué con delicadeza, aliviándolos con el tacto. Parecía que por fin otra uña estaba a punto de desprenderse. Le di un suave tirón y se me quedó en la mano: la sexta. Solo me quedaban cuatro intactas.

El SMP y yo ya no íbamos empatados. El marcador estaba 4-6, ventaja para el sendero.

Dormí sobre la lona, reacia a resguardarme esa última noche, y me desperté antes del amanecer para ver salir el sol sobre el monte Hood. Ahora sí que había acabado, pensé. No había manera de volver atrás, de que ese momento permaneciera. Eso nunca era posible. Me quedé allí sentada un buen rato, dejando que la luz se propagara por el cielo, que se expandiera y filtrara entre los árboles. Cerré los ojos y escuché con atención el murmullo del Eagle Creek.

Descendía hacia el río Columbia, como yo.

Tuve la sensación de flotar a lo largo de los siete kilómetros hasta el pequeño aparcamiento cercano al punto de partida del sendero de Eagle Creek, impulsada por una emoción pura y auténtica que solo puede describirse como júbilo. Atravesé el aparcamiento casi vacío y pasé ante los lavabos. Luego cogí otro sendero que me llevaría a Cascade Locks, a tres kilómetros de allí. Tras un brusco recodo a la derecha, apareció ante mí el río Columbia, visible a través de la alambrada que bordeaba el sendero para separarlo de la interestatal 84, un poco más abajo. Me detuve y, agarrándome a la alambrada, lo contemplé. Me pareció un milagro tener el río ante los ojos, como si por fin sostuviera en las palmas de mis manos a un recién nacido después de un largo parto. Esas aguas oscuras y relucientes eran más hermosas que cualquier cosa que hubiera podido imaginar durante todos los kilómetros recorridos para llegar hasta allí.

Caminé hacia el este por un corredor verde y exuberante, la antigua calzada de la carretera del río Columbia, abandonada hacía ya tiempo y convertida en sendero. Se veían trozos de hormigón en algunos sitios, pero había sido invadida en su mayor parte por el musgo que crecía junto a las rocas en el borde, por los árboles cuyas pesadas ramas colgaban a baja altura sobre ella, así como por las arañas que habían tejido sus telas de un lado a otro. Atravesé las telarañas, sintiéndolas como magia en mi cara, apartándomelas del pelo. A mi izquierda oía pero no veía el rumor de los automóviles en la interestatal, que discurría entre el río y yo, y ese sonido, tan corriente, se me antojaba una sucesión de penetrantes gemidos y zumbidos.

Cuando salí del bosque, estaba en Cascade Locks, que, a diferencia de muchos pueblos en el sendero, era un verdadero pueblo, con poco más de un millar de personas. Era la mañana del viernes; lo percibía por la sensación que emanaba de las casas que dejaba atrás. Pasé bajo la autopista y recorrí las calles acompañada del golpeteo del bastón de esquí en el pavimento; el corazón se me aceleró cuando avisté el puente. Es un elegante puente en ménsula con armadura reticular de acero, y debe su nombre a un anterior puente natural formado unos trescientos años antes a causa de un importante corrimiento de tierras que dio origen temporalmente a una represa en el río Columbia. Los indios norteamericanos de la zona lo llamaban Puente de los Dioses. La estructura de construcción humana que adoptó ese nombre cruza el Columbia en un punto donde la anchura es superior a quinientos metros, y comunica Oregón y Washington, los pueblos de Cascade Locks y Stevenson. En el lado de Oregón hay un peaje; cuando llegué, la mujer de la cabina me dijo que podía pasar por el puente sin pagar.

—No voy a pasar —dije—. Solo quiero tocarlo.

Caminé por el arcén de la carretera hasta llegar al montante de hormigón del puente, apoyé la mano en él y miré el río Columbia, cuyas aguas fluían por debajo de mí. Es el mayor río del noroeste del Pacífico y el cuarto mayor del país. Los indios norteamericanos han vivido en sus orillas desde hace miles de años, alimentándose de la pesca del salmón, en otro tiempo abundante. Meriwether Lewis y William Clark descendieron por el Columbia a golpe de remo en canoas hechas con troncos vaciados en su famosa expedición de 1805. Ciento noventa años después, dos días antes de mi vigésimo séptimo cumpleaños, allí estaba yo.

Había llegado. Lo había conseguido. Parecía algo insignificante y al mismo tiempo extraordinario, como un secreto que siempre me contaría a mí misma, pese a que no conocía aún su significado. Me quedé allí durante varios minutos, junto a los coches y camiones que pasaban. Tenía ganas de llorar, pero no lo hice.

Unas semanas antes me habían dicho en el sendero que cuando llegara a Cascade Locks debía ir al East Wind Drive-In a comer uno de sus enormes cucuruchos de helado, famosos por su tamaño. Por esa razón había reservado un par de dólares cuando estaba en Timberline Lodge. Me alejé del puente y avancé por una concurrida calle paralela al río y a la interestatal; la calle y gran parte del pueblo se hallaban encajonados entre ambos. Aún era temprano y la heladería no estaba abierta, así que me senté delante en el pequeño banco de madera con Monstruo a mi lado.

Llegaría a Portland horas más tarde ese mismo día. La ciudad estaba a solo a setenta y cinco kilómetros al oeste. Dormiría en mi viejo futón, bajo techo. Sacaría mis CD y mi aparato estéreo de las cajas y escucharía cualquier canción que me apeteciera. Me pondría mi sujetador de encaje negro, bragas y vaqueros. Consumiría todos los alimentos y bebidas extraordinarios a mi alcance. Iría en mi furgoneta a donde me viniera en gana. Instalaría mi ordenador y escribiría mi novela. Cogería las cajas de libros que me había llevado de Minnesota y los vendería al día siguiente en Powell's, para disponer de algo de dinero. Organizaría una subasta de mis pertenencias para ir tirando hasta que encontrara un empleo. Extendería en la hierba mis vestidos comprados en tiendas de ropa usada, mis prismáticos en miniatura y mi sierra plegable, y sacaría por todo ello lo que pudiera. Solo pensar en aquello me asombraba.

—Ya podemos atenderla —anunció una mujer asomando la cabeza por la ventana corrediza de la heladería.

Pedí un cucurucho con una espiral de helado de dos sabores, chocolate y vainilla; al cabo de un momento la mujer me lo entregó, cogió mis dos dólares y me devolvió veinte centavos de cambio. Todo el dinero que me quedaba en el mundo. Veinte centavos. Me senté en el banco blanco y me comí el cucurucho entero. Luego seguí contemplando los coches. Fui la única clienta de la heladería hasta que se detuvo un BMW y salió un joven trajeado.

—Hola —me saludó al pasar. Más o menos de mi edad, llevaba el pelo engominado y peinado hacia atrás y calzaba unos zapatos impecables. En cuanto le sirvieron el cucurucho, regresó y se detuvo ante mí.

—Parece que has estado de excursión.

—Sí, en el Sendero del Macizo del Pacífico. He caminado más de 1.700 kilómetros —dije, incapaz de contenerme por la emoción—. He terminado mi viaje esta mañana.

—¿En serio?

Asentí y me eché a reír.

—Increíble. Yo siempre he deseado hacer algo así. Un gran viaje.

—Podrías. Deberías. Créeme, si yo he podido, cualquiera puede.

—No me es posible apartarme tanto tiempo de mi trabajo. Soy abogado —explicó. Tiró la mitad del cucurucho sin comer al cubo de la basura y se limpió las manos en una servilleta de papel—. ¿Y ahora qué vas a hacer?

—Iré a Portland. Me quedaré a vivir allí una temporada.

—Yo también vivo en Portland. Si quieres que te lleve, voy hacia allí. Con mucho gusto te dejaré donde quieras.

—Gracias —contesté—. Pero quiero quedarme aquí un rato. Para asimilarlo todo.

Sacó una tarjeta de visita de su billetero y me la dio.

—Llámame cuando te instales. Me encantaría invitarte a comer y que me hablaras de tu viaje.

—De acuerdo —respondí, mirando la tarjeta. Era blanca, con letras azules en relieve, una reliquia de otro mundo.

—Ha sido un placer conocerte en estas circunstancias tan trascendentales —dijo.

—Lo mismo digo —respondí, y le estreché la mano.

Cuando se marchó, eché la cabeza hacia atrás y cerré los ojos, hacia el sol, y las lágrimas que había esperado antes en el puente empezaron a brotar ahora. «Gracias —pensé una y otra vez—. Gracias.» No solo por la larga caminata, sino por todo lo que finalmente sentí acumularse dentro de mí; por todo lo que me había enseñado el sendero y todo lo que aún no podía saber, pese a sentir que, de algún modo, ya estaba dentro de mí: que nunca volvería a ver al hombre del BMW, pero que al cabo de cuatro años cruzaría el Puente de los Dioses con otro hombre y me casaría con él en un lugar casi visible desde donde me hallaba ahora sentada; que pasados nueve años ese hombre y yo tendríamos un hijo llamado Carver, y un año y medio después una hija llamada Bobbi; que al cabo de quince años volvería con mi familia a ese mismo banco blanco y los cuatro nos comeríamos unos cucuruchos mientras yo les contaba la historia de cuando estuve allí, de cuando acabé de recorrer una larga distancia por lo que se conocía como Sendero del Macizo del Pacífico, y que solo entonces sentiría en mi interior el significado de mi andadura, que entonces se revelaría por fin el secreto que siempre me había contado a mí misma.

Y eso me llevaría a esta narración.

No sabía que volvería la vista atrás al cabo de unos años y buscaría y encontraría a algunas de las personas que había conocido en el sendero, ni que a otros los buscaría y no los encontraría. Y que en un caso encontraría algo que no esperaba: una necrológica. La de Doug. No sabía que leería que había muerto nueve años después de despedirnos en el SMP, en un accidente de *kitesurfing* en Nueva Zelanda. Ni que, después de llorar recordando que era un niño mimado por la vida, iría al rincón más recóndito de mi sótano, al lugar donde Monstruo colgaba de un par de clavos oxidados, y vería que la pluma de cuervo que Doug me había dado estaba rota y raída, pero todavía ahí, insertada en el armazón, donde la puse años atrás.

Todo eso lo ignoraba por aquel entonces, sentada en ese banco blanco el día que acabé mi andadura. Todo salvo el hecho de que no tenía por qué saberlo, de que bastaba con confiar en que lo que había hecho era auténtico, con comprender su significado sin ser aún capaz de decir con exactitud cuál era, como me ocurría con los versos de *The Dream of a Common Language* que me habían acompañado durante mis noches y mis días. Bastaba con creer que ya no necesitaba tender mis manos desnudas, con saber que ver el pez bajo la superficie era suficiente. Que lo era todo. Era mi vida: como todas las vidas, misteriosa e irrevocable y sagrada. Tan cercana, tan presente, tan mía.

Y qué extraordinario era dejarlo estar.

Agradecimientos

Miigwech es una palabra ojibwe que oí muchas veces en mi infancia en el norte de Minnesota, y me siento impulsada a usarla aquí. Significa «gracias», pero algo más: su significado no solo expresa agradecimiento, sino que además está impregnado de humildad. Eso es lo que siento cuando pienso en intentar dar las gracias a cuantos me ayudaron a crear este libro: humildad y agradecimiento.

Es a mi marido, Brian Lindstrom, a quien, tanto en mi vida como en mi obra, debo mi más profundo *miigwech* por su inconmensurable amor. Gracias, Brian.

Estoy en deuda con la Comisión de las Artes de Oregón, el Consejo Regional de Arte y Cultura y Artes Literarias por proporcionarme financiación y apoyo mientras escribía este libro y también a lo largo de mi carrera; a Greg Netzer y Larry Colton del Festival Wordstock por invitarme siempre a los actos, y al Bread Loaf Writer's Conference y al Sewanee Writer's Conference por su significativo apoyo durante mi carrera.

Escribí gran parte del libro sentada a la mesa de mi comedor, pero los capítulos esenciales los escribí lejos de casa. Expreso mi agradecimiento a Soapstone por las viviendas que me proporcionó, y en particular a Ruth Gundle, antigua directora de Soapstone, que fue especialmente generosa conmigo en las primeras fases del libro. A Sally y Con Fitzgerald, que me albergaron con tanta generosidad mientras escribía los últimos capítulos de *Salvaje* en su hermosa y silenciosa «casita» en el valle Warner de Oregón, les transmito mi más profunda gratitud. Gracias asimismo a la incomparable Jane O'Keefe, quien posibilitó mi temporada en el valle Warner, y me prestó su coche y me hizo la compra en el supermercado.

361

Gracias a mi agente, Janet Silver, y también a sus colegas de la agencia Zachary Shuster Harmsworth. Janet, eres mi amiga, mi paladín y mi alma gemela literaria. Siempre te estaré agradecida por tu apoyo, perspicacia y amor.

Estoy en deuda con las muchas personas de Knopf que creyeron en *Salvaje* durante las primeras etapas y que han intervenido para traer el libro al mundo. Le estoy especialmente agradecida a mi editora, Robin Dresser, que nunca ha dejado de impulsarme para que este libro sea lo mejor posible. Gracias, Robin, por tu inteligencia y tu bondad, por tu espíritu generoso y tus cartas increíblemente largas a un solo espacio. Sin ti, este libro no sería lo que es. También doy gracias a Gabrielle Brooks, Erinn Hartman, Sarah Rothbard, Susanna Sturgis y LuAnn Walther.

Una profunda reverencia a mis hijos, Carver y Bobbi Lindstrom, que sobrellevaron con elegancia y buen humor todos esos momentos en que tuve que marcharme sola para escribir. Nunca me permiten olvidar que la vida y el amor son lo más importante.

Gracias asimismo a mi estelar grupo de escritores: Chelsea Cain, Monica Drake, Diana Page Jordan, Erin Leonard, Chuck Palahniuk, Suzy Vitello Soulé, Mary Wysong-Haeri y Lidia Yuknavitch. Estoy en deuda con cada uno de vosotros por vuestros sabios consejos, vuestro *feedback* sincero y ese excelente pinot noir.

Estoy profundamente agradecida a los amigos que me cuidaron y me quisieron. Son demasiados para nombrarlos. Solo puedo decir que sabéis quiénes sois, y que yo tengo la fortuna de que estéis en mi vida. Aun así, me gustaría dar las gracias en particular a unas cuantas personas, aquellas que me ayudaron de maneras concretas y numerosas mientras escribía este libro: Sarah Berry, Ellen Urbani, Margaret Malone, Brian Padian, Laurie Fox, Bridgette Walsh, Chris Lowenstein, Sarah Hart, Garth Stein, Aimee Hurt, Tyler Roadie y Hope Edelman. Vuestra amistad y amabilidad son una lección de humildad para mí. Gracias también a Arthrur Rickydoc Flowers, George Saunders, Mary Caponegro y Paulette Bates Alden, cuya inicial tutoría e infinita buena voluntad han significado mucho para mí.

Gracias a Wilderness Press por publicar las guías que eran y siguen siendo los textos definitivos para quienes recorren el Sendero del Macizo del Pacífico. Sin los autores de la guía, Jeffrey P.

Schaffer, Ben Schifrin, Thomas Winnett, Ruby Jenkins y Andy Selters, me habría perdido por completo.

La mayoría de las personas que conocí en el SMP solo pasaron brevemente por mi vida, pero todas y cada una de ellas me enriquecieron. Me ayudaron a reír, me ayudaron a pensar, me ayudaron a seguir un día más, y me ayudaron, sobre todo, a confiar plenamente en la bondad de los desconocidos. En especial, estoy en deuda con mis compañeros de promoción del SMP de 1995, CJ McClellan, Rick Topinka, Catherine Guthrie y Joshua O'Brien, que respondieron a mis preguntas con considerada atención.

Por último, me gustaría recordar a mi amigo Doug Wisor, sobre quien he escrito en este libro. Murió el 16 de octubre de 2004, a la edad de treinta y un años. Era un buen hombre que cruzó el río demasiado pronto.

Miigwech.

Libros quemados en el SMP

—*The Pacific Crest Trail. Volume I: California* [El Sendero del Macizo del Pacífico. Volumen I: California], Jeffrey P. Schaffer, Thomas Winnett, Ben Schifrin y Ruby Jenkins. Cuarta edición. Wilderness Press, enero de 1989.

—*Staying Found: The Complete Map and Compass Handbook*, June Fleming.

—* *The Dream of a Common Language*, Adrienne Rich.

—*Mientras agonizo*, William Faulkner.

—** *Cuentos completos*, Flannery O'Connor.

—*The Novel*, James Michener.

—*A Summer Bird-Cage*, Margaret Drabble.

—*Lolita*, Vladímir Nabokov.

—*Dublineses*, James Joyce.

—*Esperando a los bárbaros*, J. M. Coetzee.

—*The Pacific Crest Trail, Volume 2. Oregon and Washington* [El Sendero del Macizo del Pacífico. Volumen II: Oregón y Washington], Jeffrey P. Schaffer y Andy Shelters. Quinta edición, Wilderness Press, mayo de 1992.

—*Los mejores ensayos norteamericanos, 1991*, recopilación de Robert Atwan y Joyce Carol Oates.

—*Las diez mil cosas*, Maria Dermoût.

* No quemado. Acarreado todo el camino.
** No quemado. Intercambiado por *The Novel*.